춤추는 리듬영어

RHYTHM ENGLISH

원어민 실용발음과 원어 청취를 위한
100가지 발음원리와 Listening Skills가 담긴
발음 및 청취비법서

춤추는 리듬영어

| 김홍철 지음 |

HU:iNE

서 문

대한민국에서 영어를 배워온 나는 원어민식 발음이나 청취(listening)에 문제가 있을 수밖에 없는 비영어권 환경에 살고 있기 때문에 [그냥 들어라! 듣다 보면 귀가 뚫린다!] [청취도 암기다! 잘 안 들리는 단어는 그냥 외워라!] [문맥을 파악하는 데는 Key word만 들어도 된다.] [안 들리는 부분에 너무 예민하게 생각하지 마라.]는 주변의 말을 당연한 것처럼 받아들이면서 살아왔다. 그래서 CD를 수없이 되돌리면서 반복청취를 해도 안 들리는 것은 그냥 외워버렸고 그 발음을 흉내 내면서 좋은 발음을 가진 것으로 믿었다. 왜냐하면, 영어의 발음은 영국영어와 미국영어가 다르고, 격식을 갖춘 대화(formal speech)와 일상 대화(casual or informal speech)가 다르며, connected speech(연속발화)가 되면서 빠른 리듬에 맞춰 강세, 연음, 동화, 약화, 축약 및 탈락현상들이 복합적으로 일어나 한 개의 단어가 상황에 따라 여러 다른 소리로 들리는 소리의 변신과 둔갑이 일어나는 데 비해, 그런 영어로 말해지는 원어민 환경을 경험하지 않은 필자는 그것이 최선이라 믿었기 때문이다.

그런데 학생들에게 원어민처럼 말하고 듣기 위해서는 발음과 청취를 무조건 외우라고 가르칠 수는 없었다. 그래서 학생들에게 원어민들은 어떻게 발음하고 우리 귀에는 왜 그렇게 들리는지를 잘 설명해 주기 위하여 연구를 시작했다. 그런데 발음과 청취에 대해 연구를 하면 할수록 무엇이 올바른 발음이고 원어민들도 발음이 다르다 보니 무엇이 올바른 청취인지 혼동이 되어서 답답함에 속이 터졌고 들리지 않는 귀에 대한 원망을 수없이 했었다.

영어 음성학을 한 번도 배워보지 못한 주제에 청취의 바닷속으로 무작정 뛰어들어간 나는 청취 바다의 짠 물을 수 없이 들이마시며 그만 빠져나오고 싶은 충동을 느낀 적이 한두 번이 아니었다. 예를 들어 웨스트사이드 오브 맨하탄이라는 한국식 표현에 익숙해 있던 나는 West Side of Manhattan을 [웨싸이러 맨햍은]으로 말하는 원어민의 발음을 알아들을 수 없었다. 그리고 west side를 [west'saɪd](웨스트 싸읻), [west˺saɪd. (웨슽싸읻/불파음 t˺)], [wes saɪd](웨스싸읻 t탈락), [wes:aɪd](웨싸:읻/공동조음) 등으로 다양하게 말하는 그 원리를 잘 이해할 수가 없었다. 또 Side of Manhattan(싸이덥 맨해튼/싸이러 맨햍은), Tom(탐), storm(스또r음), train(츄뤠인), cut(컽), cutting(커팅/커딩/커링), cotton(카튼/캍은/카은), twenty(트웬티/트웨으디/트웨니), metal(메틀/멭을/메를), hot tea(하티:), Put that down(플더다은/치음화 및 역행동화)처럼 [t]의 음가가 조금씩 다른 이음으로 들리는 것을 구별할 재간이 없었다.

그럼에도 청취의 바다에 빠져 두려움과 체념에 허우적거리기보다는 안 들리거나 잘못 알아듣게 되는 문장과 단어들을 만날 때마다 발음의 원리와 연속발화의 원리들을 세밀하게 공부하였다. 누군가는 밝혀야 할 발음과 청취에 대한 숨겨진 비밀들을 밝히고자 5년을 그에 대해 연구를 전념하였다. 그러면서 어느덧 들리지 않던 소리가 들려오고 발음 또한 원어민에 점점 가까워지는 경험을 하게 되었다. 그리고 이제는 발음과 청취의 문제는 한 마디로 우리가 영어의 리듬을 모르기 때문이라고 말할 수 있게 되었다. 우리는 춤추는 리듬영어를 걸어가는 행진영어로 잘못 생각하고 있다. 우리는 모든 단어를 평등하게 대하는 우리말에 익숙해 있는지라, 중요한 단어들은 높여 주고 중요하지 않은 단어들은 낮추어버리는 귀족적이고 차별적인 영어의 특성에 낯설다. 나 잘났다고 춤추며 소리치는 것도 어색하고, 못난 것들이라 하여 무시하고 숨죽이게 하는 것도 어색해하는 우리네 양반 기질 때문인지 우리나라 사람들은 원어민들처럼 body language와 강한 억양을 사용하여 말하는 것을 꺼리는 것은 물론, 원어민들이 banana를 [버내나]로 말해도 [바나나]로 이해하며 들어야 하는 문화 속에 살고 있다.

그뿐만 아니라, 우리나라 사람들은 다른 사람들이 자신이 못 알아듣는 것을 눈치라도 챌까 봐 대충 듣고 마치 잘 알아들은 것처럼 내숭을 떠는 경향이 있다 보니 무엇이 안 들리는지를 밝히고 물어보기를 싫어한다. 그래서 대부분이 영어청취에 대한 두려움을 가지고 회화나 독해 위주의 공부를 한다. 그러면서도 꿈에도 소원은 "CNN"과 "영화"를 원어로 다 알아듣는 것이다.

이러한 수줍음과 열정을 동시에 가진 독자들이 더는 영어 때문에 속 터지는 일이 없도록 그동안의 깨달은 연구 내용을 공유하고 싶다는 꿈을 꾸게 되었는데, 다행히 외대 출판사에서 기회를 주셔서 이 책을 출간하게 되었다.

이 책에서는 원어민이 실제로 발음하는 소리를 청취할 수 있도록 리듬과 강세, 연음, 동화, 탈락, 축약의 모든 의문점에 대하여 자세한 예를 들어 설명해 놓았다. 이 책의 백가지 청취기술(listening skill)을 터득한다면, 들리지 않던 단어가 들리게 되고 수능이나 TOEIC, TOEFL 등의 청취시험에서도 만점을 맞도록 도와줄 것이다. 부디 영어의 발음 원리를 바로 알고 청취력 향상의 놀라운 체험을 하며 춤추는 영어의 즐거움을 만끽하길 바란다.

끝으로 청취를 공부하는 여러분에게 이렇게 격려해 드리고 싶다.

["청취는 파도타기와 같다. 파도는 써-퍼(surfer)를 덮어버리지만 써-퍼는 파도 때문에 써핑(surfing)의 즐거움을 느낄뿐더러 원하는 곳으로 나아갈 수 있다. 따라서 청취(listening)를 두려워하지 말고 청취의 파도 속으로 뛰어들라! 귀가 뚫리고 발음이 보이고 스피킹에 자신이 생기는 영어 공부의 즐거움 속으로 빠져들라! 여기 이 책이 여러분을 도와줄 것이다."]

2014년 4월

저자 **김 홍 철**

Contents

목 차

RHYTHM ENGLISH

춤추는 리듬영어

Chapter 1

연속발화와 강세박자 리듬
(connected speech & stress-timed rhythm)

Listening Skill 1~15

Listening Skill 01

연속발화의 정의와 청취 요령

1. 연속발화(connected speech)의 정의

1) 구어체 영어(real spoken English)에서의 연속발화는 단어별로 끊어서 소리를 내는 것이 아니라 단어와 단어를 연결시켜 지속적인 소리의 흐름이 되도록 말하는 방법이다. 이 때 소리의 흐름에는 강세가 주어지는 음절과 약화되어지는 음절이 교차함으로써 리듬이 만들어진다.

2) 연속발화는 인접단어의 소리에 영향을 받아 소리의 변화를 일으킨다. 가장 짧은 시간 내에 효율적이고(efficiently) 부드러운 말의 리듬을 만들려다보니, 빠르고(fast), 격식을 차리지 않고(informal & casual), 혀와 입에 힘을 빼고(relaxed) 말을 하게 되는데 앞 단어의 끝소리가 뒤 단어의 첫소리와 부딪치거나, 한 소리가 주변의 다른 소리에 영향을 받으며 동화(assimilation), 연음(linking), 삽입(intrusion), 약화(weak 또는 reduced vowel)) 및 탈락(elision)의 방식으로 다양한 소리의 변화가 뒤따르게 된다.

2. 연속발화(connected speech)에 나타나는 소리 변화의 유형

1) 모음 약화 및 축약현상(vowel reductions with weak forms and contractions)
2) 소리의 연음현상(Sounds linking)
3) 소리를 변화시키는 동화현상(Assimilation by changing sounds)
4) 소리를 사라지게 하는 탈락현상(Elision by disappearing sounds)

3. 연속발화(connected speech)의 예

1) You **might turn**['maɪt˥ 'tɜrːn → 'maɪ'tːɜrːn] red with embarrassment.
2) I knew that **my turn**[maɪ 'tɜrːn] had come.

(1) 두 단어 might와 turn, 그리고 my와 turn은 따로따로 떼어 놓고 보면 4개의 다른 소리다.

(2) 두 단어를 연속발화로 말하면 might turn['maɪt˥ 'tɜr:n]이 공동조음에 의해 [t]가 탈락하여 ['maɪ't:ɜr:n]으로 소리변화를 일으키게 되므로 my turn[maɪ 'tɜr:n]과 거의 같은 발음이 된다.

(3) 따라서 두 소리를 구별하려면 my turn의 my는 열린음절이므로 [maɪ 마:이]하며 [aɪ]의 길이를 충분히 길게 내주지만, might['maɪ't˥]의 [aɪ]는 무성음 [t] 앞에 있으므로 ['maɪ't˥ 마잍]하며 더 짧고 약하고 급하게 소리내주는 점을 알고 청취해야 한다.

3) They were '**Grade⁀A**'['greɪd˥ eɪ → greɪ 'deɪ] students in the university.

4) On a **gray day**['greɪ 'deɪ], our teams had a hard training for the victory.

(1) 두 단어 Grade와 A, 그리고 gray와 day는 따로따로 떼어 놓고 보면 4개의 다른 소리다.

(2) 두 단어를 연속발화로 말하면 Grade A['greɪd˥ eɪ]가 연음에 의하여 ['greɪ 'deɪ]로 소리변화를 일으키게 되므로 gray day['greɪ 'deɪ]와 거의 같은 발음이 된다.

(3) gray는 열린음절이므로 ['greɪ 구뤠이]하며 [eɪ]의 길이를 충분히 길게 내주지만, Grade는 닫힌음절이므로 약간 더 짧게 소리내주는 점을 알고 청취해야 한다.

(4) great day도 역행동화를 하면 ['greɪt 'deɪ → 'greɪd 'deɪ → 'greɪ 'deɪ]가 되는데 무성음 t앞의 ['greɪ]가 유성음 d앞의 ['greɪ]보다 더 짧게 소리나므로 모음의 길이는 gray day > grade A > great day이다.

5) You will be given a white shirt with **a name**[ə 'neɪm] tag, black pants.

6) Do you think it's necessary to have **an⁀aim**[ən 'eɪm → ə n'eɪm] in life?

7) He took **a notion**[ə n'oʊʃn] to divorce his wife.

8) Can I change my room to one with **an⁀ocean**[ən 'oʊʃn → ə n'oʊʃn] view now?

a name과 a notion의 n은 강세음절의 초성이므로 비음 [n]이 강하게 나오는 콧소리 [**네**임], [**노**으션]이지만, an⁀aim과 an⁀ocean은 강세가 없는 [ən]이므로 종성의 [n]은 매우 약한 비음이 된다. 따라서 강한 콧소리 [n]이 들리면 초성의 [n]임을 알고 청취해야 한다.

9) The title of this song is definitely called '**Cat Size**['kæt 'saɪz]'

10) Why do a **cat's⁀eyes**['kæts 'aɪz → 'kætsaɪz] glow in the dark?

Cat Size['kæt 'saɪz]의 초성의 [s]는 강한 마찰과 함께 [**캗싸**이즈] 소리가 나지만 cat's⁀eyes[kæts aɪz → kætsaɪz]의 종성 [s]는 마찰의 길이가 짧아 [캗쓰**아**이즈]가 된다.

Listening Skill 02

연속발화의 시작 - 단어강세(word stress)

1. 단어강세(word stress)의 의미

연속발화의 시작은 단어강세이다. 연속발화가 리듬감 있게 말해지는 까닭은 단어 내의 강세음절과 강세 없는 음절이 연속되기 때문이다. photograph ['foʊtəgræf]와 photographer[fə'tɑːgrəfər]를 구별함에 있어서 [포으터]나 [풔타:]까지만 들어도 알 수 있는 것은 단어의 강세가 주는 리듬 때문이다. 이처럼 단어강세는 단어 중 1개의 음절에 주는 악센트인데 아래와 같은 특징이 있다.

1) 길게 발음된다. (longer in duration)
2) 음의 높이가 커진다. (higher in pitch)
3) 음량이 커진다. (louder in volume)
4) 한 단어는 하나의 주 강세(primary stress)만 가진다. (One word, one stress.)

2. 강세(stress)가 만드는 리듬

1) 1음절 낱말은 자음보다는 모음을 강하게 발음하므로 주 강세(primary stress)가 생긴다. 끝 자음이 유성음으로 끝날 경우 성대의 진동을 위해 끌어주는 부분과 성대의 울림소리가 사그라지는 부분 사이에 리듬의 층이 생긴다.

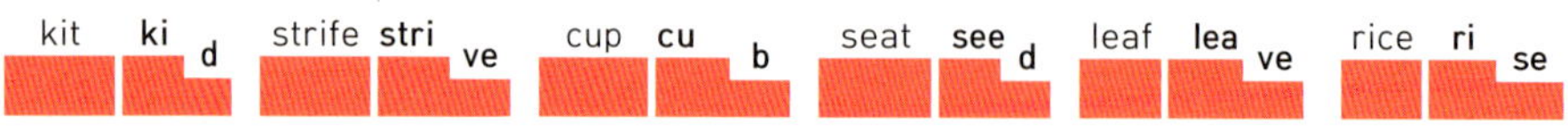

2) 3음절 이상의 단어는 제2강세 또는 보조강세(secondary stress)가 있어 리듬을 만든다.

3. 강세의 주요 규칙(Word Stress Rule)

1) 2음절 이상이면 명사/형용사는 첫 번째 음절에, 동사는 마지막 음절에 강세가 있다(과거형 -ed가 붙은 경우는 과거형 바로 앞 음절에 강세).

- It is easy to become drowned and become media addicts['ædɪkt]. (명사)
  You seem to be addicted[ə'dɪktəd]. (동사)
- I'm staying at a hotel. This is the address['ædrɛs] and phone number. (명사)
  They almost never address[ə'drɛs] the question of what it will deprive us of. (동사)
- Let's say you are driving across the desert['dɛzərt]. (명사)
  The whole village looks deserted[dɪ'zɜrːtɪd]. (동사)
- Behavior is the conduct['kɑndʌkt] of an organism. (명사)
  If a survey is conducted[kən'dʌktɪd] just after a plane crash. (동사)
- We must work to resolve conflicts['kɑːnflɪkts] in a spirit of reconciliation. (명사)
  They conflict[kən'flɪkt] with the opinions of other citizens. (동사)

2) 접두사가 있는 단어는 접두사를 제외한 단어의 첫 음절에 강세가 붙는다.

- How often are we introduced[ˌɪntrə'duːst] to someone only to forget[fər'get] his or her name moments later?
- The exporter[ɪk'spɔrt̬ər] looked at the importer[ɪm'pɔrt̬ər] in surprise[sər'praɪz].
- He renewed[rɪ'nuːd] his proposal[prə'poʊzl] and pursued[pər'suːd] her until she agreed.

3) 끝소리가 -ic, -sion, -tion인 단어는 끝에서 두 번째 음절에 강세가 붙는다.

- The topic['tɑːpɪk] of the story is the atomic[ə'tɑːmɪk] bomb explosion[ɪk'sploʊʒən].
- These choices and decisions[də'sɪʒənz] are ours to make.
- Erosion[ɪ'roʊʒn] is a chemical reaction[ri'ækʃən]

4) 끝소리가 -cy, -gy, -ty, -phy인 단어는 끝에서 세 번째 음절에 강세가 붙는다.

- You should compare the accuracy['ækjərəsi] of prediction cost estimation.
- What people want to hear is an apology[ə'pɑlədʒi]
- Too much specificity[spɛsə'fɪsət̬i] can limit your imagination.
- He is a professor of geography[dʒi'ɑgrəfi] at the university[ˌyunə'vərsət̬i].

5) 명사 뒤에 명사가 오면 앞 단어에 주 강세, 뒤 단어에 보조강세가 붙는다.

ashtray, **BA**by**sitter**, **birth**-control, **blood**-test, **CHAMber** music, **earth**quake, **foot**note, **girl**friend, **lap**top, **mail**box, **web**site, **lip**stick, **tooth**brush, **sun**glasses, **cow**boy. **ice** cream, **TRAvel** agent, **web** site, suc**CESS** story, **fax** machine, **real** estate, **tap** dance, **air** con**DI**tioner, **PROject** manager, **AIRplane** mechanic, **BOARDroom** member, **LAPtop** computer

6) 앞 명사가 명사의 재료나 분류기준이 될 때는 뒤 단어에 주강세가 붙는다.

paper **NAPkin**, cotton **dress**, cheese **SANDwich**, pork **pie**, olive **oil**, woman **WRIter**(여자 작가), baby **BROther**(아기 형제), twin **SISter**(쌍둥이 여형제)

※ 하지만 우리에게 친숙한 juice, cake, milk, water가 뒤에 올 때는 앞 단어에 강세가 붙는다(**APple** juice, **ORange** juice, **CHOcolate** cake, **BUtter**milk, **MIneral** Water).

7) 이름, 직책, 지명, 기관명 등의 명사 + 명사의 형태가 되면 앞의 명사는 뒤의 명사를 수식해주는 형용사 역할을 하므로 뒤의 명사에 더욱 강한 강세를 붙인다.

Abraham **LINcoln**, Ms. **CArey**, Mr. **Lee**, Dr. **JOHNson**, President **REAgan**, Chief **EXEcutive**, Director of **Sales**, New York **UniVERsity**, New York **CIty**, Mount **Everest**, The Mississippi **RIver**, Cold **MOUNtain**, Vice **PREsident** Plum Tree **HoTEL**, Lake **SuPErior**, The Wall Street **JOURnal**, Central **Park**, Fifth **AVEnue**, The United States of **AMErica**, Secretary of **State**, River **Thames**

8) 2단어로 이루어진 복합형용사는 뒤 단어에 주강세가 붙는다.

bad-**TEMpered**, hard-**HEADed**, old-**FAshioned**, well-**dressed**, well-**meant**, fully-**grown**, blue-**eyed**, dark-**green**, far-**REAching**, good-**LOOKing**, hard-**WORKing**, easy-**GOing**

※ **breath**taking, **heart**breaking, **sun**tanned, **water**proof, **home**sick, **praise**worthy, **time**-consuming, **health**-related처럼 앞에 주 강세가 붙는 단어도 있다.

9) 2단어로 이루어진 복합형용사 중 명사가 포함된 복합형용사는 명사에 주강세, 형용사에 보조강세가 붙는다.

stone-deaf['stoundɛf], snow-white['snoʊwaɪt], self-confident['sɛlfkɑnfədənt], full-length[fʊl'lɛŋkθ], long-term[lɔŋ'tɜrm], breathtaking['brɛθteɪkɪŋ], heartbreaking['hɑrtbreɪkɪŋ], sun-tanned['sʌntænd], waterproof ['wɔtərpruf], homesick['hoʊmsɪk], praiseworthy['preɪzwɜrði], time-consuming['taɪmkənsuːmɪŋ], health related['helθ rə'leɪtəd], high-Class[haɪ'klæs], low cost[loʊ'kɔːst], off-balance[ɔf'bæləns], seasick['siːsɪk], airsick['ɛrsɪk]

10) 형용사 + 명사는 뒤의 명사에 강세가 붙지만 [형용사 + 명사]가 새로운 뜻의 복합명사가 될 경우에는 전체를 하나의 명사로 보아 앞 단어에 주 강세, 뒤 단어에 보조강세가 붙는다. 예를 들면 a white house는 형용사가 명사를 꾸미므로 뒤 명사에 강세가 붙지만, the White House['waɪt ˌhaʊs](백악관)처럼 복합명사가 되어 새로운 뜻을 만들면 명사는 앞 단어에 강세가 붙으므로 제 1음절에 강세가 붙는다. 뒤의 단어 역시 명사이므로 약한 강세가 붙는 편이다.

- He is developing photos in the DARKroom['dɑːrkˌruːm].(암실) (앞 단어에 주 강세)
- He is sleeping in a dark ROOM['dɑːrk 'ruːm](어두운 방)
- My mom likes to grow vegetables in a GREENhouse['griːn ˌhaʊs](온실)
- A red house is next to the green HOUSE.['griːn 'haʊs](초록색 집)
- I'm writing on the BLACKboard['blækˌbɔːrd].(칠판)
- I'm using a black BOARD['blæk 'bɔːrd](검은색 널빤지) to build the bookcase.
- The fastest route is the FREEway['friːˌweɪ].(고속도로)
- A free WAY['friː 'weɪ] is the cheapest way with no charge.(면제도로)
- The U.S. President live in the WHITE House['waɪt haʊs].(백악관)
- I live in the white HOUSE['waɪt 'haʊs].(하얀 집)
- He likes to drink hot TEA['hɑːt 'tiː](뜨거운 차) eating Hot dogs.['hɑːt ˌdɑːgz](핫도그)

11) 복합동사는 두 번째 단어에 강세가 붙고 동사 + 전치사의 동사구(phrasal verbs or two-word verbs)는 두 단어에 모두 강세가 주어지지만 가장 강한 강세는 뒷부분인 전치사에 붙는다. 단 동사구가 복합명사로 쓰여질 때는 앞 단어에 강세가 붙는다.

I don't understand[ˌʌn.dər.ˈstænd] why our prisons are overflowing[ˌovəˈflouɪŋ],
I ran INto her. She looked Over the contract. I'll mess UP at home.
get aLONG, fall aPART, throw aWAY, come BACK, sit DOWN, come IN, give IN,
cut IN, go ON, look OUT, turn OFF, take OUT, break UP, add UP

- They went to the gym to work OUT.
- They do a 30 minute WORKout every morning.
- let DOWN/LETdown, shut OUT/SHUTout, turn OFF/TURNoff, break THROUGH/BREAKthrough, take OVER/TAKEover

12) 복합수사는 앞 뒤 단어 모두에 강세가 주어지지만, 가장 강한 강세는 마지막 단어에 주어진다.

twenty THREE[ˈtwenti ˈθriː], fifty SEVEN[ˈfɪfti ˈsevn], seventy FIFTH[ˈsevənti ˈfɪfθ], five HUNdred and thirty-TWO, three hundred THOUsand, twenty three HUNdredths

Listening Skill 03

연속발화의 리듬 - 강세박자리듬(stress-timed rhythm)

1. 강세박자리듬(stress-timed rhythm)의 정의

영어의 리듬은 음파의 파장처럼 어떤 음절은 강세를 받아 높게 소리 나고 어떤 음절은 강세가 없어 약하게 소리 난다. 파장을 그리듯 높고 낮음이 규칙적으로 반복되는데, 강세를 받는 음절을 박자(beat)라고 할 때 박자와 박자 사이의 발화되는 시간이 거의 같도록 리듬이 만들어지기 때문에 이를 강세박자리듬(stress-timed rhythm)이라 한다.

2. 강세박자리듬(stress-timed rhythm)의 예

Terry is showing his friends the stitches in his shoulder.의 문장을 말할 때 중요한 단어에는 강세(stress)를 넣지만, 중요치 않는 단어에는 강세를 주지 않고 얼버무리듯 빨리 발음한다. 이는 강세(박자)와 강세(박자) 사이에 존재하는 음절들을 그 음절수에 관계없이 동일한 시간에 발음을 해야 하는 강세박자리듬(stress-timed rhythm) 때문이다. 따라서 한 박자 내의 4음절(stitches in his), 3음절(Terry is), 그리고 2음절(friends the)을 동일한 시간에 소리내기 위하여 연음과 탈락, 공동조음이 일어나게 되는 것이다.

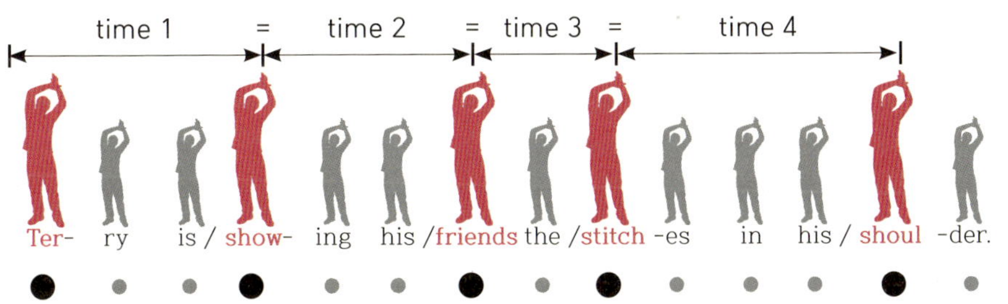

Ter	ry	is	show	ing	his	friends	the	sti	ches	in	his	shoul	der
강세	약세		강세	약세		강세	약세	강세	약세			강세	약세
박자	2음절		박자	2음절		박자	1음절	박자	3음절			박자	1음절
time 1			time 2			time 3		time 4					

박자(beat)와 박자(beat) 사이의 발화시간이 같으므로 time 1 = time 2 = time 3 = time 4

3. 강세박자리듬(stress-timed rhythm)의 발화 연습

Dad said "thanks".와 His dad should've just said to me "many thanks." 등 아래의 4문장은 모두 세 개의 강세를 가지고 있으므로 두 문장을 발음하는 시간이 같아지도록(time 1 = time 2) 기능어들(His, should've, just, to me, many, you)을 빠르고 약하게 하며 발음을 연습해보자.

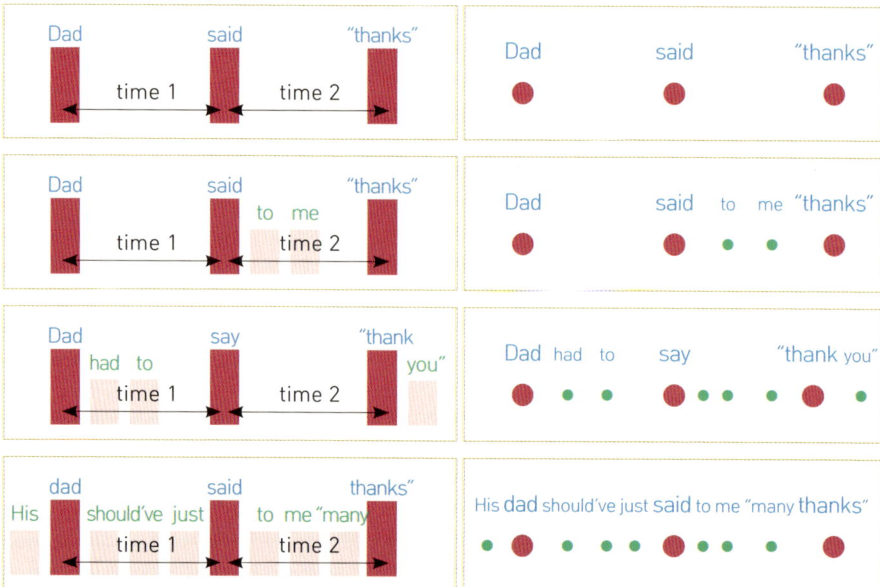

1) **Cat**, **frog**, **leopard**, **eagle**.

2) A **cat**, a **frog**, a **leopard**, an⌒**eagle**.

3) A **cat** an(d)⌒a **frog** an(d)⌒a **leopard** an(d)⌒an⌒**eagle**.

4) A **cat** and then⌒a **frog** and then⌒a **leopard** an(d)⌒an⌒**eagle**

위의 문장들은 모두 같은 4개의 강세음절을 가지고 있기 때문에 발화 시간이 거의 같다.

Listening Skill 04

연속발화의 기본단위 - 성조단위/생각그룹

1. 성조(聲調)단위(Tone Unit)

영어의 강세박자리듬은 문장에서 호흡을 끊어주는 부분, 즉 쉼 구간(pause)까지를 기본단위로 하는데 이 기본단위를 소리의 높낮이의 변화의 관점에서 본다면 성조단위(Tone Unit)라 하고 문장 전체의 리듬의 변화가 어떻게 되느냐의 관점에서 보면 인토네이션단위라 하고 전달하고자 하는 의미의 최소단위라는 의미전달의 관점에서 보면 생각그룹(Thought Group)이라고 한다.

2. 성조단위(Tone Unit)의 구조

1) 제1강세음절(Tonic Syllable)

성조단위에는 강세어와 비강세어가 연속되는데, 성조단위의 끝 부분에 위치하는 내용어에는 특별히 강한 강세가 주어지는데 이처럼 가장 높은 음을 내는 음절을 제1강세음절(Tonic Syllable) 또는 리듬핵(nucleus)이라 한다. 제1강세음절로만 이루어진 성조단위의 예는 아래와 같다.

YES.	NO.	LOOK!	STOP!	PLEASE!
tonic syllable	tonic syllable	tonic syllable	tonic syllable	tonic syllable

2) 리듬말미(tail)

성조단위의 끝부분에 위치하는 제1강세음절(Tonic Syllable)로부터 리듬의 변화가 생겨, 상승조 (rising) 또는 하강조(falling)의 인토네이션이 형성된다. 제1강세음절 뒤에 위치하여 제1강세음절과 함께 변화되는 강세 없는 기능어들을 리듬말미(tail)라고 한다. 제1강세음절(Tonic Syllable)과 리듬말미(tail)로만 이루어진 성조단위의 예는 아래와 같다.

NO, thank you	GIVE it to me	SARAH dit it
tonic syllable / tail	tonic syllable / tail	tonic syllable / tail

3) 리듬도입부(prehead)

문장의 도입부에는 강세가 없는 기능어들이 있을 수 있는데 이들 기능어들은 첫 번째 강세어(stressed word)에 포개지듯 합쳐져 발음된다. 이들 기능어들이 있는 강세어 앞부분을 리듬도입부(prehead)라 한다. 리듬도입부의 예는 아래와 같다.

prehead	tonic syllable
I a	GREE
I	SEE
I've got to	GO
Switch it	ON
I would've	COME
I'll	TRY

prehead	tonic syllable	tail
I	- KNOW -	it
It was a	- MAZ -	ing.
She was	- CHEAT -	ing.
You should	- DO -	it.
It was as	- TON -	ishing to me.
It was	- RAIN -	ing.

3. 리듬주부(Head)

성조단위의 첫 번째 강세어(stressed word)에서 제1강세음절(Tonic Syllable)까지의 부분을 리듬주부(Head)라고 한다. 성조단위에서 강세어가 1개뿐이면 리듬주부가 없고 제1강세음절(Tonic Syllable)만 존재하게 된다. 리듬주부의 예는 아래의 예문들과 같다.

PH	HEAD	TS	tail
I ap	peared to be mis	TAKEN	this time.

PH	HEAD	TS	tail
It's an en	joyable evening for	ALL	of us
It was	softer than I ex	- PEC -	ted.
I'll	try to call you this	EVE -	ning.
My	Friend is very	HAND	some.
My	Friend is VEry	HAND	some.

PH	강세 HEAD 강세	TS	tail
I	don't think you could call	STUpid.	
I	don't exactly	KNOW it.	
I'll	try and do it again	to-MO-rrow.	

Do it a	GAIN
HEAD	**tonic syllable**
WHAT'S the	TIME?
LET'S	GO.
WHAT will you	DO?.

LOOK at a	CAT
HEAD	**tonic syllable**
Saturday will be	FINE.
Thank you e	NOUGH.
Sam is very	CUTE.

He is	LEAving to	DAY
prehead	**HEAD**	**tonic syllable**
He is	DOing o	KAY.

I	THANK you e	NOUGH
prehead	**HEAD**	**tonic syllable**
These	BOOKS are	MINE.

HOW are you	DO	-ing
HEAD	**tonic syllable**	**tail**
COME and SEE me to	- MO -	-rrow.

4. 생각그룹(Thought Group)이란?

1) 생각그룹(Thought Group)이란 우리가 어떤 생각을 길게 말할 때, 내용이 담긴 몇 마디 말을 한 후에 잠시 끊어 말하는 부분까지라고 생각하면 쉽다.

(1) 생각그룹과 생각그룹 사이는 숨을 쉬기 위한 멈춤 부분(pause)이 존재한다.

(2) 생각그룹 내에는 가장 강조를 받는 1개의 중요한 단어가 있는데 이를 제1강세어라 한다.

① 생각그룹이 1개인 경우

- Is it you? Who wrote the report? How do you feel?

② 생각그룹이 2개인 경우

- This is the officer/ who wrote the report. If you see her/, give her this note.
- Some people lose their appetites/ when they are sad.
- He felt uneasy/ but the others were enjoying themselves.

③ 생각그룹(Thought Group)이 3개인 경우

- He is the guy/ whom I talked to them about/ yesterday.

④ 생각그룹(Thought Group)이 4개인 경우

- If your team/ does its job well,/ your manager will speak kindly/ about your group.

(3) 생각그룹은 자체에 인토네이션이 형성되며 제1강세어에서 올라가거나 내려가는 변화를 한다. 따라서 생각그룹(Thought Group)을 인토네이션단위(intonation unit)이라 하는 것이다.

(4) 생각그룹을 작게 끊으면 구가 되고, 길게 끊으면 절이 되는데 주절과 종속절의 2개의 생각그룹을 연결시키기 위해 and, but, because와 같은 접속사가 사용된다.

2) 어디를 끊어 생각그룹으로 만드느냐 하는 부분은 개인마다 다르기 때문에 정해진 규칙은 없다. 그럼에도 멈춤 부분(pause)을 만들어 끊어 읽는 주요한 이유를 분석해 보면 다음과 같다.

(1) 구두점(, . ; : ? !) 앞에서 끊어 읽는다. (before punctuation marks)

(2) 접속사(and, or, but, which, that, since) 앞에서 끊어 읽는다.

(3) 구나 절, 문장(phrases, clauses, sentences) 사이에서 끊어 읽는다.

- The boy loved the girl. (1개)
- Although the girl ignored the boy, | the boy loved the girl. (2개)
- The girl liked his appearance,| but disliked his manner. (2개)
- The boy saw the girl, | stopped to talk, | but she ignored the boy. (3개)
- The boy said | "Hello!", | but she ran away | far from the boy. (4개)

(4) 강조를 해야할 필요가 있을 때 끊어 읽는다.

- Frankly my dear, / I don't give a damn.

(5) 너무 자주 끊어 읽으면 문장이 끊기므로 좋지 않지만 호흡이 벅찰 정도로 참지 말고 호흡할 필요가 있을 때 끊어 읽는다.

- I'm happy having dinner here/ with Tom and the rest of the group.
- I'm happy having dinner here with Tom/ and the rest of the group.
- I'm happy/ having dinner here/ with Tom/ and the rest of the group.
- I'm happy/ having dinner /here/ with Tom/ and the rest/ of the group.

(6) 절이나 명사구, 동사구, 부사구, 전치사구와 같은 문법적 단위 뒤에서 끊어읽는다.

- When she came(절)/ he hid under the table.
- A beautiful woman(명사구)/ entered the room.
- He ran quickly(접속사 앞에)/ and climbed the tall trees(동사구)/ with his friends.(전치사구)
- Workers at the factory(주어구 뒤에)/ get to leave early on Fridays.
- I bought a present(목적어 뒤에)/ for my mom.
- I didn't have time(목적어 뒤에)/ to help my mom.

Listening Skill 05

문장 강세(sentence stress)와 내용어(content words)

1. 문장 강세(sentence stress)의 정의

문장을 말할 때 중요한 단어들에는 강세를 주고, 기능어에는 강세를 주지 않음으로 일정한 리듬을 만드는데, 이처럼 문장 내에서의 강세어와 약세어의 결합을 문장 강세(sentence stress)라 말한다.

2. 문장 강세를 받는 내용어의 발음방법

영어는 강세가 주어지는 단어들이 일정한 간격으로 마치 주파수의 파형(wave)처럼 반복되는데 그 단어들은 전하고자 하는 중요한 정보(information)나 의미(meaning)를 지니고 있어 내용어(content words)라고 말한다. 내용어(Content words)는 단어 자체에 고유한 정보를 지니고 있어 문장 내에서 그 의미를 강조하기 위하여 강세가 주어지므로 길고 강하게 발음된다.

내용어와 문장강세

내용어에는 강세가 주어진다.

1 명사	2 동사	3 형용사	4 부사
5 부정어	6 감탄사	7 지시사	8 의문사

unstressed syllable
(비강세음절)

You **need** a **hair**cut. → extra
long, loud, clear, high

강세어
long, loud,
clear, high

제1강세어(focus word)
제1강세어의 모음은
super long, loud, clear, high

stressed syllable
(강세음절)

3. 내용어란 어떤 단어들인가?

1) 음소가 추가될 수 있는 내용어(content words)
문장에서 중요한 내용을 지님과 동시에 book - books(명사의 복수), make - makes/making(동사), slow - slowly(형용사), fast - faster/fastest(부사)처럼 다른 음소가 추가될 수 있는 내용어로는 1. 명사(noun), 2. 본동사(main verb), 3. 형용사(adjective), 4. 부사(adverb)가 있다.

2) 문장에서 독립적인 의미를 지닌 내용어(open class words)
Who is she?의 Who는 문법적인 기능면에서 빼면 문장이 되지 않으므로 기능어로 보이지만, 문장 내에서 '누구'라는 의미 전달이 우선되는 단어이다. 이처럼 문장에서 기능적인 면이 있지만 확실한 의미를 지니고 있어 강세를 받게 되면 내용어로 분류되는 단어들에는 5. 부정어나 부정 조동사, 6. 감탄사, 7. 지시대명사, 8. 의문대명사 등이 있다. 이러한 특성 때문에 내용어를 **open class words**라고 한다.

Hi! This is John. Nice to meet you. We should run very quickly.

감탄사 지시사 명사 형용사 본동사 본동사 부사

4. 문장 강세가 있는 내용어 분석

1) **Don't**(부정조동사) for**get**(동사) the **bread** (명사) and **milk**(명사).
2) **Thanks**(감탄사) a **lot**(명사) for your **help**(명사).
3) I'll **have**(동사) her **call**(동사) you **back**(부사).
4) There **isn't**(부정어) any **juice**(명사) in the **refrigeRAtor**(명사).
5) He **drove**(동사) the **car**(명사) he **bought**(동사) from his **friend**(명사).
6) Is it **oKAY**(형용사) if I **sleep**(동사) for a **while**(명사)?
7) I'm **not**(부정어) going to **see**(동사) her any **more**(부사).
8) It's **easier**(부사) to **stop**(동사) **smoking**(동명사) than to **quit**(동사) **drinking**(동명사).
9) **This**(지시사) is my **best**(형용사) **soLUtion**(명사) for the **PROblem**(명사) we're **HAving**(동사).
10) **Tell**(동사) my **boss**(명사) that I'm **too**(부사) **sick**(형용사) to **work**(동사) **toDAY**(부사).

Listening Skill 06

기능어(Function words or Structure words)란?

1. 기능어(Function words or Structure words)의 정의

문장에서 문법적으로 올바르도록 문법적인 기능을 담당하는 기능어(Structure words 또는 Function words)의 주요 특징은 다음과 같다.

1) 강세가 없거나(unstressed) 모음이 약화된다.(reduced)

2) 내용어를 받쳐주고자 작은 소리로(quieter) 매우 빠르게(faster) 발음한다.

3) 소리가 약하고 낮은 음을 내므로 생략해도 내용을 알아듣는데 지장이 없다.(lower in pitch)

내용어(content words)는 말하고자 하는 뜻(meaning)을 전달하고
기능어(Function words)는 문장구조(Structure)를 형성(build-up)하는 문법적 기능을 한다.

2. 기능어는 어떤 단어들인가?

1) 명사 앞에서 형용사적 기능을 하면서 그 명사의 의미를 돕는 한정사(determiners)

(1) 관사(articles) : a, an, the

(2) 지시사(demonstratives) : this, that, these, those

(3) 소유사(possesives) :

① 소유형용사(possesive adjectives) : whose, my, his, her, our, your, its, their

② 소유대명사(possesive pronouns) : mine, yours, his, hers, its, ours, theirs

(4) 수량사(quantifiers) :

① 수사(서수 및 기수) : one, two, three, four, first, second, third, fourth

② 수량형용사: many, few, much, some, any, no, every, each

(5) 집단의 전체 또는 일부를 한정하는 말(Distributives) :

- [all, half, both + 집단명사], [EACH, EVERY, EITHER, NEITHER+ 집단명사]

(6) '다른'이란 뜻의 [OTHER, ANOTHER] + 명사

(7) wh- 형태의 의문사 Which, what, whose + 명사(의문문)

- Which dress are you going to wear tonight? What color is your dress?

(8) wh- 형태의 의문사 which, whose + 명사(평서문)

- Tell me which coffee you like. That's the man whose wife works in my office.

(9) SUCH, WHAT, RATHER, QUITE(PRE-DETERMINERS) + a + 명사

- What a lovely day! She's such a lovely woman! It's rather a small car.
- It was quite a nice day

2) 명사를 대신 받아주는 대명사(pronouns)

(1) 인칭대명사(I, you, it, we, they, he, she)나 재귀대명사(myself, yourself, itself)

(2) 상호대명사(each other, one another)

(3) 부정대명사(indefinite pronouns) : 부정대명사는 명사를 대신 받아주는 그런 대명사가 아니라 스스로 명사역할을 하는 대명사이다.(Everyone is wondering if any is left)

(4) 소유대명사(mine, yours, his, hers, its, ours, theirs)

(5) 의문대명사(who, which, what 또는 + ever)

(6) 관계대명사(who, whom, which, what 또는 + ever 그리고 that)

3) 구나 절을 이어주는 접속사(conjunctions) :

(1) 등위접속사(Coordinating Conjunctions) : and. or. but. nor. for, yet so

(2) 종속접속사(Subordinating Conjunctions) : after, although, as, because, before, if, until, when, where, whether, which, while, who, why

(3) 상관접속사(Correlative Conjunctions) : both, and, not only, but also, not, but, either, or, neither, nor, whether, or, as, as, such, that, scarcely, when, as many, as

4) 동사와 함께 쓰여 본동사의 뜻을 명확하게 해주는 조동사(auxiliary)

(1) can, could, may, might, must, ought, shall, should, will, would, need, used. dare, be going to, be able to, have got, had better, would rather

(2) be, have, do는 본동사의 시제, 문법적 양태를 바꾸기 위하여 be는 am, is, are, was, were, being, been으로 do는 do, does, did, doing, done으로, have는 have, has, had, having으로 형태를 바꾼다.

5) 보어(명사/형용사)가 필요한 불완전 자동사(linking verb)

(1) You'll get better.

(2) It seems so.

(3) I feel bad.

(4) It turned red.

(5) They became lovers.

6) 전치사(simple prepositions)

in/on/by/for/with/from/at/through 등의 단음절 전치사는 강세가 없는 기능어이나 2음절 이상의 전치사는 강세음절이 존재한다. Around, About, beside처럼 2음절 이상의 전치사는 강세음절이 존재한다(under, over는 강세를 잘 받지 않는다).

7) 일부 부사는 기능어로 쓰인다.

정도부사(degree adverb, intensifier 또는 qualifier)는 원래 자체의 의미를 강조하는 내용어로 쓰여 왔으나 점차 기능어로 바뀌어가고 있는 편이다. very나 pretty는 오늘날 자체의 의미를 거의 잃어버리고 정도부사의 기능만을 하는 대표적인 경우로 화자에 따라 내용어로 강조하기도 하고 기능어로 하여 강조하지 않기도 한다.

정도부사의 예 : indeed, utterly, awfully, terribly, really, definitely, truly, extremely, surely, just, completely, barely, entirely, very, quite, too, enough, pretty, far, especially

- It was an extremely **large PARcel**. She was terrifically **well-dressed**.
- The **church** was wonderfully **decoRAted**. I was mightily **disPLEASED**.
- It was very **big**. It was simply **great**. It was very **good**. It was quite **hot**,
- That **STATEment** made you **look** just **STUpid**.

8) there is의 there와 명사를 대신 받는 one(noun-substitute)은 강세를 받지 않는다.

- There are the **red dress** and the **blue** one

Listening Skill 07

기능어가 강세를 받는 사례

1. 기능어(am, are, at, but, can, do, for, have, me, must, that, them)는 문장 끝, 부정형, 문장 앞(선택적)에서 강세를 받는다.

1) 떼어서 발음될 때나 문장 끝, 부정형으로 축약될 때는 강세를 받는다.

- What are you looking at['æt]? I'm looking at[ət] the river.
- These books aren't['ɑːrnt] mine. These books are[ər] mine.

2) 문장의 맨 앞에 올 때는 약세형으로 발음되기도 하지만 강세를 받기도 한다.

- Are['ɑːr] you tired? Can['kæn] you swim? Have['hæv] you ever been to LA?

3) 문장의 끝에서 be동사나 조동사로 끝나는 경우는 강세를 받기도 한다.

- Are['ɑːr] you happy? Yes, I am['æm].(happy가 생략되면서 am이 중요해짐)
- Is it good? Yes, it is.(good이 생략되면서 is가 중요해짐)
- She isn't READy, but he is.(ready가 생략되면서 is가 중요해짐.)
- He is MEEting her today. He is.(MEEting her가 생략되면서 is가 중요해짐)
- I should get a raise. I should.(get a raise가 생략되면서 should가 중요해짐)
- Have['hæv] you ever been to LA? Yes, I have['hæv]. I have[həv] been to LA once.

2. 조동사는 강조할 때나 부정문, 문장 앞, 부가의문문이나 조동사구가 되면 강세를 받는다.

1) 강조의 조동사 do/does/did나 조동사의 뜻을 강조하는 경우 강세를 받는다.

- You do look good today!/ I did play a lot of football when I was at school.
- She does care about you./ You have grown./ You must tell me./ You can do it./ Which one would you take?

2) 조동사 + not의 부정문형태에서는 기능어인 조동사에 강세가 부여된다.

- Didn't you introDUCE?/ Can't you sing?/ Haven't you been here beFORE?

3) 문장 끝 조동사는 생략된 단어의 무게가 옮겨져 강세가 부여될 수 있다.

- Yes, we MAY. Jack ALways DOES.
- She can speak ChiNESE. Can you speak ChiNESE? Yes, I CAN.

4) 부가의문문이 되면 조동사에 강세가 부여된다.

- You know SALly, don't you? You will do your HOMEwork, won't you?

5) 조동사구(ex used to, be going to, be able to)에는 강세가 부여된다.

- I'm going to be late for school./ She ought to go./ we have to take a rest.
- I used to live in Seoul./ You had better sleep./I'm able to do it.

6) 조동사가 맨 앞에서 Yes- No로 대답하는 의문문을 이끌면, 약간의 강세를 받는다.

- Can you sing? Yes, I can. 또는 No, I can't.
- Did you introDUCE? Yes, I did. 또는 Did you introDUCE? No, I didn't.
- Wouldn't you like to read it on train? Yes, I would. 또는 No, I wouldn't.

3. 기능어인 be 동사가 강세를 받는 경우

1) be동사가 맨 앞에서 의문문이 될 때나 부정문인 경우는 강세를 받는다.

- Are you ready yet?/ Are you sure?/ Are you tired?/ No, She isn't tired.
- Was she hurt?/ No, she wasn't.

2) Wh- + be동사의 의문문에서 이어지는 주어가 기능어인 대명사이면 be동사가 강세를 받는다.

- Where ARE you? / Where AM I?/ How ARE you?/ What IS it?

3) be동사로 끝나는 경우 생략된 단어의 무게가 옮겨져 강세가 된다.

- Is it good? Yes, it is. She isn't READy, but he is.(보어인 ready가 생략된 것임.)
- Sam was NOIsy and Job was, too. (보어인 noisy가 생략된 것임.)

- Sam is LEAving and Job is, too.(leaving이 생략된 것임.)
- How's it been?(보어인 good이나 fine이 생략된 것임.) It's been good.

4. Do/ Have는 조동사로 쓰이면 기능어이나 본동사로 쓰이면 강세를 받는다.

1) Do나 Have가 본동사로 쓰일 때는 내용어가 된다.

- He did his HOMEwork./ Will you do your HOMEwork?
- I have no pain./ Do you have any idea?

2) Do나 Have가 부정형일 때나, 과거분사가 생략된 have, has는 강세를 받는다.

- What *do* you make?/ I *have* done it mySELF.(do, have는 조동사로서 기능어임.)
- I *have* seen that MOvie, and Tom *has* seen it, too.(완료형의 have/has는 기능어)
- I haven't[hævn(t)] seen that movie, but John has[hæz] (seen).

3) Do가 앞의 동사를 대신 받는 대동사로 사용될 때는 강세를 받는다.

- Sam went to the beach, and Job did, too.

5. 기능어인 can[kən]이 강세를 받아 [kæn]으로 발음되는 경우

1) 의문문에서 문장의 맨 앞에 올 때나 맨 끝에서는 강세를 주는 편이다.

- Can[kæn] you do that for her?/ Yes, I can[kæn]. You can[kən] do that for her.

2) 부정형일 때는 제1강세가 주어질 수 있다.

- Can't[kænt] you? No, I can't[kænt].
- Can't[kænt] you help me with that?/ No, I can't[kænt] help you with that.
- We can[kən] wait for the train. vs We can't[kænt] wait for the train.

6. 기능어인 한정사가 강세를 받는 경우

1) 지시사 this, that, these, those, such는 한정사이나 강조시 강세를 받는다.

- That's a good point./ That is an INteresting book./ I'll NEver forget this.
- It was ONly about this high./ This one's mine. Such is my beLIEF./ Such is life

2) 소유대명사는 강조하거나 틀린 내용을 바로 잡을 때 강세를 받는다.

- ACtually, MY name is STEven.(스티븐이 남이 아닌 나의 이름임을 바로 잡음)
- I knew a man whose name was Shaw.(whose는 강세를 받지 않음)

3) 수사(numbers)는 숫자로는 내용어이나 수량한정사가 되면 기능어가 됨.

- It's just between the two of us.(two는 숫자(명사)로서 내용어임.)
- Two fives are ten.(two는 수량한정사로서 기능어임.)

4) some/any + 단수명사나 some of는 강세를 받지만 복수명사와 함께하면 강세를 안 받는다.

- That is some car you got there!(some + 단수명사는 특정 대상이므로 강세를 받는다)
- We have some cars left in the lot.(some + 복수명사는 불특정대상이므로 강세없다)
- I can't see some of the TV screen./ SOME of the WINdows are Opened.
- Isn't there any FURniture in the LIving room?/ I don't want to hear any exCUSE!

5) Little과 few는 부정의 의미를 가지고 있기에 항상 강세를 받지만 a little과 a few는 부정의 의미를 잃어버리고 긍정정인 뜻을 지니므로 강세를 받지 않는다.

- Few of the STUdents showed any INterest in LITerature.
- There was LIttle EVidence of any imPROVEment.
- A few of the STUdents asked for an EXtra lecture.
- It's nice when SOMEone shows you a little appreciAtion.
- There were few misTAKES in your REport.
- There were a few misTAKES in your REport.

6) All, Both, Half는 다음에 관사, 소유격, 지시사, 전치사 of를 동반하는 한정사로서 Both his parents, Half those days, All the time, All of a sudden처럼 쓰일 때 뒤의 명사와 함께 강세를 받는다. 단 All of them처럼 대명사가 오면 한정사에만 강세가 붙는다.

- Both his PARents were BASketball PLAYers
- Rice is the main food for half the world's popuLAtion
- All of a SUDden SOMEone grabbed me aROUND the neck.
- All of them are safe now.

7. 2음절 이상의 전치사, 접속사는 강세음절이 존재한다.

1) about, around, after, behind, in front of, next to처럼 2음절 이상의 전치사는 강세음절이다.

- It is UNder the TAble./ He had aRRIved there beFORE I called him.

2) because, although, however, whenever, whatever처럼 2음절 이상의 접속사는 강세음절이다.

- I COULDn't sleep well beCAUSE of my dad.
- HowEVER, it is hard to enJOY SUNshine in the WINter.

8. 문장 앞의 as나 if는 기능어가 이어지면 강세를 받는다.

- If you are right, we should be GETting there soon.
- She'd buy a new comPUter if she had the MOney
- If worse comes to worse, we'll just drop it.
- We should be GETting there soon if you are right.
- As a child he STUdied ENGlish. vs - He STUdied ENGlish as a child.
- As head of dePARTment, I can't alLOW you to do.

9. 장소의 부사구나 시간의 부사구는 강세를 받는다. 문장 앞에 오는 There가 장소부사로 쓰이면 강세를 받지만 가주어로 쓰이면 강세를 받지 않는다.

- There's NOthing we can do. There's a school next to my Office.(there는 가주어)
- There he sat / SMOking his CIgar. There's my school.(there는 장소부사)
- Let's go to Seoul STAtion. I know there.나 We're at the school. Come here.
(뒤에 위치하는 here, there는 강세가 없다.)

10. 앞 내용을 받는 so, such, somewhere, anywhere는 강세를 받지 않는다.

- You musn't speak so SLOWly.
- They are such nice PEOple.
- They live somewhere in Seoul.
- You could meet me in Seoul, Busan or anywhere.

Listening Skill 08

문장 강세의 생략, 추가, 이동에 대한 규칙

1. 말하는 속도가 빨라지면 리듬성을 고려하여 내용어의 강세를 생략하는 편이다.

1) I **would** have **liked** to **attend** the **meeting**.(느린 속도)

2) I would have **liked** to attend the **meeting**.(빠른 속도)

2. 별다른 의미없는 마지막 내용어는 강세를 생략하는 편이다.

- She **keeps BUYing** things.[things는 별 뜻 없는 말(empty word)임]
- **What** are you going to **tell** people?[people은 별 뜻 없는 말(empty word)임]
  Have a **word** with the guy. = **Have a word** with him.
- I **can't stand** that woman. = I **can't stand** her.

※ the man, the guy, that woman처럼 him이나 **her로 바꿔 말할 수 있는 마지막 내용어도** 별 뜻 없는 말(empty word)로 간주, 강세를 주지 않을 수 있다.(선택사항)

3. 단음절의 형용사 뒤에 명사가 이어지면 리듬성을 고려하여 둘 중 한 개의 강세만을 선택하는 편이다.

1) 단음절의 형용사 + 명사는 둘 중 더 강조하는 단어에 강세를 준다.

- **Hea**vy **drink**ing is a **tough** habit to **break**.(대화의 내용상 **tough**를 더 강조함)
  ● • ● • • • ● • • • ●
- It **takes** a **long** time to **mas**ter a **for**eign **lang**uage.(대화의 내용상 **long**이 더 중요함)
  • ● • ● • • ● • • ● ● •

2) 단순히 형용사+명사로 보면 꾸밈을 받는 명사에 강세를 준다.

- **Hea**vy **drink**ing is a tough **hab**it to **break**.(**형용사가 단음절**)
  ● • ● • • • • ● • • ●

- It **takes** a long **time** to **mas**ter a **for**eign **lang**uage.(형용사가 단음절)

• ● • • ● • ● • • ● ● •

- They **asked** their new **boss** for a big **raise**.(형용사가 단음절)

• ● • ● • • • ●

- They **asked** their **WICK**ed **boss** for an e**nor**mous **raise**.(2음절이상이면 형용사도 강세를 받음)

• ● ● • ● • • • ● • ●

4. 3개의 강세가 연속되면 중간 강세를 생략한다.(Rhythmic stress deletion)

1) **John's friend wants** to get **home beFORE MIDnight**.은 **John's** friend **wants** to get **home** beFORE **MIDnight**이 된다.(**medial** stress deletion)

2) nice old lady형태(주 강세 + 주 강세 + 주 강세)의 중간 강세 생략 사례

- We had a '**nice** '**old** '**la**dy. The '**man** '**grew** '**tired**.

• • • | ● | ● | ● • • | ● | ● | ●

- We had a '**nice** 'old '**la**dy. The '**man** 'grew '**tired**.

• • • | ● | • | ● • • | ● | • | ●

3개의 강세가 연속되면 가운데 강세는 왼쪽으로 이동되고, 자신은 강세를 잃어버린다.

- We had a '**nice** 'old '**lady**. The '**man** 'grew '**tired**.

• • • | ● | • | ● • | ● | • | ●

강세가 여러개일 때 마지막 강세만 가장 강한 제1 강세가 되고 앞의 강세는 보조강세가 된다.

- The **bee grew aNNOYed**.(느린 속도에서는 3연속 강세라도 모두 강세를 준다)
- The **bee** grew **aNNOYed**.(빠른 속도에서는 3연속 강세의 중간 강세를 생략한다)
- I'll **bet** there are **some** they **don't** *like* to **show** to their **PARents**.
  (강세어 사이에 to(1음절)가 끼어도 like의 강세를 생략시켰다.)
- The **man grew** very **tired**.처럼 강세어 사이에 2음절인 단어가 오면 강세탈락이 없다.
- As a **little boy**, I (**often** wore **skirts**)
- **All** of his **students** will (**get** good **scores**)
- How **often** does your **son** (**get** his hair **cut**?)
- It reminds me of the **good old days**['gʊd 'oʊld 'deɪz] → **good** old **days**.
- He was a **very brave soldier**['veri 'breɪv 'soʊldʒə] → **very** brave **soldier**.
- It will **cover** the **big news**['kʌvər ðə'bɪg'nu:z] → **cover** the big **news**.

- She is a nice old lady[ə'naɪs 'oʊld 'leɪdi] → a nice old lady.
- They are very nice people['veri 'naɪs 'pi:pl] → very nice people.
- My son speaks English['sən 'spi:ks 'ɪŋ,glɪʃ] → My son speaks English.

3) afternoon tea형태(보조강세 + 주 강세 + 주 강세의 3연속 강세)일 때 중간 강세는 탈락되고 보조강세가 있던 앞의 음절로 주 강세가 이동되는 사례(stress deletion + stress shift)

- The best man asked. → The best man asked.
- He has a dark brown hat. → He has a dark brown hat.

We had a nice old lady for afternoon tea.['æftərnu:n 'ti:]처럼 (보조강세 + 주 강세 + 주 강세)가 되면 가운데 주 강세는 보조강세로 이동되고 자신은 강세를 잃어버린다. 즉, after'noon 'tea[,æftər'nu:n 'ti:]가 'afternoon 'tea['æftərnu:n 'ti:]로 발음된다.

중간강세탈락(stress deletion) + 강세이동(stress shift)

3개의 강세가 연속되면 가운데 강세는 왼쪽으로 이동되고, 자신은 강세를 잃어버린다.
마지막 강세는 가장 강한 제1 강세(주강세)가 되지만 앞 쪽의 문장강세는 보조강세가 된다.

- We had a 'nice 'old 'lady for, after'noon 'tea.(보통속도 시)

- We had a 'nice 'old 'lady for 'after'noon 'tea.(빠른속도 시)

It is ,dark brown.(형용사+형용사는 보조강세 + 주강세)
보조강세 주강세

He has a,dark 'brown 'hat. => He has a 'dark brown 'hat.

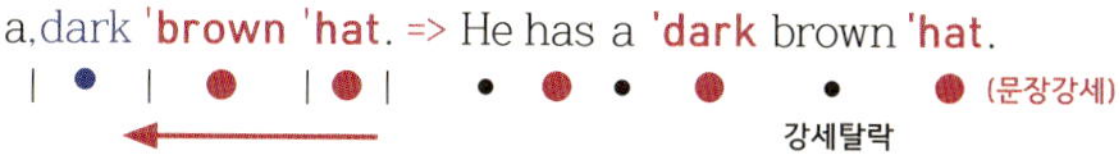

- Good afterNOON! vs The AFTERnoon CLAsses are CANceled.
- When I was thirTEEN, vs I need THIRteen SAMples.
- I was JapaNESE vs They are JAPAnese STUdent.
- ,Chi'nese 'student[,tʃaɪ'ni:z 'stu:dənt] → 'Chinese 'student['tʃaɪni:z 'stu:dənt]
- ,Canto'nese garden[,kæntə'ni:z 'gɑ:rdn] → 'Cantonese garden['kæntəni:z 'gɑ:rdn]

- ˌundeˈclared goods[ˌʌndɪˈklerd ˈgʊdz] → ˈundeclared goods[ˈʌndəklerd ˈgʊdz]
- ˌupˈstairs gallery[ˌʌpˈsterz ˈgæləri] → ˈupstairs gallery[ˈʌpsterz ˈgæləri]
- ˌdownˈstairs market[ˌdɑːʊnˈsterz ˈmɑːrkət] → ˈdownstairs market[ˈdɑːʊnsterz ˈmɑːrkət]
- ˌNorth ˈSea oil[ˌnɔːrθ ˈsiː ˈɔɪl] → ˈNorth Sea oil[ˈnɔːrθ siː ˈɔɪl]
- ˌNew ˈYear's Eve[ˌnuː ˈjɪrz ˈiːv] → ˈNew Year's Eve[ˈnuː jɪrz ˈiːv]
- ˌduty ˈfree goods[ˌduːti ˈfriː ˈgʊdz] → ˈduty free goods[ˈduːti friː ˈgʊdz]
- ˌWorld ˈWar Two[ˌwɜːld ˈwɔːr ˈtuː] → ˈWorld War Two[ˈwɜːld wɔːr ˈtuː]
- The dog was ˌfully-ˈgrown. It's a ˈfully-grown dog.
- The prices are ˌsky-ˈhigh. They are ˈsky-high ˈprices

5. 강세탈락(stress deletion)의 기타 현상과 강세 추가(stress added)

1) Don't just⁀stand there. → Don't just stand there.

(1) just⁀stand는 [dʒəst ˈstænd → dʒəs ˈstænd]로 3연속자음의 중간음 [t]탈락이 일어난다.

(2) [dʒəs ˈstænd]는 [s-s]가 [dʒəˈstænd]로 공동조음될 때 리듬이 빨라진다.

(3) 리듬이 빨라지다 보니 앞의 Don't의 강세마저 탈락되어 Don't just stand there.가 된다.

2) I drove past the church. → I drove past the church.

(1) past⁀the는 [ˈpæst ðə → ˈpæs ðə]로 3연속자음의 중간음 [t]탈락이 일어난다.

(2) [t]탈락이 일어나면서 빠른 리듬으로 가기 위해 past의 강세를 생략한다.

3) We can work it out.[ˈwi kæn ˈwɜːk ɪt ˈaʊt]은 can이 [kən]으로 약화되면서 빠른 리듬으로 가기 위해 work의 강세를 생략, We can work it out[wi kən wɜːkɪɾˈaʊt]이 된다.

4) I'll have a cup of COFfee.[aɪl ˈhæv əˈkʌp əv ˈkɑːfɪ]는 I'll이 [ɑːl], have가 [əv], of가 [ə]로 약화되면서 빠른리듬으로 가기 위해 have와 cup의 강세를 생략, I'll⁀have⁀a cup⁀of coffee[ɑːl əvə kʌpə ˈkɑːfɪ] 가 된다.

5) I don't know[aɪˈdoʊnt ˈnoʊ]는 [t]탈락과 [n-n]가 공동조음되면서 빠른 리듬으로 가기 위하여 앞의 don't의 강세를 생략하여 약세형인 [ˈdən ˈnoʊ → dəˈnoʊ]가 되므로 I don't⁀know[aɪ dəˈnoʊ]가 된다.

6) They **must** be **exHAUSted**[ðeɪˈmʌst bi ɪgˈzɔstəd]는 **must**가 [məst]로 약화되고 [t]탈락이 되면서 빠른리듬으로 가기 위해 must의 강세를 생략, They must be **exHAUSted**.[ðeɪməsbi ɪgˈzɔstəd]이 된다.

7) He should have been here **EARlier**처럼 기능어가 연속되면 기능어들에 강세를 주어 강세어와 약세어를 교차시켜서 발음하는 것이 자연스러운 리듬이 된다. 즉, **He** should have **been** here **EARlier**로 소리 낸다(stress added).

제1강세음절(tonic syllable)과 제1강세(tonic stress)

1. 제1강세음절(tonic syllable = nucleus)의 정의

영어의 문장은 기능어와 내용어의 반복을 통해 강세의 있고 없음이 교차되면서 리듬을 만든다. 내용어에 주어지는 강세(stress) 중에서 문장의 마지막 내용어에는 특별한 강조(special focus)를 위해서 초특급 강세(extra strong stress)가 붙는데 이를 제1강세(tonic stress)라 한다. 이렇듯 제1강세를 지닌 가장 높은 음(the highest pitch)이 존재하는 음절을 제1강세음절(tonic syllable = nucleus)이라 한다. 그리고 제1강세음절을 지닌 단어를 제1강세어(FOCUS WORD)라고 한다.

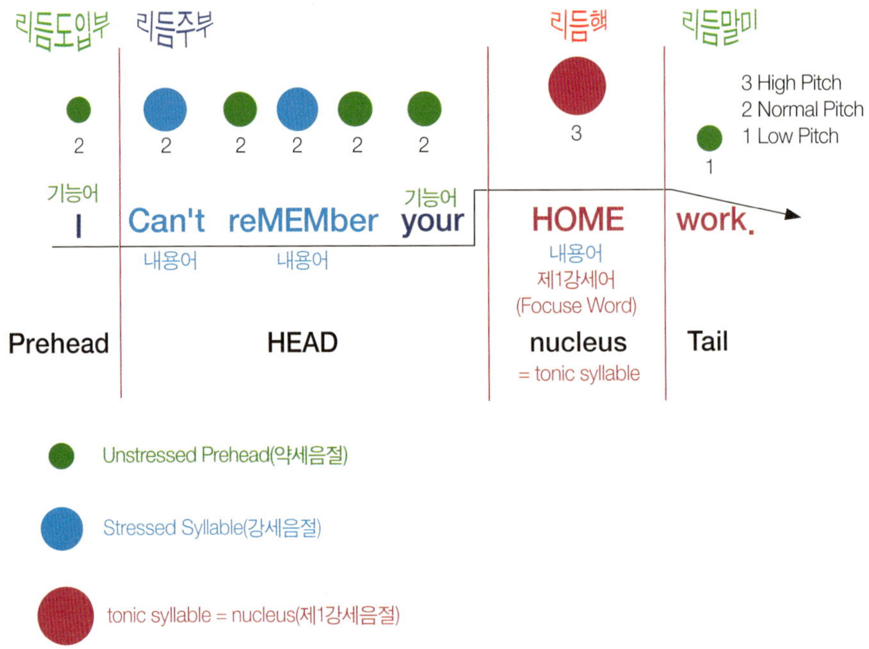

2. 제1강세음절의 규칙은 마지막 내용어가 제1강세를 받는 것(Last Content-Word Rule)

마지막 내용어가 제1강세(tonic stress)를 받게 되는 것을 제1강세음절의 기본규칙이라 한다. 제1강세는 내용상 가장 중요하기 때문이 아니라 위치상 마지막에 놓인 내용어라면 기계적으로 붙여주어야 하는 규칙이다(Last Content-Word Rule).

1) They are COMing. They are COMing from JaPAN.

2) They are COMing from JaPAN for a HOliday.(제1강세음절은 마지막 내용어의 강세음절임)

3) Sit DOWN. I bought a new CAR. (형용사 + 명사는 명사에 주 강세가 붙는다)
(강세어) 제1강세어 (강세어) (강세어) 제1강세어

4) Sam's BROther is an exTREmely rich MAN. (형용사 + 명사는 명사에 주 강세가 붙는다)
(강세어) (강세어) (강세어) (강세어) 제1강세어

5) Turn right towards the CAR FERry. (명사 + 명사의 복합명사는 앞 명사가 내용어가 된다)
(강세어) (강세어) 제1강세어

6) What is her umBRELla like? I COULDn't WAIT for you. I hope you can reMEMber him.
(강세어) 제1강세어 (강세어) 제1강세어 (강세어) 제1강세어

7) MAry COULDn't DO *it for me*. That's what I'm LOOK*ing for*.
(강세음절) (강세음절) 제1강세어 (강세음절) 제1강세어

8) She critiCIZED EVE*rything*. He's right in FRONT *of you*.
(강세음절) 제1강세음절 (강세음절) 제1강세음절

9) She stays in the hoTEL on the CORner.
(강세음절) (강세음절) 제1강세음절

10) DAvid is HAVing PASta and NOOdle/ because he DOESn't eat MEAT.
제1강세음절 (생각그룹1) 제1강세음절 (생각그룹2)

3. Thought Group내의 강세음절과 약세음절이 만들어 내는 기본적인 리듬

1) Dah DAH(강세어 ● + 제1 강세어 ●) 형태의 리듬

- Keep CALM! Love CHANGES. Time FLIES.

2) duh duh DAH(약세어 •+ 약세어 • + 제1 강세어 ●) 형태의 리듬

- We are WRONG./ It is TRUE./ It's a NAIL./ There are FOUR./ go aWAY

3) Dah duh DAH(강세어 ● + 약세어 • + 제1 강세어 ●) 형태의 리듬

- Do it NOW. Make the TEA. Show me YOURS. Try to SLEEP. That's the MAN

4) duh DAH duh(약세어 •+ 제1 강세어 ● + 약세어 •) 형태의 리듬

- I THINK so./ They EAT them./ He SEES her./ She KNOWS him./ of COURSE not.
- She SELLS some./ He HEARS us,/ They HAVE one./ They LIKE it./ It's BROken.

5) duh Dah duh DAH(약세어 + 강세어 + 약세어 + 제1 강세어) 형태의 리듬

- I'd like to HELP. I bought a CAR. I've gone to FRANCE.

6) Dah duh duh DAH(강세어 + 약세어 + 약세어 + 제1 강세어)형태의 리듬

- Give me a RING./ What is it FOR?/ Leave it aLONE./ Sing us a SONG./ Do it aGAIN.
- Where did she GO?/ Those are at SCHOOL./ WINter is THERE/ Thanks for your HELP

7) duh duh Dah duh DAH 형태의 리듬을 갖는 경우

- I could not aGREE./ I apPLIED toDAY./ They had gone to TOWN.

4. 동사+전치사인 구동사(2 word verb or phrasal verb)는 한 개의 강세가 주어지는 경우(동사에 만)와 두 개의 강세가 주어지는 경우로 나뉜다.

1) 첫 번 째 단어인 동사에만 강세가 주어지고 두 번째 단어인 전치사 at, for, from, of, or with, to 등에는 강세가 주어지지 않는 경우

- What would you care for?/ What are you looking at?/ I agree with you.

2) 첫 번 째 단어인 동사에는 보조강세가 주어지고 두 번째 단어인 부사에는 주강세가 붙는 경우

(1) ToDAY we will go to the gym to work out.

(2) I drove up. I drove back. I'll fly up. I'll fly back. I'll sail up. I'll sail back.

(3) They were STANDing around. Get up! It's time for you to take over.

3) 3연속 강세의 중간 강세는 탈락되므로(medial stress deletion) 동사의 강세가 생략되기도 한다.

(1) You look let down. Please come in. The plane took off.

(2) The car didn't break down. He can't get up. The plane didn't take off.

4) 동사 + 목적어 + 부사는 동사에 중간강세, 부사에 주강세가 붙지만 동사 + 명사 + 부사, 동사 + 부사 + 명사인 경우는 명사에 강세가 주어지므로 부사는 강세를 잃어버린다.

(1) Pick it up. I turned it on. Why do they tear it up? I COULDn't FIgure it out.

(2) It's not easy to pick the box up. I wrote your address down. Don't take the tape off.

(3) I can't pick up the box. Turn down the volume. I turned on the light.

Listening Skill **10**

신정보에 주어지는 제1강세(New Information Stress)

1. 생각그룹 중 신정보(new information)에는 제1강세를 준다.

1) My mother bought me a CAR. I LIKE the car.
(앞의 a car는 신정보이므로 강세를 받지만 뒤의 the car는 구 정보이므로 강세가 없다)
2) John just got a new PET. It's the cutest DUCK you've ever seen.
3) What color car did you BUY? I bought a RED one.
4) Do you want to have Dinner? → But I already HAD dinner.
5) I'm from JaPAN. My WIFE is Japanese, too.
6) Who did you give the book to? I gave JAMES that book yesterday.
7) I have two friends I want to introDUCE you to. This is JHON and This is STEven.
8) Here's the CD[si:'di:] I bought for you.
9) Kyung-ju is a very silent TOWN. I know, my PARents live there.

2. 의문사 구문의 대답 시에는 제공되는 새로운 정보가 대개 끝에 오므로 이들 새로운 정보가 제1강세어(focus word)가 된다.

1) Where are you FROM? I'm from SEOUL.
2) What's your NAME? My name is JOHN.
3) When does your class END? It ends at FIVE.
4) How often do you get your hair CUT? I don't cut it very OFten.
5) Where do you get your hair CUT? I have my hair cut at HOME.

Listening Skill 11

강조어에 주어지는 제1강세(Emphatic Stress)

1. 생각그룹 중 강조어(Emphatic Word)에는 제1강세를 준다.

1) 대명사를 강조하는 경우

- HE likes them(but someone else does not like them).
  ● • • (대명사에 강세를 주면 likes가 강세를 잃어버리게 됨)
- I like HER but SHE doesn't like ME.(대조되는 대명사가 2개임)
  ● • ● • ● • • ●
- They gave it to ME.(not to anyone else).
- HE got there before it STARted.(though others arrived later).

2) 앞에 나온 명사를 대명사로 바꿀 때는 강세가 들어간다.

- Bill told MAry and then SHE told JENnifer.(she는 앞의 Mary임을 강조)
- They offered it to SOMEone else, but HE changed his mind.

3) 대명사 and 대명사 일 때는 뒤의 대명사에 강세를 제1강세로 바꾼다.
(end-weight)

- You and I/ could sort it out/ QUICKly.

4) 부정어를 강조하는 경우(부정어가 제1강세가 된다.)

- No, I do NOT want to go on a date with you. I'm NEver eating oysters again.
- I don't LIKE it.(보통의 강세) → I DON'T like it.(강한 부정의 경우).

5) 조동사, 정도부사(intensifier)나 형용사, 명사 등 특정 단어를 더 강조하는 경우

- Did you GO?의 조동사에 강세를 주면 Did you go?(Dah duh DAH)
- Can you SING?의조동사에 강세를 주면 Can you sing?(Dah duh DAH)
- He CAN answer loudly. It was VEry exciting. I'm REALly enjoying it.
- That was a DIfficult test. He bought a new MOUNtain bike.

6) I think. I guess. I suppose.등 문장 뒤에 덧붙이는 생각과 관련된 동사는 앞 단어를 제1강세어로 만들면서 자기는 강세가 없어진다.

- It was NICE, I think. I'll come back later this afterNOON, I guess.

7) 명백히 예측할 수 있는 동사가 문장 끝에 오면 앞 단어를 제1강세어로 만들면서 자기는 강세가 없어진다.

- That's what the BOOK says.

8) 전치사나 종속접속사 자체의 뜻을 강조하는 경우에는 제1강세가 붙는다

- ON the table, you'll find a glass.(전치사를 강조할 때는 도치문일 경우가 많다.)
- AlTHOUGH I tried my best, that was not eNOUGH.
- AFter you've passed it, turn RIGHT!.

2. 내용을 수정하면서 바르게 잡아강조하면 제1강세가 붙는다.

1) I think you didn't pass the EXAM. I DID pass the exam.
2) You are studying an Korean HIStory, RIGHT? No, EuROpean history.
3) Actually, MY name is Steven. and THIS is Jhon.
4) Are you looking for John or JACK? Actually I'm looking for John AND Jack.
5) I didn't really want to come. but here I AM.

3. 문장 끝의 소유대명사나 목적격대명사가 강조가 되어 제1강세어가 된다.

1) This is MINE. If I can't find my pen, I'll take YOURS. It's ME.

4. 의문문의 경우 내용어가 없을 때는 대명사가 제1강세어가 된다.

1) Who's SHE?
2) Who is IT?

Listening Skill 12

대조어에 주어지는 제1강세(Contrastive Stress)

1. 두 개의 생각그룹에서 대조(Contrastive)되는 단어에는 제1강세를 준다.

1) I said BLUE not black.
2) I meant to say five THOUsand dollars.(not five hundred)
3) Do you take this one or THAT one? I take THIS one.
4) Which is SMALLer? THIS is smaller than THAT one.
5) I didn't BUY a car. I only RENTed it.
6) SOME students were there, but not ALL.
7) some days are better than others.

2. 기능어라 할지라도 대조되는 접속사, 대명사, be동사, 조동사는 강세를 받는다.

1) IF and WHEN you do this game, you need to know the rules.
2) YOU can go, but your SISter can't.
3) I think it's wrong, no matter what YOU tell me.
4) I gave her a ride, not HIM.
5) But she WAS here.[she hadn't left]
6) She sounds Japanese to me. That's be'cause she IS Japanese.
7) You can't come IN because you're not MEMbers. – We ARE members.
8) "I don't think I can DO it.""But I think you can[kæn] do it."

인토네이션(intonation)이란?

1. 인토네이션(intonation)의 정의

말을 강하게 하면 높은 음파가 생긴다. 말을 약하게 하면 낮은 음파가 많이 생긴다. 소리를 빠르게 하면, 음파횟수가 많아지면서 피치(pitch)의 개수도 많아지고, 소리를 느리게 하면, 음파횟수가 적어지면서 피치(pitch)의 개수도 적어진다. 이렇듯 피치는 말의 빠르기와 강세에 따라 달라지는데 말하고자 하는 생각그룹의 끝 내용어에서 피치를 변화시켜서 상승조(rising intonation)나 하강조 (falling intonation)의 리듬을 만들어 준다. 이렇듯 피치의 변화를 이용하여 리듬을 만드는 것을 인토네이션이라 한다. 숫자를 사용하는 학문을 수학이라 하듯이 피치(pitch)를 사용하여 말하고자 하는 단어들 속에 리듬 또는 멜로디(a line of melody)를 만들어 주는 것이 인토네이션이다.

소리의 빠르기는 피치의 개수에 비례한다. 소리의 세기는 피치의 높이에 비례한다.

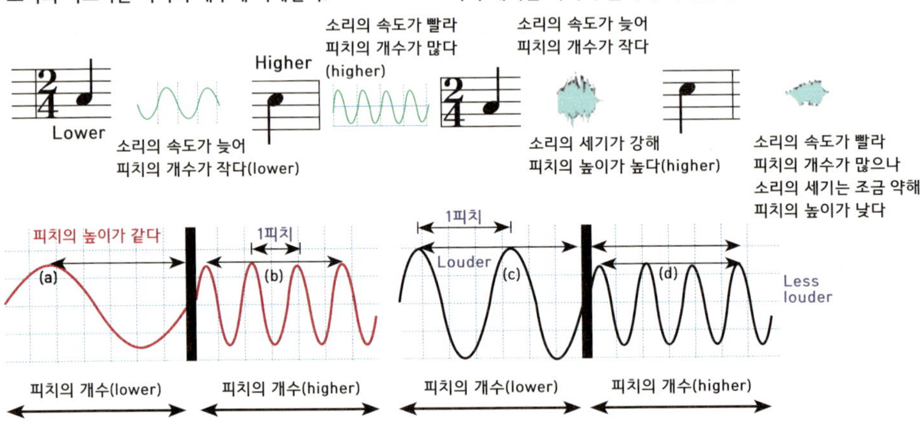

성대진동의 많고 적음이 피치(pitch)이다. 따라서 음파횟수가 많아지면 피치(pitch)의 개수도 많아지고 음파횟수가 적어지면 피치(pitch)의 개수도 적어진다. 피치의 개수(소리의 빠르기) : (b) = (d) > (c) > (a)

피치(pitch)의 개수가 같을지라도 강세를 주어 말하면 피치의 높이가 높고 강세가 없으면 높이가 낮다. 피치의 높이(소리의 세기) : (c) > (b) = (a) > (d)

2. 인토네이션(intonation)의 특성과 주요 요소

강세박자리듬은 문장에서 호흡을 끊어주는 부분, 즉 쉼 구간(pause)까지를 기본단위로 하는데 이는 소리의 높낮이의 변화의 관점에서 본다면 성조(聲調)단위(Tone Unit)이고 하지만 문장 전체의 리듬의 변화가 어떻게 되느냐의 관점에서 보면 인토네이션단위(Intonation Unit)이다. 따라서 성조단위에 제1강세 음절(Tonic syllable)과 제1강세어(focus word)가 있다면 인토네이션단위 내에서는 피치가 가장 높게 올라가는 피치 정점(nuclear pitch accent)과 피치 단어(pitch word)가 있다. 그러므로 제1강세(Tonic stress)가 주어지는 곳이 바로 피치 정점이며 그 지점으로 부터 인토네이션이 올라가기도 하며 내려가기도 하면서 말의 강세와 빠르기가 바뀌게 된다.(pitch change)

1) 인토네이션단위(Intonation Unit)

강세박자리듬은 문장에서 쉼표나 마침표, 물음표 등의 호흡을 끊어주는 부분, 즉 쉼 구간(pause)까지를 기본단위로 하는데 소리의 높낮이의 변화의 관점에서 본다면 성조(聲調)단위(Tone Unit)이고 문장 전체의 리듬의 변화가 어떻게 되느냐의 관점에서 보면 인토네이션단위(Intonation Unit)이다.

2) 피치 정점(nucleus, nuclear accent)

(1) 피치 정점의 정의 : 피치 정점은 인토네이션 단위에서 가장 높은 음을 내는 제1강세음절로 마지막 강세음절이 이에 해당된다. 이를 기점으로 하강조(fall)나 상승조(rise) 등의 인토네이션의 변화가 일어난다. 피치 정점은 성조단위의 제1강세음절(tonic syllable)에 해당된다.

성조단위(tone unit) = Intonation Unit(인토네이션단위) = intonation phrase(IP)(억양구)
피치정점에서 falling(하강조) 또는 rising(상승조)로 pitch movement가 일어난다.

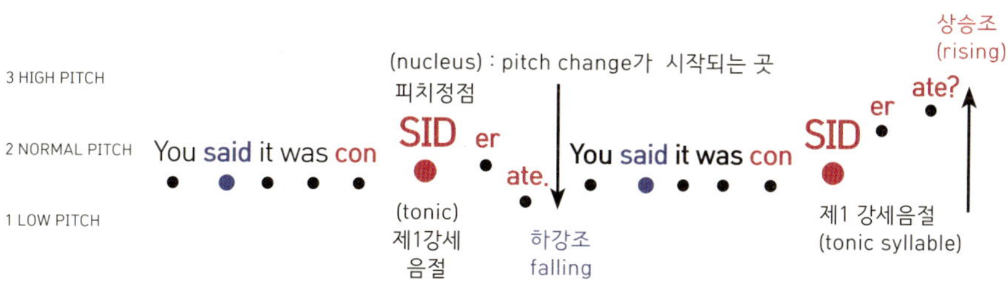

(2) 피치 정점의 이동 : 피치 정점은 인토네이션 단위(intonation unit)의 가장 뒤 쪽의 가장 높은 음절이지만, 말하는 사람이 강조하고자 하는 단어(Pitch word)가 있으면 피치 정점을 이동시킬 수 있다. 피치 정점 뒤의 단어는 약화시켜 강세가 없게 하고 빠르고 약하게 발음해야 한다.

3) 리듬도입부의 음높이(Starting Pitch)

말을 시작할 때 첫 단어의 소리 높이를 영어에서는 (1) 낮은 피치(low pitch) middle) (2) 중간 피치(normal or middle pitch) (3) 높은 피치(high pitch) (4) 매우 높은 피치(very high pitch)의 4가지로 구분한다. 대개의 경우는 중간 피치(normal or middle pitch)인 (2)에서 시작하지만 앞의 말에 슬며시 덧붙이는 말은 낮은 피치에서 시작하고, 다른 견해나 다른 화제로 이야기를 옮기는 경우에는 주의를 끌기 위해 높은 음높이에서 말하는 편이다.

4) 리듬주부의 강세음절

It was **broad**에는 제1강세(피치정점) 밖에 없지만, It was sur**pri**singly **broad**.에는 제1강세(피치정점) 앞에 일반 강세음절이 더 있다. 이 경우 강세음절에서부터 제1강세까지를 리듬주부(Head)라고 한다. 리듬주부의 일반 강세는 강세의 강약(● •)만 변화시키는 편이지만, 제1강세처럼 피치의 변화를 주어 계단식으로 발음할 수도 있다.

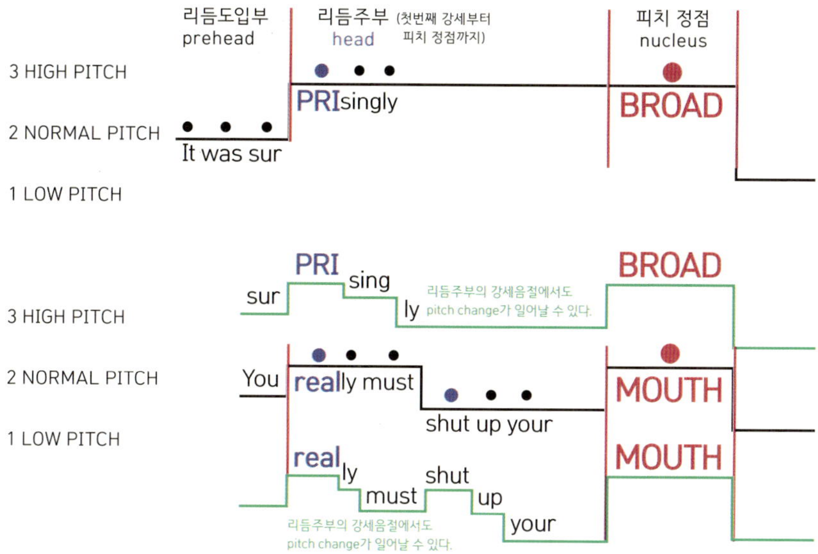

Listening Skill 14

내려가는 인토네이션(하강조/FALLING INTONATION)

1. 서술문(statements), 감탄문, 명령문(commands)은 하강조 인토네이션이다.

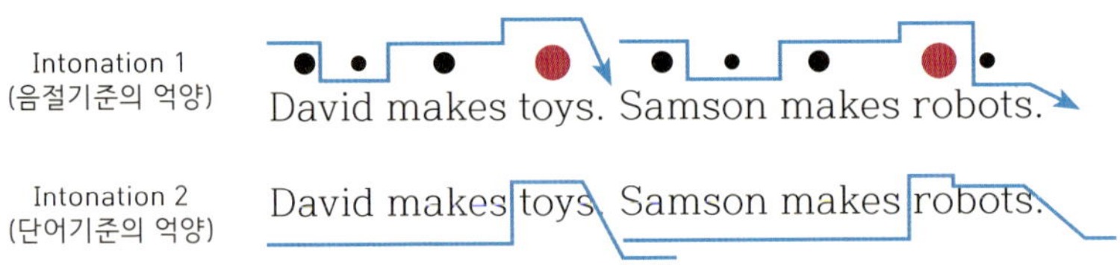

피치정점이 인토네이션단위의 유일한 음절이거나, 마지막 음절인 경우는 거기서 하강조(falling intonation)가 시작된다.

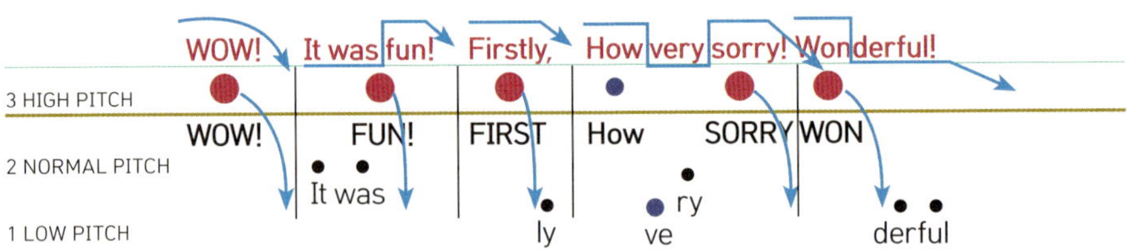

피치정점 뒤에 약세음절의 꼬리(tail)가 붙으면 하강조(falling intonation) 뒤에 낮은 소리(low pitch)로 발음된다.

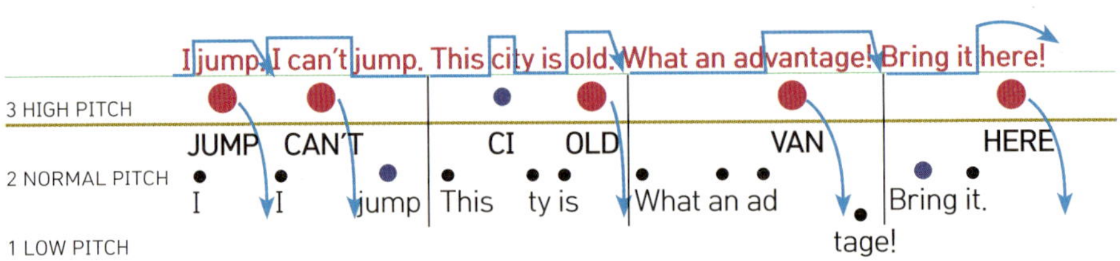

인토네이션의 시작점은 중간피치나 높은피치 사이에서 주로 이루어진다.

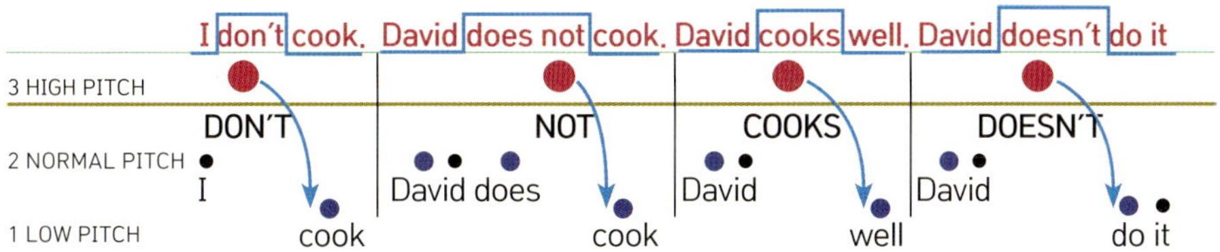

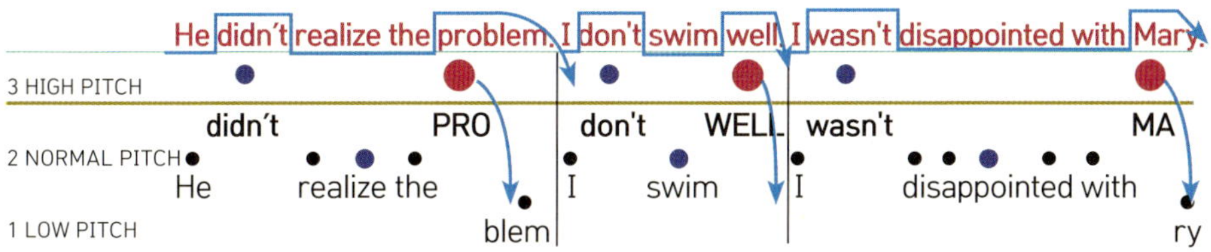

3개의 내용어가 이어지면 부드러운 리듬을 위해 가운데 강세어를 약화시켜 중간 피치로 발음한다.

2. Wh-로 시작하는 의문문(Wh- Questions)도 하강조 인토네이션이다.

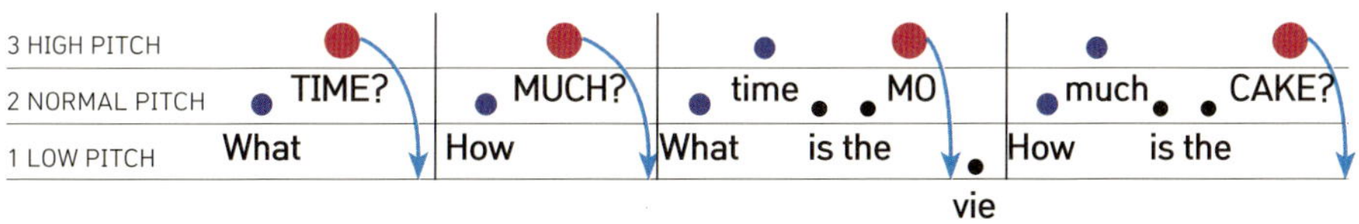

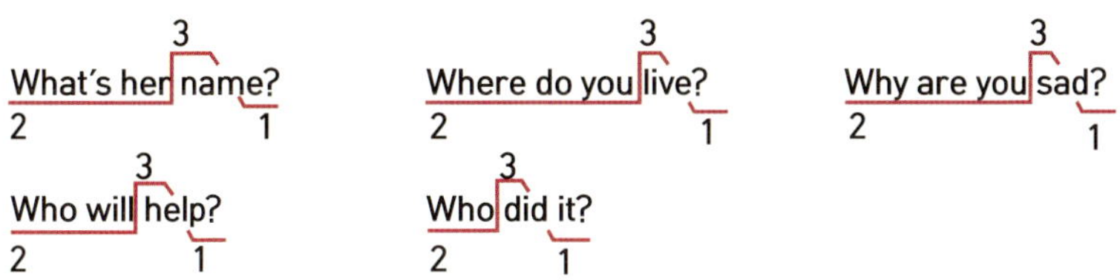

3. or로 연결되는 선택의문문은 제1강세어에서 떨어지는 하강조 인토네이션이다.

Will you HAVE PEPper or MUStard?

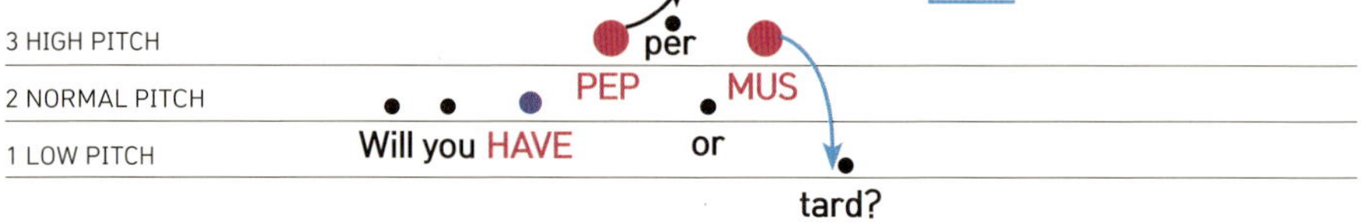

Do you PLAY the FLUTE, or the vioLIN?

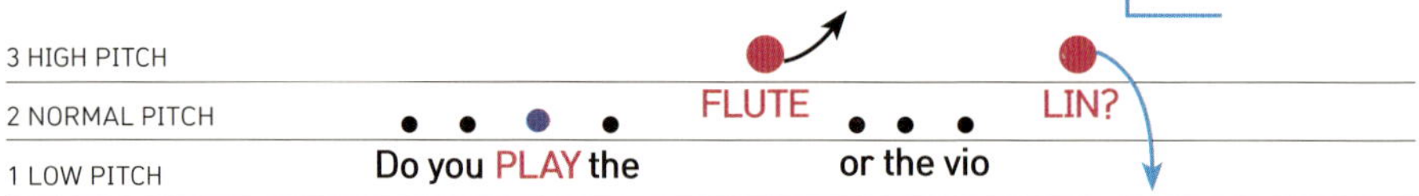

You can SAY it in WRIting or Orally.

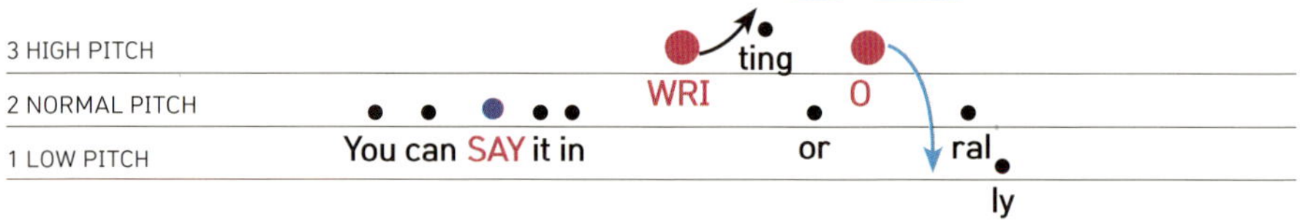

We CAME, we SEE, and we CONquered.

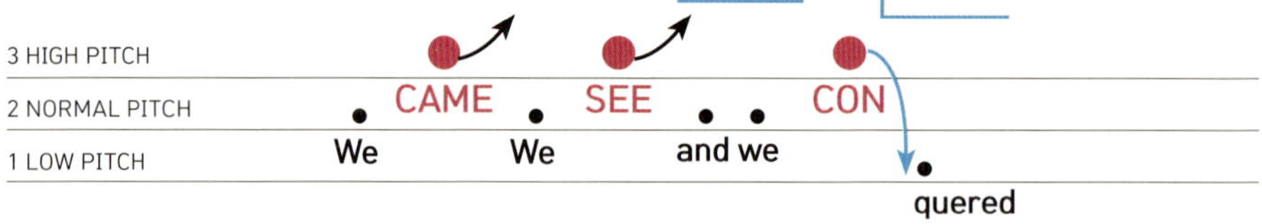

We EAT at a DRUGstore, a cafeTERia, or a RESTaurant.

He CAME with a PEN, a BOOK, and a PENcil.

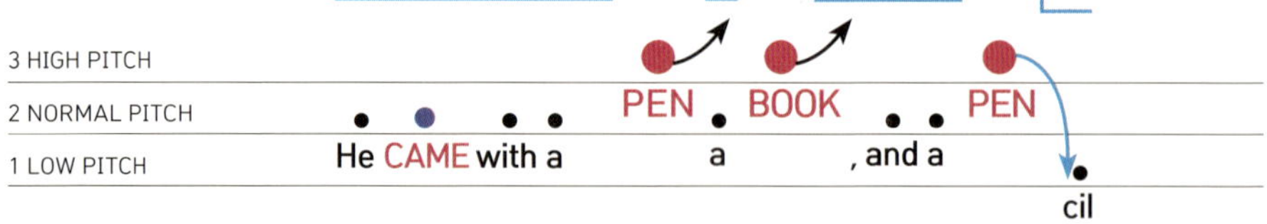

Listening Skill 15

올려주는 인토네이션(상승조/RISING INTONATION)

1. 의문문의 종류 : 1) Wh-의문문 2) Yes-No 의문문 3) 반문의문문

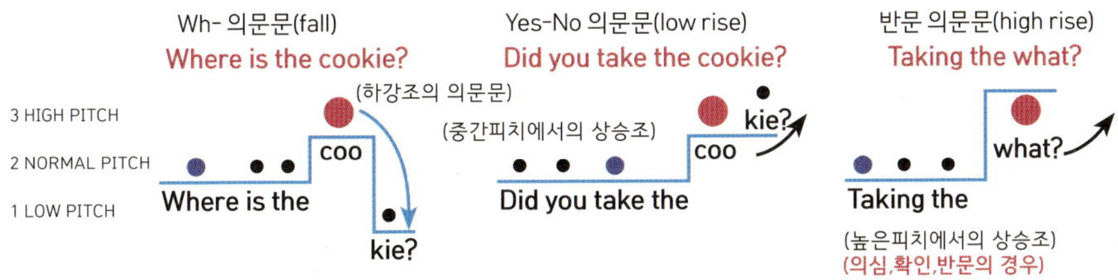

2. Yes-No 의문문(Yes-No Question)의 사례들

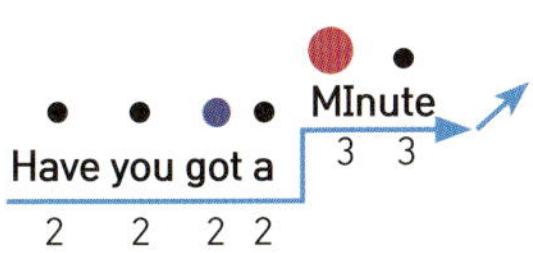

일반의문문은 2-3(피치정점)

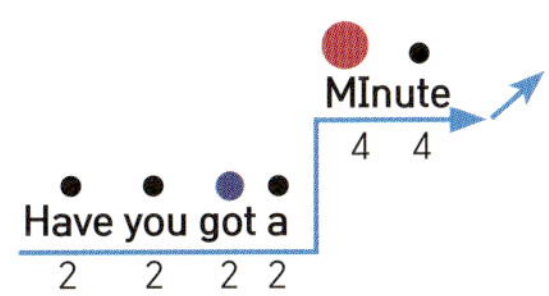

좀더 감정을 넣은 의문문은 2-4(피치정점)

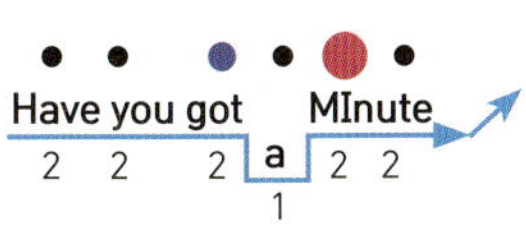

불확실한 의심을 갖고 묻는
의문문은 2-1-2(피치정점)

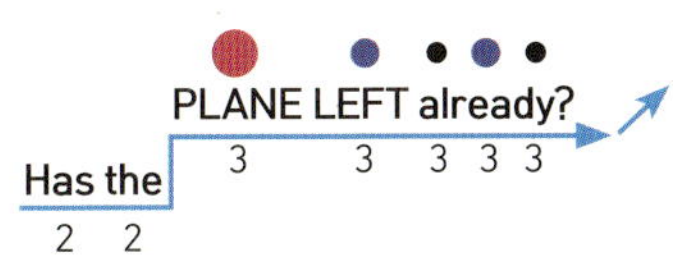

말하는 사람이 강조하고자 하는 단어에 따라
피치정점을 이동시킬 수 있다.

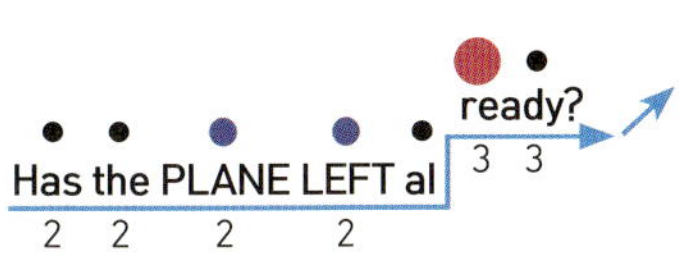

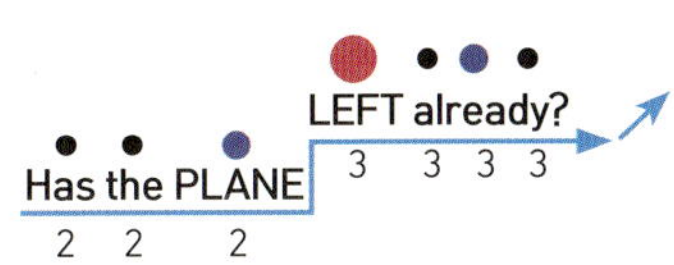

3. 반복하며 물어보는 반문의문문(Echo-question)이나 확인을 위해 물어보는 의문문(Pardon-question)도 높은 피치에서 시작하는 상승조이다.

A : You'll have to do it again.(↘) B : Do it again?(↗)

A : Have you got your pen?(↗) B : My pen?(↗)

A : Would you pass mr the salt?(↗) B : Pardon?(↗)

A : I was talking to my friend the other day.(↘). B : Mary?(↗)

A : We're waiting for Tom to come home.(↘).

B : You're waiting for who to do what?(↗)

4. 숫자나 항목들을 열거하는 문장은 상승조로 가다가 피치 정점에서 하강조가 됨.

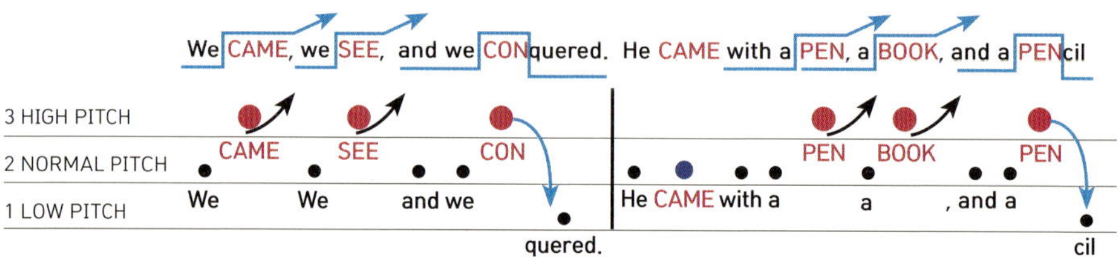

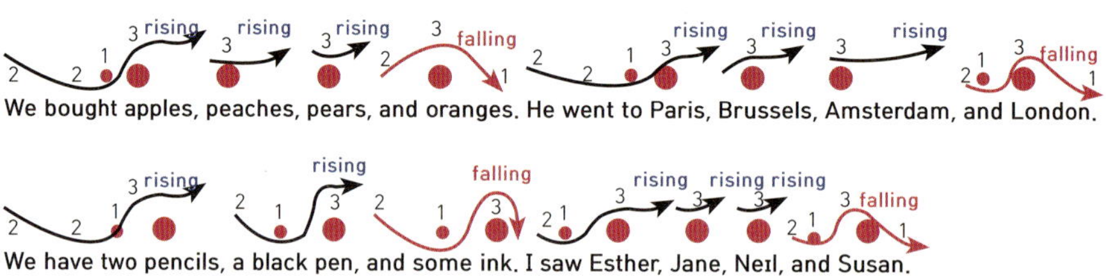

1
●는 제1강세음절(tonic syllable)앞에서 낮은 피치(1)로 살짝 내렸다가 다시 올림으로 리듬감을 살리는 부분임.

5. 정중한 요청을 하는 문장(polite requests)은 Please를 상승조로 말한다.

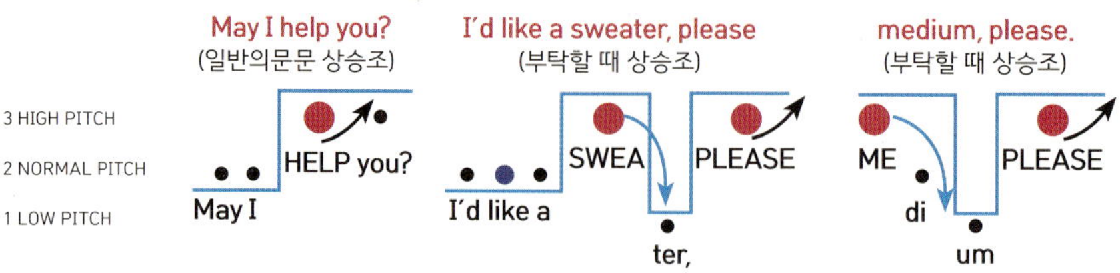

6. 부가의문문은 평서문(하강조) + 의문문(상승조)의 결합

부가의문문은 말하는 내용을 확신하지 못해 상대방의 의견이나 정보를 물어볼 때는 Yes-No Question과 똑같이 상승조(↗)가 된다. 하지만, 말하는 내용에 확신하여 상대방에게 동의를 요청하는 것은 하강조(↘)가 된다.

상대방의 의견이나 정보를 묻는 부가의문문은 Yes-No Question처럼 상승조이다.

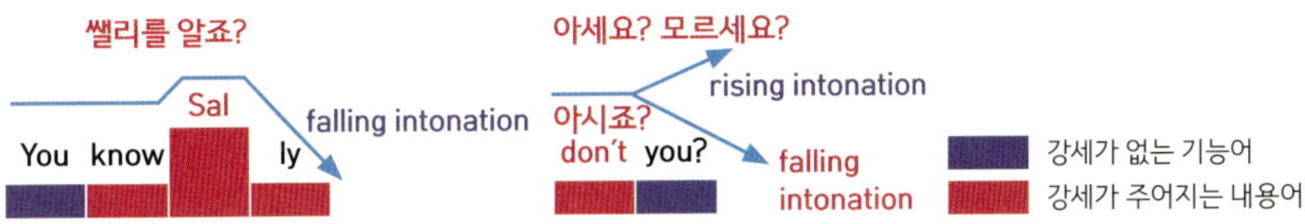

말하는 내용을 확신하여 상대방도 그 의견에 동의해 주기를 기대할 때는 하강조이다.

영어의 부가의문문은 메아리처럼 음이 수그러드는 하강조의 경우가 대부분이다.

부가의문문의 상승조, 하강조 두가지의 차이

We could go with David, couldn't we?

1) 데이빋과 갈 수 있죠? 그런가요? 아닌가요?

2) 데이빋과 갈 수 있는거죠? 동감이죠? (Yes, you could를 기대)

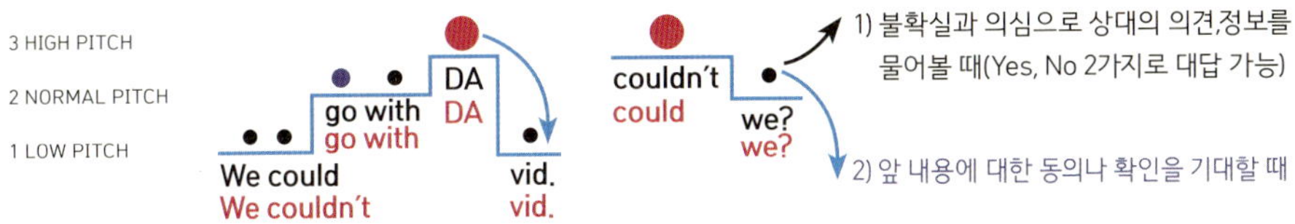

We couldn't go with David, could we?

1) 데이빋과 갈 수 없죠? 그런가요? 아닌가요?

2) 데이빋과 갈 수 없죠? 동감이죠?(No, you couldn't를 기대)

7. 그 밖에 인사 표현(greetings)이나 불확실한 상황을 말할 때(indicating uncertainty)도 마지막 내용어가 피치 정점이 되어 올라가는 인토네이션으로 말하기도 한다.

GOOD MORning, SIR.(↗)/ HAppy NEW YEAR, KIM.(↗)/ HAppy BIRTHday, SON.(↗)
He perHAPs WILL.(↗) /She may be in CHURCH NOW(↗).

8. 내렸다가 올려주는 인토네이션(하강-상승조/fall-rise INTONATION.)

1) 인토네이션 단위에서 잠시 숨을 쉬고 다음 인토네이션 단위로 이어서 말하는 경우는 내렸다가 올려주는 인토네이션이 된다. 그리고 이어지는 인토네이션 단위는 하강조로 마무리짓게 된다.

- Private enterPRISE(↘↗)/ is always EFficient.(↘)
- A quick tour of the CIty(↘↗) / would be NICE.(↘)
- Usually(↘↗) / he comes on SUNday.(↘)

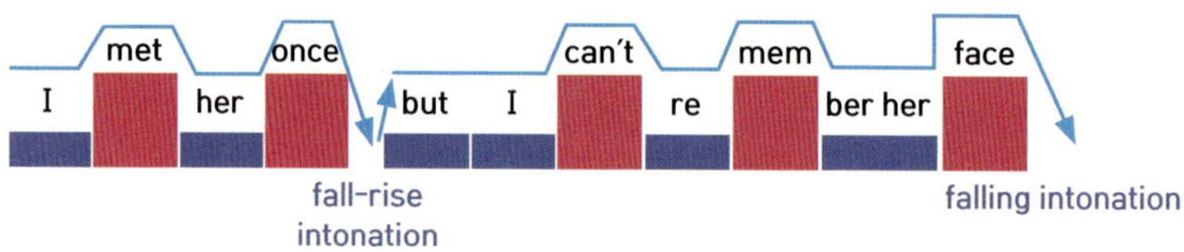

2) 종속절의 끝은 하강상승조(FALL RISE)이며, 주절의 끝은 하강조이다.

(1) When the weather is nice(↘↗), I play tennis.(↘)

(2) If the weather is nice(↘↗), my family will have a barbeque.(↘)

(3) I'll go hiking with friends(↘↗), and we'll camp over night.(↘)

(4) I know how to cook(↘↗), but I don't really enjoy it.(↘)

(5) Yes, I met her once(↘↗), but I can't remember her face.(↘)

(6) If you want(↘↗), Clap!(↘) It will help you find the rhythm.(↘)

9. 계단식 인토네이션(staircase intonation)

미국영어는 연속발화로 단어 사이를 이어 말할 때 생각그룹 내에 형성되는 인토네이션의 피치가 오르락 내리락(up and down) 하는 것을 잘 보여주기 위해 계단식 인토네이션으로 표시하기도 한다.

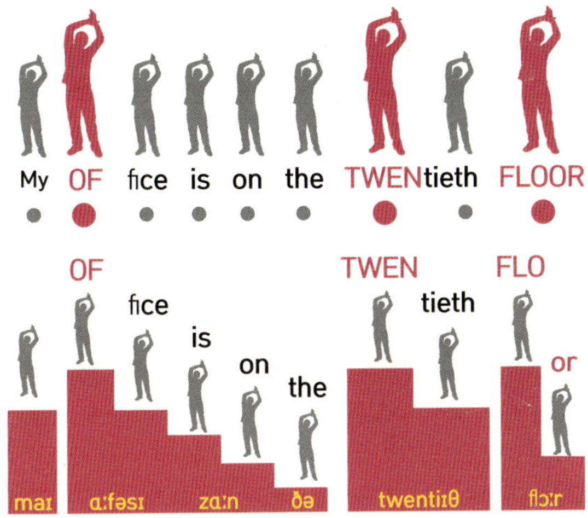

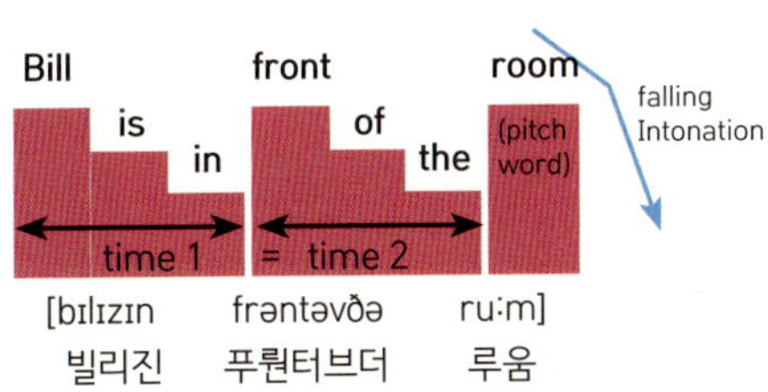

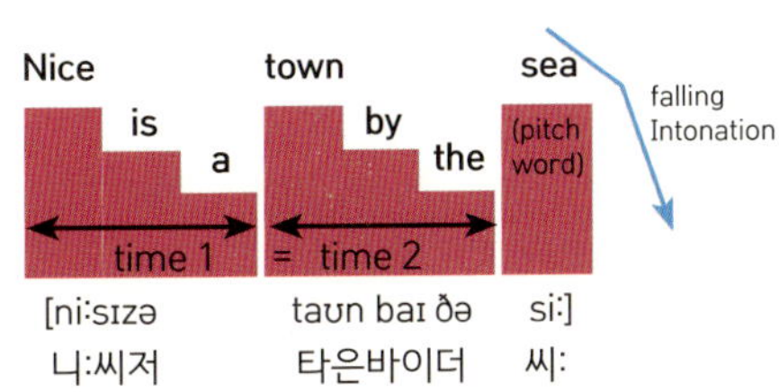

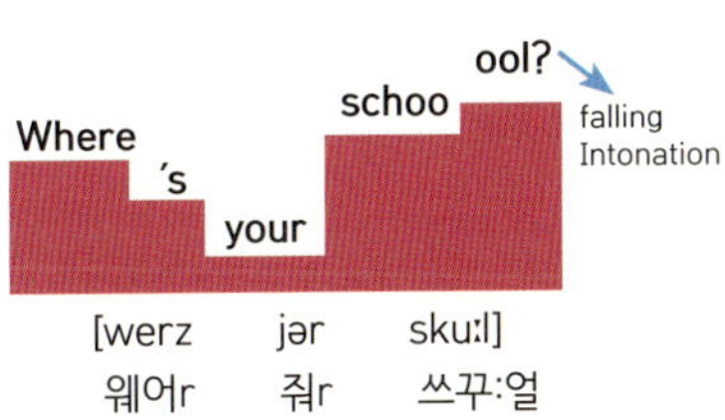

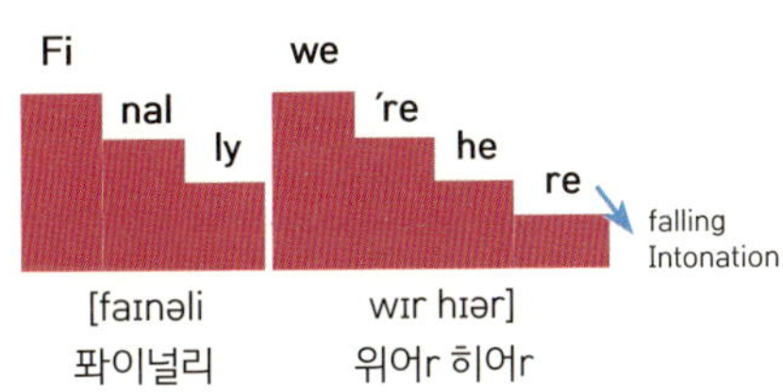

춤추는 리듬영어

Chapter 2

영어의 자음의 특성과 파열음의 리듬 이해

Listening Skill 16~24

영어의 모음소리와 자음소리의 이해

1. 모음소리와 자음소리는 가장 작은 말소리 단위인 음소(音素, phoneme)이다.

「알파벳 음가, 즉 모음과 자음의 음소 바로 알기」

알파벹자음
21개

알파벹모음
5개

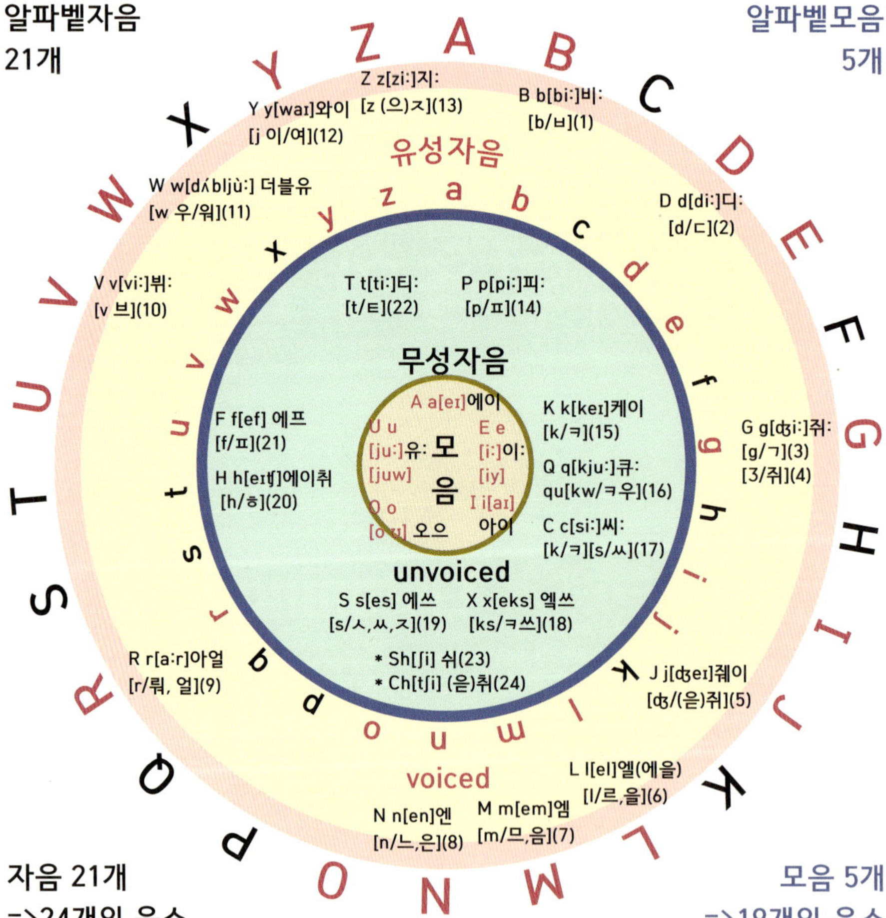

자음 21개
=>24개의 음소

모음 5개
=>19개의 음소

Short vowel (단모음)	Long vowel (장모음)	other vowel (기타모음)	r colored vowel (r음색모음)
(1) æ(애)	(2) eɪ(에이)	(3) u:(우:)	(4) ɑ:r(아:어r)
(5) e(ɛ)(에)	(6) i:(i)(이:/이이)	(7) ʊ(으)	(8) ɔ:r(오:어r)
(9) ɪ(이)	(10) aɪ(아이)	Diphthongs(이중모음)	(11) ɜ:r(ɚ)(어:r)
(12) ɑ(아)	(13) oʊ(오으)	(14) aʊ(아으)	(15) eər(에어r)
(16) ʌ(어)	(17) ju:(유:/유우)	(18) ɔɪ(오이)	(19) ɪər(이어r)

2. 국어식 음소를 버리자. 그리고 영어식 음소로 영어의 자음소리를 바로 발음하자!

1) 자음만으로 글자가 이루어질 수 있을까?

- A Crwth[kruθ] is an ancient Celtic musical instrument.

위의 예문의 Crwth는 고대의 악기 이름인데 고대영어의 흔적이 남아있다. 즉, 자음만으로 이루어진 단어이다. 하지만 오늘날의 발음기호는 [kru:θ]로 w가 모음인 [u:]소리를 내고 있다. 이처럼 이집트 문자나 알파벳의 기원인 페니키아 문자에서는 자음만으로도 음절을 이룰 수 있었다. 하지만 오늘날의 영어는 자음 혼자 소리 내지 못하고 모음에 결합되어서야 음절을 이루고 단어가 된다. 자음은 모음에 업혀서 나는 소리라고 하여 영어로 자음을 consonant[함께 소리 난다]라고 한다. 우리말도 자음은 모음에 닿아야만 소리가 나기 때문에 닿소리라 불렀다. 반면, 모음은 홀로 소리 날 수 있어서 홀소리라 불렀던 것이다.

2) 열린 [ㅂ], [ㅍ]인 v, f와 닫힌 [ㅂ], [ㅍ]인 b, p의 비교

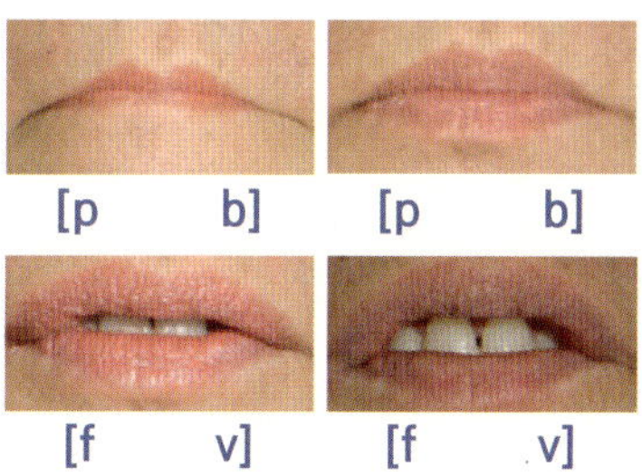

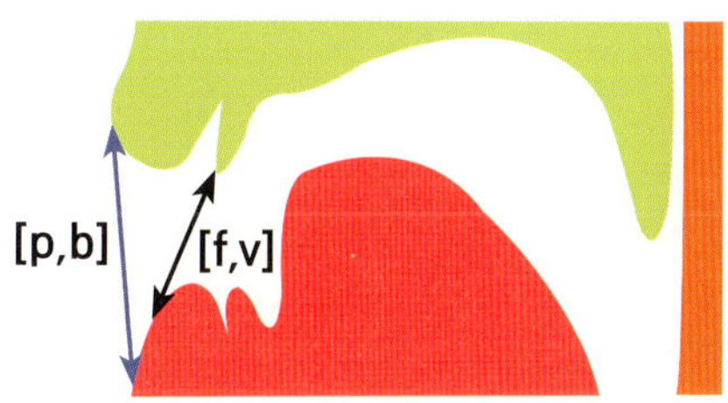

- The overnight parking of vans is banned on residential roads.
- I'm a huge fan of Peter Pan.
- I believe you've been very bored.
- I finished producing my first Finnish film.

(1) b[b], p[p]는 양 입술로 공기를 폐쇄시켰다가 터뜨리지만, v[v], f[f]는 아랫입술로 윗니를 살짝긁어주기 때문에 공기가 폐쇄되지 않고 지속적으로 흐른다. 즉, b는 닫힌 [ㅂ], p는 닫힌 [ㅍ]이지만 v는 열린 [ㅂ], f는 열린 [ㅍ]이다. 따라서 van과 ban, fan과 pan은 비슷하게 들리지만 지속음인 van과 fan이 막혔다가 터지는 비지속음 ban, pan보다 약간 길게 발음된다.

(2) [f][v]를 발음 시 흔히 범하는 실수는 아랫입술을 감아 윗니 아래에 붙인 후 깨물 듯이 내뿜는 것이다. 그러면 [으]란 모음이 들어가 If['ɪf], you've[juːv]를 [이프]나 [유:브]로 발음할 수밖에 없다. 특히 half blood['hæf 'blʌd]나 I've been[aɪv 'bɪn]처럼 자음이 이어지는 경우 [해프블러드]나 [아이브빈]처럼 [으]란 모음이 들어가 [f], [v]에서 다른 소리로의 이동이 힘들어진다. 따라서 아랫입술을 감지 않고 안쪽 점막을 윗니 끝에 살짝 닿게 하여 [f 프ㅎ], [v 붜]하는 소리를 내야 한다. 특히, 빠른 속도에서는 [f], [v]가 마치 우리말의 받침 소리처럼 ['ɪf 잎], ['hæf 'blʌd 햎블러드], [aɪv 'bɪn 아입빈]으로 발음되어 빠른 리듬이 가능하도록 해야 한다. 또 fax, fex, fix, fox, fux의 경우 안쪽점막을 긁어대면서 앞쪽으로 바람을 밀어낼 때 [우]소리가 삽입되므로 [퐥쓰], [풸쓰], [퓍쓰], [퐉쓰], [풕쓰]에 가까운 소리가 된다. 따라서 very는 [붸뤼], finish['fɪnɪʃ]는 [퓌니쉬], first Finnish film은 [풔r씉 퓌니쉬 퓌음]의 느낌이 나야한다.

3) 알파벧 c. g의 다양한 발음

(1) c는 e, i, y가 이어지면 [s 'ㅆ'], a, o, u가 이어지면 [k 'ㅋ']로 발음이 된다.

(2) g는 [g ㄱ]소리 나지만 간혹 e, i, y가 이어지면 [d3 쥐] 소리가 된다. gu도 [g ㄱ] 소리 난다.

- A cuban citizen contacted an emergency call center for a free counseling.
- Get['get] the gas['gæs] gun['gʌn] and get['get] her gold['goʊld] and gems['dʒemz]
- The large['lɑːrdʒ] giant['dʒaɪənt] is training a giraffe[dʒə'ræf] in the gym['dʒɪm].
- The ginger and garlic give this gentleman a disgusting fragrance.
- I guess our guide can play the guitar.

4) 입술을 동그랗게 내미는 sh[ʃ 쉬], ge[쥐 ʒ], dge[쥐 dʒ], ch[취 'tʃ], r[뤄 r]

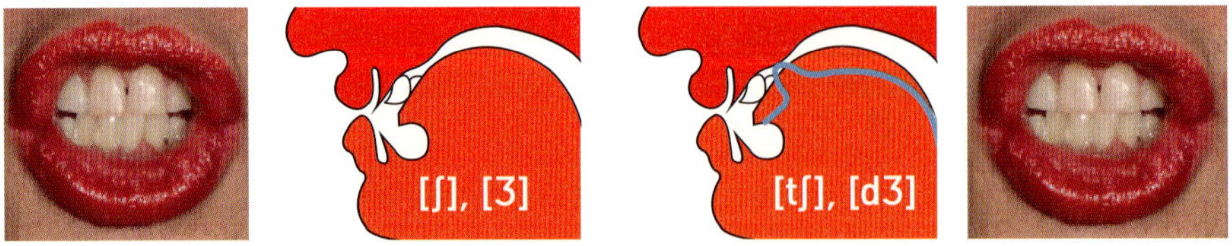

[ʃ], [3], [d3], [tʃ]의 발음시의 입모양

(1) [ʃ 쉬], [쥐 ʒ], [(은)쥐 dʒ], [(읕)취 'tʃ]

- Jim shall wash rags in the ground of the church.
- After dinner George built a fire, going out into the weather for wood
- He had piled against the garage[gə'rɑʒ].

g나 j는 첫소리 『dʒ』상태에서 입술을 쭉 내밀 때 (우)가 삽입되므로 『지: + (우) =>쥐:』, 『지 + (우) + 에이 =>줴이』로 발음을 해 주어야 한다.

Jim['dʒɪm]은 [짐]이 아니라 [쥠] 또는 [(은)쥐음]이다. 『쥐 dʒ』는 'd(은)'하고 성대가 울리는 상태에서 입술은 내밀고 혀는 뒤로 당기면 나는 [d] + [ʒ] 소리인데 [ʒ] 소리를 위해 입술을 앞으로 내밀 때 w(우)소리도 첨가된다. 한국식 음소를 버리고 영어식 음소인 [dʒ]를 발음하려면 needs you['ni:dz + w(입술동작) + ju → ni:dʒu]를 빨리 소리 내면 된다.

church['tʃɜ:tʃ]처럼 ch나 tch의 발음인 [ʧ]는 't(읕)'상태에서 입술은 내밀고 혀는 뒤로 당기면 나는 소리다. 즉, [처r치]가 아니라 [(읕)춰r취]이다. [tʃ]는 [t] + [ʃ]인데 [ʃ]를 발음하려면 입술을 앞으로 내밀어 w(우)소리도 같이 나는데 [tʃ]를 연습하려면 missed you['mɪst + w(입술동작) + ju → 'mɪs ʧu]를 빨리 발음하면 된다.

garage[gə'rɑʒ 거롸쥐]의 -ge의 발음인 [ʒ]는 Jim의 발음인 [쥐 dʒ]와 다른 발음이다. [ʒ]는 성대가 울리는 상태에서 입술은 내밀고 혀는 뒤로 당기면 나는 소리인 것은 같으나 [쥐 dʒ]처럼 [d. (은)]에서 시작하는 것이 아니라 바로 [z] + [j]를 발음하는 것이다. [ʒ]를 연습하려면 He's yours[hiz + w(입술동작) + 'jʊrz → hiʒʊrz]를 빨리 발음하면 된다.

wash['wɑ:ʃ 와쉬]의 발음인 [ʃ]는 [s + w(입술동작) + j → ʃ]의 과정을 거쳐 [쉬]소리가 난다. [s(ㅅ)]상태에서 입술은 내밀고 혀는 뒤로 당기면 나는 소리로 [ʃ]를 연습하려면 miss you['mɪs+ w(입술동작) + ju → 'mɪʃu]를 빨리 발음하면 된다.

(2) R r의 이름은 Ar[아얼(r) ɑ:r], 소리는 초성에서는 [뤄 r], 종성에서는 [어얼(r) ər]

- I ran quickly['kwɪkli] and asked my first question['kwestʃən].
- Her brother went to Paris anyway. You'll regret your decision.
- Farmers see crops ripening in the fields and trees turning red.

[r]은 초성에서는 Paris['pæˌrɪs 패뤄쓰], regret[rɪ'gret 뤄구뤨], red[red (우)뤨]처럼 입술을 동그랗게 [우]의 입모양을 취한 후에 RUH[뤄]의 자음 소리를 살짝 머금는다. [r]은 그 자체의 음가를 갖지 못하는 접근음이므로 이어지는 모음과 결합할 때 그제야 제대로 된 소리인 ra(뢔), re(뤠), ri(뤼), ro(롸), ru(뤄)소리가 된다. 그러나 farmer['fɑ:rmər], corner['kɔ:rnər], murmur['mɜ:rmər]의 [ɑ:r], [ɔ:r], [ə:r]의 [r]은 모음의 일부이다. 이때의 [r] 소리는 입술을 둥글게 오므려 혀의 뒷부분을 당겨 올려 [ɑ:], [ɔ:], [ə:]를 내는 첫 번째 단계와 혀끝을 치경까지

들어 올리며 뒤로 감아 [r]음색을 내주는 두 번째 단계로 나눠지는데, 영국인은 첫 번째 단계까지만 발음하는 것이고 미국인은 두 번째 단계까지 다 발음하는 것이다.

(3) qu의 이름은 qwuh[쿼], 소리는 koo[kw 쿠]

[q]는 항상 [u]와 연결되므로 qu이다. qu의 이름은 qwuh[쿼]이나 소리는 koo[kw]이다. [kw]원어민의 발음은 접근음인 [w]가 초성에서는 그 자체의 음가를 갖는 것이 아니라 소리를 머금기만 했다가 이어지는 모음과 결합할 때 제대로 된 소리가 나므로 quickly는 koo-w-ickly[쿠윅을리], question은 koo-w-estion[쿠웨스춴]으로 소리난다.

5) 윗니와 아랫니사이 또는 윗니의 뒷면에 혀끝을 내는 소리 [ð 드]와 [θ]쓰]

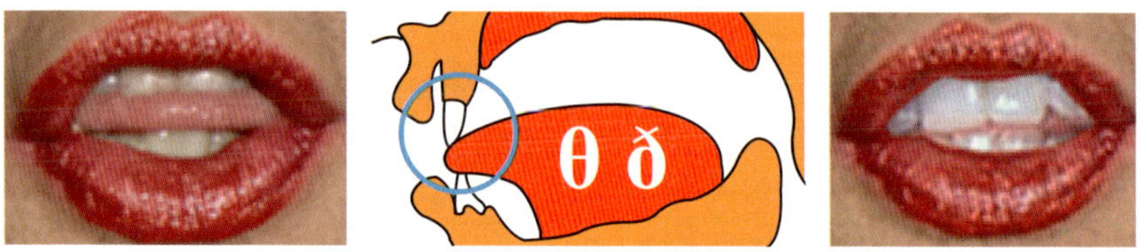

보통속도는 혀끝을 이빨사이(치간)에 두나 빠른속도는 혀끝을 앞니 뒤에 둘 수 있다.

- There[ðər] are things['θɪŋz] that cannot be called either living or non-living

There[ðər], that[ðət]의 발음인 유성음 [ð 드]와 things['θɪŋz]의 발음인 무성음 [θ 쓰]는 혀끝을 윗니와 아랫니 사이에 둔 상태에서 당겨 뺄 때 마찰음을 내는 소리이나 빠른 속도의 대화에서 혀를 윗니와 아랫니사이에 밀어 넣기가 쉽지 않기에 혀끝을 윗니의 뒷면에 살짝 대도 상관없다. [ð 드]는 [(으)드~]하며 성대를 울려주어야 한다.

6) 초성과 종성의 소리가 다른 l, m, n, r

[l], [m], [n], [r]의 초성은 [ㄹ(르)], [ㅁ(므)], [ㄴ(느)], [뤄], 종성은 [을], [음], [은], [얼(r)]이다.

- leg[레그]　　milk[미을크/밀크]　　lull[러을/럴]
- mug[머그]　　ham[해음/햄]　　mom[마음/맘]
- nut[너트]　　sun[써은/썬]　　nun[너은/넌]
- red[뤠드]　　her[헐/허r]　　rare[뤠얼/뤠어r]

7) w와 y : w의 이름은 wuh(워)이나 소리는 woo[우], y의 이름은 yuh(여)이나 소리는 ee(이:)

- **Oops**[u:ps/uwps], I forgot. I'll go and return them right away.
- Your **ears**[iərz] will not be the same in twenty years[jɪrz].

oops[u:ps/uwps **우**:읖쓰]의 [u:]는 혀 뒷부분을 연구개 쪽으로 들어 올린 후 입술을 둥글게 오무려 성대를 울리며 내는 소리로 혀가 만들어 내는 실제적인 [우]소리이다.

woops는 초성에서는 그 자체의 음가를 갖지 못하므로 입술을 둥글게 [쭉] 내밀어 입술까지 공기가 흐르게 한다. 그러면 내민 입술사이에서 [우]하는 자음 소리가 머금어지게 되는데 이어지는 모음과 결합할 때 짧은 소리 우가 소리나는 [wu:ps 우**읖**:쓰]가 된다. 즉, oops[u:ps]는 시작부터 성대를 울리며 [우]하는 소리가 나오는 [u:ps/uwps **우**:읖쓰]라면 woops[wu:ps]는 시작부분은 물고기 입처럼 소리 없는 [우]의 입모양을 취하다가 내민 입술을 거둬들이며 [wu:ps 우**읖**:쓰]가 된다.

Ear[iər]의 [i]는 혀의 중간부분을 가운데 입천장(경구개) 쪽으로 들어 올린 후 입술과 혀를 이완시키며 입 앞으로 소리 내는 모음 [이] 소리로 [**이**어r] 소리가 난다면, 접근음이자 전이음인 Year[jiər]의 y[j]는 혀를 들어 올려 경구개 입천장 쪽에 거의 닿을 만큼 가까이 붙여 그 좁은 틈새에서 마찰과 함께 자음소리 [j 이]가 머금어지게 한다. 그런 후에 턱을 떨어뜨리며 이어지는 모음 [i]와 결합할 때서야 짧은 소리 이가 소리나는 [jiər 이**이**어r]이다. 즉, Ear[iər]는 시작부터 성대를 울리며 [이]하는 소리가 나오는 [iər 이**어**r]라면 Year[jiər]는 시작부분은 혀를 들어 올려 경구개 입천장 쪽에 가까이 붙였다가 모음 [i]와 연결하면서 [jiər 이**이**어r]가 되는 차이가 있다.

8) z[zi:]의 [z ㅈ]는 성대를 울리며 발음해야 하므로 앞에 (으)를 붙여 『(으)지:』하는 느낌으로 발음해 주어야 한다. 영국영어로는 [zed 제드]이다.

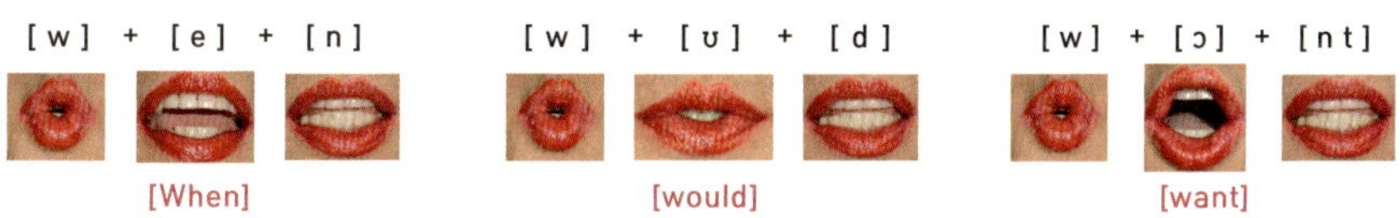

접근음인 [w]의 입술은 긴장상태(tight circle)에서 모음과 결합할 때 제 소리를 낸다.

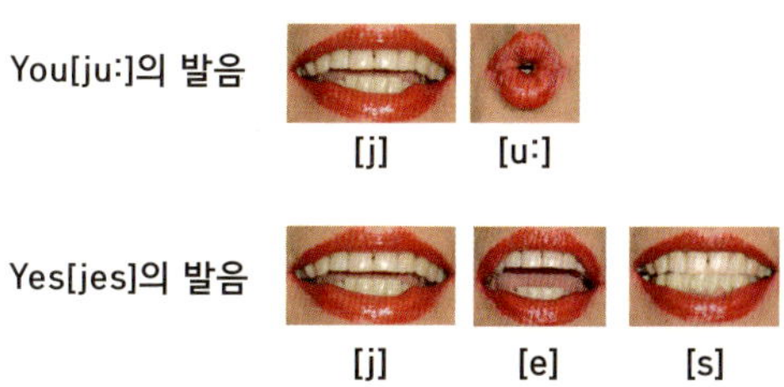

Listening Skill 17

영어 자음의 리듬성과 우리말 자음과의 차이 바로 알기

1) Your child can hear ducks['dʌks] quack[kwæk kwæk] and smell hay.(파열음)
2) The snake['sneɪk] swells up, hisses['hɪsəz] loudly, vibrates its tail.(마찰음)
3) Crickets['krɪkəts] are singing. - chirr[tʃɜ:r] - chirr[tʃɜ:r] - chirr[tʃɜ:r](파찰음)
4) Tigers roars['rɔ:rz] raaaaaar['rɑ:r](유음)
5) Male turkeys gobble['gɑ:bl] to announce their presence to females.(유음)
6) Cats meow[mi'aʊ]. Horses neigh['neɪ]. The pig says oink[ɔɪŋk](비음[m][n][ŋ])

1. 영어 자음의 리듬성

오리는 [quack 크**왝**], 뱀은 [hiss **히**쓰], 여치는 [chirr **춰**어r], 호랑이는 [raaaaaaar (우)**롸**-r], 칠면조는 [gobble **가**브을], 소는 [moo (음)**무**:]하며 일정한 한소리를 내는데 사람은 혀와 입을 사용하여 조음위치와 조음방법을 바꿈으로써 이 모든 소리를 다 낼 수 있는 축복받은 존재이다. 사람은 자음과 모음의 소리에 강약과 장단을 조절하고, 특히, 자음의 경우는 파열, 마찰, 파찰, 비음화, 유음화 등의 조음방법을 통해 음의 변화를 만들 수 있다.

1) 파열음[p, b, t, d, k, g]은 허파에서 올라온 공기가 성대를 지난 후 입안으로 들어오면 혀나 입술로 공기를 폐쇄 후 파열시킴으로써 리듬을 만든다.
2) 마찰음 [s, ʃ, ð, θ, f, v]은 혀, 입술, 이빨을 접촉 또는 근접시켜 생기는 마찰을 거쳐 입 앞쪽으로 공기가 빠져나올 때 생기는 소리이다.
3) 파찰음 [ʧ, ʤ]은 폐쇄(stop)와 마찰(friction)의 과정을 거쳐 리듬을 만든다.
4) 유음 [r]은 혀를 뒤로 감아 공기를 입 앞으로 내보내면서 리듬을 만든다.
5) 유음 [l]은 입을 좌우로 벌리면서 양 측면으로 공기를 물 흐르듯 내보내면서 리듬을 만든다.
6) 비음 [m, n, ŋ]은 입안으로 공기가 들어가지 못하도록 차단한 후 공기를 코로 빠져나가도록 하면서 구강 음과 색다른 소리인 콧소리의 리듬을 만든다.

2. 우리말의 자음과 영어의 자음의 소리 비교

1) 우리말의 자음은 유성음이 없는 대신 소리의 세기를 조절하므로 리듬성을 만들어 준다. 반면 영어의 자음은 긴장음인 된소리가 없는 대신 성문의 개폐를 통한 공기의 양의 조절과 성대진동의 유무를 통해 리듬성을 만드는 특성이 있다.

(1) 우리말 [덕]과 [턱], 그리고 [떡]의 [ㄷ], [ㅌ], [ㄸ]은 모두 무성음이다.

(2) 우리말 [턱]과 [떡]은 다른 음소가 내는 발음이지만, 영어는 tuck[턱]과 stuck[쓰떡]처럼 같은 음소가 내는 발음이다.

우리말의 자음과 영어의 자음의 소리 비교

<table>
<tr><th></th><th>성대의 진동</th><th>대기음 여부</th><th>발음기관의 긴장(tense) 및 이완(lax) 여부</th><th>공기의 양</th><th>소리의 세기</th></tr>
<tr><td rowspan="2">덕(예사소리)
불(예사소리)
길(예사소리)</td><td>없다</td><td>약간(lightly aspirated)</td><td>이완(lax)</td><td>❷ 약간 있다.</td><td>❸ 약하다</td></tr>
<tr><td colspan="5">(영어의 [b],[d],[g]를 이완시켜 무성음화시킨 소리가 ㅂ, ㄷ, ㄱ이다. 따라서 gun을 '건'이라 표기하지만 성대의 울림을 위해 (으)란 소리를 앞에 두어 '(으)건'으로 표시해야 한다. 반대로 '건'을 영어로 "kun"으로 표기하는데 예사소리가 약간의 대기음만을 수반하기 때문에 대기음을 줄인 "kun"으로 발음해야 한다.)</td></tr>
<tr><td rowspan="2">떡(된소리)
뿔(된소리)
낄(된소리)</td><td>없다</td><td>없다 (unaspirated)</td><td>긴장(tense) (후두를 좁힌다.)</td><td>❸ 없다(무기음)</td><td>❷ 강하다</td></tr>
<tr><td colspan="5">우리말은 조음기관을 긴장시키고 후두를 좁혀 공기를 폐쇄한 채 발음하면 무성음인 된소리 'ㄸ, 'ㅃ', 'ㄲ'가 되고, 힘을 빼고 소량의 공기를 약하게 터뜨리면서 발음하면 예사소리(무성음) 'ㅂ', 'ㄷ', 'ㄱ'가 되지만, 영어에는 긴장자음인 된소리가 존재하지 않는다. 따라서, 유성음[d]를 지닌 "duck!"를 크게 소리치면 "떡"에 가까운 소리가 되지만, 성대가 울리지 않도록 해야 한다.</td></tr>
<tr><td rowspan="2">턱(거센소리)
풀(거센소리)
킬(거센소리)</td><td>없다</td><td>많다(strongly aspirated)</td><td>해당없음(성문을 열 때 긴장되기도 한다.)</td><td>❶ 많다.</td><td>❶ 거칠고 크다.</td></tr>
<tr><td colspan="5">우리말은 유성자음이 없다. 많은 공기를 강하게 터뜨리면 거센소리 'ㅌ', 'ㅍ', 'ㅋ'(무성음)가 되고, 힘을 빼고 소량의 공기를 약하게 터뜨리면 예사소리 'ㄷ', 'ㅂ', 'ㄱ'(무성음)가 되듯 공기의 세기에 따라 두 소리를 다르게 만든다.</td></tr>
<tr><td>duck(유성음)
bull(유성음)
gill(유성음)</td><td>있다.</td><td>없다</td><td rowspan="3">영어에는 자음자체가 긴장된 자음이 없다. 하지만 경음화되는 자음은 그렇지 않은 자음보다 약간 더 긴장되면서 발음된다
예를 들면, tuck의 [t]보다 stuck의 [t]가 더 긴장되면서 소리 난다.</td><td>❷ 적다. (breathy voice)</td><td rowspan="3"></td></tr>
<tr><td>tuck(무성음)
pull(무성음)
kill(무성음)</td><td>없다</td><td>많다 (strongly aspirated)</td><td>❶ 많다 (puff of air)</td></tr>
<tr><td>stuck(무성음)
spool(무성음)
skill(무성음)</td><td>없다</td><td>없다</td><td>❷ 없다.</td></tr>
</table>

2) 영어에서는 [b], [p]처럼 성대진동의 유무에 따라 두 소리가 달라진다. 조음위치와 조음방법이 같지만 성대의 울림과 울리지 않음에 따라 소리가 달라지는 영어의 자음 짝들로는 [p, b], [t, d], [k, g], [f, v] [s, z], [ʃ, ʒ], [ʧ, ʤ]등이 있다.

- 유성음(VOICED) : 모든 모음과 [b], [v], [d], [g], [l], [r],[m], [n], [ŋ], [ð], [3], [ʤ], [z], [w], [j]
- 무성음(VOICELESS) : [p], [t], [k], [f], [s], [ʃ], [ʧ], [θ]

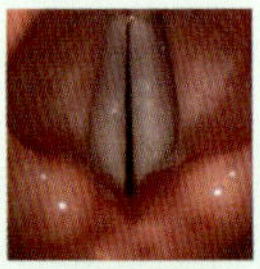

Bob[bɑ:b 밥]
유성자음은 목근육을 긴장시키고 성대를 떤다

VOICED
(유성음)
closed but should be vibrating
목근육을 긴장시키므로 성대가 닫히고 울림

VOICELESS
(무성음)
open not vibrating
목근육을 이완시키므로 성대가 열리고 울리지 않음

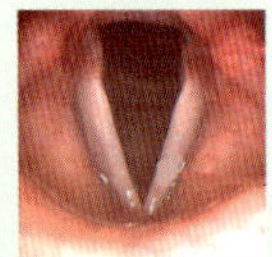

pop[pɑ:p 팦]
무성자음은 목근육을 이완시키고 성대진동이 없다.

3) '부산'이 'Pusan'일까? 'Busan'일까?

- The train stops at Gumi. It takes longer to get to Busan.
- The Pusan International Film Festival wrapped up ten days of excitement today.
- Bob, what are you going to do after you graduate?
- There'll be many other classical, jazz and pop music performances.

우리말 자음은 유성음이 없다. 따라서 무성음 [ㅂ]의 '부산'을 영어의 유성음 [b]로 옮길 수는 없다. 그렇다면 'Pusan'과 'Busan' 중 어느 것이 더 가까울까? 그 해답을 우리말에서 찾는다면 예사소리 [ㅂ]는 파열되는 공기의 세기가 약하고 그 양도 작다는 측면에서 영어의 [p]보다는 [b]에 가깝다. 또한 거꾸로 영어에서 해답을 찾는다면 영어의 유성자음은 단어의 초성에서 잠시 무성음 상태로 있다가 유성음이 되는 부분적 무성음화(partially voiced)를 겪기 때문에 '부산'의 'ㅂ'처럼 무성음 상태를 거치므로 [b] = [ㅂ]로 보아도 된다는 점이다. 다만, 원어민은 Busan을 발음할 때 무성음 상태가 지나면 성대를 울리게 되므로 '부산'과 똑같다고 말할 수는 없을 뿐이다.

※ Bob['bɑ:b]처럼 유성음이 초성에 오면 첫소리의 시작과 동시에 성대가 울리는 것이 아니라 성대울림 개시시점(Voice Onset Time, 약칭 VOT)까지 잠시지만 부분적 무성음화가 일어난다.

- Busan['b̥u:san 부:산] : 초성의 b̥는 유성음(성대의 진동) + 부분적 무성음화
- Pusan['pu:san 푸:산] : 초성의 p는 무성음 + 강한 대기음 배출
- Bob['b̥ɑ:b 밥:] : 초성의 b̥는 유성음(성대의 진동) + 부분적 무성음화
- pop['pɑ:p 팦] : 초성의 p는 무성음 + 강한 대기음 배출

4) 우리는 유성음인 dam, bag, gum, jump를 된소리인 [땜], [빽], [껌], [쩜프]로 발음하는 습관이 있다. 이는 영어의 유성자음 [b], [d], [g], [dʒ]는 파열되는 공기의 양이 작다는(breathy voice) 것을 간과한 것이다. 따라서 소리의 세기는 더 약하게 하면서, [(으)댐], [(으)백], [(으)개쓰], [(으)줨프]의 느낌이 들게 발음하는 것이 바람직하다. 반대로, 원어민들이 우리말을 배울 때도 마찬가지 어려움을 겪는다. 우리말의 된소리, 예를 들면 "떡"이란 소리를 내는 법을 가르치기 위하여 유성음 [d]를 지닌 "duck!"를 강하게 파열하며 소리도 크게 내라고 설명한다. 그러면 "떡"에 가까운 소리가 되기는 하지만 자신도 모르게 성대를 울리며 소리내기 때문에 무성음인 "ㄸ"와 똑같은 소리는 될 수 없는 것이다.

1) Soft music played in the **background**['bæk,grɑːʊnd].
2) **Boa**t[boʊt] leaves at 7:00 am.
3) I missed an easy **ball**['bɔːl].
4) I left my **bag**['bæg] on the **bus**['bʌs].
5) I'd like to join the school rock **band**['bænd].
6) The **boy**['bɔɪ] bent over to pick up this **box**['bɑks].
7) **Golf**['gɑːlf] began in Holland as a **game['geɪm]** played on ice.
8) **Your gas**['gæs] prices are nearly **double**['dʌbl] what I would have paid.
9) Jim raised over one hundred million **dollars**['dɑːlərz].
10) This may be created in river valleys by the construction of a **dam**['dæm].

(1) background['bæk,grɑːʊnd]. [빽구롸은드 X] [(으)백구롸은드 ○]
(2) Boat[boʊt] [뽀우트 X] [(으)보읕 ○]
(3) ball['bɔːl] [뽈 X] [(으)보을 ○]
(4) bag['bæg] [빽 X] [(으)백 ○], bus['bʌs] [뻐쓰 X] [(으)버쓰 ○]
(5) band['bænd] [빤드 X] [(으)밴드 ○]
(6) boy['bɔɪ] [뽀이 X] [(으)보이 O], box['bɑks][빡쓰 X] [(으)박스 ○]
(7) Golf['gɔlf] [꼴프 X] [(으)고을프 ○], game['geɪm] [께임 X] [(으)게임 ○]
(8) gas['gæs] [깨쓰 X] [(으)개스 ○], double['dʌbl] [떠블 X] [(으)더브을 ○]
(9) dollar['dɑːlər] [딸러 X] [(으)달러 ○]
(10) dam['dæm] [땜 X] [(으)댐 ○]
(11) jam['d3æm] [쨈 X] [(으)좨앰 ○]
(12) jump['d3ʌmp] [쩜프 X] [(으)줨프 ○]
(13) badge['bæd3] [빼찌 X] [(으)배애쥐 ○]
(14) joker['d3oʊkər] [쪼커 X] [(으)조으커r ○]

5) 흔히들 ①손가락을 목에 댔을 때 성대의 떨림이 느껴지면 유성음, 안 느껴지면 무성음이라고 설명하거나 ②두 귀를 손가락으로 막고 소리를 낼 때 귀가 울리면 유성음, 안 울리면 무성음이라고 가르친다. 그러나 자음 [p, b]를 구별하려면 부득이 모음 ə를 넣어 /puh/(pə), /buh/(bə)로 발음해야 하므로 결국, 모음 /ə/때문에 둘 다 성대의 진동이 있게 되어 그 구별이 쉽지 않다. 따라서, 필자는 ③ 목이 긴장된 상태에서 성대가 닫힌 채 소리가 나면 유성음, 목이 이완된 상태에서 성대가 열린 채 소리가 나면 무성음이 되는 차이, 즉, '성대가 닫혔느냐 열렸느냐'로 구별하라 말하고 싶다. 예를 들어 철봉에 턱걸이를 하듯이 턱을 당기고 고개를 숙이고 dad나 bob를 발음하면 자연스럽게 성대가 닫히면서 떨리게 될 것이다. 반대로 철봉에서 내려와 가쁜 숨을 몰아쉬기 위해 턱과 고개를 쳐들고 무성음 tat나 pop를 발음하면 자연스레 성대가 열리면서 성대의 떨림없이 대기음(a puff of air)과 함께 소리가 나는 것을 느낄 수 있을 것이다. 또 다른 비유는 무성자음이 하품을 하듯 성대를 열고 근육을 이완시켜 편안히 내는 소리라면 유성자음은 역기를 들 듯 근육을 긴장시켜 성대를 닫아주고 배에서 소리를 끌어올려 주는 소리로 볼 수 있다. 따라서, 역도선수처럼 턱을 당겨 고개를 숙이고 숨을 완전히 내쉬고 잠시 멈춘 상태에서, 입술도 옆으로 당겨서 미소짓는 모양이 되게한 후 "uh"(우리말의 "으") 소리를 내거나 [b], [v], [d], [g], [l], [r], [m], [n], [ŋ], [ð], [ʒ], [ʤ], [z], [w], [j]를 소리내면 된다.

Listening Skill 18

유성자음과 무성자음의 리듬성

1. 유성자음과 무성자음의 리듬성

무성자음의 리듬	유성자음의 리듬 : 앞 모음의 소리를 길게 만든다.
"pat"는 "팯"	"pad"는 "패앧"
"pats['pæts]"는 "팯쓰"	"pads['pædz]"는 "패앧즈"
He longed for Pat⁀to['pæt tə] phone	Turn a heating pad⁀to['pæd⁀tə] low.
Pat⁀to['pæt tə → 'pætə 패트]	pad⁀to['pæd⁀tə → 'pæːt tə → 'pætːə 패:애트]
"patting"은 설탄음으로 유성음 동화되어서 ['pætɪŋ 패팅 → 'pædɪŋ 패딩],	"padding"은 ['pædɪŋ 패애딩]
"patted"은 설탄음으로 유성음 동화되어서 ['pætɪd 패틷 → 'pædɪd 패딛],	"padded"은 ['pædɪd 패애딛]
He gave me a pat⁀on the shoulder	Use a heating pad⁀on your abdomen
pat⁀on['pæt ɑːn 팯안 → 'pædɑːn 패단]	pad⁀on['pæd ɑːn 패앧안 → pædɑːn 패:애단]

유성자음과 무성자음의 소리 구별은 앞 모음의 길이를 통해서 알 수 있다.
유성자음 앞 모음의 길이는 무성자음 앞 모음의 길이보다 길다

1) The boy screamed, dropped **his bag**['bæg 백: 또는 배액]
   He turned **his back**['bæk 백] on the Island of Paradise.
2) They may **not**[nɑːt˥ 낟] extract much information from the candidates.
   Do **not**[nɑːt˥] **nod**[nɑːd˥ 낟:(나앋)] a quick **nod**[nɑːd˥] to me.
3) Robert kept trying and finally learned to **ride**[raɪd˥ 롸:읻(롸아읻)] a bike.
   Few people ever learned to **write**[raɪt˥ 롸읻] this early script.
   Getting a driver's license has become the **rite**[raɪt˥ 롸읻] of passage to the adult world.
   I can't remember it **right**[raɪt˥ 롸읻] now.

4) Please don't **add to**['æd˥ tu 앧투 → 'æ:t˥ tu 앹:투 → 'æ:tu 애:투] that number.
We arrived at the city **at two**[ət 'tu: 엍투 → ə'tu: 어투:(약형)] o'clock.

5) Will you **make the bed**['bed˥ 벧:]? vs Will you **make the bet**['bet˥ 벹] ?
Pick['pɪk˥ 픽] a **pig**['pɪg˥ 픽:]. vs A **pig**['pɪg˥ 픽:] **picks**['pɪk˥s 픽쓰].
I found twenty **bugs**[bʌgz 벅(으)즈]on the street.
I found twenty **bucks**[bʌks 벅쓰] on the street.

6) She **lit**[lɪt˥ 맅] the lamp and covered the pan with a **lid**[lɪd˥ 릳:].
Dock[dɑk˥ 닥] diving is a **dog**[dɑ:g 닥:] sport.
The **rude**['ru:d˥ 루:욷] boy is the **root**[ru:t˥/ 'ruwt˥ 루욷](u:=uw) of all evil.

7) God['gɑ:d 갇:(가앋)] bless you! You got['gɑ:t 같] a pencil?
One pig[wʌn 'pɪg 픽:(피익)] might have been worth five chickens in trade.
No **one pick**[wʌn 'pɪk 픽] up the phone.

8) Equip yourself adequate **food**[fu:d 푸:드] and a first aid **kit**[kɪt 키트].
Kid[kɪd 키:드] Finds Gigantic **Foot**[fʊt 퓥] Prints In Colorado.

9) Just remember to **plug**[plʌg 플럭:] me in when you go to bed.
Pluck[plʌk 플럭] up your courage and do it.

Listening Skill 19

파열음의 조음원리와 대기음 발생에 대한 원칙

1. 파열음의 조음위치와 조음방법

파열음의 소리 : 파열음은 허파에서 올라온 공기가 입안을 통과할 때, 혀끝으로 입천장을 막거나([t], [d]), 혀 뒷부분으로 입천장을 막거나([k], [g]) 아랫입술로 윗입술을 막은([p,] [b]) 후에 소리를 입 앞으로 터뜨려 내는 폐쇄 + 파열에 의한 소리이다.

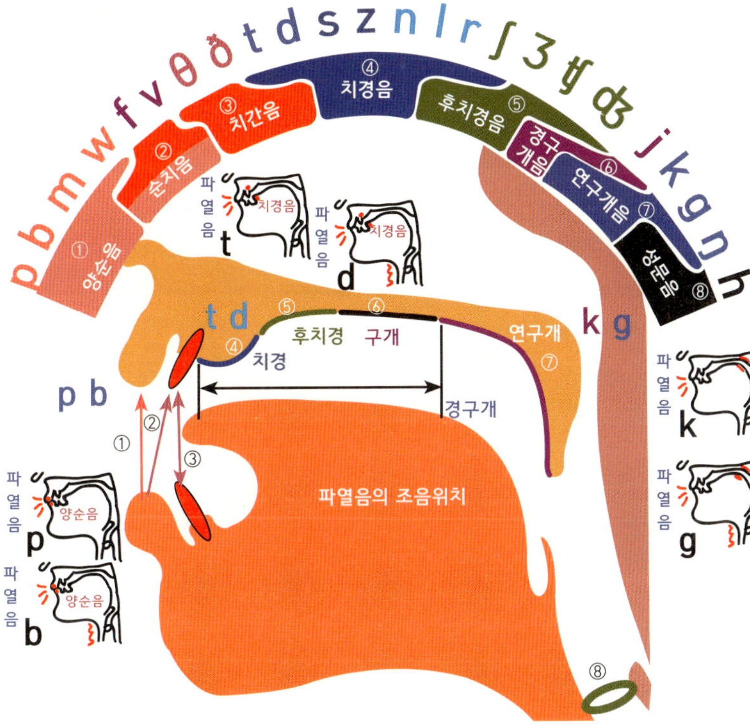

2. 대기음 발생 유무에 따른 파열음의 이음(異音) 분류

같은 파열음이란 음소라 하더라도 대기음이 없을 때와 강한 대기음이 있을 때, 약한 대기음이 있을 때 그 소리가 달라지는데, 이처럼 대기음 [ʰ]의 유무나 그 세기에 따라 p를 [pʰ, p˺, p=], k를 [kʰ, k˺, k=], t를 [tʰ, t˺, t=]로 달리 발음한다.

3. 대기음 발생의 기본 원칙

단어의 첫소리가 무성파열음이나 무성파찰음이거나 중간이라도 강세가 있는 음절이면 강한 대기음이 터진다.(pend['pʰend], depend[də'pʰend])

4. 파열음의 위치에 따른 대기음 발생의 그 세기

1) 첫 음절에 강세가 있는 무성파열음에서는 강하고 많은 대기음이 나온다.

- Printed['pʰrɪntəd] silk ties['tʰaɪz] are much cuter['kʰjuːtʰər] and cheaper['tʃʰiːpʰər]
- Don't let other people['pʰiːpʰl] pressure['pʰreʃər] you into trying['tʰraɪɪŋ] to[tʰə] achieve[ə'tʃʰiːv] things that you know are not possible['pʰɑːsəbl].

2) 강세가 있는 단어 중간 음절의 무성파열음(무성파찰음도 포함)에서는 강하고 많은 대기음이 나온다.

- I had better pay['pʰeɪ] little attention[ə'tʰenʃn].
- Writers can't['kʰænt] depend[də'pʰend] on others.
- I continued[khən'tʰɪnjuːd] to visit him with his milk.
- China['tʃʰaɪnə] achieved[ə'tʃʰiːvd] the largest increase in amount.

3) 강세가 있는 중간음절의 무성파열음에서는 약한 대기음([ʰ] 또는 [']로 표시)이 나온다.

- Today[tʰə.'deɪ/t'ə.'deɪ] let me tell you about an experience I had on the bus.
- Tonight[tʰə.'naɪt/t'ə.'naɪt], it'll start raining and continue through tomorrow.
- After all, practice makes perfect[pʰər'fektʰ/p'ər'fekt'].
- I never eat potato[pʰə'tʰeɪtʰoʊ/pʰə'tʰeɪroʊ] chips.

4) 강세가 없는 중간 음절의 무성파열음에서는 약한 대기음([ʰ] 또는 [ʼ])이 나온다.

- The aged live with enforced leɪsure, on fixed **income**[ˈɪnˌkʰəm/ˈɪnˌkʼəm].
- He had five packets of **biscuits**[ˈbɪskʰəts/ˈbɪskʼəts].
- The **an*chor*man**[ˈæŋkərˌmæn] and the sportscaster took off theɪr ties in support.

5) 단어 끝 무성파열음은 살짝 파열시켜 약한 대기음을 내보내지만, 내려가는 리듬에서는 끝 자음이 약화되어 잘 들리지 않거나 부드러운 연결을 위해 모음과 연음(linking)되거나 자음 앞에서 불파음이 된다.

- We **wrote**[ˈroʊtʰ 또는 ˈroʊt˺] its name and **put**[ˈpʊt˺ 또는 ˈpʊtʰ] it in a **hat**[ˈhætʰ 또는 ˈhæt˺]
- Every time I came to feed him, he **jumped**[ˈdʒəmptʰ] into my **lap**[ˈlæpʰ 또는 ˈlæp˺].
- At the zoo, Simba the lion was very **sick**[ˈsɪkʰ 또는 ˈsɪk˺].
- Mr. **Tate**[ˈtʰeɪ˺ 또는 ˈtʰeɪtʰ] **put**[ˈpʊt˺ 또는 ˈpʊtʰ] them in a **basket**[ˈbæskət˺ 또는 ˈbæskətʰ].

5. 더 부드러운 리듬을 위해 사라지기도 하는 파열음의 대기음

1) 약한 대기음을 가진 [tʰ]는 강세모음 또는 약세모음 + [tʰ] + 약세모음의 형태가 되면 유성음화가 되면서 대기음이 사라지고, 소리는 부드러운 리듬의 설탄음 [ɾ] 또는 quick d로 바뀌어 버린다.

ex 1) complicated[ˈkʰɑːmpləˌkʰeɪtʰɪd → ˈkʰɑːmpləˌkʰeɪɾɪd]는 제1강세와 제2강세의 파열음 [ˈkʰɑː]와 [ˌkʰeɪ]에서는 강한 대기음이 나오고 약세음절의 [tʰɪd]에서는 약한 대기음이 나오지만, 빠른 속도의 casual speech에서는 더 부드러운 리듬을 위해 설탄음 [ɾ]의 [ˌkʰeɪɾɪd]나 quick d의 [ˌkʰeɪdɪd]로 바뀐다.

ex 2) potato[pʰəˈtʰeɪtʰoʊ → pʰəˈtʰeɪɾoʊ]처럼 강세음절의 [ˈtʰeɪ]는 강한 대기음이 나오며 강세가 없는 [pʰ]나 [tʰoʊ]는 약한 대기음을 내보내는데 [tʰoʊ]는 설탄음 [ɾoʊ]나 quick d [doʊ]로 바뀔 수 있다.

2) 약세음절의 [təl]은 [tʰəl]로 파열되거나 [t˥l]처럼 불파음이 되기도 한다.

ex) completely[kʰəm.ˈpʰliːtʰəli 컴플리털리]는 [kʰəm.ˈpʰliːt˥li 컴플리잍을리]로 설측면 파열을 한다.

3) last time[læstʰ tʰaɪm]은 연음하면 [læstʰ:aɪm]이 되어 두 번의 대기음이 아닌 한 번의 대기음으로 줄어들며 left arm[lɛftʰ ɑrm]은 연음하면 [lɛftʰɑrm]으로 연음되어 대기음이 강하게 발음된다.

Listening Skill 20

sp-, st-, sk + 모음의 [p, t, k]는 강한 된소리

(1) It took about six hours to reach the **top**[tʰɑp].
We took['tʰʊk] serious steps['steps] to **stop**['stɑːp] pollution.

(2) The **pot**[pʰɑt] calls the kettle black.
Moles are dark **spots**[spɑts] on human skin.

(3) Perhaps you could treat her to a cake or **pie**['phaɪ].
At first I could barely **spy**['spaɪ] on them.

(4) It's **too**['thuː] late to call now.
I read constantly, collecting a strange **stew**['stuː] of facts.

(5) The **key**['khiː] is to learn how to use your instincts.
Learning to **ski**['skiː] is one of the most humbling experiences.

(6) The sun is getting brighter as **its core**['khɔːr] contracts and heats up.
Each team tries to **score**['skɔːr] more points than the other.

(7) He knocked them over like bowling **pins**[pɪnz].
They can then be used directly to **spin**['spɪn] turbines.

※ sp-, st-, sk-는 긴장상태의 조음기관 [s]가 [p], [t], [k]를 긴장자음으로 만들어 된소리 [p ㅃ],[t ㄸ],[k ㄲ]로 소리나게 만든다.

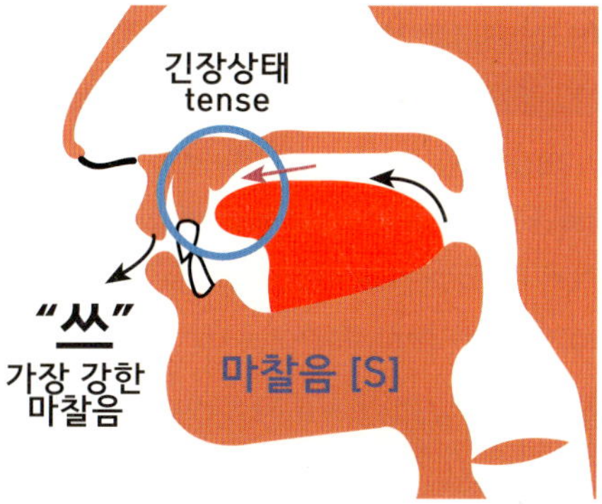

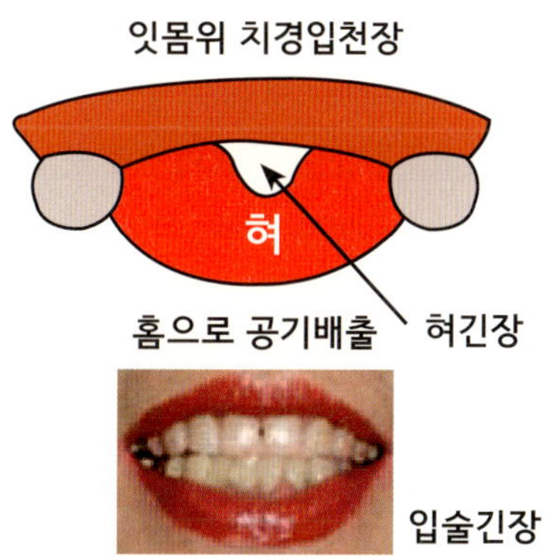

1. 단어 초성의 sp-, st-, sk + 모음의 [p, t, k]는 강한 된소리

spy, stop, ski를 [스파이], [스탑], [스키:]로 성문을 열어 무성음으로 발음하기 보다는 [쓰빠이], [쓰땁], [쓰끼:]로 성문을 닫은 채 된소리로 발음한다. 즉, sp-, st-, sc-, sk + 모음을 성문을 닫은 채 발음하면 파열시 대기음이 전혀 나오지 않으므로(unaspirated) 성대만 울리지 않을 뿐 유성음 sb-, sd-, sg-와 거의 같은 소리가 되어버린다. 게다가 조음기관이 긴장된 상태에서 발음되므로 모음과 결합하는 순간 긴장자음인 된소리 [p= ㅃ], [t= ㄸ], [k= ㄲ]로 발음된다. 예를 들면 spin[spin]은 [sp˥ + bin 쓰삔], stop[stɑp]은 [st˥ + dɑp 쓰땁], score[skɔːr]는 [sk˥ + gɔːr 쓰꼬어r]로 된소리가 된다. 그래서 spin['spɪn → 'sbɪn], stop[stɑp → 'sdɑp], score[skɔːr → 'sgɔːr]처럼 들린다. 또 store['stɔːr 스토:r]의 소리는 [s] 다음에 tore[tɔːr] 소리를 붙이는 것이 아니라 door[dɔːr] 소리를 붙인 것이며 spy[spáɪ]나 scold[skóʊld]의 소리는 [s] 다음에 by[baɪ]나 gold[goʊld]를 붙인 소리와 같다.

2. 단어중간의 sp-, st-, sk + 모음의 [p, t, k]는 강한 된소리

(1) It cannot **distinguish**[ˌdɪ'stɪŋˌgwɪʃ 디쓰**띵**그위쉬] between different courses of action.

(2) Simon **extinguished**[ɪk'stɪŋgwɪʃ 익쓰**띵**그위쉬] the flames.

(3) The first settlers were eɪther soldiers or **aristocrats**[ˌærə'stɑkrəts 애뤄쓰**따**크뤝쓰].

(4) So you try to **extend**[ɪk'stend 익쓰**뗀**드] the conversation without admitting your ignorance.

(5) If you constantly **despise**[ˌdɪ'spaɪz 디쓰**빠**이즈] your kids.

(6) Today, we have another very interesting topic to **discuss**[ˌdɪ'skəs 디쓰**꺼**쓰].

(7) **Excuse**[ɪk'skjuːz 익쓰**뀨**:즈] me.

(8) The price will increase after the introductory period has **expired**[ɪk'spaɪərd 익쓰**빠**이어r드].

※ 단, dis[tʰ]aste처럼 [s]로 끝나는 접두사 뒤에 [p][t][k]로 시작하는 새로운 음절이 시작되면 [p][t][k]는 대기음이 동반된 소리가 되어, 경음화가 일어나지 않는다. 즉, mistime은 [ˌmɪs+'tʰaɪm], discourteous는 [dɪs+'kʰɜːtɪəs], miscalculate는 [ˌmɪs+'kʰælkjəˌleɪt], expend는 [ex(=out) + pʰend(=pay)], postpone은 [post(=after) + pʰone(=put)], cascade는 [cas(fall)+cʰade], luster는 [lus(light)+tʰer] expose는 [ex(=out)+pʰose] export는 [ex(=out)+pʰort], abstract는 [abs+tʰract], transport는 [trans(across)+ pʰort], distaste는 [dis(not, apart)+tʰaste], disclose는 [dis+cʰlose].

3. 단어 사이의 경계를 연음시킬 때 sp-, st-, sk + 모음의 형태는 된소리가 되지 않음

(1) Each team tries to score['skɔːr] more points than the other.

(2) The sun is getting brighter as its⁀core['ɪts 'kʰɔːr] contracts.

(3) Thorns keep sticking['kiːp˺ 'stɪkɪŋ] around in my side.

(4) What song has the lyric "time keeps⁀ticking['kiːps 'tʰɪkɪŋ], ticking away"?

(5) Politicians are spending['spendɪŋ] all their time disputing.

(6) They don't discuss⁀pending[dɪ'skəs 'pʰendɪŋ] litigation.

its⁀core, keeps⁀ticking, discuss⁀pending처럼 단어 사이의 경계를 연음시켜 sp-, st-, sk + 모음의 형태가 되는 경우는 된소리가 되지 않고 대기음을 동반한 ['ɪts 'kʰɔːr 잍쓰 코:r], keeps ticking['kiːps 'tʰɪkɪŋ 킾:쓰 티킹], discuss⁀pending[dɪ'skəs 'pʰendɪŋ 디쓰꺼쓰 펜딩]이 된다. 따라서 score['skɔːr], sticking['stɪkɪŋ], spending['spendɪŋ]의 된소리와 구별이 가능하다.

4. sp, sk, st의 형태이나 경음화되지 않는 예외적인 경우

(1) It seems you sprained['spʰr̥eɪnd 스프뤠인드] your ankle.

(2) It would not have spread['spʰr̥ed 스프뤨] so far and so quickly.

(3) I first saw Sylvia, in the early spring[spʰr̥ɪŋ 스프륑] of 1932.

(4) Put your arms straight['stʰreɪt 스츄뤠잍] in front.

(5) One day a truck hit a pedestrian[pə'destriən 퍼데스츄뤼언] on the street['stʰriːt 스츄뤼잍].

(6) They were first made of grass or leaves held together by strings['stʰr̥ɪŋz 스츄륑즈].

(7) There are things which did not strike['stʰraɪk] me as strange['stʰreɪndʒ 스츄뤠인쥐].

(8) I heard the lifeguard scream['skʰr̥iːm 스쿠뤼임].

(9) It was split[spʰl̥ɪt 스플맅] in half.

(10) He had been putting off doing his chemistry['keməstri 케머스츄뤼] report.

(11) A human is capable of operating those instruments['ɪnstrəmənts 인스츄뤄먼쓰].

1) spr+모음, str+모음, scr+모음 또는 spl+모음, skl+모음이 되면 이어지는 [l][r]이 무성음화 되므로 조음기관의 긴장성이 풀려 [p][t][k]도 약간의 대기음을 동반하며 파열하는 무성음으로 소리난다.

2) stream이나 extreme의 [str]를 사람들은 [s] + [tr]로 생각하여 [s] + [tʃr]로 구개음화시키기도 한다. 즉, ['striːm → 'stʃriːm 스츄뤼임(iː=iy)], [ɪk.stʃriːm → ɪk.'stʃriːm 익쓰츄뤼임(iː=iy)]

Listening Skill 21

강세 모음 + [p, k] + 약모음이 된소리가 되는 법칙

1) They picked the **paper**['peɪpər] up and tried again.

2) The men walking down the main street were wearing leather **jackets**['dʒækəts]

3) Season with salt and **pepper**['pepər].

4) Can I reserve a **camping**['kæmpɪŋ] site for August 15th?

5) The way to wealth, if you desire it, is as plain as the way to **market**['mɑːrkət].

1. 강세 모음 + [p, k] + 약모음 형태에서 무성파열음 [p, k]의 된소리화

강세 모음 + 무성파열음 [p, k] + 약모음의 형태는 천천히 발음을 하면 paper['peɪpʰər 페이퍼r], jacket['dʒækʰət 쟤킽], pepper['pepʰər 페퍼r], camping['kæmpʰɪŋ 캠핑]으로 대기음과 함께 들린다. 하지만 정상적인 빠른 대화(casual speech)에서는 대기음이 없는 [p=, k=]로 발음된다. 이는 앞의 모음의 발음 시 성문을 닫은 채 발음되므로 그 상태에서 파열음을 발음하면 대기음이 전혀 나오지 않기 때문이다. 대기음이 없는 [p, k](unaspirated p, k)는 모음의 발음 시 긴장되어진 조음기관 때문에 성대만 울리지 않을 뿐 유성음 b-, g-와 거의 같은 소리가 되어버리는데, 다만, 무성파열음이 거센 공기를 내뿜기 때문에 우리말의 된소리 [p= ㅃ], [t= ㄸ], [k= ㄲ]처럼 들리는 것이다. 즉, paper와 jacket을 paber나 jaget으로 발음하되 성대는 울리지 않게 하고 긴장상태에서 약간 강한 소리를 내주면 [페이빠r]나 [쟤낕]이 된다.

2. 유성자음 + 무성파열음 [p, k] + 약모음형태에서 무성파열음 [p, k]의 된소리화

camping['kæmpɪŋ 캠삥], market['mɑːrkɪt 마r낄]처럼 유성자음 + 무성파열음 [p, k] + 약모음의 형태가 되어도 성문이 닫힌 채 대기음이 없는 [p=, k=]로 발음되므로 된소리가 된다.

3. spy 〉 paper 〉 pepper의 된소리화의 약화 비교

spy나 sky처럼 paper나 jacket도 된소리화가 되기는 하지만 강세음절에 있는 spy나 sky가 약세음절에 있는 paper나 jacket보다 더 강한 된소리로 들린다. 또한 강세 모음 + 무성파열음 [p, k] + 약모음의 형태라 하더라도 pepper['pepʰər 페퍼r]처럼 앞의 모음이 단모음이면 이완음이므로 긴장모음인 paper['peɪpʰər 페이퍼r]의 장모음인 [eɪ]보다 긴장성이 떨어지므로 된소리화가 약화된다. 따라서 된소리화의 정도를 비교하면 spy > paper > pepper의 순이 된다.

4. 강세 모음 + [p, k] + 약모음 형태의 된소리 [p=, k=] 청취 연습

1) You seem to feel light and **happy**['hæpʰi **해**피(보통속도), 'hæp˺bi **해**삐(빠른 속도)].

※ **happy**['hæpi]의 파열음 [p]는 **보통속도**에서는 정상적으로 폐쇄 + 파열(대기음동반)하므로 ['hæp˺] + [pʰi]가 된다. 이 소리는 [햎피]가 아닌 [해피]이다. 왜냐하면 ['hæp˺]의 [p˺]는 양입술을 다물어 공기를 막는 폐쇄의 동작일 뿐 소리가 아니기 때문이다. 소리는 이어지는 파열 단계의 [pʰi]에서 비로소 [pʰi 피]하고 터뜨려지는 것이다. 즉, ['hæp˺] + [pʰi] => ['hæpi **해**피]가 된다.

※ **happy**['hæpi]의 파열음 [p]는 **빠른 속도**에서는 정상적으로 폐쇄 + 파열을 하지만 대기음이 나오지 않으므로 ['hæp˺] + [p=i]가 된다. 그런데 대기음이 없는 [p=]는 [b]와 같은 소리이므로 ['hæp˺]하는 폐쇄의 과정을 거친 후 [bi]하며 파열을 하게 된다. 이 과정에서 입 앞으로 공기가 빠져나가지 않게 되므로 ['hæp˺p=i => hæp˺bi 햎비 => hæbi **해**삐]로 된소리화 되는 것이다.

※ **habby**['hæbi]라는 단어가 만약에 존재한다면 빠른 속도에서는 **happy**['hæpi]와 거의 똑같은 발음이 되겠지만, 유성음 앞의 모음의 길이가 무성음 앞의 모음의 길이보다 약간 더 길므로 **habby**는 [hæbi **해**:삐]이고 **happy**는 [hæbi **해**삐]일 것이다.

2) The girl is looking at an **apple**['æpʰl 애플(보통속도), 'æp˥bl 애쁠)].

3) It's as a **pupil**['pjupʰl 퓨플, 'pjup˥bl 퓨쁠] that I stand at the grave of the greatest man.

4) She has **floppy**['flɑpʰi 플라피, 'flɑp˥bi 플라삐] pink hats.

5) Good morning! How's your **puppy**['pʰʌpʰi 퍼피, 'pʰʌp˥bi 퍼삐] doing today?

6) You are trying to find out how to put on a **puppet**['pʰʌpʰɪt 퍼핕, 'pʰʌp˥bɪt 퍼삩] show.

7) Her father employed her in **keeping**['ki:pʰɪŋ 키이핑, 'ki:p˥bɪŋ 키이삥(i:=iy)] accounts.

8) The streets were **campgrounds**['kæmpgraʊndz 캠프구롸운즈, 캠쁘구롸운즈)] with men, women and children sitting or **sleeping**['sli:pʰɪŋ 슬리이핑, 'sli:p˥bɪŋ 슬리이삥(i:=iy)]] on **blankets**['blæŋkʰɪts 블랭킽쓰, 'blæŋk˥gɪts 블랭낕쓰].

9) The number of hunting accidents has increased **sharply**['ʃɑrpʰli 쉬아r플리, 'ʃɑrp˥bli 쉬아r쁠리].

10) Why don't we go buy one this **weekend**['wi:kʰend 위이켄드, 'wi:k 'gend 위이껜드(i:=iy)]?

11) Most news magazines are published, **weekly**['wi:kʰli 위이클리, 'wi:k˥gli 위이끌리].

12) **Buckle**['bʌkʰl 버클, 'bʌk˥gl 버끌] up your safety belt while driving.

13) This is now occurring in **tropical**['trɑpɪkʰl 츄롸피클, 'trɑpɪk˥gl 츄롸피끌] forests.

14) Two **soccer**['sɑ:kʰər 싸커r, 'sɑ:k˥gər 싸꺼r] teams play against one another.

15) I joined a fitness club to **workout**[wə:rkʰaʊt 워r카읕, 'wə:rk˥gaʊt 워r까읕]

16) How **lucky**['lʌkʰi 러키, 'lʌk˥gi 러끼] I am to have friends like you in my life!

17) Cats are, in contrast, **sneaky**['snikʰi 스니키, 'snik˥gi 스니끼] hunters.

18) There's a **leaky**['li:kʰi 리이키, 'li:k˥gi 리이끼(i:=iy)] faucet to repair.

19) I paid more than ten times the regular price for **tickets**[tɪkʰɪts 티킽쓰, 'tɪk˥gɪts 티낕쓰]

20) The way to wealth is as plain as the way to **market**['mɑ:rkʰɪt 마r킽, 'mɑ:rk˥gɪt 마r낕]

21) He fastened a **basketball**['bæskʰɪt,bɔl 배쓰킽보을, 'bæsk˥gɪtbɔl 배쓰낕보을] hoop over the **wastebasket**['weɪst,bæskʰɪt 웨이씉배쓰킽, 'weɪsᵗ˥,bæsk˥gɪt 웨이씉배쓰낕]

22) Women and children fill the **buckets**['bʌkʰɪts 버킽쓰, 'bʌk˥gɪts 버낕쓰] with water.

23) We're going to send a **rocket**['rɑ:kʰɪt 롸킽, 'rɑ:k˥gɪt 롸낕] straight to the sun.

24) Put it in your jacket **pocket**['dʒækʰɪt 'pɑ:kʰɪtt 쟤킽파킽, 'dʒæk˥gɪt 'pɑ:k˥gɪt 쟤낕파낕].

Listening Skill 22

단어와 단어가 연음될 때 나타나는 된소리 발음 현상

1. 단어와 단어가 연음될 때 나타나는 무성파열음 [p, k]의 된소리화

Look⁀up/ in the sky.로 생각그룹을 나누면 연음에 의하여 된소리가 될 수 있는 부분은 Look⁀up[lʊkəp → lʊgəp] 한 개이지만, 전체를 한 개의 생각그룹으로 본다면 up in['ʌpɪn → 'ʌbɪn]까지 2개가 된다. 이처럼 단어와 단어가 연음될 때는 생각그룹을 잘 살펴서 된소리화시켜야 한다.

1) 강세 모음 + [p] + 약모음 형태에서 무성파열음 [p]가 된소리가 되는 경우

(1) The boy advanced up the yard, with his cap⁀in['kæpɪn → 'kæbɪn 캐삔] his right hand.

(2) Keep⁀out of this!['ki:p 'aʊt əv → 'ki:b'aʊrəv 키:빠으러브(v)].

(3) Keep⁀in['ki:pɪn → ki:bɪn 키:삔] touch with me.

(4) Keep⁀away from people.['ki:pəweɪ → 'ki:bəweɪ 키:뻐웨이]

(5) If you keep⁀a['ki:pə → 'ki:bə 키:뻐] daily journal, you will find yourself writing down thought.

(6) I want to use the bathroom. Can you keep⁀an['ki:pən → 'ki:bən 키:뻔] eye on my bag?

(7) We simply cannot keep⁀up['ki:pʌp → 'ki:bʌp 키:뻡] with a daily paper.

(8) Pop-up['pɑ:pʌp → 'pɑ:bʌp 파뻡] ads all over the Internet. They're really bothersome.

(9) She effortlessly flipped the ball up⁀in['ʌpɪn → 'ʌbɪn 어삔] the air.

(10) Nodding the head up⁀and down['ʌpən 'daʊn → 'ʌbən 'daʊn 어뻔다운] means [yes]

(11) The Crane could help⁀us['helpəs → 'helbəs 헤을뻐스] in many ways in the future.

(12) I brought my horse to a stop⁀at['stɑ:pət → 'stɑ:bət 스따뻗] the edge.

(13) Drop⁀it['drɑ:pɪt → 'drɑ:bɪt 주롸:삗] in the mailbox.

(14) Step⁀in.['step ɪn → sdebɪn 스떼삔]

(15) stop⁀it.['stɑ:p ɪt → 'stɑ:bɪt 스따삗]

2) 강세 모음 + [k] + 약모음 형태에서 빠른 속도의 경우 무성파열음 [k]가 된소리가 되는 경우

(1) Click‿on‿it.[klik˺ ɑn ɪt →kligɑnɪt 클리까닡]

(2) I had to go back five times to pick‿up‿a['pɪkʌpə → 'pɪgʌbə 피꺼뻐] couple of items.

(3) When can I pick‿it‿up?['pɪk ɪt ʌp →'pɪgɪɾʌp 피끼렆]

(4) Don't look back‿on the past.['bæk ɑːn → bæ gɑːn 배깐]

(5) The wind pushes them back‿up‿into['bækʌpˌɪn'tuː → 'bægʌbˌɪn'tuː 배꺼삔투] the air.

(6) A mother's good counsel cannot work‿on['wɝːkɑːn → 'wɝːgɑːn 워r깐] her son.

(7) The budgeted figures will work‿out['wɝːkaʊt → 'wɝːg'aʊt 워r까읃] just about right.

(8) What do you think‿about['θɪŋkə'baʊt → 'θɪŋgə'baʊt 씽꺼바읃] this one?

(9) Look‿at['lʊkət → 'lʊgət 르껕] the crowd.

(10) I was supposed to receive my books a week‿ago['wiːkə'goʊ → 'wiːgə'goʊ 위ː꺼고으].

(11) I'd like to talk‿about['tɔːkə'baʊt → 'tɔːgə'baʊt 토꺼바읃] an effective way.

(12) He will give a one-hour talk‿on['tɔːkɑːn → 'tɔːgɑːn 토깐] the topic.

(13) Let's check‿out['tʃekʰaʊt → 'tʃeg'aʊt 췌까읃] the new restaurant down the street

(14) Thank you for sending your check‿in['tʃekɪn → 'tʃegɪn 췌낀] payment of your July bill.

(15) We need to take‿up‿a['teɪkʌpə → 'teɪgʌbə 테이꺼뻐] collection for the homeless.

(16) I took‿a['tʊkə → 'tʊgə 트꺼] bus from Busan.

Listening Skill 23

빠른 리듬을 위해 파열을 생략하는 단어 속 불파음

1. 무성파열음[폐쇄1 + 파열1] + 파열음[폐쇄2 + 파열2]은 앞 무성파열음을 파열을 거치지 않는 불파음[폐쇄1 + 파열2]으로 만든다.

1) The **doctor**['dɑk˥tər 닥터r] also carries out some tests to **detect**[dɪ'tek˥t 디텍트] such dangerous diseases as cancer and diabetes.
2) His father was permitted to **practice**[præk˥ˌtɪs 프랙티쓰], as a **stockbroker**['stɑːk˥broʊkər 쓰탁부로으커r] in London.
3) This has an opening, in which a problem or a **conflict**['kɑːnflɪk˥t 칸:플릭트] is revealed and **background**['bæk˥grɑʊnd 백구롸운드] information is supplied.
4) There would be a wall of sound with no reference point or discernible **backbone**[bæk˥boʊn 백보운] to the music.
5) They brought along their computers, **clipboards**['klɪp˥bɔːrdz 클맆보:r즈]
6) For years I **kept**['kep˥t 켚트] it in my room, on the same shelf that housed the **scrapbooks**['skræp˥bʊk˥s 쓰쿠뢮븍쓰]] I made of **basketball**['bæskɪt˥ˌbɔːl 배쓰킽보:을] stars.
7) She **swept**['swep˥t 스웊트] down with the current.
8) John Palmer **liked**[laɪk˥t 라잌트] **football**['fʊt˥ˌbɔːl 픁보을] and loud music.
9) This behavior **masked**['mæsk˥t 매쓱트] a dishonest intent.
10) He **helped**['help˥t 헬(읖)트] customers read books['bʊk˥s].
11) **Captain**['kæp˥tin 캪틴] Koppe **looked**['lʊk˥t 륵트] out at the Island through the window.
12) I once **worked**[wəːrk˥t 워r윽트] for your **great-grandfather**['greɪt˥ 'grænˌfɑːðər 구뤠잍 구랜퐈더r]

2. 유성파열음 + 파열음은 앞 유성파열음을 불파음으로 만든다. 단 성대의 진동을 위해 유성음 앞의 모음을 길게 소리내주면서 유성불파음을 받침으로 붙여주어야 한다(예 : bad˥ 밷 → 배앧 good˥ 귿 → 그읃). 그럼에도 불구하고 유성파열음 [b, g] + 동사의 과거형 -ed가 되면 불파음이 되기도 하지만, 성대의 떨림으로 인하여 [ə]가 살짝 들어가서 [bd], [gd]가 [bəd 브드], [gəd 그드]로 들린다.

1) In some villages, people **obtain**[əb˥'teɪn 업테인] their water from ponds nearby.
2) Please turn off the TV. It's past your **bedtime**.['bed˥'taɪm **벧**타임/**베**읃타임]
3) Their **midterm**['mɪd˥tərm 믿터r음] exams start next week.
4) Rob **grabbed**['græbd 구**래**읍드/구래브드] the encyclopedia. **grabbed**는 불파음인 [græbd 구**래**읍드]도 가능하지만 약간의 파열을 하여 [구래브드]로 들린다.
5) The man in the black jacket has robbed['rɑːbd **롸**읍드 또는 롸브드] the bank.
6) I **rubbed**['rəb˥d **뤄**읍드 또는 뤄브드] the dirt off it and examined it more closely.
7) Some stars are always **dubbed**['dʌb˥d **더**읍드 또는 더브드] by the same foreign voice-over actors.
8) In his younger days he played **rugby**['rʌg˥bi **뤄**윽비] for Wales.
9) I want to be **hugged**['hʌg˥d **허**윽드 또는 허그드] by you. Just you. And nobody else but you.
10) I said **goodbye**[gʊd˥baɪ **귿**바이], thanking him.
That would be a kind of feedback ['fiːd˥bæk **핃**읻백].
11) Information from the **job-bank**['dʒɑːb˥ 'bæŋk 좌읍뱅크] is obtained from the internet.
12) bedroom, bedlamp, bed warmer, bad year처럼 유성파열음 뒤에 접근음(l, r, w, y)이 오면 불파음이 되지 않고 살짝 파열이 된다. 따라서 베드룸, 베드램프, 베드워머, 배드이어로 소리난다.

3. 무성파열음[폐쇄 + 파열] + 마찰음은 앞 파열음을 파열을 거치지 않는 불파음 [폐쇄 + 마찰]으로 만든다.

1) I want to run a store that sells model **kits**['kɪts 킽쓰]
kits['kɪts 킽쓰]는 단순 마찰음인 kiss['kɪs 키쓰]를 발음하기 전에 혀끝으로 살짝 입천장을 막아주는 폐쇄과정을 거치는 소리이다.

2) The Chinese used their **cats**['kæt˥s 캩쓰] as **clocks**['klɑ:k˥s 클랔쓰].
cats는 ['kæt˥s 캩쓰]이고, clocks['klɑ:k˥s 클랔쓰]는 단순 마찰음인 class['k'lɑ:s 클라쓰]를 발음하기 전에 혀 뒷부분으로 연구개를 막아주는 폐쇄과정을 거치는 소리이다.

3) We're talking big **bucks**[bʌks 벜쓰] here.
bucks[bʌks 벜쓰]는 단순 마찰음인 bus['bʌs 버쓰]를 발음하기 전에 혀 뒷부분으로 연구개를 막아주는 폐쇄과정을 거치는 소리이다.

4) I need to put on some more **lipstick**['lɪp˥ˌstɪk 맆스틱]

5) During a regular examination, a doctor['dɑk˥tər] **checks**['tʃek˥s] weight.

6) His mother **asks**['æsk˥s 애쓱쓰] Tony several times to wash it.

4. 유성파열음[폐쇄 + 파열] + 마찰음은 앞 파열음을 파열을 거치지 않는 불파음 [폐쇄 + 마찰]으로 만든다.

1) The **kids**['kɪd˥z 키읃즈] were wrapped['ræp˥t] up in my story.
kids['kɪd˥z]는 유성자음 d의 영향으로 앞 모음을 길게 만들므로 [키읃즈]로 들린다. 이는 단순 마찰음인 kizz['kɪz 키즈]를 발음하기 전에 혀끝으로 살짝 입천장을 막아주는 폐쇄과정을 거치는 소리이다.

2) Every man is born into the world with two **bags**['bæg˥z 백즈(배엑즈)]

3) There aren't many **jobs**['dʒɑ:b˥z 잡즈(좌읍즈)] available right now.

5. 파열음[폐쇄 + 파열] + 파찰음[폐쇄 + 마찰]은 앞 파열음을 파열을 거치지 않는 불파음[폐쇄 + 마찰]으로 만든다.

1) The same fire chief asked['æsk˥t] you to paint a **picture**['pɪk˥tʃər 픽춰r].

2) This brand **captures**['kæp˥tʃərz 캪춰r즈] people's minds.

3) **Acupuncture**['ækju:ˌpəŋk˥tʃər 애큐:펑춰r] has been tried against all sorts of illnesses.

4) **Get punctual**['get˥'pʌŋk˥tʃʊəl 펑크츄얼].

5) The **actual**['æk˥tʃuəl 액츄얼] words you use count for only 10%.

6) This is a substitute['sʌb˥stəˌtu:t] for **lecture**['lek˥tʃər 렉춰r] halls.

7) You occupy different positions in the complex **structure**['strʌk˥tʃər 스츄뤅춰r] of society.

6. 파열음[폐쇄 + 파열] + [l]은 앞 파열음을 파열을 거치지 않는 불파음[폐쇄 + 설측면파열]]으로 만든다.

1) **Hipline**['hɪp˥laɪn] is the line formed by measuring the hip at its greatest part.

2) This is because **people**['pi:p˥l 피잎을] want to lose weight too easily and too **quickly**['kwɪk˥li 크윅을리].

3) Thanks to the printing press, the display of royal power could now be depicted in printed pictures, which were sold **cheaply**[tʃi:p˥li 취잎을리].

Listening Skill 24

단어와 단어의 경계를 넘어 연음되는 파열음이 자연스러운 리듬을 위해 불파음이 되는 법칙

1. 단어와 단어의 경계를 넘어 연음할 때 부드러운 리듬을 만들기 위하여 무성파열음 + 파열음은 앞 무성파열음을 파열을 거치지 않는 불파음으로 만든다.

1) **Jet planes**[dʒet˥ 'pleɪnz 젵플레인즈] first **cut travel**['kʌt˥ 'trævl 컽츄뢔블] time between California and **Hawaii**.
2) **It becomes**['ɪt˥ bɪ'kʌmz 잍비컴즈] the place where you **get calls**['get˥'kɔːlz 겥코을즈] from annoying clients.
3) They were buying a **hot dog**[hɑt˥ 'dɔg 핱독] from a **snack bar**['snæk˥ 'bɑːr 스낵바:r]
4) Don't generate a lot of **quick power**['kwɪk˥ 'paʊər 크윜파워r] for the body.
5) She took a **deep breath**['diːp˥ 'breθ 디잎 부뤠쓰] and pushed herself into the water.
6) She took a **step back**['step˥ 'bæk 쓰뗖배액].

2. 단어와 단어의 경계를 연음할 때 유성파열음 + 파열음은 앞 유성파열음을 파열을 거치지 않는 불파음으로 만든다. 단 성대의 진동을 위해 유성음 앞의 모음을 길게 소리내주면서 유성불파음을 받침으로 붙여주어야 한다(예 : bed 벧 → 베읃 good 귿 → 그읃).

1) The **dead bodies**['ded˥'bɑːdiz 데읃바디즈] of organisms in the forest are broken down.
2) I have a **bad cold**['bæd˥'koʊld 배엗 코을드]. - You should see a doctor. 불파음인 ['bæd˥]의 유성음 [d] 뒤에 무성음 [k]가 이어지므로 성대의 진동이 약화, 성대의 울림소리 [uh (으)]가 들릴 듯 말 듯 살짝만 느껴진다.
3) Children enjoy their parents' attention while listening to **bedtime**[bed˥taɪm 베읃타임] stories.

3. 단어와 단어의 경계를 연음할 때 파열음 + 마찰음은 앞 파열음을 파열을 거치지 않는 불파음으로 만든다.

1) I did **not send**['nɑːt˺ 'send 낱 쎈드], him to hospital, because his illness did **not seem**['nɑːt˺ 'siːm 낱 씨임(iː=iy)] to be serious.
2) They were surprised to see that their performances achieved more than they had expected **at first**[ət˺ 'fɝːst 얻 풔ːr쓷].
3) It might be['maɪt˺ bi] better to **ask for**['æsk˺ fər 애슥 풔r] the services of a moving company.
4) I **think some**['θɪŋk˺ səm 씽(윽)썸] people are a **bit shy**['bɪt˺ 'ʃaɪ 빋 쉬아이] **about saying**[ə'baʊt˺ 'seɪɪŋ 어바읃 쎄잉].
5) I **could take them**[kəd˺ 'teɪk˺ ðəm 큳테읶덤] this week.
6) She took a step back and **hit the**['hɪt˺ ðə 힏더] small table.
7) The shepherd **shut the**['ʃʌt˺ ðə 숴얻더] wolf in the fold with the sheep.
8) **Weed seeds**['wiːd˺ 'siːd˺z 위읻 씨읻즈(iː= iy)] cannot pass['kænat˺ 'pæs] through the goat's body['goʊt˺s 'bɑːdi].
9) But no psychologist has ever succeeded in proving the unburdening effects of the **supposed safety**[sə'poʊzd˺ 'seɪfti 써포으즏 쎄이프티] valves of tears and anger.
10) Broccoli protects the body against cancer and helps control **blood sugar**['blʌd˺ 'ʃʊgər 블러읃 슈거r]
11) They just use that money for alcohol or other **bad things**['bæd˺ θiŋz 배앧씽즈]
12) The nation **tried this**['traɪd˺ ðɪs 추롸읻디쓰] system about twenty[ə'baʊt˺ 'twenti] years ago, and that **it caused so**['ɪt˺ 'kɔːzd˺ 'soʊ 읻코ː즏 쏘으] much trouble.

4. 단어와 단어의 경계를 연음할 때 파열음[폐쇄 + 파열] + 파찰음[폐쇄 + 마찰]은 앞 파열음을 파열을 거치지 않는 불파음[폐쇄 + 마찰]으로 만든다.

1) You can **eat chicken**['i:t˥ 'tʃɪkən 이잍(i:=iy)취큰] wings six minutes after they go into the oven. You should **let chicken**['let˥ 'tʃɪkən 렡 취큰], wings cook longer than beef steak.
2) Those who **speak Chinese**['spi:k˥ tʃaɪ'ni:z 쓰삐잌 촤이니:즈] put the['pʊt ˥ ðə] past on the bottom.
3) I make funny['meɪk˥ 'fʌni] faces, tell jokes, and do **magic tricks**['mædʒɪk˥ 'trɪks 매쥨 츄뤸쓰] for **sick children**['sɪk˥ 'tʃɪldrən 앀 췰드뤈].
4) I **keep checking**['ki:p˥ 'tʃekɪŋ 키잎 췌킹] emails over and over.
5) We need our intuitions to make the['meɪk ðə] millions of **quick judgments**['kwɪk˥ 'dʒʌdʒmənts 크윜 줘쥐먼쓰]
6) We came back to the system we have now, which seems to **work just fine**['wɝ:k˥ dʒəst˥ 워:r읔 줘씉].
7) Labels are most commonly seen in **fruit juice**['fru:t˥ 'dʒu:s 푸루웉 쥬:쓰].
8) His **most jokes**[moʊst˥ dʒoʊk˥s 모으씉 조읔쓰] travel very well.

5. 유성파열음 + 파찰음의 경우, 앞 유성파열음은 불파음이 된다.

1) Didn't I do a **good job**['gʊd˥'dʒɑ:b **그**읃**좌:**읍]?
2) **BIG JOHN**['bɪg˥ 'dʒɑ:n **비**윽**좌**:은] is a good man with **bad judgment**['bæd˥ 'dʒʌ dʒmənt **배**엗**줘**:쥐먼트]
3) Overconfidence results in **bad choices**['bæd˥ 'tʃɔɪsɪz **배**엗**초**이씨즈].
4) There's a **good chance**['gʊd˥ 'tʃæns **그**읃**챼**앤쓰] to start using it.
5) Hawaiian beaches might be a **good choice**['gʊd˥ 'tʃɔɪs **그**읃**초**이쓰]

RHYTHM ENGLISH

춤추는 리듬영어

Chapter 3

마찰음, 파찰음, 비음, 접근음의 리듬이해

Listening Skill 25~39

Listening Skill 25

마찰음의 조음원리

1. 마찰음의 소리

마찰음([s, z], [f, v], [ʃ, ʒ], [θ, ð])은 허파에서 올라온 공기가 혀와 입천장 사이의 틈에서 마찰되며 타이어바람 빠져나가듯 입 앞으로 빠져나가는 소리이다.

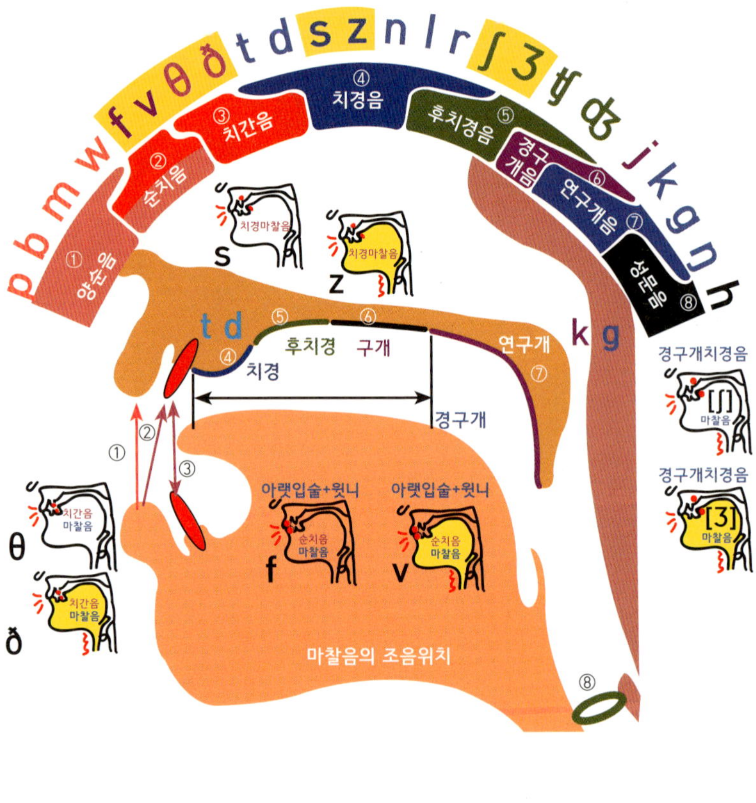

2. 마찰음의 조음위치와 조음방법

1) 혀끝을 치경에 근접시켜 좁아진 틈새로 마찰을 일으키게 하는 치경마찰음 [s][z]
2) 혀 중간부분을 경구개에 근접시켜 좁아진 틈새로 마찰을 일으키게 하는 후치경 마찰음 [ʃ][ʒ]
3) 아랫입술로 윗니를 가볍게 막고 긁으며 마찰을 일으켜 소리 내는 순치 마찰음 [f][v]
4) 혀끝을 윗니와 아랫니 사이에 넣어 양 틈으로 공기를 마찰시켜 소리내는 순치 마찰음 [θ][ð]

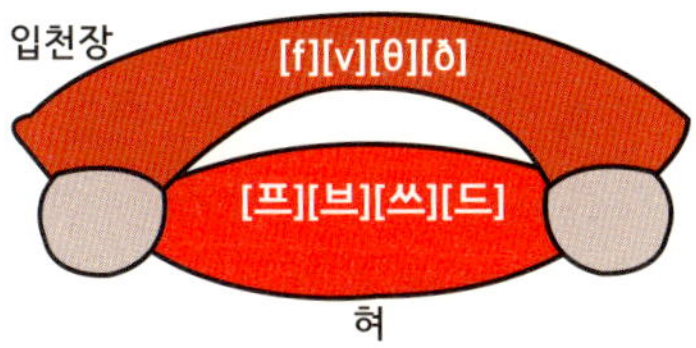

마찰부위가 혀와 입천장 사이가 아니고
윗니와 아랫입술로 마찰을 일으키는 [f][v]
이빨사이에 혀를 넣었다 빼며 마찰을 일으키는 [θ][ð]

혀를 후치경에 접근시키는 [ʃ][ʒ]

약간 긴장된 혀에 완만한 홈을 만들고
입술은 동그랗게 하여 [쉬][쥐]하는 마찰음을 낸다.

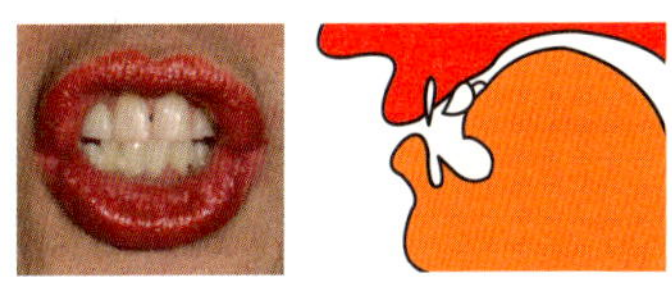

입술은 동그랗게 앞으로 내민다.
위아랫니들은 가까우나 닿지 않는다.
혀끝을 감아 치경뒤에 둔다.
마찰은 치경뒤로부터 입술 사이에서 난다.(후치경음)

혀를 치경입천장에 접근시키는 [s][z]

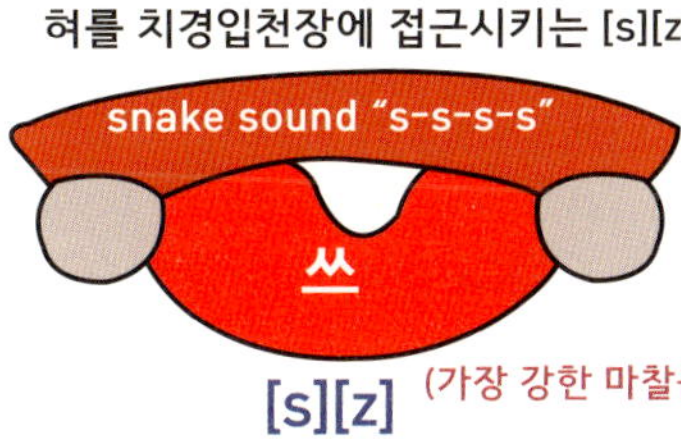

많이 긴장된 혀에 둥근 홈을 만들고 입술은
동그랗게 하여 [쓰][즈]하는 마찰음을 낸다.

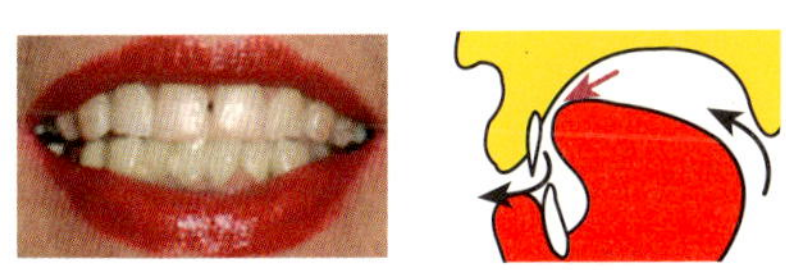

연구개는 올라가지만 혀끝은 아래앞니 뒤인
치경으로 뻗친다.(치경음) 윗니와 아랫니는 거의 닫힌다.
하지만 입술은 떨어진다. 공기가 " Ss, zz."하며 빠져
나가는 통로는 가운데에 있으며 움푹 파인 홈과 같다.

Listening Skill 26

무성마찰음 [s 쓰]의 강약장단에 의한 다양한 소리

1. 무성마찰음 [s 쓰]는 마찰의 강약장단(强弱長短)에 따라 [쓰], [쓰~], [스] 등으로 들린다.

1) [s]다음에 모음이 오는 sa-, se-, si-, so-, su-의 [s]는 가장 강한 마찰음인 [s 쓰] 소리가 나지만 그 길이는 짧은 편이다. [s]를 마찰시키기 위해 먼저 혀를 완만한 u자 모양으로 해서 치경 입천장에 접근시키면 자연스레 혀에 작은 홈이 생긴다. 공기가 혀 가운데 통로에 생긴 작은 홈을 통하여 빠른 속도로 입 밖으로 나가다가 혀와 입천장의 좁은 틈새 때문에 강한 마찰음이 생기는 것이다.

(1) Susie['suːzi **쑤**:지] tries listening to the sad['sæd **쌛**:(**쌔**앧)] love song['sɔːŋ **쏭**:].

(2) Say['seɪ **쎄**이] "sorry['sɔːri **쏘**:뤼]" when you hurt somebody['sʌmˌbɑdi **썸**바디]

2) 문장의 끝에서 발음되는 [s]는 마찰음이 소멸될 때까지 지속되므로 약간 더 긴 [쓰~]로 들린다. 예를 들면 six socks['sɪks 'sɑːks 씩쓰싹쓰~]의 4개의 [s] 중 마지막 [s]만이 약간 긴 [쓰~]가 된다.

(1) She wants['wɑːnts **완**쓰] to buy shirts['ʃɜrts **쉬**어r읃쓰~]. Anything else['els**엘**쓰~]?

(2) It's['ɪts **잍**쓰] my dress.['dres 쥬**뤠**쓰~]. What's['wʌts **웥**쓰] the bus?['bʌs **버**쓰~]

(3) She asks['æsks **애**씃쓰] him what's['wʌts **웥**쓰] wrong.

(4) She finds a dress['dres 쥬**뤠**쓰] she really likes['laɪks **라**잌쓰~]

2. st, sp, sc, sk, str, spr, scr의 [s]는 이어지는 자음과 동시에 조음되므로 짧고 약화된 [s 쓰]로 들린다.

(1) A basket['bæskɪt **배**쓰킽] of discs['dɪsks **디**씃쓰] rests['rests **뤠**씉쓰] against[ə'genst 어**겐**씉] the fence to the west.['west **웨**쓰트]

(2) He caught the bus['bʌs **버**쓰] with haste and chased['tʃeɪst **췌**이씉] her.

(3) I was glad to be next['next **넥**씉] to my dad at his last['læst **래**씉] gasp[gæsp **개**쓰프]

(4) I stood['stʊd 쓰뚣] overlooking a wide expanse[ɪk'spæns 익쓰뺀쓰] of forest['fɔːrəst 포:뤄쓰트].

(5) Stephanie['stefəni 쓰떼풔니] focused['foʊkəst 포으커스트] on a balanced['bælənst 밸런쓰트] diet and asked['æskt 애쓱트] us not to skip['skɪp 쓰낍] meals to lose weɪght.

(6) It is natural to feel stressed['strest 쓰츄뤠쓰트] and a proper amount of stress['stres 쓰츄뤠쓰] can help you stay['steɪ 쓰떼이] alert.

3. 짧고 여린 [s 스]로 소리 나는 s의 발음 규칙(ex : snow[스노으])

1) [s]다음에 비음 [n], [m]이 이어지면 코로 공기를 보내기 위해서 입술이 평평한 모양으로 바뀜에 따라 마찰을 일으키는 공기의 양도 줄어들고 마찰의 지속시간도 짧아져 마찰이 약화되면서 {쓰}가 아닌 [스]소리가 나게 된다.

(1) Cats['kæts 캩쓰] are smart['smɑːrt 스마:r트] and sneaky['sniːki 스니:키] hunters.

(2) The North Pole was the seat['siːt 씨:트] of frost['frɔːst 푸로:씉] and snow['snoʊ 스노으].

(3) The air feels fresher, the flowers smell['smel 스메을] sweeter['swiːtər 스위:터r].

2) [s]다음에 접근음인 [l][r][w]가 이어지면 접근음은 초성에서는 소리를 머금기만 하고 모음에 연결될 때야 제 소리를 내므로 [sl][sw][sr]상태에서는 마찰도 약해져서 [스]소리가 나게 된다.

(1) I'll take a sleeper[s'liːpər 슬리:퍼r] through Texas['teksəs 텍써쓰]

(2) Marshall's sled[s'led 슬렏] disappeared[ˌdɪsə'pɪrd 디써피어r드] slowly['sloʊli 슬로으리]

(3) Two round-trip tickets to Switzerland['swɪtsələnd 스윋써런드], please.

(4) Sri Lanka's[ˌsri 'lɑŋkəz 스뤼랑카즈] beautiful secrets are finally open to visitors.

Listening Skill 27

s가 유성마찰음 [z 즈]나 [zss 스]로 소리나는 경우

1) Is[ɪz] pete crawling on his[hɪz] hands['hændz] and knees['niːz]? Yes, he is[ɪz].

2) As[əz] a result[rə'zəlt], we are often confused[kən'fjuːzd] by fuzzy edges['edʒəz]

3) One of his[ɪz] readers['riːdərz] has[həz] offered to treat her for free.

4) Knives['naɪvz] and forks are easy to use.

5) The girl was[wəz] on her dad's['dædz] arms[ɑːrmz].

6) Ear tubes['tuːbz] are plastic and shaped like a hollow spool.

7) We're supposed[sə'poʊzd] to visit['vɪzət] a museum[mjuː'ziːəm].

8) The dead bodies['bɑːdiz] of organismsorganisms['ɔːrgəˌnɪzəmz] turned into soil.

9) He ran over with enthusiasm[ɪn'θuːziæzəm].

1. 알파벳 s는 아래와 같은 유성음 환경이 되면 유성음 [z 즈]로 발음이 된다.

1) 모음이나 유성자음 뒤에 s가 오면 유성음화된 [z 즈]로 소리난다.

(1) 모음뒤

is[ɪz 이즈], as[əz 어즈], his[hɪz 히즈], knees['niːz 니:즈], has[həz 허즈], readers['riːdərz 뤼:더r즈], was[wəz 워즈], lies['laɪz 라이즈], news['nuːz 누:즈], ideas[aɪ'diːəz 아이디어즈], always['ɔːlweɪz 오을웨이즈], areas['eriəz 에뤼어즈]

(2) 유성자음 뒤

dad's[dædz 대앤즈], heads[hedz 헤엔즈], kids[kɪdz 키은즈], gods[gɑːdz 가은즈], buds[bʌdz 버은즈]처럼 조음점이 같은 [d]+[z]는 [d]를 받침으로 하는 [은즈]로 소리난다. 하지만, 다른 유성자음이 오면 성대의 울림소리 [으]가 삽입되어 [gz 그즈], [bz 브즈], [vz 브즈], [ðz 드즈]로 소리난다. dogs[dɔːgz 도:그즈], tubes[tuːbz 투:브즈], loves[lʌvz 러브즈], paths[pæðz 패:드즈]

2) [유성음 + s + 유성음]인 경우의 [s]도 유성음화되어 [z 즈]로 소리 난다.
museum[mju:'zi:əm 뮤:지:엄], housing['haʊzɪŋ 하으징], disease[ˌdɪ'zi:z 디지:즈], present[pri'zent 푸뤼젠트], result[rɪ'zəlt 뤼저을트] arisen[ə'rɪzn 어뤼즌], visit['vɪzət 뷔즡], chose['tʃoʊz 초으즈]

3) 모음 + sm의 s는 유성음화되어 [z(ə)m 즘]으로 소리난다.
criticism['krɪtɪsɪzəm 쿠뤼티씨즘], chasm['kæzəm 캐즘], organisms['ɔ:rgəˌnɪzəmz 오r거니즘], skepticism['skeptɪsɪzəm 쓰켑티씨즘], journalism['dʒɜrnəlɪzəm 줘:r널리즘], enthusiasm[ɪn'θu:ziæzəm 인쑤:지애즘], euphemism['ju:fəmɪzəm 유:풔미즘],

2. 알파벧 s는 유성음 환경이 되더라도 생각그룹 또는 문장의 끝에 오고 이어지는 음소가 무성자음이면 무성음화되어 [zss '스']에 가까운 발음이 된다.

1) **Is[ɪz 이즈]** Jack going? **Is[ɪz]** that okay? It **is[ɪz]** good. He **is[ɪz]** not right. He **is[ɪz]** wrong.

2) **Is['ɪzss 이:스]** Pete going? **Is[ɪzss]** he okay? The gallery **is[ɪzss]** packed. He **is[ɪzss]** kind. Yes, he **is[ɪzss]**. What **is[ɪzss]** so? She **is[ɪzss]** so nice. What **is[ɪzss]** to do?

3) **His[hɪz 히즈]** duty **is[ɪz 이즈]** just to serve **his[(h)ɪz 히즈]** readers.

4) **His[hɪzss 히:스]** parents sat speechless. **His[hɪzss]** condition is dangerous. **His[hɪzss]** face **is[ɪzss 이:스]** peppered with freckles.

5) Robert **was[wəz 워즈]** going steady with Susan. I **was[wəz]** lucky.

6) Robert **was[wəzss 워:스]** thinking of marrying her. **Was[wəzss]** he fired?

7) He **has[həzss 허스]** so much energy. The flower **has[həz]** many thorns.

8) He **has[həzss 허:스]** climbed well. One must reap what one **has[həzss]** sown. Yes, he **has[həzss]**.

1) 알파벧 s가 유성음 [z 즈]로 발음되나 무성음 앞에서 무성음화 되어 [zss 스]로 들리는 경우
Is Jack['ɪz 'dʒæk] going?은 [dʒ]가 유성음이므로 is가 [ɪz]로 들리지만 Is Pete going?은 [p]가 무성음이므로 ['ɪzss 이:스 'pi:t 피잍(i:=iy)]으로 무성음화된다.

단, 유성음이 무성음화 할 때 소리는 [s]에 가깝게 나지만 길이감은 유성음처럼 약간 길게 끌어주어야 한다. 따라서 is[ɪz]는 [ɪzss 이:스], has[hæz]는 [hæzss 해:스], was[wəz]는 [wəzss 워:스], his[hɪz]는 his[hɪzss 히:스]처럼 들린다.

2) 알파벳 -s가 유성음 [z]로 발음되나 생각그룹 또는 문장의 끝에 오면 무성음화 되어 [zss 스]로 들리는 경우
생각그룹 또는 문장의 끝은 문장 리듬 상 가장 약하고 낮으며 다음에는 말소리가 없는 마침표나 쉼표가 온다. 마침표나 쉼표는 무성음이라 할 수 있고 이 무성음의 영향으로 앞의 유성음 [z]가 무성음인 [s]로 무성음화된다.

- Is[ɪzss] she shy? Yes, she is.[ɪzss] Was[wəzss] she shy? Yes, she was.[wəzss]
- Yes, she has.[həzss] It's his.[ɪzss] I heard his stories.[hɪzss 'stɔ:rizss],
- The water reached his knees.[ɪz 'ni:zss]

3) 유성마찰음 [z 즈]는 이어지는 소리에 따라 [zss 스]로 약화되기도 한다. [z 즈] 뒤에 모음 또는 접근음[l,r,w,y]이 이어지면 그 소리를 조음해도 성대의 진동이 약화되거나 멈추지 않으므로 그대로 [z] 소리가 난다.
단, 모음이나 접근음이 이어지면 [z]의 발음은 [즈]로 발음이 된다.

- dogs are[dɔgz ər도그저r]
- kids are[kɪdz ər 키읃저r]
- dads are[dædz ər 대엗저r]
- kids' legs[kɪdz legz 키읃즈 레그스]
- dogs ran[dɔgz ræn 도그즈 랜]

하지만, 조음방법이 다른 파열음(b,d,g), 파찰음(ʤ), 비음(n,m)이 이어지면 혀끝으로 입천장을 막는 동작을 하는 과정에서 성대의 진동이 약화되므로 [zss 스]로 들리게 된다.

- Many new bicycle paths['pæðz 패드(ð)즈] were made.
- Kids[kɪdzss 킫스/키읃스] need their parent's['pærənts 패:뤈쓰] signature on the registration form.
  Dad's['dædz 댇:즈/대읃즈] role already seems['si:mzss 씨임스] to be fading.
- With babies['beɪbiz 베이비즈] being made in test tubes[tu:bzss 투:브스].
- My dogs['dɑ:gz 다:그즈] are still excited to go for a walk.
- Kids' school ['kɪdzss 'sku:l 킫스쓰꾸:을] parties provide organized fun for all the children.
- Kids Club['kɪdzss 'klʌb 킫스 클럽] is a before and after school program.

3. 파열음 또는 마찰음 뒤의 [s],[z]의 발음

1) 무성파열음 또는 무성마찰음 뒤의 s[s]의 발음

- He picks['pɪks 픽+스] up gold. It makes him piss['pɪs 피쓰] his pants.
- When I saw a snake hiss['hɪs 히쓰], it came closer to me to bite my hips['hɪps 힢+스].
- What is mass['mæs 매쓰] in maths['mæθs 맸+스]?

piss['pɪs]	피쓰	kiss['kɪs]	키쓰	hiss['hɪs]	히쓰	cuss['kʌs]	커쓰
picks['pɪks]	픽+스	kits['kɪts]	킽+스	hips['hɪps]	힢+스	cuffs'kʌfs]	컾+스
mass['mæs]	매쓰	bass['bæs]	배쓰	bress['bres]	부뤠쓰	boose['bu:s]	부:쓰
maths['mæθs]	맸+스	baths['bæθs]	뱄+스	breaths['breθs]	부뤴+스	booths['bu:θs]	부웄+스

piss vs picks, kiss vs kits, hiss vs hips, cuss vs cuffs, mass vs maths, bass vs baths, bress vs breaths의 발음을 비교해보면 piss, kiss, hiss, cuss, mass, bass, bress는 **호흡의 끊김 없이 단숨에 강한 마찰음 [s 쓰]를 소리 내지만**, picks, kits, hips, cuffs, maths, baths, breaths는 혀끝, 입술, 이빨로 **공기 통로를 막는 단계를 거친 후에 마찰음 [s]를 소리 내기 때문에 공기의 흐름도 약하여져** 강한 마찰음 [쓰]가 아닌 약한 마찰음 [스]로 들리는 것이다.

2) 유성파열음 또는 유성마찰음 뒤의 s[z]의 발음

twos['tu:z]	투:즈	buzz['bʌz]	버즈	kizz['kɪz]	키즈
tubes['tu:bz]	투:브즈	bugs['bʌgz]	버그즈	kids['kɪdz]	킫즈
trues['tru:z]	츄루:즈	pazz['pæz]	패즈	buzz['bʌz]	버즈
truths['tru:ðz]	츄루:드즈	paths['pæðz]	패드즈	buds['bʌdz]	벋즈

모음+[z]의 형태인 twos['tu:z], buzz['bʌz], kizz['kɪz], trues['tru:z], pazz['pæz], is[ɪz], his[hɪz], carries['kæ.riz], please['pli:z]의 [z]는 호흡의 끊김 없이 단숨에 마찰음 [z 즈]를 소리 내지만 파열음이나 마찰음 + [z] 형태인 kids['kɪdz], buds['bʌdz], tubes['tu:bz], bugs['bʌgz], truths['tru:ðz], paths['pæðz]는 두 박자에 발음된다. 즉, 파열음이나 마찰음 때문에 혀끝, 입술, 이빨로 **공기 통로를 막는 단계를 거친 후에 마찰음 [z]를 소리낸다**. 그런데, 통로를 막는 동작 때문에 공기의 흐름이 약해지고 성대의 진동도 약화되어 [z]가 아닌 [zss 스]로 들리는 것이다.

Listening Skill 28

[z]의 마찰이 약화된 [zss 스]와 [s 스]의 구별

1. Find great deals on the latest styles of sweet peas price['pi:zss 'praɪs].
The organization won the 1999 Nobel Peace prize['pi:s 'praɪzss].

peas price['pi:z 'praɪs]는 ['pi:zss 'praɪs **피**:스 푸**롸**이쓰]가 되고, Peace prize['pi:s 'praɪz → 'pi:s 'praɪzss **피**:쓰 푸**롸**:이스]가 되어 두 소리가 비슷하게 들린다. 하지만 유성음 앞의 모음이 무성음 앞의 모음보다 약간 더 길므로 peas['pi:yzss 피이:스]의 [i:y]가 peace['piys 피이쓰]의 [iy]보다 길고 prize['pra:ɪzss 푸롸:이스]의 [a:ɪ]가 price['praɪs 푸롸이쓰]의 [aɪ]보다 길다.

2. The theater audience would understand their plays['pleɪzss].
All events in the universe have their place['pleɪs].

plays['pleɪz 플레이즈]의 [z]는 문장 끝에서 무성음화되므로 ['ple:ɪzss 플레:이스]로 소리난다. 언뜻, place['pleɪs 플레이쓰]와 비슷하게 들리지만. 모음의 길이를 따져 분별하면, plays['ple:ɪzss 플레:이스]의 [e:ɪ]가 place['pleɪs 플레이쓰]의 [eɪ]보다 길므로 구별이 조금 더 쉬워진다.

3. The use of the Internet is on the rise['raɪzss].
The consumption of rice['raɪs] per person steadily decreased.

rise['raɪz 롸이즈]의 [z]는 문장 끝에서 무성음화되므로 rise['ra:ɪzss 롸:이스]로 소리가 난다. 언뜻, rice['raɪs 롸이쓰]와 비슷하게 들리지만. 모음의 길이를 따져 분별하면, rise['**ra:**ɪzss **롸:이**스]의 [a:ɪ]가 rice['raɪs **롸이쓰**]의 [aɪ]보다 길므로 구별이 조금 더 쉬워진다.

4. If the customer pays['peɪzss] cash, we will give 30% off.
Others swam considerably slower than their usual pace['peɪs].

pays['peɪz 페이즈]의 [z]도 무성자음 앞에서 [s]로 무성음화 되므로 ['pe:ɪzss 페:이스]가 되므로 pace['peɪs 페이쓰]와 비슷하게 들린다. 단, pays['pe:ɪzss 페:이스]의 [e:ɪ]가 pace['peɪs 페이쓰]의 [eɪ]보다 길므로 구별이 조금 더 쉬워진다.

5. There are two kinds of lies['laɪzss].
Her hair was crawling with lice['laɪs].

lies['laɪz 라이즈]의 [z]도 문장 끝에서 [s]로 무성음화 되므로 ['la:ɪzss 라:이스]가 되므로 lice[laɪs 라이쓰]와 비슷하게 들린다. 단, lies['la:ɪzss 라:이스]의 [a:ɪ]가 lice[laɪs 라이쓰]의 [aɪ]보다 길다.

6. The students started to buzz['bʌzss], predicting which student had aced the test.
What time did your bus['bʌs] depart from Busan?

buzz['bʌz 버즈]의 [z]도 무성음 앞이나 문장 끝에서 [s]로 무성음화 되므로 ['bʌ:zss 버:스]가 되므로 bus['bʌs 버쓰]처럼 들린다. 단, buzz['bʌ:zss 버:스]의 [ʌ:]가 bus['bʌs 버쓰]의 [ʌ]보다 길다.

7. When I looked at the target, I could not believe my eyes['aɪzss].
Golf began in Holland as a game played on ice['aɪs].

eyes['aɪz 아이즈]의 [z]도 문장 끝에서 [s]로 무성음화 되므로 ['a:ɪzss 아:이스]가 되므로 ice['aɪs 아이쓰]와 비슷하게 들린다. 단, eyes['a:ɪzss 아:이스]의 [a:ɪ]가 ice['aɪs 아이쓰]의 [aɪ]보다 길다.

8. As a child grows[groʊzss], fears may disappear.
Realizing their gross[groʊs] error in judgment, they rehired the old keeper of the spring, and within a few weeks, the spring began to clear up.

grows[groʊz 구로으즈]의 [z]도 문장 끝에서 [s]로 무성음화 되므로 ['gro:ʊzss 구로:으스]가 되므로 gross[groʊs 구로으쓰]와 비슷하게 들린다. 단, grows[gro:ʊzss 구로:으스]의 [o:ʊ]가 gross[groʊs 구로으쓰]의 [oʊ]보다 길다.

9. She played the part as one of the Patriots] most colorful spies['spaɪzss].
Variety is the spice['spaɪs] of life.

spies['spaɪz 쓰빠이즈]의 [z]도 문장 끝에서 [s]로 무성음화 되므로 ['spa:ɪzss 쓰빠:이스]가 되므로 spice['spaɪs 쓰빠이쓰]와 비슷하게 들린다. 단, spies['spa:ɪzss 쓰빠:이스]의 [a:ɪ]가 spice['spaɪs 쓰빠이쓰]의 [aɪ]보다 길므다.

10. For peace between the Jews['dʒu:z] and Arabs.
Labels are most commonly seen in fruit juice['dʒu:s]

Jews['dʒu:z 쥬:즈]의 [z]는 단어 끝에서 무성음화되므로 ['dʒu:zss 쥬:스]로 소리가 난다. 언뜻, juice['dʒu:s 쥬:쓰]와 비슷하게 들리지만 모음의 길이를 따져 분별하면, Jews['dʒu:wz 쥬:우즈]의 [u:] = [u:w]가 juice['dʒuws 쥬우쓰]의 [u:] = [uw]보다 길다.

11. If the mother dies['daɪzss], we die.
There'll be enjoyable activities like the Giant Dice['daɪs] Roll, and so on.

dies['daɪz 다이즈]의 [z]도 문장 끝에서 [s]로 무성음화 되므로 ['da:ɪzss 다:이스]가 되므로 Dice['daɪs 다이쓰]와 비슷하게 들린다. dies['da:ɪzss 다:이스]의 [a:ɪ]가 Dice['daɪs 다이쓰]의 [aɪ]보다 길다.

12. You can work through them and trace['treɪs] the painful process.
She didn't have their lunch trays['treɪz] any more.

trays['treɪz 츄뤠이즈]의 [z]는 이어지는 모음과 연음이 될 때는 [Z]소리나지만, 문장 끝에서는 [s]로 무성음화 되므로 ['tre:ɪzss 츄뤠:이스]가 되어 trace['treɪs 츄뤠이쓰]와 비슷하게 들린다. 단, trays['tre:ɪzss 츄뤠:이스]의 [e:ɪ]가 trace['treɪs 츄뤠이쓰]의 [eɪ]보다 길다.

13. The female frog usually lays['leɪzss] her eggs and then goes away.
I'd rather buy a new one with lace[leɪs].
During the day the stone is heated by the sun's rays['reɪzss].
I'm training hard to set a new world record in the 100 meter race['reɪs].

lays['leɪz 레이즈], rays['reɪz 뤠이즈]의 [z]도 문장 끝이나 무성음 앞에서 [s]로 무성음화 되므로 ['le:ɪzss 레:이스], ['re:ɪzss 뤠:이스]가 되므로 lace[leɪs 레이쓰], race['reɪs 뤠이쓰]와 비슷하게 들린다. 단, lays['le:ɪzss 레:이스], rays['re:ɪzss 뤠:이스]의 [e:ɪ]가 lace[leɪs 레이쓰], race['reɪs 뤠이쓰]의 [eɪ]보다 길다.

14. What phase['feɪz] is it in, I wonder?
Almost all railroads face['feɪs] serious problems.

phase['feɪz 풰이즈]의 [z]는 이어지는 모음과 연음이 될 때는 [Z]소리나지만, 문장 끝에서는 [s]로 무성음화 되므로 ['fe:ɪzss 풰:이스]가 되므로 face['feɪs 풰이쓰]처럼 들린다. 단, phase['fe:ɪzss 풰:이스]의 [e:ɪ]가 face['feɪs 풰이쓰]의 [eɪ]보다 길다.

15. The snow in the driveway was already halfway to his knees['ni:zss].
Her niece['ni:s] desired to go on the stage from an early age.

knees['ni:z 니:즈]의 [z]도 문장 끝에서 [s]로 무성음화 되므로 ['niy:zss 니:스]가 되므로 niece['ni:s 니:쓰]와 비슷하게 들린다. 단, knees['niy:zss 니:스]의 [i:](i:y)가 niece['niys 니:쓰]의 [i:](iy)보다 길다.

Listening Skill 29

s[s] 또는 s[z]가 구개음화된 [ʃ 쉬], [ʒ 쥐]로 소리나는 경우

1. [s]가 [ʃ]로 발음되는 경우

issue['ɪʃuː 이슈ː], impression[ˌɪm'preʃn 임프뤠쉬은], discussion[ˌdɪ'skəʃn 디쓰커쉬은]처럼 치경음 [s]가 [i]나 [j]와 결합하면 [s]를 경구개음 [j]의 조음위치에 옮겨 놓고 발음하므로 경구개음 [ʃ]로 역행 동화된다.

1) I was[wəz] **usually**['juːʒuəli/'juːʒəli **유**ː줘을리] kept at an impersonal distance during the **discussion**[ˌdɪ'skəʃn 디쓰**커**쉬은].
2) Latecomers will be admitted only during **intermission**[ˌɪntər'mɪʃn **인**터r**미**쉬은].
3) According to psychologists[saɪ'kɑːlədʒəsts], your physical appearance[ə'pɪrəns] makes['meɪks] up 55% of a first **impression**[ˌɪm'preʃn 임프**뤠**쉬은].
4) Mathematics includes[ˌɪn'kluːdz] many different kinds['kaɪndz] of algebraic **expressions**[ɪk'spreʃnz 익쓰프**뤠**쉬은즈] to solve problem.
5) Some universities[ˌjuːnɪ'vɜrːsətiz] remain silent['saɪlənt] on the important **issues**['ɪʃuːz **이**쉬우ː즈(**이**슈ː즈)] of the day.
6) Blood vessels grow wider, and start the formation of new **tissue**['tɪʃuː 티쉬우ː(**티**슈ː)]
7) It helps to conceal the personal taste and **financial**[fə'nænʃl 풔**낸**쉬을] status['stætəs] of children's['tʃɪldrənz] parents['perənts].
8) Supporting senior citizens has become a **social**['soʊʃl **쏘**으쉬을] **issue**['ɪʃuː **이**쉬우ː(**이**슈ː)]
9) They are **assuredly**[ə'ʃʊrədli 어**쉬**우뤌을리] not spirits['spɪrəts] or souls[soʊlz] in our environment.
10) Would you pass me the **sugar**['ʃʊgər **슈**거r(**쉬**우거r)], please['pliːz]?

2. [s]가 [ʒ]로 발음되는 경우

usual['juːʒuəl 유ː줠], visual['vɪʒuəl 뷔줠], Asian['eɪʒən 에이줜], measure['meʒər 메줘r], pleasure['pleʒər 플레줘r]처럼 치경음 s[z]가 [i]나 [j]와 결합하면 [z]를 경구개음 [j]의 조음위치에 옮겨 놓고 발음하므로 경구개음 [ʒ]로 역행 동화된다.

1) I was[wəz] **usually**['juːʒuəli/'juːʒəli **유**ː줘을리] kept at an impersonal distance during the **discussion**[ˌdɪ'skəʃn 디쓰**커**쉬은].
2) Do you have a little brother or sister who listens to **commercials**[kə'mɜrːʃlz 커**머**r쉬을즈] on **television**['teləˌvɪʒn **텔**러**뷔**줜]? These[ðiːz] choices['tʃɔɪsɪz] and **decisions**[də'sɪʒnz 디**씨**줘은즈] are ours['aʊərz] to make.
3) We **Asian**['eɪʒn **에**이줘은] students are all smart['smɑːrt].
4) It actually helps['helps] increase[ˌɪn'kriːs] bone mass['mæs], and is said['sed] to be the best preventive **measure**['meʒər **메**줘어r].
5) A doctor checks weɪght, **vision**['vɪʒn **뷔**줜] and hearing problems['prɑːbləmz], blood **pressure**['preʃər 푸**뤠**쉬어r], and so[soʊ] on.
6) Flooded by cellphones['sel'foʊnz], the Internet, and **television**['teləˌvɪʒən **텔**러**뷔**줜]
7) The camera merely records[rə'kɔːrdz] an image, whereas[wer'æz] the **visual**['vɪʒuəl **뷔**쥬얼] system['sɪstəm] interprets[ˌɪn'tɜrːprəts] it.
8) My **pleasure**['pleʒər 플**레**줘r]. Oh, I have to get off at the next station.
9) The aged live with enforced[en'fɔːrst] **leɪsure**['liʒər('leʒər) **리**줘r], on fixed ['fɪkst] income, subject[sʌb'dʒekt] to many continual illnesses.
10) I **casually**['kæʒəwəli **캐**줘월리] practiced my presentation at home.

Listening Skill 30

파찰음 [tʃ], [ʤ]의 리듬이해

1. 파찰음의 조음위치

파찰음 [tʃ], [ʤ]는 허파에서 올라온 공기가 입안을 통과할 때, 혀끝을 치경에 댐으로([t], [d]의 단계)공기의 흐름을 순간적으로 막은 후 떼면서 혀와 입천장(후치경) 사이에 생긴 좁은 틈으로 공기를 마찰([ʃ], [ʒ]의 단계)시키며 입 앞으로 내뱉는 소리이다.

2. 파찰음 [tʃ], [ʤ]와 파열음 [t], [d]의 조음방법의 차이

파찰음 [tʃ], [ʤ]와 파열음 [t], [d]는 발음 시 입천장을 막았다 떼는 것까지는 똑같지만 [t], [d]를 발음할 때보다는 [tʃ], [ʤ]를 발음할 때에 혀를 입천장에서 더 천천히 떼어 준다. 즉, tore[tɔːr]의 발음 시 (읕)하며 입천장에 혀끝을 대자마자 순식간에 떼면서 [토:어r]하고 소리 낸다면, chore[tʃɔːr]의 발음 시는 (읕)하며 입천장에 혀끝을 대고 살짝 눌러 주며 천천히 떼면서 혀와 입천장(후치경) 사이에 생긴 좁은 틈으로 압축된 공기를 마찰시키며 [초:어r]의 소리를 내보내는 것이다.(tore[tɔːr] vs chore[tʃɔːr], Top[tɑːp] vs Chop[tʃɑːp])

3. 유성파찰음 [ʤ]의 소리

jam['dʒæm]과 dam['dæm], jump['dʒʌmp]와 dump['dʌmp]의 유성파찰음 및 유성파열음은 우리나라에서는 [쨈]과 [땜], [쩜프]와 [떰프]의 된소리로 잘못 발음하는 편이다. 하지만, [dʒ]는 성대를 울리며 발음을 해주어야 하고 파열되는 공기의 양도 작으므로 [(으)좨앰], [(으)대앰], [(으)졈프], [(으)덤프]로 소리내야 한다.

Listening Skill 31

비음 [m], [n], [ŋ]의 리듬 이해

비음 [m], [n], [ŋ]의 조음위치와 조음방법

1) 비음의 소리

비음(鼻音: nasal)은 입을 닫고 연구개를 낮추어 공기통로의 막힘이 없이 공기가 비강을 통해 코로 내보내지면서 성대가 울리며 소리 나는 공명음으로 [m], [n], [ŋ]을 말한다.

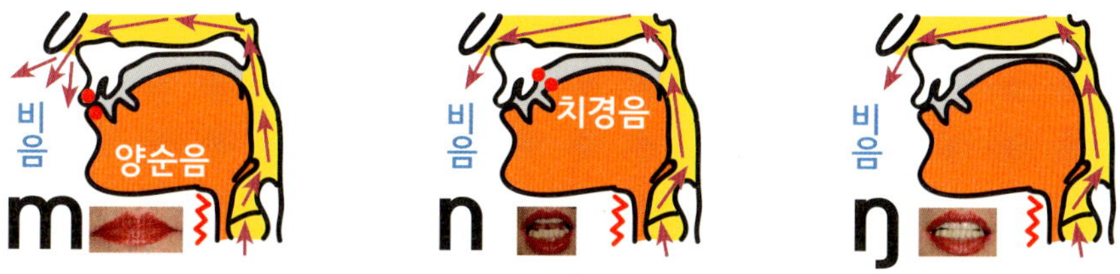

2) 비음의 종류

(1) 치경비음(alveolar nasal) [n]

- n이 음절의 초성일 때 [ㄴ(느)] net, need, knowledge, many, community

초성의 [n]은 혀로 치경을 누르며 동시에 혀를 낮추므로 공기의 흐르는 방향이 입 대신 코로 바뀌며 "ㄴ(느)" 소리가 난다. nap이나 money처럼 단어나 음절의 첫소리에서는 혀끝으로 입천장을 누르자마자 바로 모음과 결합되어 소리가 나므로 [은]소리가 아닌 [ㄴ]소리가 나는 편이다. 즉, nap은 [은 + 냎]이 아니라 그냥 [냎], money는 [먼 + 니]가 아니라 그냥 [머니]로 들리게 된다.

- n이 음절의 종성일 때 **[ㄴ(은)]** ten, Sunday, in, When, written

종성의 [n]은 혀를 치경입천장에 그대로 붙이고 코로 숨을 내보내면서 성대를 울려 [ㄴ(은)] 소리를 짧게 지속시켜준다. pan[팬(패은)]의 경우처럼 음절 끝에서는 혀끝은 치경(잇몸)에, 혀의 가장자리는 이빨의 측면에 닿게 할 정도로 강하게 눌러 공기가 입 앞으로 빠져나가지 않도록 하면서 콧소리 [은]소리를 낸다.

(2) 양순비음(Bilabial nasal) [m]

- **m**이 음절의 초성일 때 **[ㅁ(므)]** may, demands

  초성의 [m]은 양 입술을 힘껏 다문 상태에서 턱을 내리고 입 안쪽의 입천장(연구개)을 내리며 공기의흐르는 방향이 코 쪽으로 바뀌게 하면서 **[ㅁ(므)]** 소리를 낸다.

- **m**이 음절의 종성일 때 **[ㅁ(음)]** same, time, example

  종성의 [m]은 턱을 올리고 입술을 닫아 앞의 모음 소리와 더불어 입 쪽으로 배출되는 공기를 막으며 기류를 코로 바꾸면서 **[ㅁ(음)]**소리를 낸다.

(3) ng는 음절의 종성으로만 발음 **[ŋ 응]** coming, going, performing, pink

  종성에서만 소리 나는 **ng[ŋ]**은 앞의 모음 소리와 더불어 입 쪽으로 배출되는 공기를 막기 위해 혀뒷부분을 뒤로 당겨 가장 안쪽 입천장인 연구개를 힘껏 누르며 **[ŋ응]**소리를 낸다. 그러면, 공기의 흐름이 구강에서 비강으로 바뀌며 코로 빠져나간다. -nk, -nc와 -ng가 [ŋ (응)]소리를 낸다.

  pink는 [핑크]보다는 [피응크]를 빨리 발음하는 소리로 들릴 것이다. mink는 [밍크 (미응크)], sink는 [씽크(씨응크)], acting은 [액팅(액티응)], string은 [스츄링(스츄뤼응)], sing은 [씽(씨응)], young은 [영(여응)], anger는 [앵거r(애응거r)], Morning은 [모r닝(모r니응)]임.

3) 파열음 + 같은 조음점의 비음 => 비강파열

파열음은 입앞으로 파열하는 구강파열을 하지만, 같은 조음점의 비음이 이어져오면 폐쇄를 거친 후에 파열은 코로 일어난다. 즉, 단어 끝소리가 [t][d] + [n], [p][b] + [m], [k][g] + [ŋ]일 때는 코로 공기가 빠져나가는 비강파열을 한다.

Listening Skill 32

조음점이 같은 [t] + [n]의 비강 파열음 [tⁿn]

1. [t] + [n]은 비강 파열 -tⁿn(미국영어) 또는 구강 파열 -tən(영국영어)

1) 비강 파열음의 조음방법

조음점이 같은 [t] + [n]의 발음은 button['bʌtn]처럼 영국과 미국 모두 똑같은 발음기호를 사용하나, 실제 발음 시에는 영국영어가 성절자음 n을 [ən]으로 발음하여 [tən]이 조음점인 치경을 두 번 접촉하는 두 박자인 반면에 미국영어는 [ə]가 빠진 [tn]을 동시에 발음하여 한 번 접촉을 하는 한 박자인 차이가 있다. 영국영어는 button을 ['bʌt 버트](제 1접촉) + [n 은](제 2접촉)의 결합인 **['bʌtən 버튼]**으로 발음하지만, **미국영어는** button ['bʌt˺ 벋](제 1접촉) + [tⁿn 은](제 1접촉 그대로)의 결합인 **['bʌtⁿn 벋은]**으로 비강 파열을 한다.

더 쉽게 설명하면, ['bʌt 벋]하며 혀끝으로 입천장을 폐쇄한 후에 혀끝을 뗐다 다시 발음하면 "으"에 가까운 여린 [ə]가 살짝 삽입되면서 ['bʌtən 버튼]하고 소리 나는 것이 영국영어라면, 입천장에 댄 혀끝을 떼지 않고 콧구멍으로 공기가 빠져나가게 하면서 [벋은]하고 소리를 내면 미국영어이다. 비강 파열 시 [n]과 함께 파열되는 [t]의 소리는 들리지 않으므로 불파음으로 간주하여 button → butt'n(bu-N), written → writt'n(wri-N), mitten → mitt'n(mi-N), forgotten → forgott'n(forgo-N), important → import'nt(impor-Nt), Certain → Cert'n(cer-N), curtain → curt'n(cur-N), sentence → sent'nce(sen-Nce), mountain → mount'n(moun-N), fountain → fount'n(foun-N)으로도 표시한다.

(1) You have to open the doors yourself by pushing a **button**['bʌtⁿn **벋**은 또는 'bʌtn **버**튼]

(2) I can see skies splashed with **cotton**[['kɑtⁿn **캍**은 또는 'kɑtn **카**튼] white clouds.

(3) I didn't mean to **frighten**[fraɪtⁿn 푸(f)**롸**잍은 또는 'fraɪtnd 푸(f)**롸**이튼] you.

(4) We learned in **kindergarten**['kɪndərgɑ́:rtⁿn **킨**더r**가**r읕은 또는 'kɪndə,gɑ:tn **킨**더r**가**:튼].

(5) I have a conference at the **Manhattan**[mæn'hætⁿn 맨햍은 또는 'mæn'hætn 맨해튼] Hotel.

(6) The flowers **brighten**[braɪtⁿn 부롸잍은 또는 'braɪtn 부롸이튼] up my room.

(7) Should I open the **curtains**['kəːrtⁿnz 커r읕은즈 또는 'kəːtnz 커ː튼즈] for you? .

(8) Loyal friends will set you straight and **lighten**['laɪtⁿn 라잍은 또는 'laɪtn 라이튼] you up.

(9) They are also **beaten**['biːtⁿn 비잍은(iː=iy) 또는 'biːtn 비ː튼] for several hours.

(10) The shark's teeth had **bitten**['bɪtⁿn 빝은 또는 'bɪtn 비튼] down to the bone of her right leg.

(11) I could have **written**['rɪtⁿn 륕은 또는 'rɪtn 뤼튼] the history of my school days.

(12) It comes from a **Latin**['lætⁿn 랱은 또는 'lætn 래튼] word for kidnapping.

(13) Their family must use a **certain**['səːrtⁿn 써r읕은 또는 'səːtn 써ː튼] brand of soap.

(14) Very shortly the **carton**['kɑːrtⁿn 카r읕은 또는 'kɑːtn 카ː튼] seemed too small.

(15) It is normal to feel **rotten**['rɑːtⁿn 뢑은 또는 'rɑːtn 롸ː튼] all the time.

(16) At the beach I have no **witness**['wɪtⁿnɪs 윝으니쓰 또는 'wɪtnɪs 위트니쓰] but the beach.

(17) Why don't you go to a **fitness**['fɪtⁿnɪs 퓥으니쓰 또는 'fɪtnɪs 퓌트니쓰] club.

(18) It was out of **politeness**[pə'laɪtⁿnɪs 펄라잍으니쓰 또는 'pə'laɪtnɪs 펄라이트니쓰].

(19) Taste for **sweetness**['swiːtⁿnɪs 스위잍으니쓰 또는 'swiːtnɪs 스위ː트니쓰].

(20) I need a sparring **partner**['pɑːrtⁿnər 파ːr읕으너r 또는 'pɑːrtnər 파ːr트너r].

2) mountain, fountain, Clinton의 비강 파열

전통적 영국영어에서는 fountain, mountain, Clinton의 [t]를 모음과 결합시켜 ['faʊn.tɪn 퐈(f)은.틴], ['maʊn.tɪn 마은.틴], ['klɪn.tən 클린.턴]의 2박자의 리듬으로 구강파열 했다. 오늘날은 약세음절을 더 편하게 소리내다보니 성절자음 n을 [ən]으로 발음하여 ['faʊntən 퐈은튼], ['maʊntən 마은튼], ['klɪntən 클린튼]으로 발음하는 편이다. 오늘날의 미국영어는 mountain을 moun[maʊn] + tain[tən]의 두 박자로 발음하지 않고 n[ən]의 [ə]를 탈락시켜 [tn]을 동시에 발음하여 moun.tn['maʊnt˺ 마은(읕) + tⁿn 은 => 'maʊntⁿn 마은은]의 한 박자로 발음한다. 마찬가지로 fountain, Clinton은 ['faʊntⁿn 퐈(f)은은], ['klɪntⁿn 클린은]으로 비강 파열한다.

다만, ['maʊnt^{n}n 마은은]과 3연속자음의 가운데 음 [t]가 탈락된 mountain ['maʊn.n 마은은]의 발음차이를 잘 이해해야 한다. ['maʊn.n]은 강한 비음 [n]이 2번 겹치므로 완전 코맹맹이 소리라면 ['maʊnt^{n}n]은 혀끝으로 치경을 막은 후에 콧소리 [n]의 발성 때만 콧소리를 내는 소리이다.

(1) He is climbing the **mountain**['maʊnt^{n}n **마**은은 또는 'maʊntən **마**은튼].

(2) I'm going to look for a water **fountain**['faʊnt^{n}n **퐈**(f)은은 또는 'faʊntən **퐈**은튼]

(3) Mr. **Clinton**['klɪnt^{n}n 클**린**은 또는 'klɪntən 클**린**튼] asked him why he looked sad.

(4) My mother was the house **accountant**[ə'kaʊnt^{n}nt 어**카**은은트 또는 əkaʊntənt 어**카**은튼트].

(5) He cut out the **sentence**['sɛnt^{n}ns **쎈**은쓰 또는 'sɛntəns **쎈**튼쓰] from the recording tape.

2. 문장 속에서의 비강 파열음 [t^{n}n], [d^{n}n]에 대한 이해

(1) Then I guess I'll just have to **wait and see**['weɪt^{n}n 'si: **웨**읻은씨: 또는 'weɪt^{ə}n 'si: **웨**이튼씨:].

(2) Thai food is **hot and spicy**[hɑ:t^{n}n spaɪsi **핱**은쓰**빠**이씨 또는 hɑt^{ə}n spaɪsi **하**튼쓰**빠**이씨].

(3) Add the sugar, **salt and butter**[sɔlt^{n}n'bʌtər **쏠**은**버**터r 또는 sɔlt^{ə}n'bʌtər **쏠**튼**버**터r].

(4) You'd better work on it **right now**['raɪt^{n}naʊ **롸**읻으**나**으 또는 'raɪt^{ə}naʊ **롸**이트**나**으].

(5) "Sorry, **not now**['nɑ:t^{n}naʊ **낱**으**나**으 또는 'nɑ:t^{ə}naʊ **나**트**나**으]." he replied impatiently.

구강파열음과 비강파열음의 차이는 2박자의 리듬으로 입 앞으로 소리를 내느냐, 1박자의 리듬으로 콧소리를 내느냐의 차이인데 원어민들은 빠른 속도의 일상대화에서는 연음시켜 비강파열로 발음하는 추세입니다. 따라서 wait and see['weɪt ən 'si:]가 보통속도에서는 [ə]를 삽입시켜 ['weɪtən 'si:웨이튼씨:(영국영어)]로 비강파열하지만, 일상대화에서는 단어경계를 걸쳐 연음되는 [tn]을 ['weɪt^{n}n 'si: 웨읻은씨:]로 비강 파열시킨다.

Listening Skill 33

조음점이 같은 [d] + [n]의 비강 파열음 [d^{n}n]

1. [t][d] + [n]의 비강 파열 [t^{n}n], [d^{n}n]의 발음 원리

[tn][dn]이 비강파열시 [t][d]의 발음단계에선 혀끝은 치경에 닿게 하고 연구개는 들어올려 공기의 흐름을 막는다. [n]의 발음시는 혀끝을 치경에 그대로 둔 채 연구개를 내려 코로 가는 공기통로를 만들어 [tn] [dn]을 소리낸다.

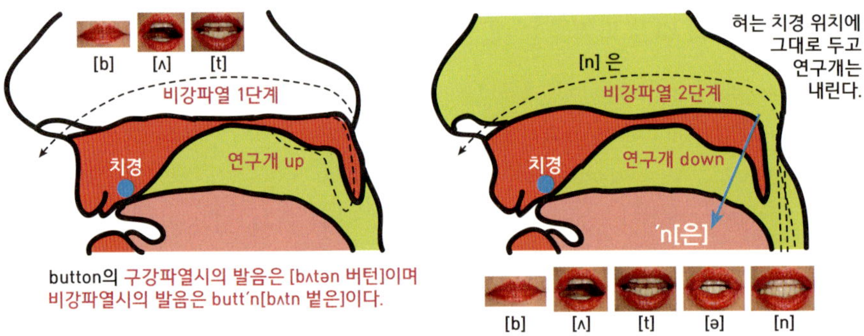

2. [d] + [n]은 비강 파열 [d^{n}n](미국영어) 또는 구강 파열 [-dən](영국영어)

조음점이 같은 [d] + [n]은 sudden['sʌdn]처럼 ['sʌd 써드](제 1접촉) + [n 은](제 2접촉)의 결합인 ['sʌdn 써든]으로 구강파열하거나, ['sʌd^{ㄱ} 썯](제 1접촉) + [d^{n}n 은](제 1접촉 그대로)의 결합인 ['sʌd^{n}n 썯은]으로 비강 파열을 할 수 있다. 더 쉽게 설명하면, ['sʌd 썯]하며 혀끝으로 입천장을 폐쇄한 후에 혀끝을 뗐다 다시 발음하면 "으"에 가까운 여린 [ə]가 살짝 삽입되면서 ['sʌdən 써든]하고 소리 나는 것이 영국영어라면, 입천장에 댄 혀끝을 떼지 않고 콧구멍으로 공기가 빠져나가게 하면서 ['sʌd^{n}n 썯은]하고 소리를 내면 미국영어이다. hidden → hidd'n(hi-N), forbidden → forbidd'n(forbi-N), burden → burd'n(bur-N)으로도 표시한다.

1) At that moment, a **sudden**['sʌd^{n}n 썯은 또는 'sʌdn 써든] inspiration took hold.

2) It is so easy to include **hidden**['hɪd^{n}n 힏은 또는 'hɪdn 히든] assumptions.

3) Around them were lots of **wooden**['wʊd^{n}n 우읃은 또는 'wʊdn 우으든] barrels and boards.

4) Her troubles **sadden**['sæd^{n}n 쌛은 또는 'sædn 쌔든] me.

5) His legs felt **leaden**['led^{n}n 렏은 또는 'ledn 레든].

6) She would tend a small flower **garden**['gɑrd^{n}n 가:r읃은 또는 'gɑ:rdn 가:r든].

7) It will also **broaden**['brɔ:d^{n}n 부롣은 또는 'brɔ:dn 부로:든] our knowledge.

8) I beg your **pardon**['pɑrd^{n}n 파:r읃은 또는 'pɑ:rdn 파:r든]?

9) I have so much **burden**['bə:rd^{n}n 버:r읃은 또는 'bə:rdn 버:r든] on my shoulders.

10) Playing with food was **forbidden**[fər'bɪd^{n}n 풔r빋은 또는 fər'bɪdn 풔r비든]

11) He was **bed-ridden**['rɪd^{n}n **뤼**은 또는 rɪdn **뤼**든]

12) She could feel her face **redden**['red^{n}n **뤠**은 또는 redn **뤠**든]

13) I wish I **hadn't**['hædnt **핻**은(트) 또는 **해**든] returned the game.

14) I **didn't**['dɪdnt **딛**은(트) 또는 **디**든(트)] know that.

15) Her mother said she **couldn't**['kʊdnt **큳**은(트) 또는 **크**든(트)].

16) You **shouldn't**['ʃʊdnt **슏**은트/쉬**읃**은(트)] share secrets with them.

17) They **wouldn't**['wʊdnt (우)**읃**은(트) 또는 (우)**으**든(트)] know what we think.

18) My **goodness**['gʊd^{n}nɪs **귿**으니쓰 또는 'gʊdnɪs **그**드니쓰]! It's you. Good to see you.

19) To me, that is absolute **madness**['mæd^{n}nɪs **맫**으니쓰 또는 'mædnɪs **매**드니쓰].

20) The plane leaves Inchon for **Sydney**['sɪd^{n}ni **씯**으니 또는 'sɪdni **씨**드니] at 11am.

21) Last night, I studied until **midnight**['mɪdnnaɪt **믿**으나잍 또는 'mɪdnaɪt **미**드나잍].

22) She was once **kidnapped**['kɪd^{n}næpt **킫**으냎트 또는 'kɪdnæpt **키**드냎트] by a devil.

23) **Good night**['gʊd^{n}naɪt 귿**나**잍], Dad.

24) People talk about their jobs as their **bread and butter**[b'red^{n}n 부**렏**은 또는 b'redn 부**레**든]

Listening Skill 34

조음점이 다른 [p, b] + [n], [k, g] + [n]의 비강 파열음

1. 조음점이 다른 [p, b] + [n]의 비강 파열음 [p^{m}m, b^{m}m])

1) She tried to **stop him**['stɑ:p (h)ɪm] from going fishing.

2) It will **rob him**['rɑ:b (h)ɪm] of his memory

3) She **opened**[oʊpnd] the box and found a **ribbon**[rɪbn].

4) When did it **happen**['hæpn]?

5) The recession may **deepen**['di:pn] still further.

6) When crops **ripen**['raɪpn], they become ripe.

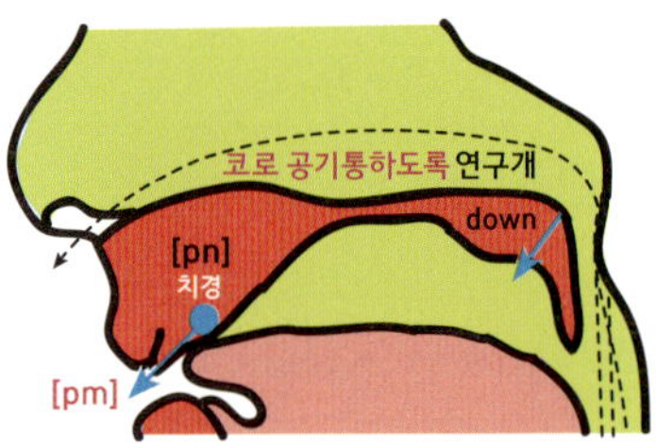

n[은]이 [p,b]의 조음점에서 소리나면
[m]으로 순행동화됨

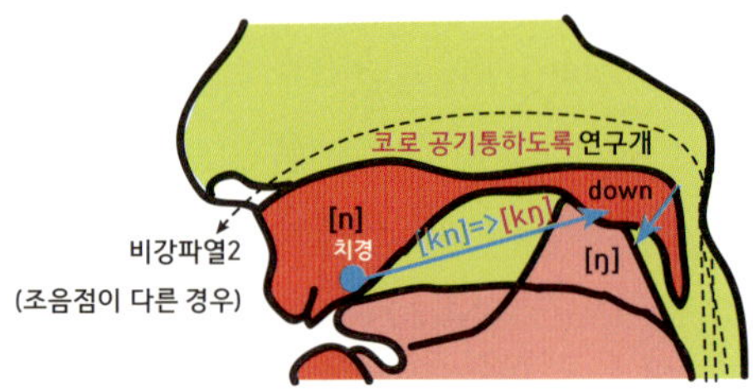

n[은]이 [k,g]의 조음점에서 소리나면
[ŋ]으로 순행동화됨

happ'n [pn] — [hæ] + [p] + [ə] + [n]

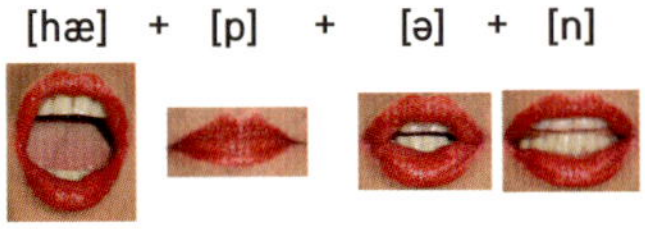

↓ [pm] — [hæ] + [p] + [m]

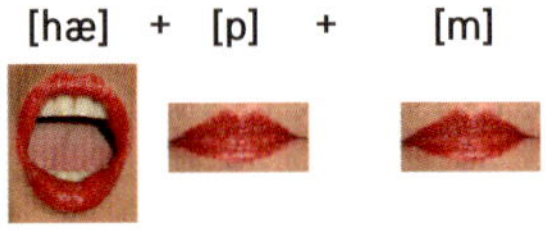

bac'n [kn] — [b] + [e] + [ɪk] + [ə] + [n]

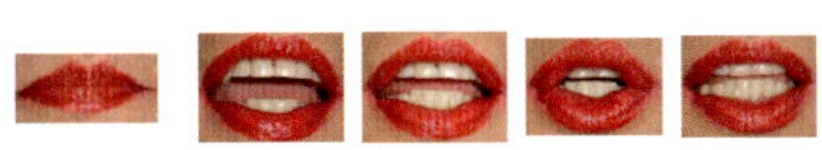

↓ [kŋ] — [b] + [e] + [ɪk] + [ŋ]

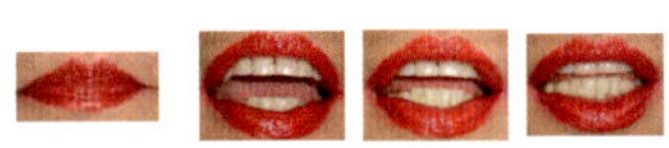

1) stop him, rob him은 보통속도에서는 ['stɑːp (h)ɪm 쓰탚힘], ['rɑːb (h)ɪm 랍힘]이나 빠른 속도에서는 ['stɑːp (ə)m], ['rɑːb (ə)m]으로 약화되는데, 파열음 [p][b]는 이어지는 [m]과 조음점이 같으므로 폐쇄음 [p˥][b˥]를 낸 후에 이어지는 비음 [m]의 조음 때 파열이 함께 이루어진다. 즉, ['stɑːp˥ + p^mm 쓰탚음], ['rɑːb˥ + b^mm 랍음]이 된다.

2) 파열음 [b], [p] + [n]은 파열음과 비음 [n]의 조음점이 다르므로 [b], [p] 뒤에 비음 [n]이 이어질 때면 코로 빠져나가는 공기통로를 만들기 위하여 연구개를 내리게 되는데 그러다 보니 자연스레 중설모음 [ə]가 끼어들게 된다. 따라서 ribbon[rɪbən 뤼븐], open[oʊpən 오으픈], happen['hæpən 해픈]처럼 발음되는데 무성음이 유성음 및 된소리로 발음되면서 ['hæp˥ + bən 햎븐(해쁜)], ['oʊp˥ + bən 오읖븐(오으쁜)]으로 소리 난다.
하지만, [b], [p] + [n]이 빠른 속도가 되면 [ə]가 삽입되지 못하고 ['hæpn], ['diːpn], ['raɪpn], [rɪbn]으로 발음되는데 순행동화가 함께 일어나 ['hæpm], ['diːpm], ['raɪpm], ['rɪbm]이 된다. 즉, [p][b]와 [m]이 조음점이 같다보니 입을 떼지 않고 그 상태에서 코로 파열을 하므로써 [p^mm], [b^mm]으로 비강파열한다. 이렇듯 앞의 양순음 [b], [p]를 발음한 상태에서 조음점이 치경인 [n]으로 혀를 옮기기보다는 같은 조음점인 양순비음인 [m]으로 발음하는 것이 편하기에 ['hæp^mm 햎음], ['diːp^mm 딮ː음], ['raɪp^mm 롸잎음], [rɪb^mm 립음]으로 발음한다.

2. 조음점이 다른 [k, g] + [n]의 비강 파열음 [$k^ŋ$ŋ][$g^ŋ$ŋ]

1) He was a beacon['biː**kən**] of hope for the younger generation.

2) Both of us bring home the bacon['beɪ**kən**].

3) The heart is a remarkable organ['ɔːr**gən**].

4) It looked like a cross between a pig and a dog['pɪ**g ən** 'dɔːg].

5) To **awaken[ə'weɪkən]** the active engagement of your whole body.

6) Such industries might be **weakened['wiːkənd]** by foreign competition.

7) Hypertension also causes blood vessels to **thicken['θɪkən]**.

8) People lie in the sun for hours to **darken['dɑːrkən]** their skin.

9) This journey had **taken['teɪkən]** place a week earlier.

10) The victims were mostly hunters and hikers who were **mistaken[mɪs'teɪkən]** for game.

11) **Wagons['wægənz]** were taken over the same trails.

파열음 [g], [k] + [n]은 파열음과 비음 [n]의 조음점이 다르므로 [k], [g] 뒤에 비음 [n]이 이어질 때면 코로 빠져나가는 공기통로를 만들기 위하여 연구개를 내리게 되는데 그러다 보니 자연스레 중설모음 [ə]가 끼어들게 된다. 따라서 bacon['beɪkən **베**이컨], awaken[ə'weɪkən 어**웨**이컨], thicken['θɪkən 씨컨], darken['dɑːrkən **다**r컨], organ['ɔːrgən **오**r건], wagon['wægən **왜**건]처럼 발음되는데 무성음이 유성음 및 된소리로 발음되면서 ['beɪk⌝ + gən **베**익근(베이끈)], ['ə'weɪk⌝ + gən 어**웨**익근(어**웨**이끈)], ['θɪk⌝ + gən **씩**근(**씨**(θ)끈)], ['dɑːrk⌝ + gən **다**r윽근(**다**r으끈)]으로 소리 난다.

하지만 [g], [k] + [n]이 빠른 속도가 되면 [ə]가 삽입되지 못하고 bacon['beɪkn], awaken[ə'weɪkn], thicken['θɪkn], darken['dɑːrkn], organ['ɔːrgn], wagon['wægn]으로 발음되는데 순행동화가 함께 일어나 ['beɪkŋ], [ə'weɪkŋ], ['θɪkŋ], [dɑːrkŋ],['ɔːrgŋ], ['wægŋ]이 된다. 즉, [k][g]와 [ŋ]이 조음점이 같다 보니 입을 떼지 않고 그 상태에서 코로 파열을 하므로써 [k^{n}ŋ], [g^{n}ŋ]으로 비강파열한다. 이렇듯 앞의 연구개음 [g], [k]를 발음한 상태에서 조음점이 치경인 [n]으로 혀를 옮기기보다는 같은 조음점인 연구개비음인 [ŋ]으로 발음하는 것이 편하기 때문에 beacon['biːk^{n}ŋ **비**익응(**비**:끙)], bacon['beɪk^{n}ŋ **베**익응(**베**이끙)], awaken[ə'weɪk^{n}ŋ 어**웨**익응(어**웨**이끙)], thicken['θɪk^{n}ŋ **씩**응(**씨**끙)], darken['dɑːrk^{n}ŋ **다**r윽응(**다**r으끙)], organ['ɔːrg^{n}ŋ **오**:r긍], wagon['wæg^{n}ŋ **왜**긍], ['pɪg^{n}ŋ 'dɔːg **픽**응(**피**끙) 도옥]으로 발음한다.

Listening Skill 35

접근음 [l, r, w, y]의 종류와 조음방법

1. 자음과 모음의 특성

자음은 능동적조음기관인 혀와 입술이 공기를 일단 차단(stop)하거나 공기통로를 좁혀 마찰을 일으키므로 입안의 공기의 압력이 높아진 상태에서 억압된 소리가 입 밖으로 배출되는 장애음(obstruents)이다. 반면, 모음은 공기의 흐름을 차단(stop)하거나 마찰시키는 방해가 없는 상태에서 성대까지 진동되므로 맑은 울림소리가 입 밖으로 배출되는 공명음(sonorants)이다.

2. 접근음의 정의

마찰자음처럼 혀를 입천장에 접근시키므로 공기통로를 좁히는 것은 자음과 같지만, 혀와 입천장 사이의 공간이 마찰을 일으킬 정도로 좁지는 않아 귀에 들릴 정도의 마찰소리가 동반 되지는 않는 소리를 접근음이라 한다. 즉, 마찰음처럼 혀를 입천장에 붙여 약간의 마찰기류를 만들기는 하지만 귀에 들릴정도의 장애음이 되지 않고 모음처럼 공명음을 내는 소리이다.

3. 모음과 자음, 그리고 접근음의 비교

모음	자음	접근음(반모음/전이음)
혀에 의한 stop(공기흐름의 차단)이나 narrowing(마찰을 일으킬 정도로 틈새를 좁힘)이 없음.	stop(공기흐름의 차단)이나 narrowing(마찰을 일으킬 정도로 틈새를 좁힘)이 발생	혀에 의한 narrowing(마찰을 일으킬 정도로 틈새를 좁힘)이 발생
No friction(마찰이 전혀 없음) - 공명음	audible friction.(마찰발생) 장애음	약간의 마찰이 있으나 공명음 No audible friction
음절 내에서 강세를 받음	음절 내에서 강세를 받지 못함.	음절내에서 강세를 받지 못함

4. 접근음의 종류

1)조음기관이 접근되는 위치에 따른 접근음 분류

(1) 중앙접근음(central approximants)과 그 대응모음 : [j],[w],[r]로 대칭모음은 [i:],[u:],[ɚ(ər)]

입 중앙의 경구개입천장에 혀를 접근시키는 접근음 [j] (palatal approximant)	대응모음 [i](high front vowel)
입술을 좁히고 입 중앙의 연구개입천장에 혀를 접근시키는 접근음 [w](labio-velar approximant)	대응모음 [u]high back vowel
혀를 뒤로 감으며 입 중앙의 치경입천장에 접근시키는 접근음 [r] rhotic approximant	대응모음은 r음색모음인 rhotic vowel [ɚ(ər)]

(2) 측면접근음(lateral approximants) : 혀끝을 치경에 닿게 하므로 입안의 가운데 부분은 공기를 부분적으로 차단(partial central closure)시키지만, 혀의 한쪽 또는 양쪽 측면이 내려가면서 마찰 없이 공기흐름이 밖으로 빠져나가며 나는 [l](대칭모음이 없음)

2) 접근음의 모음적 성격의 유무에 따른 분류

(1) 반모음(semi vowels) : 모음적 성격을 지녀 반모음으로 불리는 w, y

(2) 유음(liquids) : 모음의 성격보다는 자음적 성격으로 폐쇄에 의한 공기의 흐름의 차단이 없이 물 흐르듯 흐른다 해서 유음(liquids)이라 불리는 l, r

5. 접근음 중 반모음(semi vowels)인 w, y가 모음보다는 자음이라 불리는 이유

1) One[wʌn], you[ju] won't[woʊnt] be[bi] a yes['jes] man, nor an easy['i:zi] man.

2) You[ju] will[wɪl] be[bi] on the yacht['jɑ:t] with[wɪθ] two[tu:] women['wɪmən].

3) A woman['wʊmən] plays a yoyo['joʊjoʊ] with a young[jʌŋg] boy.

4) Two wolves['wʊlvz] ate many‿apples.

모음 i:, 모음 u:	접근음(반모음/전이음) w[w], y[j]
장모음 i:는 혀와 경구개 입천장 사이의 틈새가 넓다.	high front vowel i: 상태에서 혀를 경구개 입천장 쪽으로 더 접근시켜 틈새를 좁히며 약간의 장애음을 만들면 [j]가 된다.
장모음 u:는 혀와 연구개 입천장 사이의 틈새가 넓다.	high back vowel u: 상태에서 혀를 연구개 입천장 쪽으로 더 접근시켜 틈새를 좁히며 약간의 장애음을 만들면 [w]가 된다.
막힘이 없어 소리가 길다.	끊어지지 않는 지속음이지만 발음의 길이가 모음보다는 짧다.
유성음으로 성대가 울린다.	무성자음 뒤에서는 무성음화가 일어나기도 한다. cue['kju:], quick['kwɪk], sweet['swi:t], twin['twɪn]
단어강세가 주어진다.	강세가 주어지지 않으므로 모음에 비해서 소리가 약하다.
an eagle, an oops	a woman, a yoyo, a young boy (모음이 아니라 자음이므로 an이 아님)
two-w-apples, three-y-apples	two wolves, many apples(반모음삽입 없음)

6. 접근음 중 반모음(semi vowels)인 w, y가 전이음(glides)이라 불리는 이유

접근음 중 y[j]와 w[w]는 전이음이다. 전이음은 바로 앞의 강하고 긴장된 모음에 이어져서 나는 약화된 소리로 미끄러지듯 빠르게 그리고 스쳐가듯 사그라드는 소리이다.(a glide is a rapid & transitory vowel) 모음보다 길이가 짧고 소리를 유지하는 힘이 작고 소리의 세기도 약하기 때문에 끝부분의 소리가 슬며시 사라지는 느낌으로 발음해야 한다. 전이음이 모음 뒤에 오게 되면 이중모음이 되지만 이러한 이유로 이중모음을 두개가 아닌 하나의 음소로 간주하는 것이다.

1) 이중모음 [aʊ]는 주모음인 [a]에서 부모음인 [ʊ]로 소리가 옮겨가지만 하나의 소리로 들린다. 주모음인 [a 아]는 턱을 내리고 혀뒷부분을 연구개쪽으로 들어 올리고 혀끝을 아랫니 뒷부분에 대고 입의 중간에서 내는 강한 긴장음이다. 부모음인 [ʊ 우 또는 으]는 입술과 혀의 긴장을 풀어 혀끝을 아랫니 뒷부분에 두고 턱으로 입술을 닫으며 완만히 둥근 입술을 만들며 힘없이 짧게 소리내는 이완음이다. 그런데 [a]에서 [ʊ]로 빠르게 미끄러지듯 합쳐지며 소리나다보니 모음 [ʊ]가 전이음인 [w]로 소리나게 된다. 전이음 [w]는 모음 [u]를 스치듯 빠르게 내는 발음이다. cow[kaʊ → kaw]

2) 이중모음 [aɪ]는 주모음인 [a]에서 부모음인 [ɪ]로 소리가 옮겨가며 하나의 소리로 들린다. 주모음인 [a]는 강한 긴장음 [아]이며 부모음인 [I 이]는 입술과 혀의 긴장을 완전히 풀어 혀끝을 아랫니 뒷부분에 대고 입을 살짝 벌리며 힘없이 짧

게 소리내는 이완음이다.

그런데 [aɪ]는 [a]와 [I]의 두개의 소리를 합친 것이 아니라 [a]에서 [I]로 빠르게 미끄러지듯 합쳐지며 소리나다보니 모음 [I]가 전이음인 [j]로 소리나게 된다. 먼저, [a]를 발음하기 위해 입 뒤쪽에 있던 혀와 떨구었던 턱을 [I]를 발음하기 위해 빠르게 움직인다. 즉, 강하고 큰 소리인 긴장음 [a]소리를 내기 위해 연구개쪽으로 향해 있던 혀의 중간부(front & middle)의 힘을 빼고 경구개 입천장까지 움직여 준 후에 턱을 닫는다. 그러면 약하고 이완된 전이음 [j 이]소리가 [a]에 덧붙여지고 하나의 소리 [aj]가 들리게 된다. 전이음 [j]는 모음 [i]나 [I]를 스치듯 빠르게 내는 발음이다. by[baɪ → baj]

3) 이중모음인 [ɔɪ]는 주모음인 [ɔ]에서 부모음인 [ɪ]로 소리가 옮겨가며 하나의 소리로 들린다. 그런데 [ɔɪ]는 [ɔ]와 [ɪ]의 두개의 소리를 합친 것이 아니라 [ɔ]에서 [ɪ]로 빠르게 미끄러지듯 합쳐지며 소리나다보니 모음 [ɪ]가 전이음인 [j]로 소리나게 된다. 먼저 [ɔ]를 발음하기 위해 입 뒤쪽에 있던 혀와 떨구었던 턱을 [ɪ]를 발음하기 위해 빠르게 움직인다. 즉, 강하고 큰 소리인 긴장음 [ɔ]소리를 내기 위해 연구개쪽으로 향해 있던 혀의 중간부(front & middle)의 힘을 빼고 경구개 입천장까지 움직여 준 후에 턱을 닫는다. 그러면 약하고 이완된 전이음 [j 이]소리가 [ɔ]에 덧붙여지고 하나의 소리 [ɔj]가 들리게 된다. toy[ˌtɔɪ → ˌtɔj]

4) 이중모음인 [eɪ]는 [e]에서 [ɪ]로 소리가 전이되나 혀의 위치가 [e]와 [ɪ]가 인접해 있어 [e]에서 [ɪ]로 조음점을 이동하기 불편하여 그대로 단순모음 [e]로 발음하거나 약간이라도 이동한 후 전이(glide)시키는데 그 소리를 [ej]로 표시한다. say[seɪ → sej]

5) 이중모음인 [oʊ]는 [o]에서 [ʊ]로 소리가 전이되나 혀의 위치가 [o]와 [ʊ]가 인접해 있어 [o]에서 바로 근처인 [ʊ]로 조음점을 이동하기 불편하여 그대로 단순모음 [o]로 발음하거나 약간만 이동한 후 전이(glide)시키는데 그 소리를 [ow]로 표시한다. tow[toʊ → tow]

6) 단순모음이자 장모음인 iː와 uː는 시작소리인 [i]와 [u]가 끝소리인 y[j]와 w[w]에 전이되므로 sue[suː]나 see[siː]는 fast speech에서 sue[suː → suwː]나 see[siː → sij]로 소리 난다.

7. 접근음이자 유음인 r의 조음위치와 조음방법

혀끝을 치경입천장에 접근시키는 중앙접근음 [r]은 혀를 뒤로 감을 때, 입 앞으로 물 흐르듯 공기가 잘 흘러나가는 유음이며 이어지는 모음과 결합할 때 접근음인 ra(뢔), re(뤠), ri(뤼), ro(롸), ru(뤄)소리가 난다. 접근음 r에 대응되는 모음은 farmer['fɑːrmər], corner['kɔːrnər], murmur['mɜːrmər]에서의 [ər]인데 모음 [ə]소리를 내 준 후에 혀를 뒤로 감으면서 중앙접근음인 [r]을 덧붙인다고 보면 된다. 영국영어는 첫 번째 모음 [ə]단계까지만 발음하는 것이고 미국영어는 접근음 [r]까지 발음하는 것이다.

1) Ravens['reɪvnz] croak[kroʊk].

2) Giraffes[dʒə'ræfs] grunts['grʌnts].

3) The angry['æŋgri] bear growl[graʊl].

4) Horses roar['rɔːr].

※ [r]발음시의 핵심은 혀끝으로는 입천장을 건드리지 말라는 것이다. 혀끝으로 입천장을 건드리면 "d"나 "굴리는 설탄음(flap t) r이 되어버리기 때문이다.

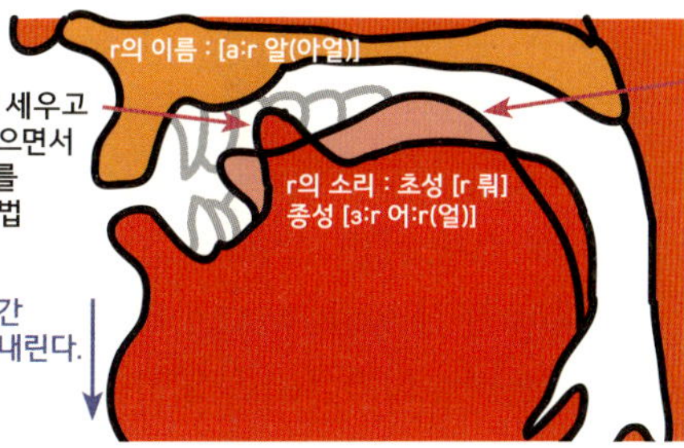

1. 초성의 [r] : 초성일 때는 tight circle(꽉 조인 둥근 입술)을 만들어 동그랗게 내민 후 턱을 떨구며 모음과 결합한다.

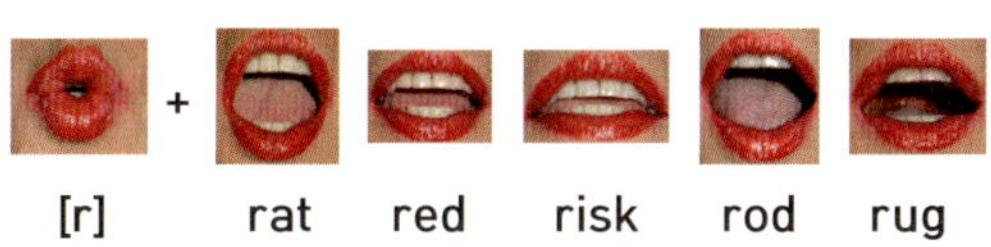

2. 종성의 [r] : 혀의 뒷부분을 당겨 올려 입의 중간에서 [ɜ]를 소리낸 후 혀를 감아 [r]음색을 내는 [ɜːr 어ːr(얼)] 소리임.

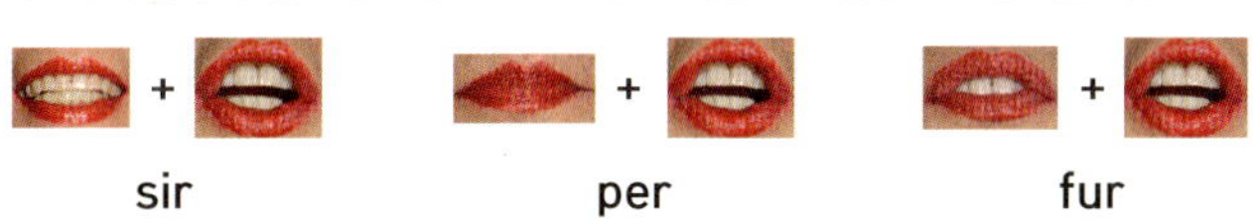

8. 접근음이자 반모음인 [w], [j]의 조음위치와 조음방법

❶ **Woof**!['wuːf] **Woof**!['wuːf] How do I stop that dog from barking.
❷ **yippie**[jipi] **yo**['joʊ] **yippie**[jipi] **yay**['jeɪ] bow wow yippie yo, yippie yay, woof.
❸ Why does my **dog**['dɔːg] **yelp**['jelp] **when**[wen] he poops?

1) 자음으로서의 w의 소리

흔히들 wait[weɪt]의 [w]는 [wuh 워]소리가 난다고 알고 있다. 하지만, [w]는 그렇게 확정된 자기 음가를 가진 소리가 아니라 이어지는 뒷 모음과 결합될 때 비로소 자기 음가를 가지는 전이음이다. 만약 w가 자기음가를 가진 모음이라면 wet[wet]는 [w 우] + [et 엩]의 2음절 단어가 될 것이다. 하지만, bet를 [b] + [et]의 2음절로 할 수 없고 오로지 [bet]의 1음절로만 발음하듯이 wet도 뒤의 모음과 결합할 때만 음절이 형성되는 [wet]의 1음절단어일 뿐이다.

[w]는 ❶ 물고기 입처럼 입술을 동그랗게 내민 상태에서 공기가 두 입술을 통해 흘러 나갈 때 혀 뒷부분을 입천장에 붙여 긴장시킴으로써 공기 흐름의 방해를 만들어 [w 우] 하는 자음 소리를 입안에서 만들어 맴돌게 하다가[forward and tense], ❷ 이어지는 모음과 결합시키기 위하여 **힘을 빼고 입술을 뒤로 당기고 턱을 내리고 입을 열면서** 비로소 [우]소리를 내며 모음에 그 소리를 전이시키는 전이음이다. 즉, [w]와 [æ]가 합쳐지는 순간 wax['wæks 왝쓰]가 발음되며, [w]와 [e]가 합쳐지는 순간 wet['wet 웰]가 발음되며, [w]와 [ɪ]가 합쳐지는 순간 wit['wɪt 윁]가 발음되며, [w]와 [ɑː]가 합쳐지는 순간 wand['wɑːnd 완드]가 발음되며, [w]와 [ʌ]가 합쳐지는 순간 wonder[wʌndər]가 발음된다. 이런 까닭에 wrong[rɔːŋ]은 [w 우]발음을 위해서 입술을 앞으로 내밀고 [r (우)뤄]발음을 위해서도 입술을 앞으로 내밀어야 하므로 [w 우]의 소리가 곧바로 [r]소리로 전이되어 [w]발음이 탈락되는 것이다.

2) 자음으로서의 y의 소리

흔히들 yes[jes]의 [j]는 [yuh 여]소리가 난다고 알고 있다. 하지만, [j]는 그렇게 확정된 자기 음가를 가진 소리가 아니라 이어지는 뒤의 모음과 결합될 때 비로소 자기 음가를 가지는 전이음(glide)이다. [j]는 ❶ 허파로부터 올라온 공기가 턱과 입술이 거의 닫혀 진 상태에서 혀의 중앙에 생긴 **홈(groove)을 따**

라 공기가 흘러 나갈 때 **혀의 중간앞부분(front)을 경구개에 접근**시켜 긴장시킴으로써 공기 흐름의 방해를 만들어 [j 이]하는 자음소리를 입안에서 만들어 맴돌게 한다. 그리고 ❷ 이어지는 모음과 결합시키기 위하여 입술을 열고 턱을 떨어뜨리면서 비로소 [이]소리를 내며 모음에 그 소리를 전이, 결합시킨다.[drop and vocalize & glide] 즉, [j]와 [æ]가 합쳐지는 순간 yam[jæm (이)앰]으로 발음되며, [j]와 [e]가 합쳐지는 순간 yes[jes 이에쓰/예쓰]로 발음되며, [j]와 [eɪ]가 합쳐지는 순간 Yale[jeɪɫ이에일/예일]로 발음되며, [j]와 [ɑ]가 합쳐지는 순간 yacht[jɑːt 이아트/야트]로 발음되며, [j]와 [ʌ]가 합쳐지는 순간 yummy [jʌmi 이어미/여미]로 발음되며, [j]와 ['ɔːr]가 합쳐지는 순간 york[j'ɔːrk 이오r크/요r크]로 발음된다.

year end와 ear end를 구별하려면 [j]와 [iː]의 조음위치나 조음방법이 같기 때문에 모음 [iː 이ː]보다 소리가 짧고 약하며 이어지는 모음에 미끄러져 합쳐지는 접근음 [j 이]소리를 들을 수 있는 능력이 중요하다. 즉, 모음의 경우에는 강세를 받아 강한 음이 되지만, 반모음의 경우에는 강세를 받지 못하므로 약한 소리란 점을 간파할 필요가 있다. 따라서 이**이**ː어r엔드와 **이**ː어r엔드 정도의 차이를 구별할 수 있어야 한다.

접근음 w[w]는 양순음과 연구개음이 합쳐진 소리이다.

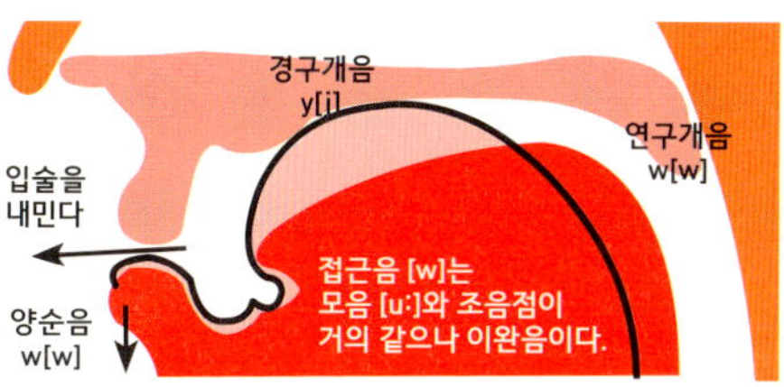

1단계 : 자음 [w 우]소리를 머금는다.
2단계 : 턱을 떨구며 이어지는 모음에 연결시킨다.
[w] + [et] => [wet 웰]

접근음 y[j]는 경구개음으로 긴장음인 [iː]와 달리 이완음이다.

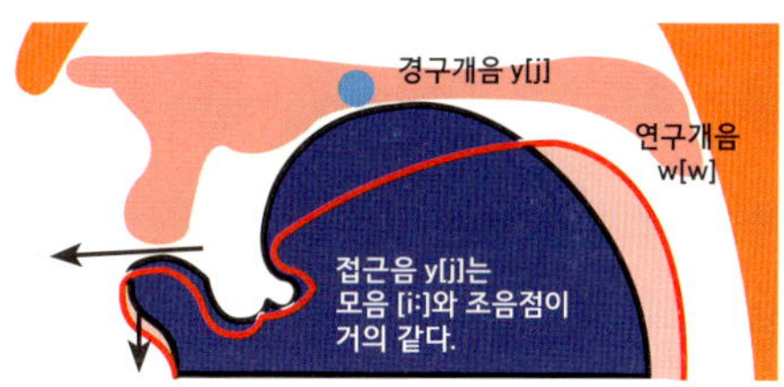

1단계 : 자음 y[j 이]소리를 머금는다.
2단계 : 턱을 떨구며 이어지는 모음에 연결시킨다.
[j] + [es] => [jes 예쓰]

Listening Skill 36

clear l의 조음원리와 소리

1. 접근음이자 유음인 /l/의 2가지 소리

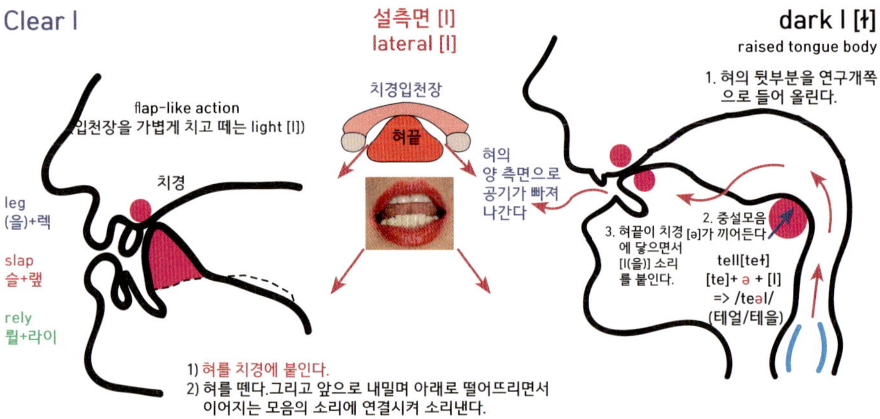

1) clear l은 혀끝으로 입천장을 가볍게 치고 떼면서 혀의 양 측면으로 공기를 보내며 내는 [l]소리

long, lives, learn, lessons, love, knowledge와 같이 음절의 초성에 오는 [l]은 혀끝으로 입천장을 가볍게 치고 떼면서(flap-like action) 혀의 양 측면으로 공기를 내보내는 소리다. 즉, 장모음 [iː]처럼 입을 넓게 벌린 채 혀끝을 치경에 붙일 때는 [을]의 느낌이 살짝 있고, 혀를 떼며 모음과 결합할 때는 [ㄹ]소리를 내므로 long은 ['lɔːŋ(을)롱], learn은 ['lɜːn (을)러ːr은], lessons는 ['lesnz (을)레쓴즈]. love는 ['lʌv (을)러브], knowledge는 ['nɑːlədʒ나ː을러쥐]로 소리난다. 이처럼 혀끝으로 치경을 막았다가 앞쪽으로 털어낼 때 맑고 가벼운 소리를 내기 때문에 clear l 또는 light l이라 부르고 또 혀 뒤 양쪽 측면으로 공기가 흐르기 때문에 설측음 l이라 부른다.

2) dark l은 혀의 뒷부분을 연구개 쪽으로 들어 올릴 때 [ə]가 끼어든 채 나는 [əl] 소리

dark l은 혀끝을 치경에 붙여 입천장을 막기 전에 먼저 혀의 뒷부분을 연구개 쪽으로 들어 올리며 혀의 양 측면으로 공기를 내보내는 소리다. 입의 중간쯤에서 소리가 시작되다보니 중설모음인 [ə]가 끼어들어 [əl 얼(어을) 또는 을(으을)] 소리를 내는, 마치 가글을 하는듯한 소리이다.

- Our parents cast **long**['lɔ:ŋ] shadows over our **lives**['laɪvz].
- We may think that we **learn**['lɚ:n] these **lessons**['lesnz].
- Our parents gave us our understanding of **love**['lʌv], and our **knowledge**['nɑ:lədʒ] of who we are.
- Every time I came to feed him, he jumped into my **lap**['læp] as eagerly as ever.
- The elephant can use its ears as effective fans to **slap**['slæp] annoying **flies**['flaɪz]
- These **lie**['laɪ] inactive until you're running to save your baby from a speeding car.
- We as readers must **rely**[rɪ'laɪ] on other clues to understand the true sequence of events.
- **Unfortunately**[ʌn'fɔ:rtʃənətli], our jobs now have us both **traveling**['trævəlɪŋ] most weeks, and we **simply**['sɪmpli] cannot keep up with a **daily**['deɪli] paper. So we would **like**['laɪk] to request that you stop **delivery**[də'lɪvəri] to our home. **please**['pli:z] **leave**['li:v] a message.

2. clear l의 조음 위치와 조음 방법

1) **단어나 음절의 초성 :** lap['læp (을)랩]이나 lie['laɪ (을)라이]처럼 [을]의 느낌만 있고 실제 소리는 혀를 떼며 모음과 결합할 때 나오는 [ㄹ] 소리이다.

2) **단어의 중간소리** : slap, flies의 경우 [sl 슬]이나 [fl 플] 소리가 나고 혀를 떼며 뒷 모음의 소리와 연결시킬 때는 ['læp 랩]이나 [laɪz 라이즈]가 된다. 즉, [sl 슬] + ['læp 랩], [fl 플] + [laɪz 라이즈]가 된다. rely[rɪ'laɪ]의 경우는 [ril 릴] + [laɪ 라이], allowed [ə'laʊd]의 경우는 [əl 얼] + [laʊd 라읃]이 된다.

ex) [l]이 다른 자음 뒤에 위치하는 이중자음(bl/cl/fl/gl/pl/sl)에서의 clear [l] :
display[ˌdɪ'spleɪ 디쓰플레이], floor['flɔ:r 플로어r], plans['plænz 플랜즈],
playing['pleɪɪŋ 플레잉], slow[s'loʊ 슬로으], glad['glæd 글래드], please['pli:z 플리:즈]

Listening Skill 37

단어나 음절의 종성에 올 때 [ə]가 삽입되는 dark l

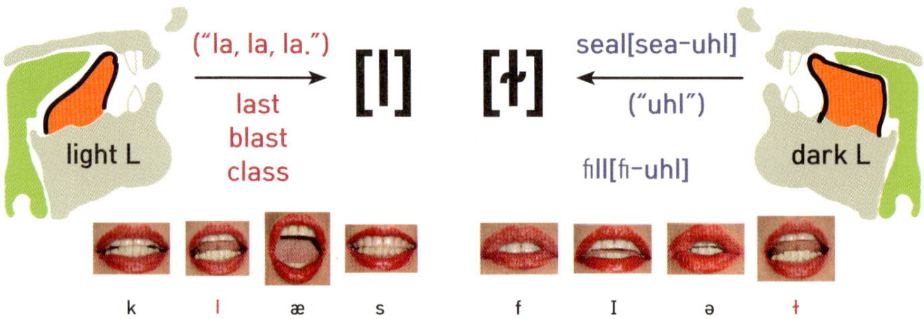

1) I **feel**['fiːl] like I've lost an old friend.
2) Kids aged 7 through 12 often fear **real**['riːl] situations that may happen to them.

   feel['fiːl]은 ['fiː]가 ['fiːə]가 되는 과정을 거쳐 [l (을)]소리로 마무리 되므로 Fff-eeee-uuhh-ll['fiːəl 퓌:얼], 또한 real['riːl 뤼:얼]은 ['riː]가 ['riːə]가 되는 과정을 거쳐 [l (을)]소리로 마무리 되므로 Rrr-eeee-aahh-ll['riːəl 뤼:얼]로 소리 난다.
3) All is **well**['wel] that ends well. That metal won't **weld**['weld] under most conditions.
4) Let's get the **hell**['hel] out of here, I'm hungry to death
5) My classmates come to me for answers, but I can't **help**['help] them.
6) Others **helped**['helpt] them express their feelings of longing and loneliness.

   음절 끝이 [l]인 단어는 well['wel → 'weəl 웨얼]과 hell['hel → 'heəl 헤얼]처럼 dark l로 소리 나듯이 여기에 다른 자음이 추가 되어도 마찬가지로 dark l로 소리난다.

- well['wel → 'weəl 웨얼], weld['weld → 'weəld 웨얼드], welt['welt → 'weəlt 웨얼트]
- hell['hel → 'heəl 헤얼], help['help → 'heəlp 헤얼프], helped['helpt → 'heəlpt 헤얼(프)트]

  ※ 빠른 속도에서의 dark l의 발음 : dark l은 빠른 속도로 발음하면, 혀의 뒷부분을 연구개 쪽으로 들어 올리는 과정을 생략하고, 마무리 소리 [l]을 발음할 때 혀끝으로 치경을 건드리는 대신, 입술의 중간부분을 내밀며 앞니근처까지만 혀끝이 도달하게 한 상태에서 마무리 짓게 된다. 그러면, 입술은 이완되어 약간 동그랗게 된 상태에서 [l]소리를 얼버무리게 되므로 약간 긴 [w]소리로 끝을 맺게 된다. 따라서 well['wel →' weəl 웨얼 → wew 웨우:], hell['hel → 'heəl 헤얼 → 'hew 헤우:], help['help → 'heəlp 헤얼프 → 'hewp 헤웊], Feel['fi:əl → 'fi:w 퓌:우]로 들린다.

7) There are a lot of people who gained sudden **wealth**['weɫθ → 'weəlθ 웨얼쓰]

   ※ [l]은 혀끝으로 치경을 막고 소리 내는 접근음이지만, 치음화가 일어날 경우는 혀끝으로 치경이 아닌 잇몸을 막는 접근음이 되기도 한다.

8) All the hotels are **already**[ɔ:l'redi 오:을뤠디 → ɔ:r'reɾi 오:r뤠리] booked out.

   ※ [l]은 혀끝으로 치경을 막고 소리 내는 접근음이지만, r앞에서는 r에 동화되어 혀끝을 치경에 닿게 하지 않고 감으면서 [r]처럼 소리나는 접근음이 되기도 한다.

9) I was singing the title song from the **film**[fɪɫm] *Annie*.

10) The dog gave a **yelp**[jelp] of pain. vs The puppy gave a yap.

   ※ film[fɪɫm 퓌얼음]이나, yelp[jelp 예얼프]는 빠른 속도 시 [fɪɫm → fɪəlm → 'fiwm퓌움] [jelp → jeəlp → jewp 예웊]으로 발음되다보니 film은 아예 발음이 ['fiwm퓌움]으로 굳어졌으며, yelp는 [jewp 예웊]으로 발음이 굳어졌을 뿐 아니라 철자도 yap[jæp]으로 바꿔 쓰기도 한다.

11) A volunteer will take your **call**[kɔ:l]. A person **calls**[kɔ:lz] you on the telephone.

12) He **recalls**['ri:ˌkɔ:lz], food was almost too beautiful.

13) You'll eventually recognize the **caller's**['kɔ:lərz] voice.

14) I'm **calling**['kɔ:lɪŋ] about your ad in today's paper.

   ※ 음절 끝이 [l]인 단어는 call[kɔ:l → kɔ:əl 코얼], calls[kɔ:lz → kɔ:əlz 코얼즈], recalls['ri:ˌkɔ:lz → 'ri:kɔ:əlz 뤼:코얼즈]처럼 dark l로 소리 나지만, caller's['kɔ:lərz 코을러r즈], calling['kɔ:lɪŋ 코을링]처럼 음절 끝 [l] 뒤에 모음이 이어지면 clear l인 [을ㄹ]로 소리 난다.

15) I ***feel***[fiːɫ] a **cold**[koʊld], light northern wind play upon my face.

16) Those ***people***['piːpl] in the past who had wrong ideas weren't **fools**['fuːlz].

17) **All**[ɔːl] work and no play makes Jack a **dull**['dʌl] boy.

18) The one in front is **full**['fʊl] of his neighbor's **faults**['fɔlts].

19) If I kick this **goal**[goʊl], it ***will***[wɪl] put us in the Super **Bowl**[boʊl].

※ 전설모음(i, ɪ, e, æ) 뒤에 [l]이 오면 [ə]를 삽입, 중설모음화시켜 [əl]소리를 혀의 양쪽으로 빠져나갈 수 있도록 해주지만, 중설모음(ʌ)이나 후설모음(u,ʊ,o,ɔ,ɑ) 뒤에 [l]이 오면 이미 중설모음과 비슷한 조음점이기에 [ə]를 삽입하지 않은 채 그냥 [l 을]소리로 발음한다. 따라서 people은 ['piːpl → 'piːpəl 피:뻘], will은 [wɪl → wɪəl 위얼]로 [ə]를 삽입, 중설모음화시켜 소리 나지만, cold는 [koʊld 코을드], fools는 ['fuːlz 푸:을즈], All은 [ɔːl 오:을], dull은 ['dʌl 더을], full은 ['fʊl 프을], faults는 ['fɔlts 포을쓰], goal은 [goʊl 고을], Bowl은 [boʊl 보을]로 [ə]의 삽입 없이 소리가 난다.]

dark l로 발음이 되는 경우

1) 모음+끝자음 /l/ : feel['fiːl → 'fiːəl], oil['ɔɪl → 'ɔɪəl]

2) 모음+/l/+자음 : help['help → 'heəlp], silver['sɪlvər → 'sɪəlvər]

3) 단어끝 성절자음 /l/ :

table['teɪbl → 'teɪbəl], fínal['faɪ.nl → 'faɪ.nəl], angel['eɪndʒl → 'eɪndʒəl]

4) 단어끝에서 강세가 없는 성절자음 /l/이 부분적으로 무성음화가 될 때 :

apple['æpl → 'æpəl], simple['sɪmpl → 'sɪmpəl], special['speʃl → 'speʃəl]

Listening Skill 38

파열음 + 설측음 [l]의 설측면 파열(lateral release)

설측면파열은 파열음 [p,b,k,g,t,d]이 단어 끝에서 설측음 [l]을 만나면 dark l인 [əl]과 결합하여 입앞으로 파열(구강파열)하지 않고 혀의 측면으로 파열(lateral release)하는 것을 말한다. [pl],[bl],[kl],[gl]은 조음점이 달라 dark l로 발음될 때 [ə]가 삽입되어 두 번의 접촉이 일어나지만, 조음점이 같은 [tl],[dl]은 [ə]의 삽입이 없어 한 번의 접촉을 하며 설측면 파열을 하는 편이다.

[tl][dl]은 [t][d]의 폐쇄단계에선 혀끝을 치경에 대고 혀의 양 측면으로 입안의 공기를 완전히 차단하지만 파열단계에선 혀끝을 치경에 그대로 둔 채 혀의 앞 부분을 내리고 뒷부분을 들어올려 폐쇄되었던 공기가 혀의 양 측면으로 빠져나가게 한다. hardly['hɑrdəli]는 ['hɑrd˥ 하읃]하고 폐쇄를 한 후에 [li 을리]하며 설측면파열을 한다. middle['mɪdəl]은 [mɪd˥ 믿]하고 폐쇄를 한 후에 [l 을]하며 설측면파열을 한다.

mental[mentəl]은 [ment′](파열) + [əl](dark l) =>[mentəl 멘틀](설측면파열)이나 little은 [′lɪt 릳]+[l을] => [′lɪt˥əl 릳을](설측면파열)이다.(조음점이 같아 [ə]삽입 없음)

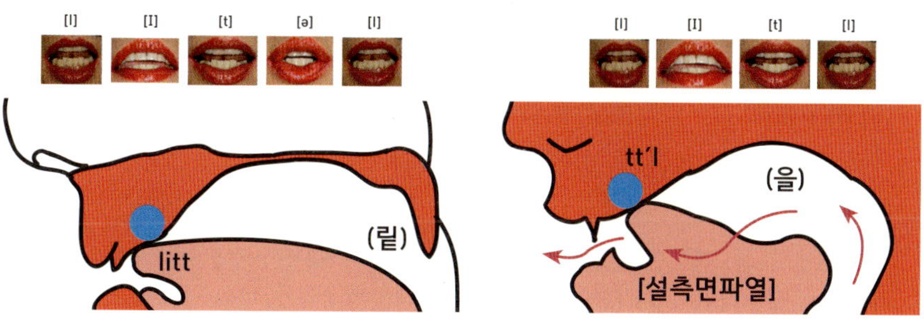

1) Gold was looked upon as the most perfect **metal**['met'.l **멘**을(미국영어)]['metl 메틀(영국영어)]

2) Your support will put me on my **mettle**['met'.l **멘**을(미국영어)]['metl 메틀(영국영어)]

3) I would go-home with a gold **medal**['med'.l **멘**을(미국영어)] ['medl 메들(영국영어)]

1. [l]과 조음점이 같은 파열음 [d], [t] + [l]의 설측면 파열

1) 설측면 파열(lateral plosive release)의 정의

파열음 [t],[d]는 혀끝으로 치경을 막은 후에 혀끝을 내려 입 앞으로 구강파열(central release)을 하지만, 설측음 l이 연결된 [tl][dl]은 혀끝을 치경에 그대로 둔 채 혀의 앞부분을 내리고 뒷부분을 들어 올려 폐쇄되었던 공기가 혀의 양 측면으로 빠져나가게 하는 설측면 파열을 한다.

2) 조음점이 같은 [d] + [l], [t] + [l]의 영국영어와 미국영어의 발음 차이

medal['medl]과 metal['metl], mettle['metl]처럼 영국과 미국 모두 똑같은 발음기호를 사용하나, 실제 발음 시에는 영국영어가 조음점인 치경을 두 번 접촉하는 반면에 미국영어는 한 번 접촉을 하고 유성음화 되는 차이가 있다.

영국영어는 구강파열을 하기 때문에 medal을 ['med 메드](제 1접촉) + [əl 을](제 2접촉)의 결합인 [‘medəl 메들]로 발음하고, metal이나 mettle을 ['met 메트](제 1접촉) + [əl 을](제 2접촉)의 결합인 [‘metəl 메틀]로 발음하나, 미국영어는 설측면파열을 하기 때문에 metal['metl], mettle['metl]을 ['med˺ 멛](제 1접촉) + [dˡ.l 을](제 1접촉 그대로)의 결합인 ['medˡ.l 멛을]로 설측면 파열을 한다([t]가 유성음사이에서 [d]로 유성음화된 것임). 영국영어와 미국영어의 발음차이를 더 쉽게 설명하면, [d], [t]와 [l]의 조음점이 같음에도 영국영어는 발음 시 우리말 “으”에 가까운 [ə]를 살짝 삽입시켜 구강 파열시키므로 혀끝이 두 번 입천장에 닿지만, 미국영어는 최초의 폐쇄음 ['med˺]상태에서 혀의 앞부분을 내려 혀의 양 측면으로 공기가 빠져나가게 하는 설측면 파열을 하므로 혀끝이 한 번만 입천장에 닿는 차이점이 있다. 그런데, 영국영어는 성절자음 l을 [əl]로 발음하려는 경향이 더 강하기 때문에 metal과 medal을 [‘metəl 메틀], [‘medəl 메들]로 발음하지만, 미국영어는 파열음보다는 입천장을 빨리 치고 내려오는 설탄음으로 발음하려는 경향이 강하므로 [‘metl, medl → ‘meɾl]로 발음한다.

1) He'll **settle**['setˡl **쎝**을 또는 ‘seɾl **쎄**를(미국영어), 'setəl **쎄**틀(영국영어)] down in a **little**['lɪtˡl **맅**을 또는 ‘lɪɾl **리**를(미국영어), 'lɪtəl **리**틀(영국영어)] town.

2) The last **battle**['bætˡl **뱉**을 또는 ‘bæɾl **배**를(미국영어), 'bætəl **배**틀(영국영어)] was **fruitless**['fru:tˡləs 푸**루**읕을러쓰(미국영어), ‘fru:tələs 푸**루:**틀러쓰(영국영어)].

3) So the leopard began to attack dogs and **cattle**['kætˡl **캩**을 또는 ‘kæɾl **캐**를(미국영어), 'kætəl **캐**틀(영국영어)] in the village.

4) The pot calls the **kettle**['ket'l 켙을 또는 'keɾl 케를(미국영어), 'ketəl 케틀(영국영어)] black.

5) A particle that can be stored like chemicals in a **bottle**['bɑt'l 밭을 또는 'bɑɾl 바를(미국영어), 'bɑtəl 바틀(영국영어)].

6) A space **shuttle**['ʃʌt'l 쉬얼을 또는 'ʃʌɾl 쉬어를(미국영어), 'bætəl 'ʃʌtəl 쉬어틀(영국영어)] could help us in the future.

7) He'd be even less happy going up against a rhinoceros **beetle**['bi:t'l 비잍을 또는 'bi:ɾl 비:를(미국영어), 'bi:təl 비:틀(영국영어)]

8) I put the **title**['taɪt'l 타잍을 또는 'taɪɾl 타이를(미국영어), 'taɪtəl 타이틀(영국영어)] on the upper right side.

9) I'll take 10% off the **total**['toʊt'l 토읕을 또는 'toʊɾl 토으를(미국영어), 'toʊtəl 토으틀(영국영어)] price.

10) I was then taken to the **hospital**['hɑ:ˌspɪt'l 하스핕을 또는 'hɑspɪɾl 하쓰삐를(미국영어), 'hɑ:ˌspɪtəl 하스피틀(영국영어)].

11) You're **absolutely**[ˌæbsə'lu:t'li 앱썰루욭을리미국영어), æbsə'lu:təlli 앱썰루:틀리(영국영어)] and **completely**[kəm'pli:t'li 컴플리잍을리(미국영어), kəm'pli:təlli 컴플리틀리(영국영어)] right.

12) He kissed her **lightly**['laɪt'li 라잍을리] and **sweetly**['swi:t'li 스위잍을리] on the cheek.

ex) lately['leɪt'li 레잍을리], politely[pə'laɪt'li 펄라잍을리], desperately['despərət'li 데스퍼렅을리], approximately[ə'prɑ:ksəmət'li 어푸롹써멑을리], fortunately['fɔ:rtʃənət'li 포r춰넡을리], separately ['sep.ə.rət'li 쎄퍼렅을리],privately['praɪvət'li 푸롸이벝을리] accurately['ækjərət'li 애켜r렅을리], adequately['ædəkwət'li 애드크웥을리], definitely['defənət'li 데풔넡을리], immediately[ɪ'mi:diət'li 이미:디엍을리], ultimately['ʌltəmət'li 얼터멑을리], quietly['kwaɪət'li 크와이엍을리], brightly['braɪt'li 부롸잍을리], tightly['taɪt'li 타잍을리], neatly['ni:t'li 니잍을리], rightly['raɪt'li 롸잍을리], partly['pɑ:rt'li 파r읕을리], shortly['ʃɔ:rt'li 쇼r읕을리], slightly[s'laɪt'li 슬라잍을리]

위의 예를 든 단어의 영국식 발음은 모두 [-təli 틀리]로 소리난다.

13) It was a **brutally**['bru:t'li 부루읕을리 또는 'bru:təli 부루:틀리] competitive business.

14) I found **Atlanta**[æt'læntə 앹을랜타(미국영어). 애틀랜타(영국영어)] in my **Atlas**['æt'ləs 앹을러쓰(미국영어), 애틀러쓰(영국영어)]

15) In **middle**['mɪd'l 믿을 또는 mɪɾl 미를(미국영어), mɪdəl 미들(영국영어)] school, **Audley**['ɔ:d'li 옫을리 또는 'ɔ:ɾli 오를리(미국영어), 'ɔ:dəli 오들리(영국영어)] met her.

16) **Sadly**['sæd'li 쌛을리(미국영어) 또는 'sædəli 쌔들리(영국영어)], my pet '**Saddle**'['sæd'l

쌘을 또는 'sæɾl 쌔를(미국영어), 'sædəl 쌔들(영국영어)] is no more.

17) A **rapidly**['ræpɪd'li 래핃을리(미국영어), 'ræpɪdəli 래피들리(영국영어)] spinning **paddle**['pæd'l 팯을 또는 'pæɾl 패를(미국영어) 'pædəl 패들(영국영어)] wheel is needed.

18) The **cradle**['kreɪd'l 쿠뤠읻을 또는 'kreɪɾl 쿠뤠이를(미국영어), 'kreɪdəl 쿠뤠이들(영국영어)] is an excellent **model**['mɑd'l 맏을 또는 'mɑɾl 마를(미국영어), 'mɑdəl 마들(영국영어)].

19) A nurse inserts the big **needle**['ni:d'l 니읻을 또는 'ni:ɾl 니:를(미국영어), 'ni:dəl 니:들(영국영어)] into my arm.

20) She eats rice as well as **noodles**['nu:d'lz 누욷을즈 또는 'nu:ɾlz 누:를즈(미국영어), 'nu:dəlz 누:들즈(영국영어)]

21) We would **like**['wʊd'laɪk 우읃라익(미국영어), 우으들라익(영국영어)] to visit **Italy**['ɪtl'i 잍을리 또는 'ɪɾli 이를리(미국영어), 'ɪtəli 이틀리(영국영어)]

2. [l]과 조음점이 다른 파열음 [b], [p] + [l]의 설측면 파열

1) Young kids were competing to see who could blow the biggest **bubble**['bʌb(ə)l] in town.

2) These homely fruits and **vegetables**['vedʒtəb(ə)lz] would become my golden **apples**['æp(ə)lz].

bubble[bʌb.l]이나 apple[æp.l]의 [l]은 dark l이므로 설측면으로 공기가 빠져나가도록 하기 위하여 혀의 뒷부분을 연구개 쪽으로 들어 올릴 때 [ə] 모음이 들어가므로 [bʌbəl 버벌], [æpəl 애펄]로 들린다. [ə]는 “어”보다는 “으”에 가까운 약화모음이므로 우리 귀에는 [버블], [애플]로 들린다. 하지만, 오늘날 미국영어에서는 강세모음 + [p,k] + 약세모음의 경우는 [p, k]가 파열이 일어날 때 대기음이 전혀 나오지 않는 된소리가 되므로 apple['æpəl 애플], tickle['tɪkəl 티클]은 [애쁠], [티끌]로 들리기도 한다.

3) This is important to the **global**['gloʊb(ə)l 글로으벌(블)] economy.

4) We work out a **practicable**[præktəkəb(ə)l 프랙터커벌(블)] solution.

5) All the yangban **nobles**['noʊb(ə)lz 노으벌(블)즈] bought shares.

6) I'll do my best to learn as much as **possible**[pɑsəb(ə)l 파써벌(블)]

7) I visited a **couple**['kʌp(ə)l 커펄(플)] of historic sites.

8) This is an **example**[ɪg'zæmp(ə)l 익(으)잼펄(플)] of the power language.

9) We can ignore the **simple**['sɪmp(ə)l 씸펄(플)] truth.

10) 10. Please have a **sample**['sæmp(ə)l 쌤펄(플)].

11) One of the main **principles**['prɪnsəp(ə)lz 푸륀써펄(플)즈] I follow.

3. [l]과 조음점이 다른 파열음 [g], [k] + [l]의 설측면 파열

giggle[gɪgl]이나 nickel[nɪkl]의 [l]은 dark l이므로 설측면으로 공기가 빠져나가도록 하기 위하여 혀의 뒷부분을 연구개 쪽으로 들어 올릴 때 [ə] 모음이 들어가므로 [gɪgəl **기**걸], [nɪkəl **니**컬]로 들린다. [ə]는 "어"보다는 "으"에 가까운 약화모음이므로 우리 귀에는 [**기**글], [니클]로 들린다. 하지만, 오늘날 미국영어에서는 강세모음+[p,k]+약세모음의 경우는 [p,k]가 파열이 일어날 때 대기음이 전혀나오지 않는 된소리가 되므로 apple[ˈæpəl 애플], tickle[ˈtɪkəl 티클]은 [애쁠], [티끌]로 들리기도 한다.

1) They **struggle**['strʌg(ə)l 스투**뤄**글] to keep their language alive.

2) Simmons was studying **eagles**['i:g(ə)lz **이**:글즈] in Africa

3) An angler fish that **dangles**['dæŋg(ə)lz **댕**글즈] a worm-like bit of skin.

4) My **ankle**['æŋk(ə)l **앵**클] really hurts.

5) You try to **tickle**['tɪk(ə)l **티**클] yourself.

6) My **uncle**['ʌŋk(ə)l **엉**클] likes the game.

7) University students sat in a **circle**['sɝ:k(ə)l **써**:r클].

8) The market works on a **cycle**['saɪk(ə)l **싸**이클]

9) He said in an 1846 **article**['ɑ:rtɪk(ə)l **아**:r티클] in Graham Magazine.

10) As safety features are added to **vehicles**['vi:hɪkəlz **비**:히클즈]

11) People destroyed the **jungles**.['dʒʌŋg(ə)lz **줭**글즈]

12) Write the number in the **rectangle**['rektæŋg(ə)l **뤡**탱글].

13) Fold the paper into a **triangle**['traɪæŋg(ə)l 츄**롸**이앵글].

Listening Skill 39

복합자음 [br], [cr], [dr], [fr], [gr], [pr], [tr]의 청취요령

1. 복합자음의 종류 및 발음의 예

1) The sun is getting **brighter**['braɪtər 부**롸**이터r] as its core **contracts**['kɑːnˌtrækts **칸**츄랙쓰]

2) The doctor ordered me to abstain from **drinking**['drɪŋkɪŋ 쥬**륑**킹].

3) We eat **grains**[greɪnz 구**뤠**인즈], **fruits**['fruːts 푸**루**웉쓰], nuts.

4) Their lives are ruined and it is absolutely **tragic**['trædʒɪk 츄**래**쥑].

5) For romantic dinners, they choose **shrimp**['ʃrɪmp 슈**륌**프] and lobster.

6) The **prince**['prɪns 푸**륀**쓰] and the **princess**['prɪnses 푸**륀**쎄쓰] attended the event.

7) I **threw**['θru 쑤**루:**] it over the woodchuck and **wrapped**['ræpt **랩**트] him in it.

8) MSF was begun by a small **group**['gruːp 구**루**읖] of **French**['frentʃ 푸**뤤**취] doctors.

drag나 tread의 dr-, tr-를 입술이 이완된 상태로 발음하면 [dr], [tr]이지만 입술을 긴장시켜 발음하면 둥그렇게 되면서 [ʤr], [ʧr]로 발음된다.

drag

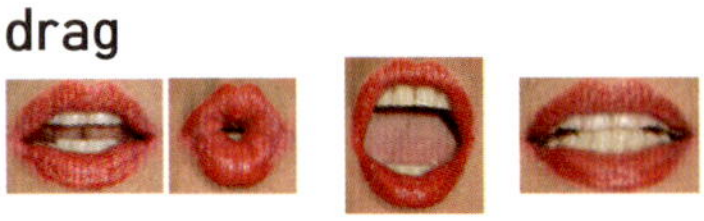

[dr] + [æ] + [g]

tread

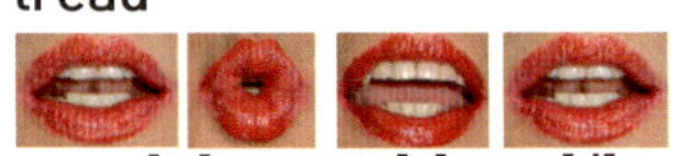

[tr] + [e] + [d]

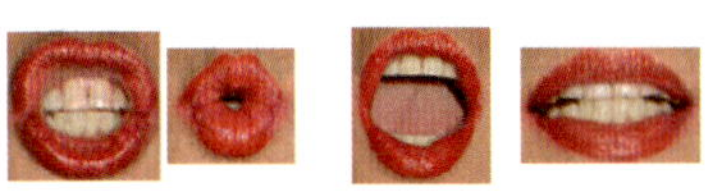

[ʤr] + [æ] + [g]

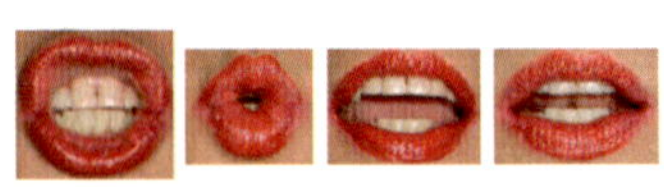

[ʧr] + [e] + [d]

2. 복합자음의 조음방법

복합자음은 두 개의 자음을 하나의 소리처럼 발음해 주어야 한다. 그 중 조음점이 같은 복합자음 tr-, dr-은 구개음화가 되어 소리의 변형이 일어난다. 이는 [r] 발음을 위해 혀를 뒤로 감을 때 [t], [d] 역시 뒤로 옮겨져 경구개음인 『tʃr』, 『ʤr』가 되기 때문이다. 예를 들면, tree['tri:]는 [트뤼:]보다는 [츄뤼:]로, dream[dri:m]은 [드륌:]보다는 [쥬륌:]으로 발음한다. 개인차가 있어 입술을 둥글게 하고 앞으로 많이 내밀면 [츄뤼:][쥬륌:]이 되지만 약간만 내밀면 [트뤼:][드륌:]이 된다.

brag

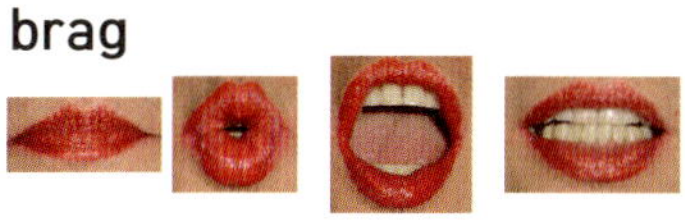

[br] + [æ] + [g]

fresh

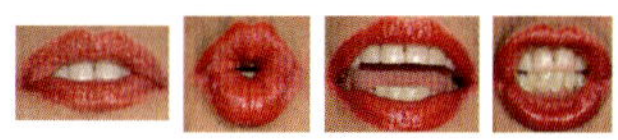

[fr] + [e] + [ʃ]

shrimp

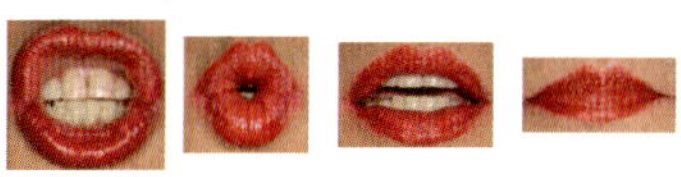

[ʃr] + [I] + [m]

crop

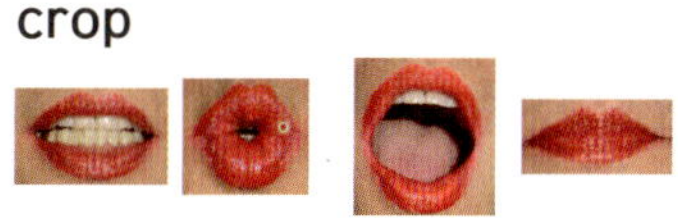

[cr] + [ɑ] + [p]

춤추는 리듬영어

Chapter 4

파열음 [t], [d]의 리듬성
- 설탄음(flap sound)의 이해

Listening Skill 40~48

Listening Skill 40

설탄음 [t], [d](flap [t], [d])의 소리와 조음방법 및 조음환경

1. 설탄음(flap sound)의 소리와 조음방법

1) What's the difference between **ladder**['lædər 래더r → 'læɾər 래러r], **later**['leɪtər 레이터r → 'leɪɾər 레이러r] and **latter**['lætər 래터r → 'lædər('læɾər) 래러r].

2) **Daddy**['dædi → 'dæɾi 대리], this is **kitty**['kɪti 키티 → 'kɪɾi 키리]

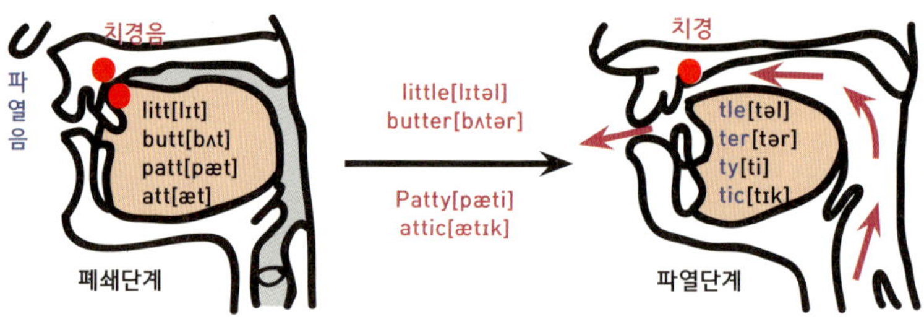

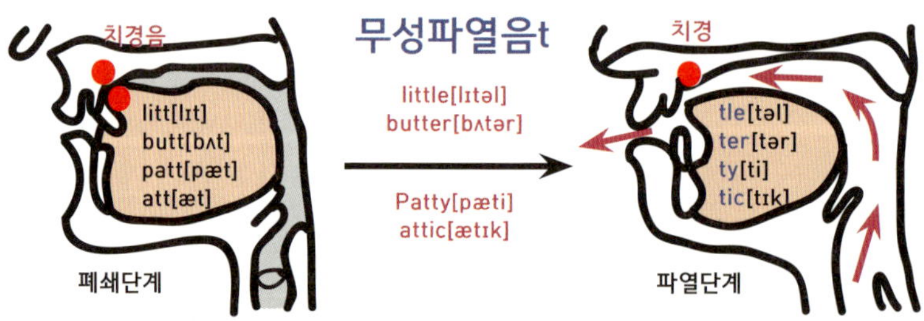

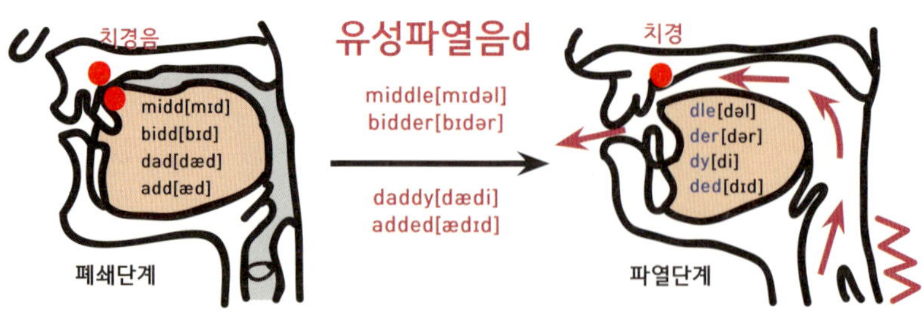

설탄음 ɾ
= flap t
= flap d
= quick d

폐쇄의 과정없이
입천장을치고
내려가는 소리

flap t는 혀끝으로 치경을 막는 폐쇄단계없이 혀끝으로 가볍고 빠르게 입천장을 치고 내려가며 모음사이의 [d] 또는 우리말의 'ㄹ'소리를 낸다.

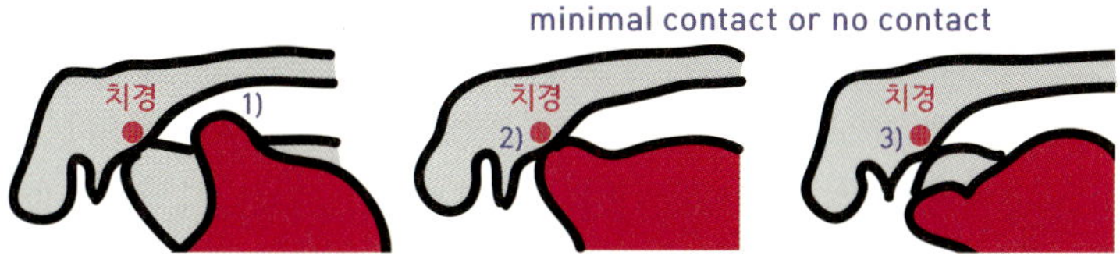

flap t는 혀끝을 치경에 접근시키지만 아주 약간의 접촉이 있거나 아예 접촉도 되지 않는 편이다.

공기폐쇄도 없고
공기파열이 없다.

little[lɪɾl] butter[bʌɾər] attic[æɾɪk] Patty[pæɾi]

공기폐쇄
middle[mɪɾl]
bidder[bɪɾər]

공기파열
added[æɾɪd]
daddy[dæɾi]

설탄음은 일상대화(casual speech) 뿐만 아니라 격식영어(formal speech)에서도 발음되며 미국영어에서는 발음되나 영국영어에서는 발음되지 않는 발음방법이다. 설탄음(flap sound)은 공기를 폐쇄 한 후에 높아진 공기의 압력을 터뜨리던 파열음 [t][d]의 폐쇄(stop) + 파열의 발음방법 대신에 입천장을 빠르게 살짝 치고(quick stop & gentle flap) 내려옴으로서 좀 더 부드럽고 가벼운 소리(soft & light sound)를 얻기 위해 사용하는 발음방법이다. 설탄음은 flap t와 flap d의 2가지가 있다. flap t는 stop t(폐쇄단계의 [t])를 제거시키므로 무성파열음의 대기음도 없어지게 만들어 [t]를 quick d, soft d, fast d로 유성음화 시킨 소리이다. 반면, flap d는 stop d(폐쇄단계의 [d])를 제거시키므로 좀 더 부드럽고 빠르게 발음되도록 만든 d의 약화음 soft & quick d 소리로 보면 된다.

2. 설탄음의 소리(flap t = flap d = quick d = [ɾ] = 우리말 'ㄹ' = Spanish r)

1) flap d는 모음사이(intervocalic)의 d로 quick d(d sound between vowels) [ɾ ㄹ]소리가 난다. 예를 들면 ladder의 d는 폐쇄와 파열을 거치는 파열음이므로 ['lædər 래더r]가 되지만, [d]가 모음사이에 있고 뒤에 강세가 없는 모음이 이어지면 설탄음으로 발음이 될 수 있다. 따라서 입천장을 급히 치고 내려오면 부드럽고 약화된 soft & quick d가 되므로 ['læɾər 래러r]로 발음된다. 이렇듯 설탄음

d(flap d)는 우리말의 'ㄹ' 또는 스페인어의 'r'과 같은 소리를 내므로 그 발음기호를 [ɾ]로 표시한다. flap t인 [ɾ]과 파열음 [d]의 소리를 비교해보면, Dad의 [d]는 혀끝을 입천장에 대고 공기를 목안에 가득채워 압력을 높인 후에 폐쇄와 파열을 거치는 파열음이므로 [대앧]이지만, Daddy의 모음 사이에 있는 [d]는 Da[대~]를 발음한 후에 급하고 약하게 내주는 [ㄹ]소리를 내므로, ['dæɾi 대~리]가 되는 것이다. 이러한 [ㄹ] 소리나는 d는 파열에 의한 [d]가 아니라 입천장을 치고 내려오는 소리(flap sound)이기 때문에 설탄음 d라 부르는 것이다. 설탄음은 공기의 흐름을 차단(stop)하거나 마찰시키는 방해가 없는 상태에서 성대까지 진동되므로 맑은 울림소리가 입 밖으로 배출되는 공명음(sonorants)이다.

2) flap t는 모음사이의 t로 대기음을 잃고 유성음화되어 d [ɾ ㄹ]소리가 난다.

latter의 t는 폐쇄와 파열을 거치는 파열음이므로 ['lætər 래터r]가 되지만, [t]가 모음사이에 있고 뒤에 강세가 없는 모음이 이어지면 설탄음으로 발음이 될 수 있다. 즉, [t]의 좌측에 모음이 있고 우측에 강세가 없는 모음이 있을 뿐 아니라 폐쇄단계를 없애 공기의 압력에 의하여 터져 나오던 대기음도 없어지게 되므로 [t]가 [d]로 유성음화되는데, 입천장을 급히 치고 내려오면 부드럽고 약화된 소리가 되므로 ['læɾər 래러r]로 발음된다. 그런데, 이 소리는 ladder의 [d]를 파열시키지 않고 혀끝으로 입천장을 치고 내려올 때의 소리 ['læɾər 래러r]와 정확히 똑같은 소리이기 때문에 flap t를 d소리난다고 부르는 것이다. 물론 진짜 d(true d)가 아니므로 이를 quick d, soft d, fast d라고 이름 붙이기도 하는 것이다. 이렇듯 latter = ladder = 래러임에도 불구하고 pretty는 [프뤼리]로 들리는 반면 [프뤼디]로도 들리고, patty는 [패디] 또는 [패리]로 들리고, kitty는 거의 [키디]로 들리는 등 flap t의 소리는 [ㄹ]가 되기도 하고 [ㄷ]가 되기도 한다. 이는 입천장을 치고 내려오는 속도가 완만할 경우는 'ㄷ'에 가까운 소리가 되기 때문이다. 그럼에도 'ㄷ'속에 약간의 'ㄹ'가 스며져 있다고 간주하고 flap t는 [ɾ ㄹ]라고 말하는 것이다. 또한, "설탄음 t(flap t)를 영어의 r과 같은 소리"로 오해하는 사람이 많은데 그것은 잘못된 생각이다. [r]은 혀를 뒤로 감으며 내주는 소리이지만 "설탄음 t(flap t)는 혀를 앞으로 치고 내려오는 전혀 다른 소리이기 때문이다." 요약정리를 하면, [t]나 [d]가 모음 사이에 있고 강세가 없는 모음 앞에 올 때는 flap t나 flap d로 불리는 quick d소리가 나는데, quick d의 소리는 우리말의 'ㄹ' 또는 스페인어의 'r'에 가까운 소리이다. 따라서 설탄음 = flap t + flap d = quick d = [ɾ] = 우리말의 'ㄹ' = Spanish r이란 등식이 성립한다.

3. 설탄음의 조음환경 : [모음 또는 r] + [t][d] + [약세모음, ər]

1) Chinese **knotting**['nɑːtɪŋ 나팅 → 'nɑːɾɪŋ 나링] is a decorative handicraft art.

2) **Nodding**['nɑːdɪŋ 나딩 → 'nɑːɾɪŋ 나링] the head up and down means [yes].

3) I **started**['stɑːrtɪd → 'stɑːrɾɪd 스따:r릳] to order['ɔːrdər → 'ɔːrɾər 오:r러r] a tent.

4) Some **faculty**['fæk.əl.ɾi 퐤끌리/퐤끌디] members are **melting**['meltɪŋ → 'melɾɪŋ 멜딩(링)] the ice.

5) You've got to be **kidding**['kidɪŋ 키딩 → 'kiɾɪŋ 키링] me?

6) Fry the bread in a little **butter**['lɪtl bʌtər 리틀버터r → 'lɪɾl 'bʌɾər 리를버러r].

7) **Petal**['pet'l 펱을 또는 'peɾl 페를] has the same pronunciation as **Pedal**['pedl' 펱을 또는 'peɾl 페를] and **peddle**['ped'l 펱을 또는 'peɾl 페를].

8) I'll take 10% off the **total**['toʊt'l 토읕을 또는 'toʊɾl 토으를] price.

9) I was then taken to the **hospital**['hɑːˌspɪt'l 하스핕을 또는 'hɑːspɪɾl 하스피를].

10) Look at the **little beetle**['lɪt'l 'biːt'l 릩을비잍을 또는 'lɪɾl 'biːɾl 리를비:를].

설탄음의 조음환경은 [t]의 좌측에 유성음(모음), 우측에 강세가 없는 유성음(모음)이 오는 유성음 환경(intervocalic before unstressed syllables)이 되어야 한다.

- 설탄음은 폐쇄단계를 없애 공기의 압력이 높아졌다가 터져 나오는 파열이 없는 (no buildup of air pressure + no release+ burst) 빠르고 부드러운 소리이다.
- 무성파열음 t의 경우는 공기의 압력에 의하여 터져 나오던 대기음도 없어지게 해야 한다.
- little['lɪt˺ + l 맅을]처럼 설측면파열을 하는 단어도 빠른 속도가 되면 설탄음으로 발음되어 ['lɪɾl 리를]이 된다. 단 mental이나 dental처럼 [tl]앞에 자음이 있는 경우는 설탄음이 아닌 [təl 틀]로 설측면 파열하게 된다.

1) [모음] + [t][d] + [약세모음, ər]인 조음환경에서의 설탄음 발음

- **knotting**['nɑːtɪŋ 나팅 → 'nɑːɾɪŋ 나링], **Nodding**['nɑːdɪŋ 나딩 → 'nɑːɾɪŋ 나링]

2) [r] + [t][d] + [약세모음, ər]인 조음환경에서의 설탄음 발음

- **started**['stɑːrtɪd → 'stɑːrɾɪd 스따:r릳], **order**['ɔːrdər → 'ɔːrɾər 오:r러r]

3) [l] + [t][d] + [약세모음, ər]인 조음환경에서의 설탄음 발음

faculty['fæk.əl.ti]처럼 약세음절의 [l] + [t][d] + [약세모음, ər]인 조음환경에서는 ['fæk.əl.ɾi 패끌리]로 발음이 되나, melting처럼 강세음절의 [l] + [t] + [약세모음, ər]인 경우는 설탄음으로 발음할 수도 있으나 품격이 좀 떨어지는 면이 있음으로 파열음으로 발음하는 것이 바람직하다. 즉, [t]를 파열음으로 발음을 하면 melting할 때 **[l]을 치경에 접촉**시킨 후에 **['meltɪŋ 메을팅]**하며 [t]를 파열시킨다. 하지만, [t]를 설탄음으로 발음을 하는 경우는 dark l인 [əl]로 발음하면서 치경을 치고 내려오면 **['meəlrɪŋ 메얼링]**하고 발음되기도 한다.(ex : faulty[fɔːlti 포을티], faulty[fɔːəlɾi 포얼리]

4) [모음 또는 r] + [t][d] + [l]인 조음환경에서의 설탄음 발음

Petal, Pedal, peddle. total, hospital, little, beetle처럼 [모음 또는 r] + [t][d] + [l]인 경우는 설측면파열음인 Petal['pet^{l}l **펱**을], Pedal['ped^{l}l **펜**을], peddle['ped^{l}l **펜**을], total['toʊt^{l}l **토**읕을], hospital['hɑːˌspɪt^{l}l **하**스핕을], little beetle['lɪt^{l}l 'biːt^{l}l **릩**을**비**잍을]로 발음되지만, 부드러운 발음을 위하여 설탄음으로 발음하는 경우는 Petal[peɾ^{l}l **페**를], Pedal[peɾ^{l}l **페**를], peddle['peɾ^{l}l **페**를]. total['toʊɾ^{l}l **토**으를], hospital[hɑːˌspɪɾ^{l}l **하**스피를], little beetle['lɪɾ^{l}l 'biːɾ^{l}l **리**를**비**:를]이 된다. 주의 할 것은 [tl][dl]의 발음 때 공기가 혀의 측면으로 빠져나가야 하므로 혀를 내려 공기가 입 앞쪽이 아닌 설측면으로 빠져나도록 해 주어야 한다. 또한 Petal의 경우는 유성음화의 과정을 거치므로 ['pet^{l}l **펱**을 → 'ped^{l}l **펜**을 → 'peɾ^{l}l **페**를]이 된다고 이해하면 된다.

Listening Skill 41

강세모음 + [t] + [약세모음, ər] 형태에서의 설탄음

1. 혀끝과 입천장의 접촉의 정도에 따른 설탄음의 두 분류(flap sound와 tap sound)

강세모음 + [t][d] + [약세모음, ər] 형태의 설탄음은 혀끝을 치경 뒤로 오므린 후에 닿을 듯 말 듯 치경을 지나치면서 [t][d]를 소리 내기 때문에 우리말의 'ㄹ'이나 Spanish r과 같은 소리를 내지만, **강세가 없는 모음 + [t][d] + [약세모음, ər]** 형태의 설탄음은 혀끝으로 치경을 지나칠 때 짧은 폐쇄(brief stop)가 이루어질 정도의 일시적인 접촉이 이루어지기 때문에 영어의 [d]에 더 가까운 소리를 낸다. 이처럼 최소의 접촉을 하면서 스쳐지나가는설탄음은 flap sound로 분류하고, 일시적인 접촉에 따른 짧은 폐쇄(brief stop)가 이루어지는 설탄음은 tap sound로 분류한다. 다만, 편의상 모두 flap sound로 부를 뿐이다. 우리 귀에 waiter가 [웨이러]로 들린다면 원어민이 flap sound로 발음한 것이고 [웨이더]로 들린다면 tap sound로 발음한 것으로 보면 된다.

2. 강세모음 + [t] + [약세모음, ər] 형태에서의 설탄음(flap sound)

matter, letter, little, dotted, water, computer처럼 강세가 있는 리듬의 고점인 모음 [æ], [e], [ɪ], [ɑː], [ɔː], [uː], ['eɪ], ['iː], ['aɪ], ['oʊ], ['juː]에서 약세음절에 위치한 [t]로 급히 떨어질 때, 혀끝이 치경에 닿을 듯 말 듯 치고 내려가는데 이 때의 접촉 상태를 최소 접촉(minimal contact)이라고 한다. 이렇듯 비접촉(no contact)에 가까운 최소 접촉 상태에서의 설탄음의 소리는 우리말의 'ㄹ' 또는 spanish r이 되다 보니 ['mæɾər 매러r], ['leɾər 레러r], ['lɪɾl 리를], ['dɑːɾɪd 다릳], ['wɔːɾər 워:러r]로 들리게 된다.

1) 강세모음 ['æ] + [t] + [약세모음, ər] (flap t [ɾ]는 [ㄹ]이나 [ㄷ]로 들리기도 한다.)

(1) It doesn't **matter**['mæɾər **매**러r] to me what happens.

(2) The air was alive with **chatter**['tʃæɾər **채**러r] and laughter.

(3) A professor of business studied employment **patterns**['pæɾərnz **패**러r은즈] in Korea.

(4) He **fatted**['fæɾɪd **패**릳] up his pigs to make a large amount of money.

(5) They might be mere **flattery**['flæɾəri 플**래**러r뤼].

(6) The ants look after a **caterpillar**['kæɾərpɪlər **캐**러r필러r].

2) 강세모음 ['e] + [t] + [약세모음, ər]

(1) He negotiated **better**['beɾər **베**러r] deals and extended terms of payment.

(2) Once a week, write a heartfelt **letter**['leɾər **레**러r].

(3) It's an ugly **sweater**['sweɾər 스**웨**러r] with red plastic buttons.

3) 강세모음 ['ɪ] + [t] + [약세모음, ər]

(1) Latecomers will be **admitted**[əd'mɪɾɪd 얻(으)**미**릳] only during intermission.

(2) They are seriously **committed**[kə'mɪɾɪd 커**미**릳] to performance as I am.

4) 강세모음 ['ɑː] + [t][+ [약세모음, ər]

(1) Draw two **dotted**['dɑːɾɪd **다**릳] lines that will quarter the flower, imagining its shape.

(2) The animal researcher Maxine Morris **spotted**['spɑːɾɪd 쓰**빠**릳] some curious behavior.

5) 강세모음 ['ɔː] + [t] + [약세모음, ər]

(1) I'm married and have a son and a **daughter**['dɔːɾər **도**:러r].

(2) I'm going to look for a **water**['wɔːɾər **워**:러r] fountain.

6) 강세모음 ['eɪ] + [t] + [약세모음, ər]

(1) The only local people he will meet are the over-worked **waiters**['weɪɾərz **웨**이러r즈].

(2) We will expect delivery to stop no **later**['leɪɾər **레**이러r] than the end of this week

(3) The lowest percentage in urban areas was **greater**['greɪɾər 구**뤠**이러r].

(4) It was forbidden during the **dictatorship**[dɪk'teɪɾərʃɪp 딕**테**이러r쉽] of Franco.

(5) Our public schools neglected their role as moral **educators**['edʒə,keɪrərz **에**줘**케**이뤄즈]

(6) He stepped out of the **elevator**['elə,veɪrər **엘**러**붸**이러r] car.

(7) People are going down the **escalators**['eskə,leɪrərz **에**쓰컬**레**이러즈]

(8) Harrison put accurate time in a **navigator's**['nævə,geɪrərz **내**버**게**이러r즈] pocket.

(9) Can you help me move the **refrigerator**[rə'frɪdʒə,reɪrər 뤄푸**뤼**줘**뤠**이러]?

(10) Your **spectator**['spekteɪrər 쓰**뻭**테이러r] experience will have been a fun one.

7) 강세모음 ['i:] + [t] + [약세모음, ər]

(1) **Peter**['pi:rər **피**:러r] Jenkins began teaching all sorts of people.

(2) Night **eaters**['i:rərz **이**:러r즈] are often **eating**['i:rɪŋ **이**:링] in response to anxiety.

(3) Customers with a non-functioning **heater**['hi:rər **히**:러r] are usually out of luck.

(4) The air feels fresher, the flowers smell **sweeter**.['swi:rər 스**위**:러r]

(5) A tree reaches a height of about 12 **meters**['mi:rərz **미**:러r즈] and bears shiny dark green leaves, which are over 31 **centimeters**['sentɪ,mirərz **쎈**티**미**러r즈] long.

(6) We face a speed limit, which is 300,000 **kilometers**['kɪlə,mirərz **킬**러**미**러r즈] per second.

8) 강세모음 ['aɪ] + [t] + [약세모음, ər]

(1) The sun is getting **brighter**['braɪrər 부**롸**이러r] as its core contracts.

(2) It's **lighter**['laɪrər **라**이러r] than the old one.

(3) We owe it to a few **writers**['raɪrərz **롸**이러r즈] of old times.

9) 강세모음 ['oʊ] 또는 ['ju:] + [t] + [약세모음, ər]

(1) This is a **motor**['moʊrər **모**으러r] show for heaven's sake.

(2) Rob said absently as he was typing on his **computer**[kəm'pju:rər 컴**퓨**:러r].

Listening Skill 42

강세음절의 [모음, r] + [t] + [ə, ər, l] 형태에서의 설탄음

1. 강세음절의 [r] + [t][d] + [약세모음, ər] 형태에서의 설탄음(flap sound)

party, forty, thirty, quarters처럼 강세가 있는 음절의 [r]에서 약세음절에 위치한 [t]로 급히 떨어질 때, 혀끝이 치경에 닿을 듯 말 듯 치고 내려가는데 이때의 접촉 상태를 최소 접촉(minimal contact)이라고 한다. 이렇듯 비접촉(no contact)에 가까운 최소 접촉 상태에서의 설탄음의 소리는 우리말의 'ㄹ' 또는 spanish r이 되다 보니 ['pɑːrɾi 파:r리], ['fɔːrɾi 포:r리], ['θɝːrɾi 써:r리], ['kwɔːrɾərz 쿼:r러r즈]로 발음한다.

1) Your **party**['pɑːrɾi **파**:r리] and the other party are sitting across a table.

2) **Thirty**['θɝːrɾi **써**:r리] or **forty**['fɔːrɾi **포**:r리] percent of men are killed or hurt.

3) American parents furnish a room as the infant's sleeping **quarters**['kwɔːrɾərz **쿼**:r러r즈].

4) We suffer from a **shortage**['ʃɔːrtɪdʒ **쇼**:r티쥐 → 'ʃɔːrɾɪdʒ **쇼**:r리쥐] of manpower.

5) That's different from the maximum **supportable**[sə'pɔːrtəbl → sə'pɔːrɾəbl써**포**:r러블] size.

6) There were rules of **courtesy**['kɜrtəsi → 'kɜrɾəsi **커**:r르씨] towards all adults.

7) Coastal trees, for example, become **shorter**['ʃɔːrtər → 'ʃɔːrɾər **쇼**:r러r] and stronger.

8) The whole village looks **deserted**[dɪ'zɝːtɪd → dɪ'zɝːɾɪd 디**저**:r릳]

9) A friend of mine wrote an **article**['ɑːrtɪkəl → 'ɑːrɾɪkəl **아**:r리클] about it.

10) Many **artists**['ɑːrtɪsts → 'ɑːrɾɪsts **아**:r리슬쓰] love to wear a beret.

11) Mankind used the **barter**['bɑːrɾər **바**:r러r] system of trading objects for other objects.

12) The **reporter**[ri'pɔːrɾər 뤼**포**:r러r] is much **smarter**['smɑːrɾər 스**마**:r러r] than before.

13) Classroom 303 was always the **dirtiest**['dɝːɾiəst **더**:r리으스트] room in the school.

14) These **artificial**[ˌɑːrɾə'fɪʃəl 아:r러**퓌**쉴] roses are quite lifelike.

15) Adams **started**['stɑːrtɪd → 'stɑːrɾɪd 스**따**:r릳] **vertical**['vɝːɾɪkəl **버**:r리클] gardening.

2. 강세음절의 [모음, r] + [t] + [l] 형태에서의 설탄음

settle처럼 [모음 또는 r] + [t] + [l]인 경우는 설측면파열음인 ['set'l 쎝을]보다는 설탄음인 ['seɾ'l 쎄를]로 발음한다.

이처럼 [tl][dl]을 발음할 때 대부분의 원어민들은 폐쇄(stop)를 싫어하여 부드러운 리듬의 설탄음으로 발음한다. 물론, metal/medal/mettle처럼 설탄음 ['meɾl]보다는 설측면파열음 ['met'l 멭을]을 더 선호하는 예외적인 경우도 있다.

1) Then it'll help them to **settle**['set'l 쎝을 → 'seɾ'l 쎄를] down in Korea more easily.

2) A space **shuttle**['ʃʌt'l 쉬얻을 → 'ʃʌɾl 쉬어를] could help us in the future.

3) She suspected her **little**['lit'l 맅을 → 'liɾl 리를] brother.

4) A **battle**['bæt'l 뱉을 → bæɾl 배를] wound would be more of a status symbol.

5) A particle that can be stored like chemicals in a **bottle**[bɑt'l 밭을 → bɑɾl 바를].

6) So the leopard began to attack dogs and **cattle**['kæt'l 캩을 → kæɾl 캐를].

7) The result is a **fatal**['feɪt'l 풰잍을 → 'feɪɾl 풰이를] loss.

8) Goldfish bowls look stunning filled with **petals**['pet'lz 펱을즈 → 'peɾlz 페를즈]

9) It is not glamorous, but it is **vital**['vaɪt'l 바잍을 → 'vaɪɾl 바이를].

10) She suspected her **little**['lɪt'l 맅을 → 'lɪɾl 리를] brother.

11) The amount of venture **capital**['kæpət'l 캐펕을 → 'kæpəɾl 캐퍼를] fell 53%.

12) Why don't you buy a **digital** ['dɪdʒət'l 디졑을 → 'dɪdʒəɾl 디줘를]camera?

13) It'll cause a breakdown in the **metal**['met'l 멭을 → 'meɾl 메를]-working industry.

14) It was a **brutally**['bru:t'li 부룯:을리 → 'bru:ɾli 부루:를리] competitive business.

15) He would be happy going up against a rhinoceros **beetle**[bi:t'l 빝:을 → bi:ɾl 비:를].

16) I put the **title**['taɪt'l 타잍을 → 'taɪɾl 타이를] on the upper right side.

17) People tell me--both directly and in more **subtle**['sʌt'l 썯을 → 'sʌɾl 써를] ways.

18) Mechanical clocks started appearing on towers in **Italy**[it'.li잍을리 → iɾli 이를리]

19) Darn it all! It **totally**['toʊt'l·i 토읕을리 → 'toʊɾl·i 토으를리] slipped my mind.

20) A test **model**['mɑd'.l 맏을 → mɑɾl 마를] is scheduled to be completed in 2006.

21) Is it being **remodeled**[ˌri:'mɑ:dld 뤼:맏:을드 → ˌri:'mɑ:ɾld 뤼:마:를드]?

22) Over ten per cent of the workforce is now **idle**['ɑɪd'l 아읻을 → 'ɑɪɾl 아이를].

23) I dreamed I would go-home with a gold **medal**['med'.l 멛을 → 'meɾl 메를].

Listening Skill 43

강세모음 + [d] + [약세모음, ər] 형태에서의 설탄음

1) Floppy Barrow builds upper **body**[bɑdi 바디 → bɑɾi 바리] muscles a lot.

2) Please try not to bother **anybody**['enibɑdi 에니바디 → 'enibɑɾi 에니바리].

3) I'm sorry. **Nobody**['noʊˌbɑdi 노으바디 → 'noʊˌbɑɾi 노으바리] called you today.

4) Say you're sorry when you hurt **somebody**['sʌmbɑ̀di 썸바디 → 'sʌmbɑ̀ɾi 썸바리].

5) I realized that the **riders**[raɪdərz 롸:이더r즈 → raɪɾərz 롸:이러r즈] didn't like it.

6) Are you **ready**['redi 뤠디 → 'reɾi 뤠리] to order, sir?

7) Soon my **buddy**['bʌdi 버디 → 'bʌɾi 버리] led me straight to the freezer and stared at me.

8) He was named a member of the **Academy**[əkædəmi 어캐드미 → əkæɾəmi 어캐르미] of **Medicine**['medəsn 메더쓴 → 'meɾəsn 메러쓴] .

9) Larrey began his **medical**['medɪkl 메디클 → 'meɾɪkl 메리클] studies in Toulouse.

10) He was pursued by the **media**['mi:diə 미:디어 → 'mi:ɾiə 미:리어].

11) Wandering **spiders**['spaɪdərz 쓰빠이더r즈 → 'spaɪɾərz 쓰빠이러r즈] are poisonous.

12) You've **already**[ɔ:l'redi 오:을뤠디 → ɔ:l'reɾi 오:을뤠리] seen how much **modern**['mɑdərn 마더r은 → 'mɑɾərn 마러r은] technology has changed the world.

13) But the skies will be **cloudy**['klaʊdi 클라으디 → 'klaʊɾi 클라으리] all day.

14) In **order**[ɔ́:rdər 오:r더r → ɔ́:rɾər 오:r러r] to make their dream come true.

15) It was never **regarded** [rə'gɑ:dɾɪd 르가r딛 → rə'gɑ:rɾɪd 르가r릳] as insulting.

16) I'll study **harder**['hɑ:rdər 하:r더 → hɑ:rɾər 하:r러].

17) Passengers **boarded**['bɔ:rdɪd 보:r딛 → 'bɔ:rɾɪd 보:r릳] the train ten minutes before departure.

Listening Skill 44

설탄음 [t](flap t)와 [d](flap d)의 동음이의어 구별

1) The **latter**['lærər 래러r] company had more difficulty than the former.
The clerk got a **ladder**['lærər 래:러r] and climbed halfway up.

latter['lætər]나 **ladder**['lædər]의 설탄음은 똑같이 ['lærər]이지만, 유성음 앞의 모음의 길이가 무성음 앞의 모음의 길이보다 약간 더 길므로 **ladder의 설탄음은** ['lærər 래:러r]로 길게 소리내야 한다. 하지만 원어민도 두 소리를 거의 같게 말하기 십상이다.

2) I'm **madder**['mærər 매:러r] than I've ever been. What's the **matter**['mærər 매러r]?

3) I need a **liter**[li:tər(i:= iy) → 'liytər → 'liyrər 리이러r] of milk.
She is our **leader**[li:dər(i:= iy) → 'liydər → 'liyrər 리:이러r].

4) **Patty**['pæri 패리] can help you with that.
The **paddy**['pæri 패:리] itself, meanwhile, has to have a hard clay floor.

5) I walked into a restaurant, and **seated**[si:tɪd 씨:틷 → si:rɪd → siyrɪd 씨이릳] myself.
Cuba was **ceded**[si:dɪd 씨:딛 → si:rɪd → 'si:yrɪd 씨:이릳] by Spain to the US in 1898.

6) The process of **writing**[raɪrɪŋ 롸이링] contributes to the logicalization of thought.
I was **riding**[raɪrɪŋ 롸:이링] my bicycle fast and a truck drove in front of me.

7) Ships are made of **metal**['merl 메를] plates welded together.
I would go-home with a gold **medal**['merl 메:를].

8) As your food moves around, it becomes **coated**['koʊrɪd 코으릳] in saliva.
Players receive bar-**coded**['koʊrɪd 코:으릳] golf balls.

9) A nation cannot bet on pure scientists like **betting**[' berɪŋ 베링] on horses.
If you cannot make a rope, throw some **bedding**['berɪŋ 베:링] out of the window.

10) The sound of **rider**['raɪrər 롸:이러] is longer than that of **writer**['raɪrər 롸이러].

Listening Skill 45

강세가 없는 모음 + [t], [d] + [약세모음, ər] 형태에서의 설탄음

1. 강세가 없는 모음 + [t] + [약세모음, ər] 형태의 설탄음은 혀끝으로 치경을 지나칠 때 짧은 폐쇄(brief stop)가 이루어질 정도의 일시적인 접촉(momentary contact)이 이루어지기 때문에 [ㄹ]보다는 영어의 [d]에 더 가까운 소리를 낸다.

1) Too much specificity[spesə'fɪsədi 쓰뻬써퓌써디] can limit your imagination.

2) The above chart shows the electricity[ilekt'risədi 일렉츄리써디] consumption.

3) Our nervous system determines the complexity[kəm'pleksədi 컴플렉써디] of activities[æk'tɪvədiz 액티버디즈].

4) The title is the simplicity[simp'lisədi 씸쁠리써디] of appreciating[ə'priʃi,eɪdɪŋ 어프뤼쉬에이딩] paintings.

5) The republics of Latvia and Lithuania emphasize their ethnic identities.identities는 영국영어로는 [aɪ'dentətiz 아이덴터티즈]이지만, 미국영어로는 [aɪ'dentədiz 아이덴터디즈]나 [aɪ'denədiz 아이데너디즈]로 설탄음화 한다.

6) The capacity[kə'pæsədi 커패써디] to store and distribute information has increased.

7) How much do you spend on publicity?publicity는 영국영어로는 [pʌb'lisəti 퍼블리써티]이지만, 미국영어로는 [pʌb'lisədi 퍼블리써디]

8) All the profits go to charity[tʃærədi 채뤄디].

9) A fire chief needs to issue his orders with absolute clarity[klærədi 클래뤄디].

10) Newton's theory of gravity['grævədi 구래버디] is one example.

11) Admitting being lost feels like admitting stupidity[stu:'pidədi 스뚜:피더디].

12) Despite these similarities[sɪmə'lerədiz 씨멀레뤄디즈] with other creatures, Our evolution had led to a very generalized capability[keɪpə'bɪlədi 케이퍼빌러디]. But, evolution had led to a specialization in their ability[ə'bɪlədi 어빌러디].

13) The real power of scientific testability[testə'bɪlədi 테스터빌러디] is negative['negədɪv 네거디브], not positive['pɑzədɪv 파저디브].

14) You know? You are so talkative['tɔ:kədɪv 토:커디브].

15) People try not to take **responsibility**[rɪˌspɑnsəˈbɪlədi 뤼스판써**빌**러디] for their actions.

16) Our **society**[səˈsaɪədi 써**싸**이어디] is a consumer-driven culture.

17) The furniture is soft and **comfortable**[ˈkʌmfərdəbəl **컴**풔r더블].

18) Young children rarely think of their art as personal **property**[ˈprɑpərdi 푸**롸**퍼r디]

19) Poor conditions bring about an increase in **poverty**[ˈpɑːvərdi **파**버r디], disease and crime.

2. 강세가 없는 모음 + [d] + [약세모음, ər] 형태의 설탄음은 짧은 폐쇄(brief stop)가 이루어질 정도의 일시적인 접촉이 이루어지기 때문에 [d] 소리를 그대로 낸다.

1) Who will have **custody**[ˈkʌstədi **커**쓰터디] of the children?

2) Show times for **comedy**[ˈkɑːmədi **카**머디] night are 8:00 and 9:30 p.m

Listening Skill 46

문장 속에서 연음에 의한 설탄음(flap t / flap d) 발화

1. 문장 속에서 단모음 + [t]로 끝나는 단어 뒤에 약세모음이 이어지면 flap t[ɾ]로 설탄음화 된다.

1) It was **sort of** embarrassing.['sɔːrt əv 쏘:r텁(v) → 'sɔːrɾ⁀əv 쏘:r럽(v)]

2) **What about** the plants?['wʌt ə'baʊt 웥어바읕 → 'wʌɾ⁀ə'baʊt 워러바읕]

3) **What a** pity!['wət ə 'pɪti 웥어피티 → 'wəɾ⁀ə 'pɪɾi 워러피리].

4) **What if** the car swings in the wind?['wət ɪf 웥이프 → 'wəɾ⁀ɪf 워리프]

5) Hey, look at this poster! **what is it**?['wʌt ɪz ɪt 웥이즈잍 → 'wʌɾ⁀ɪzɪt 워리짙]

6) **What am I** supposed to do?['wət əm aɪ 웥엄아이 → 'wəɾ⁀əmaɪ 워러마이]

7) **Not at all**.['nɑːt ət 'ɔːl 낱:엍올: → 'nɑːɾ⁀əɾ⁀ɔːl 나:러롤:]

8) You are **shut up** inside for too long.['ʃʌt ʌp 셭엎 → 'ʃʌɾ⁀ʌp 셔렆]

9) The **debtor**['detər 데터r → 'deɾər 데러r] may **doubt it**.['daʊt ɪt 다으팉 → 'daʊɾ⁀ɪt 다으릩]

10) **Get out of** the water!['get aʊt əv 겥아으터브 → 'geɾ⁀aʊɾ⁀əv 게라으러브]

11) **But I**[bət 'aɪ 벝아이 → bəɾ⁀aɪ 버라이] put the book away and promptly **forgot about it**. [fər'gɑt ə'baʊt 'ɪt 풔r같어바읕잍 → fər'gɑɾ⁀ə'baʊɾ⁀ɪt 풔r가러바으릩]

12) Some cows are **brought onto** the pasture.[br'ɔːt əntə 부롵언트 → br'ɔːɾ⁀əntə 부로런트]

13) They are **caught up**[k'ɔːt ʌp 코텊 → kɔːɾ⁀ʌp 코렆] in the system of **art exhibition**. ['ɑːrt ˌeksə'bɪʃn 아:r트엑써비쉬은 → 'ɑːrɾ⁀eksə'bɪʃn 아:r렉써비쉬은]

14) **Cut it according** to this.[kət 'ɪt ə'kɔrdɪŋ 컽잍어코r딩 → kəɾ⁀ɪɾ⁀ə'kɔrɾɪŋ 커리러코r링]

15) You can **cut it in** half.['kət 'ɪt ɪn 컽잍인 → kəɾ⁀ɪɾ⁀ɪn' 커리린]

16) **Cut it again**.['kət 'ɪt ə'gen 컽잍어겐 → kəɾ⁀ɪɾ⁀ə'gen 커리러겐]

17) I hope to come and **visit again**.['vɪzət ə'gen 뷔즡어겐 → 'vɪzəɾ⁀ə'gen 뷔즈러겐]

18) The police **caught a** burglar['kɔːt ə 코:트어 → kɔːɾ⁀ə 코:러]

19) Leaders must **put it into** practice.['pʊt 'ɪt ˌɪn'tuː 픁잍인투: → 'pʊɾ⁀ɪɾ⁀ɪn'tuː 프리린투:]

20) You can **put it in** the dog food.['pʊt 'ɪt ɪn 풑잍인 → 'pʊɾ⁀ɪɾ⁀ɪn 프리린]

21) He **sat at a** table.['sæt ət ə 쌭얼어 → 'sæɾ⁀əɾ⁀ə 쌔러러]

22) Blend with a **bit of**[ə 'bɪt əv 어빝어브 → ə⁀bɪɾ⁀əv 어비러브] water and **put aside**.['pʊt ə'saɪd 풑어싸이드 → 'pʊɾ⁀ə'saɪd 프러싸이드]

23) I'll give **it a** try.[giv it ə traɪ 깁(v)잍어츄롸이 → giv⁀iɾ⁀ə traɪ 기비러츄롸이]

24) He had a **heart attack**.['hɑːrt ə'tæk 하:ㄹ트 어탴 → 'hɑːrɾ⁀ə'tæk 하:ㄹ러탴]

25) I **met her** in the lab.['met (h)ər 멭어r → 'meɾ⁀ər 메러]

26) We've **got to**[gɑt tə 같터 → gɑtːə → gɑɾ⁀ə 가러] **get her out of** her house.['get (h)ər 'aʊt əv 겥어r아읕어브 → 'geɾ⁀ər⁀'aʊɾ⁀əv 게러r라으러브]

27) **It occured**['ɪt ə'kɝːd → 'ɪɾ⁀ə'kɝːd 이러커r드] often.

28) **That is**['ðət ɪz → 'ðəɾ⁀ɪz 더리즈] good.

2. 앞 단어가 모음이나 유성자음으로 끝나고 뒷 단어가 t로 시작하는 약세음절의 경우에도 빠른 속도의 casual speech에서는 설탄음이 될 수 있다

1) **I wanted to see it**.['wɑntɪd tə siː 원틸 트 씨: → 'wɑntɪd⁀də siː 원틸 드 씨: → 'wɑntɪdːə siː 원티드씨:](드물게 'wɑnɪ⁀ɾə siː 워니르 씨:로도 발음이 됨.)

2) **Come to me**['kʌm tə miː 컴트미: → 'kʌm⁀də miː 컴드미: → 'kʌm⁀ɾə 'miː 컴르미:]

3) **Go to**['goʊ tə 고으 트 → 'goʊ⁀də 고으 드 → 'goʊ⁀ɾə 고으 르] his house.

4) **Way to go**['weɪ⁀tə goʊ 웨이트고으 → 'weɪ⁀də goʊ 웨이드고으 → 'weɪ⁀ɾəgoʊ 웨이르고으]

5) **At a quarter to two**[ətə 'kwɔːtər tə tuː → ədə 'kwɔːdər də tuː → əɾə 'kwɔːɾər ɾə tuː]

6) **See you tomorrow**['siːju⁀tə.'mɑːˌroʊ 씨:유트마:로으 → 'siːju⁀də.'mɑːˌroʊ 씨:유드마:로으 → 'siːju⁀ɾə.'mɑːˌroʊ 씨:유르마:로으]

7) Let's **go together**['goʊ⁀tə'geðər 고으트게더r → 'goʊ⁀də'geðər → 'goʊɾə'geðər 고으르게더r]

8) Let's **go tonight**['goʊ⁀tə'naɪt 고으트나잍 → 'goʊ⁀də'naɪt → 'goʊɾə'naɪt 고으르나잍]

3. 장모음 [iː]나 [eɪ] + [t]로 끝나는 단어 뒤에 모음이 이어지면 설탄음 flap t[ɾ]도 가능하나 [d]에 가까운 설탄음으로 연음되기 쉽다.

1) He used to beat up on his wife.['biːt ʌp('biyt ʌp) 비잍엎 → 'biːd⁀ʌp('biyd⁀ʌp) 비이덥]

2) This is private land, so beat it['biːt ɪt('biyt ɪt) 비잍잍 → 'biːd⁀ɪt('biyd⁀ɪt) 비이딭]

3) Why don't we eat out?['iːt aʊt('iyt aʊt) 이잍아읕 → iːd⁀aʊt('iyd⁀aʊt) 이이다읕]

4) They usually eat it first thing in the morning.['iːt 'ɪt 이잍잍 → 'iːd⁀'ɪt 이이딭](iː=iy)

5) She could not believe how neat it was.['niːt ɪt 니잍잍 → 'niːd⁀ɪt 니이딭](iː=iy)

6) Students cheat in their exams.['tʃiːt ɪn 취잍인 → 'tʃiːd⁀ɪn 취이딘](iː=iy)

7) That's a great idea.['greɪt aɪ'diːə 구뤠잍아이디:어 → 'greɪd⁀aɪ'diːə 구뤠이다이디:어]

8) Yin foods are said to cool the body['bɑːdi 바디 → 'bɑːɾi 바리] while yang foods heat it up['hiːt⁀'ɪt⁀ʌp 히잍 잍 엎 → 'hiːd⁀'ɪɾ⁀ʌp 히이디렆]

9) Let's meet it['miːt ɪt 미이팉→ 'miːd⁀ɪt 미이딭]

10) I think we can meet a little earlier.['miːt ə 미이터→ 'miːd⁀ə 미이더]

11) I'd like to book a seat on['siːt ɑːn 씨이탄 → siːd⁀ɑːn 씨이단] your next flight

12) Treat it as a bug.['triːt ɪt əz ə 츄뤼:트 잍 어저 → 'triːd⁀ɪd⁀əz⁀ə 츄뤼:디더저]

13) The birth rate of baby boys is increasing.['reɪt əv 뤠잍어브 → 'reɪd⁀əv 뤠이더브]

14) He ate it up['eɪt ɪt ʌp 에잍잍엎 → 'eɪd⁀ɪɾ⁀ʌp 에이디렆] before he could say knife.

15) How was your blind date on['deɪt ɑːn 데잍안 → 'deɪd⁀ɑːn 데이단] the weekend?

16) The fate of['feɪt əv 풰잍어브 → 'feɪd⁀əv 풰이덥] the country is at stake.

17) How about at the main gate of['geɪt əv 게잍어브 → 'geɪd⁀əv 게이덥] the park?

18) I hate all['heɪt ɔːl 헤잍오을 → 'heɪd⁀ɔːl 헤이도읠] kinds of insects.

19) Why did you stay late in['leɪt ɪn 레잍인 → 'leɪd⁀ɪn 레이딘] the office yesterday?

20) A mate of['meɪt əv 메잍어브 → 'meɪd⁀əv 메이덥] mine is always flattering.

4. 모음 + [d]로 끝나는 단어 뒤에 모음이 이어지면 설탄음 flap d로 소리난다.

1) I **tried it again**['traɪd 'ɪt ə'gen 츄롸이딛어겐 → 'traɪɾ⁀ɪɾ⁀ə'gen 츄롸이리러겐] to **get a good idea**.['get ə 'gʊd aɪ'di:ə → 'geɾ⁀ə 'gʊɾ⁀aɪ'di:ə 게러그라이디:어]

2) he **heard it again**.['hɝ:d 'ɪt ə'gen 허:r딛어겐 → 'hɝ:ɾ⁀ɪɾ⁀ə'gen 허:r리러겐]

3) I had never even **heard of it**.['hɝ:d ə(v) 'ɪt 허:r더빝 → 'hɝ:ɾ⁀ə(v) 'ɪt 허:r러빝]

4) He **made a lot of**['meɪd ə 'lɑ:t əv → 'meɪɾ⁀ə 'lɑ:ɾ⁀ə(v) 메이러라럽] spelling mistakes which are circled in **red ink**.['red 'ɪnk → 'reɾ⁀ɪnk 뤠링크]

5) Pizza is **made of** ['meɪd ə(v) → 'meɪɾ⁀əv 메이럽] flour.

6) She **died of**['daɪd ə(v) → 'daɪɾ⁀əv 다이럽] a lung cancer.

7) The **Red Army**['red 'ɑ:rmi → 'reɾ⁀'ɑ:rmi 뤠라r미] was tired of rebellions.['taɪərd əv → 'taɪərɾ⁀əv 타이어r럽]

8) **What do you**['wʌt dəjə 웥더여 → 'wʌɾəjə 워러여(워르여)] do?

9) **Who do you**['hu: dəjə 후더여 → 'hu:ɾəjə 후:러여(후:르여)] marry?

10) **Where do you**['wer dəjə 웨어더여 → 'werɾəjə 웨어러:여(웨어르:여)] go?

11) **Why do you**['waɪ dəjə 와이더여 → 'waɪɾəjə 와이러:여] cry?

12) **How do you**['haʊ dəjə 하으더여 → 'haʊɾəjə 하으러:여] find it?

Listening Skill 47

모음사이에 낀 [nt]가 [nn]으로 동화 후 [n]으로 발화([t]탈락)

1. The thief entered through the back door.

1) 전통적 발음은 entered['entərd **엔**터r드]이다.
2) **강세모음+/nt/+약세모음**은 빠른 속도에서 강한 콧소리인 /n/이 **/t/를 /n/으로 동화**시켜 [nt] → [nn] → [n]이 되게 하므로 **[t]를 탈락**시킨다.
   entered['entərd **엔**터r드] → ['ennərd] → ['enərd **에**너r드]

2. A magician came to entertain the children.

1) 전통적 발음은 entertain['entərteɪn **엔**터r테인]이다.
2) **강세모음+/nt/+약세모음**은 빠른 속도에서 [nt] → [nn] → [n]이 되게 하므로 **[t]를 탈락**시킨다. ['entərteɪn] → ['ennərteɪn] → ['enərteɪn **에**너r테인]

3. The steaks were burned, so they went out for dinner.

1) 전통적 발음은 **went out**['went aʊt **웬**타읃]으로 발음한다.
2) **강세모음+/nt/+약세모음**은 빠른 속도에서 [nt] → [nn] → [n]이 되게 하므로 **[t]를 탈락**시킨다. ['went aʊt] → ['wenn aʊt] → ['wenaʊt **웨**나읃]

4. I really wanted to do that.

1) 전통적 발음은 **wanted**['wɑːntɪd **완**틷]으로 발음한다.
2) **강세모음+/nt/+약세모음**은 [nt] → [nn] → [n]이 되게 하므로 [t]를 탈락시킨다.
   ['wɑːntɪd] → ['wɑːnnɪd] → ['wɑːnɪd **와**닏]

5. Remember to get closer to them to exclude unwanted objects.

1) 전통적 발음은 unwanted[ʌn'wɑːntɪd 언**완**틷]으로 발음한다.
2) 강세모음+/nt/+약세모음은 빠른 속도에서 [nt] → [nn] → [n]이 되게 하므로 [t]를 탈락시킨다. ['ʌnwɑːntɪd] → [ʌn'wɑːnnɪd] → [ʌn'wɑːnɪd 언**와**닏]

6. Old Hawk pointed at the chokecherry trees in a dry river bed.

1) 전통적 발음은 pointed['pɔɪntɪd **포**인틷]으로 발음한다.
2) 강세모음+/nt/+약세모음은 빠른 속도에서 [nt] → [nn] → [n]이 되게 하므로 [t]를 탈락시킨다. ['pɔɪntɪd] → ['pɔɪnnɪd] → ['pɔɪnɪd **포**이닏]

7. Why are you so disappointed?

1) 전통적 발음은 disapointed[dɪsə'pɔɪntɪd 디써**포**인틷]으로 발음한다.
2) 강세모음+/nt/+약세모음은 빠른 속도에서 [nt] → [nn] → [n]이 되게 하므로 [t]를 탈락시킨다. [dɪsə'pɔɪntɪd] → [dɪsə'pɔɪnnɪd] → [dɪsə'pɔɪnɪd 디써**포**이닏]

8. All your wishes are granted.

1) 전통적 발음은 granted['græntɪd 구**랜**틷]으로 발음한다.
2) 강세모음+/nt/+약세모음은 [nt] → [nn] → [n]이 되게 하므로 [t]를 탈락시킨다. ['græntɪd] → ['grænnɪd] → ['grænɪd 구**래**닏]

9. I accounted for the car accident.

1) 전통적 발음은 accounted[ə'kaʊntɪd 어**카**은틷]으로 발음한다.
2) 강세모음+/nt/+약세모음은 빠른 속도에서 [nt] → [nn] → [n]이 되게 하므로 [t]를 탈락시킨다. [ə'kaʊntɪd]→[ə'kaʊnnɪd]→[ə'kaʊnɪd 어**카**으닏]

10. What percentage of automobiles by quantity went to countries besides France, the USA?

1) 전통적 발음은 **percentage**[pər'sentɪdʒ 퍼r**쎈**티쥐], **quantity**['kwɑːntəti 크**완**터티]이다.

2) **percentage**[pər'sentɪdʒ]는 /n/이 **/t/를 /n/으로 동화**시켜 [nt] → [nn] → [n]이 되게 하므로 [pər'sennɪdʒ]→[pər'senɪdʒ 퍼r**쎄**니쥐]가 되지만, **quantity**['kwɑːntəti 크**완**터티]는 설탄음(quick d)으로 발음되므로 ['kwɑːntədi 크**완**터디] → ['kwɑːnnədi] → ['kwɑːnədi 크**와**너디]가 된다.

Listening Skill 48

모음사이에 낀 [nt]가 비음화된 설탄음 [^{n}d]로 발화되는 현상

1. 비음화된 설탄음의 정의와 소리

twenty의 [t]는 좌측에 유성음 [n], 우측에 약세모음이 오므로 설탄음의 유성음 환경에 놓여 있다. 따라서 혀끝으로 입천장을 치고 내려오며 [nt]를 발음하면 quick d로 유성음화된 ['twendi 트웬디]가 되든지 flap t인 ['twenɾi 트웬리]로 발음되어야 한다. 그러나 n은 혀끝이 치경에 닿을 뿐 아니라 혀의 가장자리 또한 입천장에 닿을 정도로 강하게 치경을 눌러 폐쇄점을 만드는 힘이 센 치경음 [n 은]인데 입천장을 급히 치고 내려오다 보니 눌러주는 힘을 상실하여, [은]이란 소리가 사라지고 콧바람소리만 남게 된다. 이에 따라 [nt]의 [t]도 설탄음 quick d로 유성음화되는 과정에서 앞의 콧바람소리와 서로 섞여서 [코맹맹이 '드']에 가까운 [^{n}d]라는 융합소리가 나게 된다.(이를 비음화된 설탄음이라 한다.) 즉, [n]소리가 거의 사라지고 콧소리가 [d]에 융합된 ['twe^{n}di 트웨(으)디로 발음한다. ((으)는 비음화된 [n]의 소리)

1. No, that's all. Here's **twenty** dollars.

   twenty['twenti 트**웬**티]처럼 **강세모음과 약세모음사이에 낀 [nt](intervocalic nt)는 세 가지로 발음이 가능하다.**

   1) twenty['twenti 트**웬**티]

      formal speech에서는 [nt]를 두 개의 소리로 내기 위해 대기음과 함께 파열음 [t]를 파열시킨다.(전통적 영국영어)

   2) twenty['twe^{n}di 트**웨**(으)디]

      혀끝으로 입천장을 치고 내려오며 설탄음 [nt]를 발음하면 2개의 소리를 1개의 **비음화된 설탄음 [^{n}d]**로 융합(merged)시킨다.(예: twenty['twendi 트웨(으)디])

3) twenty['tweni 트웨니]

강세모음+/nt/+약세모음은 빠른 속도에서 강한 콧소리인 /n/이 **/t/를 /n/으로 동화**시켜 [nt] → [nn] → [n]이 되게 하므로 ['tweni 트웨니]로 소리 난다.

2. **Ninety** percent of his customers buy without paying in cash or paying with a credit card.

1) ['naɪnti **나**인티]

2) ['naɪ^{n}di **나**이(으)디]

3) ['naɪnti → 'naɪnni → 'naɪni **나**이니]

3. One **winter** night I found myself lost in the fog.

1) ['wɪntər **윈**터r]

2) [wɪ^{n}dər **위**(으)더r]

3) ['wɪntər → 'wɪnnər → 'wɪnər **위**너r]

4. In other words, praise is like the large pink icing rose in the **center** of a cake.

1) ['sentər **쎈**터r]

2) ['se^{n}dər **쎄**(으)더r]

3) ['sentər → 'sennər] → 'senər **쎄**너r]

5. High on a shelf behind the **counter**, she saw the box of honey.

1) ['kaʊntər **카**운터r])

2) ['kaʊ^{n}dər **카**으(으)더r]

3) ['kaʊntər → 'kaʊnnər → 'kaʊnər **카**으너r]

6. He was once expected to be a good **painter**.

1) ['peɪntər **페**인터r]

2) ['peɪ^{n}dər **페**이(으)더r]

3) ['peɪntər → ''peɪnnər → 'peɪnər **페**이너r]

7. I think Atlanta is one of the busiest cities in the world.

1) [ætˈlæntə 앨을랜타])

2) [ætˈlæ^{n}də 앨을래(으)다]]

3) [ætˈlæntə → ətˈlænnə → ˌətˈlænə 앨을래너]

8. So we went to a dentist's office to have it pulled out.

1) [ˈdentɪst 덴티스트]

2) [ˈde^{n}dɪst 데(으)디스트]

3) [ˈdentɪst → ˈdennɪst → ˈdenɪst 데니스트]

9. There are plenty of cheap hotels along the beach.

1) [ˈplenti 플렌티]

2) [ˈple^{n}di 플레(으)디]

3) [ˈplenti → ˈplenni → ˈpleni 플레니]

10. Traditional classrooms hold many advantages over online classes.

1) [ədvˈæntidʒ 어드밴티쥐]

2) [ədvˈæ^{n}didʒ 어드배(으)디쥐]

3) [ədvˈænidʒ 어드배니쥐]

11. He was able to become one of the best-known entertainers.

1) [ˌentərˈteɪnər 엔터r테이너r]

2) [e^{n}dərˈteɪnər 에(으)더r테이너r]

3) [enərˈteɪnər 에너r테이너r]

12. I bought a basketball from an Internet site.

1) [ˈɪntərnet 인터r넽]

2) [ˈɪ^{n}dərnet 이(으)더r넽]

3) [ˈɪnərnet 이너r넽]

13. I once got a chance to interview one of my favorite comedians.

1) ['ɪntər̩vjuː 인터r뷰ː]
2) ['ɪ^{n}dər̩vjuː 이(으)더r뷰ː]
3) ['ɪnər̩vjuː 이너r뷰ː]

14. Buy Nothing Day is an international day for buying nothing at all.

1) [ˌɪntər'næʃənl 인터r내쉬어늘]
2) [ˌɪ^{n}dərnæʃənl 이(으)더r내쉬어늘]
3) [ˌɪnər'næʃənl 이너r내쉬어늘]

15. The pentagon is the headquarters of the United States Department of Defense, located in Arlington County.

1) ['pentəgɑ̀n 펜터간]
2) ['pe^{n}dəgɑ̀n 페(으)더간]
3) ['penəgɑ̀n 페너간]
4) ['kaʊnti 카은티]
5) ['kaʊ^{n}di 카으(으)디]
6) ['kaʊni 카으니]

16. I would dress up like Santa Claus.

1) ['sæntə 쌘터]
2) ['sæ^{n}də 쌔(으)더]
3) ['sænə 쌔너]

2. 비음화된 설탄음의 약화된 소리

mental이나 gentle처럼 강세모음 + [nt] + 설측음 [l]의 형태로 끝나는 단어는 비음화된 설탄음으로 발음될 때 공기가 혀의 양 옆으로 빠져나가도록 하기 위하여 혀끝으로 치경을 누르게 되므로 비음화가 약하게 일어나, [ⁿd]보다는 [n]소리가 유지되는 약한 [nd]로 발음한다. 따라서 mental은 ['mendl 멘들], gentle은 ['ʤendl 젠들]에 더 가까운 소리가 된다.

1. Good afternoon, Continental Bus Lines reservations.
   1) ['kɑːntn'entəl 칸트넨틀]
   2) ['kɑːntn'endl 칸트넨들]
   3) ['kɑːntn'enl 칸트네늘]

2. The grass dances upon a gentle breeze.
   1) ['ʤentəl 젠틀]
   2) ['ʤendl 젠드을]
   3) ['ʤenl 줴느을]

3. Reading involves a complex from of mental activity.
   1) ['mentəl 멘틀]
   2) ['mendl 멘들]
   3) ['menl 메늘]

4. I'm returning the car to the rental store.
   1) ['rentəl 뤤틀]
   2) ['rendl 뤤들]
   3) ['renl 뤠늘]

5. We feel an almost parental pride on this day.
   1) [pə'rentəl 퍼뤤틀]
   2) [pə'rendl 퍼뤤들]
   3) [pə'renl 퍼뤠늘]

6. Dental treatment improved during the 14th and 15th centuries.

1) ['dentəl 덴틀]

2) ['dendl 덴들]

3) ['denl 데늘]

3. 약세모음+[nt]+약세모음

강세모음+/nt/+약세모음인 twenty['twenti]는 빠른속도에서 ['twendi 트웬(으)디]로 비음화된 설탄음이 되거나, 강한 콧소리인 [n]이 [t]를 [n]으로 동화([nt] → [nn] → [n])시켜 ['tweni 트웨니]가 된다. 하지만, seventy['sevənti]처럼 **약세모음+[nt]+약세모음**의 형태가 되면, ['sevəndi 쎄브디]보다 비음화가 약화된 설탄음인 **['sevəndi** 쎄븐디]로 발음되나, [n]이 [t]를 동화시키는 ['sevəni 쎄브니]로 발음하지는 않는다.

1. After seventy-six readings, the exhausted author boarded a ship for England.

   1) seventy['sevənti 쎄븐티]

   2) ['sevəndi 쎄븐디](약세모음 + [nt] + 약세모음)

2. It's a piece of cake. You just need to find a carpenter.

   1) carpenter['kɑ:rpəntər 카:r펀터r],

   2) ['kɑ:rpəndər 카:r펀더r](약세모음 + [nt] + 약세모음)

3. This material is warranted to be pure silk.

   1) warranted['wɔ:rəntɪd 워런티드]

   2) ['wɔ:rəndɪd 워런디드](약세모음 + [nt] + 약세모음)

4. Booth patented his new invention that same year.

   1) warranted['pætəntɪd 패턴티드]

   2) [pætəndɪd 패턴디드](약세모음 + [nt] + 약세모음) 로 발음한다.

Chapter 5

모음의 종류와 소리, 조음 위치와 조음법

Listening Skill 49~57

Listening Skill 49

모음의 소리는 리듬의 시작점이고 핵이고 정점이다.

1. 모음은 리듬을 만드는 시작점이고 음절의 핵(core)이자 음절의 정점에 있는 최고음이다. 음절은 말의 흐름이 쉽게 진행되도록 연속된 알파벳 철자들이 만드는 최소 단위의 소리인데 모음만으로도 음절이 성립되고, 모음에다가 자음을 붙여 음절을 만들고, 모음에 강세를 붙여 성조단위(Tone Unit)의 제1강세(Tonic Stress) 또는 리듬핵(nucleus)이 되게 만든다.

1) 자음 + 단어 끝 장모음 형태에서 장모음이 리듬 핵이 되는 라임을 가진 단어들

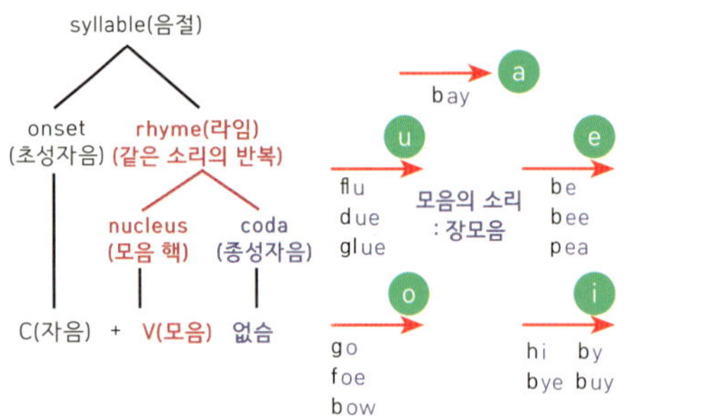

단어 끝 장모음이 라임이 되는 경우

way	we	three	lie	why	no	glow	sue
day	me	plea	tie	spy	know	blow	blue
pay	he	pee	die	sky	so	slow	true
say	she	sea	pie	by	sow	crow	queue
lay	fee	see	sigh	my	woe	though	hue
clay	flee	knee	thigh	fly	joe	dough	cue
slay	flea	key	high	fry	foe	sew	chew
play	free	quay	guy	try	grow	whoa	chew
	tree				show		new

2) 단모음 + 단어 끝 자음 형태에서 단모음이 리듬 핵이 되는 라임을 가진 단어들

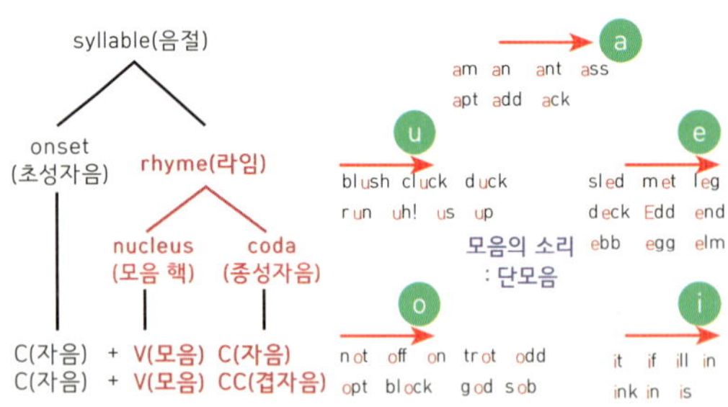

단모음 + 단어 끝 자음이 라임이 되는 경우

clam	back	bend	blink	chopped	bun
dam	black	blend	drink	cropped	dun
damn	crack	fend	pink	dropped	fun
gram	Jack	friend	mink	flopped	gun
ham	lack	lend	sink	hopped	nun
jam	pack	mend	shrink	popped	run
lamb	sack	send	think	stopped	shun
ma'am	snack	spend	wink	shopped	spun
Sam	stack	trend	link	mopped	Sun
ram	rack	tend	stink	adopt	stun

3) 자음 + 이중모음 + 단어 끝 자음 형태에서 이중모음이 리듬 핵이 되는 라임을 가진 단어들

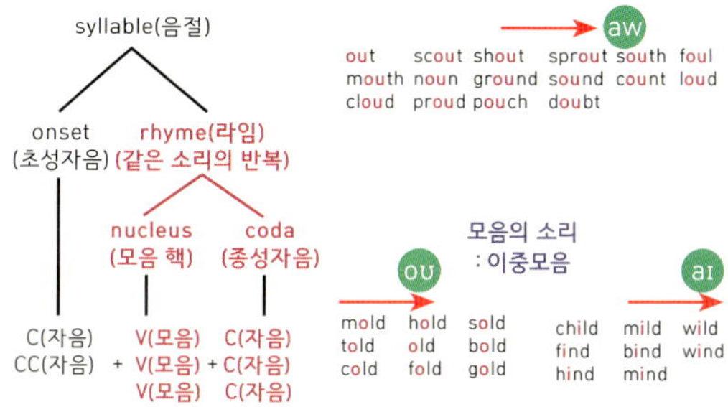

이중모음 /oʊ//aɪ//aʊ/의 라임단어들

/oʊ/	/aɪ/	/aʊ/	
bold	child	brown	yowl
sold	mild	town	fowl
told	wild	down	howl
cold	tight	crown	growl
gold	high	clown	loud
mold	might	down	proud
fold	thigh	how	cloud
hold	nigh	cow	ground
scold	fight	now	bound
	night	bow	
	sight		
	right		

2. 모음의 대분류 : 단순모음(monophthongs)과 복합모음(complex vowels)

1) 단순모음(單純母音/monophthongs)

bad[bæd]의 [æ]와 같이 소리가 시작되어서 끝날 때까지 소리의 변화가 없이 한결같은 소리(a single sound)나 고정된 소리(fixed sound)를 단순모음(單純母音/monophthongs)이라 한다. 뿐만 아니라 단순모음은 조음기관인 혀나 턱, 입천장도 한 조음위치(a single constant articulatory position)에서 다른 조음위치로의 이동이 없이 한 곳에 두고 소리를 내는 하나의 모음(a single vowel)이다.

(1) 단모음(短母音/short vowel) : 모음소리가 시작되어서 끝날 때까지 변화가 없이 한결같고 고정된 하나의 소리인 ɪ, ɛ(e), æ, ə, ʌ, ʊ(미국영어 6개) 또는 ɪ, ɛ(e), æ, ə, ʌ, ʊ, ɒ(영국영어 7개)

(2) 장모음(長母音/long vowel) : 하나의 소리(a single sound)이나 길게 발음되면서 소리의 약화가 일어나 시작소리와 끝소리 사이에 약간의 변화가 존재하는 소리인 iː, ɑː, ɔː, uː, ɜː(5개)

(3) 이중모음화 되는 장모음(diphthongoids) : 위의 장모음(長母音) 중 iː와 uː는 시작소리가 [i]와 [u]이나 끝소리가 반모음인 y[j]와 w[w]인 iy[ij]나 uw[uw]가 되므로 별도로 분류한다.

(4) r결합모음(r controlled vowel) : 단순모음인 ɑː, ɔː, ɜː를 발음하다가 혀를 감아 r의 소리에 미끄러지듯 섞여서(glide & blend) 한 소리처럼 나는 ar[ˈɑːr] or[ˈɔːr] er, ir, ur[ɜː(ˈəːr)]을 말한다.

2) 복합모음(複合母音/complex vowels)

한 모음에서 다른 모음으로 조음기관이 재빨리 움직여 가며 두 개의 모음을 한 덩어리의 모음으로 발음하는 소리를 이중모음(diphthongs)이라 하고 세 개의 모음을 한 덩어리의 모음으로 발음하는 소리를 삼중모음(triphthongs)이라 하는데 이 둘을 합쳐 복합모음이라 한다.

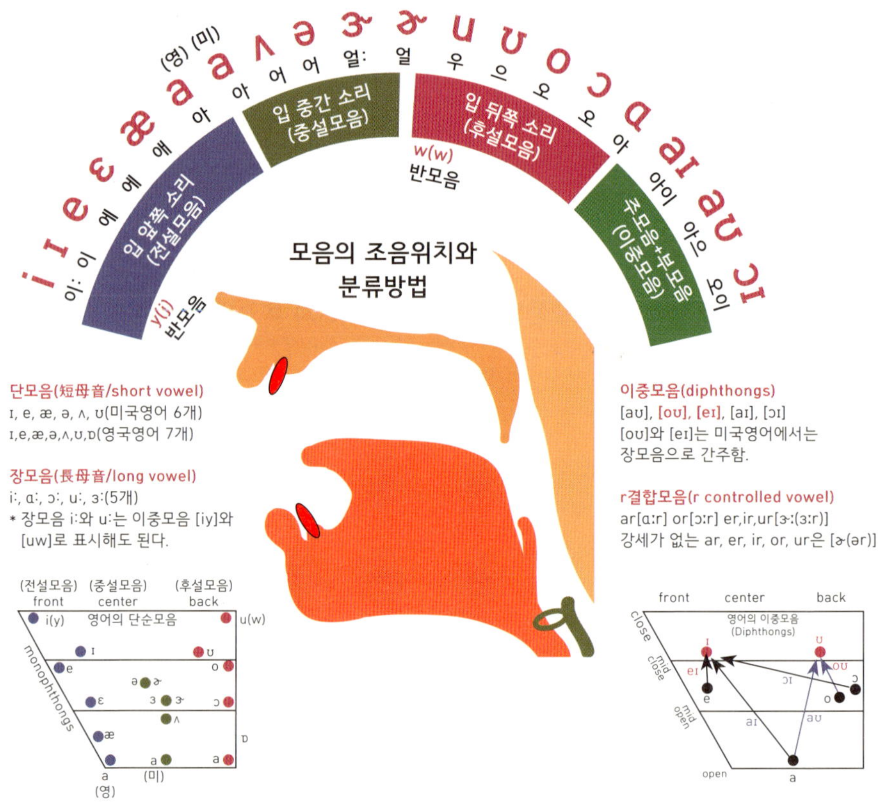

(1) 이중모음(diphthongs) : [aʊ], [oʊ/əʊ], [eɪ], [aɪ], [ɔɪ], [ɪər], [eər], [ʊər]

① 앞 모음 [a], [o(미) 또는 ə(영)]에서 뒤 모음 [ʊ]로 미끄러져가는 [aʊ], [oʊ/əʊ][aʊ]는 대표적인 이중모음인데 음의 에너지가 집중되는 주모음인 [a]는 부모음인 [ʊ]의 조음위치를 향해 미끄러져가며 한소리로 발음된다. [aʊ], [aɪ], [oɪ]처럼 혀의 이동거리가 비교적 긴 것을 완전이중모음(full diphthong)이라한다.

② 하나의 모음 [e], [a], [ɔ]에서 다른 모음 [ɪ]로 미끄러져가는 [eɪ], [aɪ], [ɔɪ]
[eɪ, oʊ]처럼 이동하는 거리가 짧은 것을 반이중모음(half diphthong)이라고 한다. 반이중모음 [eɪ, oʊ]는 [e]나 [o]를 발음한 상태에서 입술 모양만을 바꾸면서 과도음인 자음(반모음) [j]나 [w]소리로 전이되므로 미국영어(GA)는 단모음으로 구분하고 이중모음에서 제

외시킨다.

③ 하나의 모음 [ɪ], [e], [ʊ]에서 모음 [ə]로 이동하여 이중모음 [ɪə], [eə], [ʊə]가 된 상태에서 혀를 뒤로 감아 r의 소리에 미끄러지듯 섞여서 발음되는 [ɪər], [eər], [ʊər]를 말한다.

(2) 삼중모음(triphthongs) : [eɪər], [aɪər], [ɔɪər], [aʊr], [oʊr/əʊr]

① [e], [a], [ɔ]에서 [ɪ]를 거쳐 자음 r[ər]로 미끄러져가는 [eɪər], [aɪər], [ɔɪər]

② [a], [o](미) 또는 [ə](영)에서 [ʊ]를 거쳐 자음 r[ər]로 미끄러져가는 [aʊr], [oʊr/əʊr]

1. 단모음(短母音)과 장모음(長母音)의 분류

1) 미국의 파닉스 교육에서는 알파벳 모음 "a, e, i, o, u"를 혀와 입술을 이완시켜 짧게 소리 내는 [æ](애)→[ɛ(e)](에)→[ɪ](이)→[ɑ](아)→[ʌ](어)를 대표적인 short vowel(단모음)으로 가르치고 있다.

(1) e의 단모음은 [ɛ]이나 표기가 어려우므로 [e]로 표시하지만, 발음은 [ɛ]처럼 해야 한다.

(2) /ɑ/와 /ɑ:/는 북동부를 중심으로 한 미국의 상당한 지역에서는 /ɑ/를 쓰고 기타 지역에서는 장음부호를 넣은 /ɑ:/를 쓰는 지역적인 차이뿐 같은 단모음 소리로 보면 된다.

2) 미국의 파닉스 교육에서는 알파벳 모음 "a, e, i, o, u"를 입술을 긴장시켜 길게 자기이름의 소리를 낼 때, 즉 **에**이[eɪ] **이**이[i:] **아**이[aɪ] **오**우[oʊ] **유**우[ju:]를 대표적인 long vowel(장모음)으로 가르치고 있다.

Listening Skill 50

알파벳 a의 다양한 발음

long a /eɪ/ 에이
pa.per, ba.sis, na.ture, ra.ven, ta.ble, da.vid, fa.vor, cra.dle, ma.ple, ba.by, da.ta, la.dy, na.vy, a.pril, a.men, a.sia, a.ble, a.corn, a.gent, a.ngel

a_e
place, race, grade, made, cage, wage, sale, stale, tape, grape, game, fame, cane, crane, safe, plate, snake, chase

ai
waist, faith, maid, claim, straight, wail, trail, mail, snail, saint, paint, main, brain, pain, drain, wait, trait

ay
pay, play, pray, spray, say, slay, gray, tray, day, way, lay, bay

장모음 a(long a)로 소리나는 기타의 단어
break, steak, great, they, grey, prey,
eɪght, weɪgh, sleɪgh, freɪght, weɪght

1. 장모음 a [eɪ 에이]

a, a_e, ai, ay의 형태에서는 알파벳 a가 장모음 a [eɪ 에이]로 소리 난다. 영어의 모음은 먼저 자기 이름의 소리로 나는 장모음인 경우가 많다. 장모음 [eɪ 에이]는 먼저 혀를 입안 중간쯤에 놓고 혀를 치경입천장에 근접시키기 위하여 앞쪽 및 위쪽으로(up and forward) 움직이면서 [e 에]소리를 내고 미끄러져 하나가 되듯 [ɪ 이] 소리로 전이시켜 주는 2개의 소리이다. [e]발음 시 입 주위의 근육이 팽팽하게 경직되어 '스마일', '치이즈'하고 웃을 때의 입모양을 만들며 [eɪ 에이]라고 발음을 해야 한다.

tape[teɪp]처럼 자음이 오는 닫힌음절인 경우는 [e]에서 [ɪ]로 소리가 옮아갈 때 혀를 [ɪ]위치까지 끝까지 가져갈 뿐더러 입술을 옆으로 더 펼쳐줌으로써 확실한 두개의 소리를 내주므로 영국영어에서는 [eɪ]를 이중모음으로 분류한다.

하지만, say[seɪ]처럼 모음이 오는 열린음절인 경우는 /e/에서 /ɪ/로 소리가 옮아갈 때 입술과 턱에 힘을 뺀 채 접근음 /j/ 소리를 내므로 [ej]라는 하나의 긴 소리가 되기 때문에 미국영어에서는 [eɪ]를 [ej]로 보고 장모음으로 분류한다.

장모음[eɪ에이]	조음위치	소리의 길이	긴장 또는 이완	둥근 입술 여부
tape[teɪp]	Front High	Long	긴장음(tense)	(x) unrounded

1) 2음절 이상 중 paper를 pa/per처럼 V/CV「모음+(자음+모음)」으로 나뉘어져 앞 모음을 개음절(開音節)로 만들면 장모음으로 발음된다.
2) CVV 형태의 열린음절(개음절/開音節 /open syllable)일 때는 장모음이 된다.
   예) bay, day, gay, hay, lay, may, pay, say, way, clay, play, tray, pray, slay,
3) VCe(모음+자음+silent e) 형태의 묵음 e음절은 장모음이 된다.
   예) ace, age, ape, ate, late, face,
4) V1V2+C의 닫힌음절 V1은 자기이름소리를 내고 V2는 묵음(silent)이 된다.
   예) ail, aim, aid

5) 장모음 a + 유성자음은 장모음 a + 무성자음보다 더 길게 [eɪ 에이] 소리낸다.

(1) My best **mate**['meɪt **메**잍] **made**['meɪd **메**:읻] the promise and has broken it.
made는 성대를 닫고 목을 긴장시켜 ['meɪd **메**:읻]하고 앞 모음을 길게 발음하지만, mate는 성대를 열고 목소리를 이완시켜 ['meɪt **메**잍] 하며 모음의 길이를 짧게 발음한다.

(2) Mrs. **Bate**['beɪt **베**잍] **bade**['beɪd **베**:읻] her secretary be secret.

(3) We **wait**['weɪt **웨**잍] for Virginia **Wade**['weɪd **웨**:읻].

(4) She'll **save**['seɪv **쎄**:이브] money for future **safe**['seɪf **쎄**이프] life.

(5) Mr. **Ace**['eɪs **에**이쓰] needs visual **aids**['eɪdz **에**:이즈].

(6) It will **raise**['reɪz **뤠**:이즈] the level of the human **race**['reɪs **뤠**이쓰]

(7) He had **lain**['leɪn **레**인] there, **unable**[ʌn'eɪbl 언**에**이블] to move for seven **days**['deɪz **데**이즈].

(8) Their **aim**['eɪm **에**임] is to increase their **sales**['seɪlz **쎄**일즈].

(9) So, I **stay**['steɪ 쓰**떼**이] **away**[ə'weɪ 어**웨**이]from subjects that do not look right to me.

(10) The event will **take**['teɪk **테**잌] **place**['pleɪs 플**레**이쓰], **rain**['reɪn **뤠**인] or shine, with lots of **entertainment**[ˌentər'teɪnmənt 엔터r**테**인먼(트)].

(11) She even **claims**['kleɪmz 클**레**임즈] that she was once kidnapped by a devil and **escaped**[ɪskeɪpt 이쓰**케**잎트] three **days**['deɪz **데**이즈] **later**['leɪtər **레**이터r].

장모음 long a [eɪ] [ey]

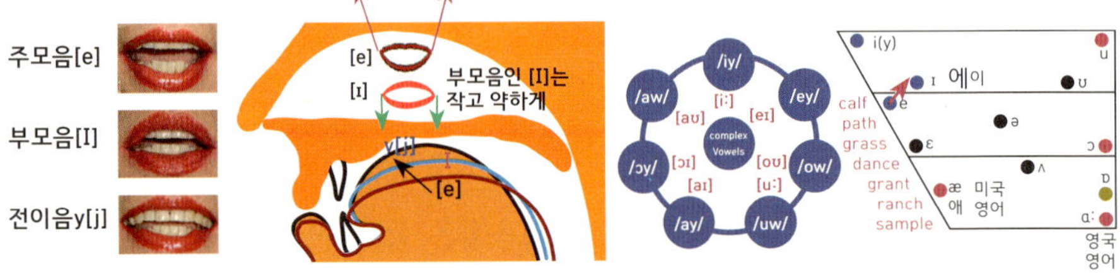

long a[eɪ]는 주모음인 [e]소리에서 부모음인 [I]로 미끄러지듯 내려가는 2개의 음이 하나의 음으로 소리나는 이중모음이다. 그러나 미국영어에서는 [e]와 [I]까지의 거리가 가깝기 때문에 과도음인 y[j]로 전이되는 편이다.
long a [eɪ]는 e(에) 발음 후 혀와 턱을 앞 쪽으로 올리며 (up & forward) I(이)나 j(이)를 발음한다. [eɪ]가 철봉에 매달려 [에이]하며 입 주위에 온 힘이 다 쏠리며 말하는 것이라면 단모음 [æ]는 철봉에서 내려와 힘이 빠져 입을 맥없이 벌린 채 마치 지치고 졸린 염소가 [음매] 하품을 하듯 힘을 빼고 근육을 이완시켜 내는 [æ 애]소리로 보면 된다. a 뒤에 [s], [f], [θ], [ns], [nt], [nʧ]가 오면 미국영어는 [æ]로 발음되지만 영국영어는 [ɑ:]로 발음되는 편이다.

2. 단모음 a[æ 애]

[æ]는 장모음 [eɪ]의 긴장상태를 이완시켜 턱을 내리고 입이 저절로 벌어져 하품하듯 앞쪽에서 나는 [애]소리다.

short a [æ 애]

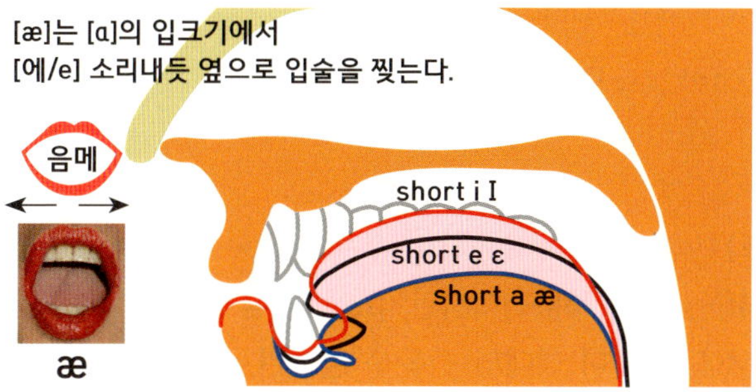

단모음 a[æ 애]는 a + 홑자음 또는 겹자음, 즉 닫힌음절이 될 때 주로 소리 난다. 장모음 [eɪ]가 철봉에 매달려 [에이]하며 입 주위에 온 힘이 다 쏠리며 말하는 것이라면 단모음 [æ]는 철봉에서 내려와 힘이 빠져 입을 맥없이 벌린 채 마치 지치고 졸린 염소가 [음매] 하품을 하듯 힘을 빼고 근육을 이완시켜 내는 [æ 애]소리로 보면 된다. 단 무성자음이 이어지면 [æ 애]소리이지만, 유성자음이 이어지면 약간 길게 [æ 애:]하고 소리를 끌며 성대의 진동을 일으켜 주어야 한다.

단모음 [æ 애]	조음위치		소리의 길이	긴장 또는 이완	둥근 입술 여부
cat['kæt]	Front	Low	short (무성음 앞) Long (유성음 앞)	이완되어 턱은 내려가고 혀끝이 아랫니에 닿는다.	입술은 벌어진다.

1) Ask, and it shall be given (to) you.
미국영어는 ask[æsk 애스크]이나, 영국영어는 [ɑ:sk 아스크]이다. 이 둘의 차이는 입 앞 발음(front vowel) /æ/를 내느냐 입 뒤 발음(back vowel) /ɑ:/를 내느냐 하는 차이이다.

a 뒤에 [s][f][θ][ns][nt][nʧ]가 오면 미국영어는 [æ]로 발음되지만 영국영어는 [ɑ:]로 발음되는 편이다.			
ask[æsk][ɑ:sk]	bath[bæθ][bɑ:θ]	past[pæst][pɑ:st]	half[hæf][hɑ:f]
path[pæθ][pɑ:θ]	fast[fæst][fɑ:st]	pass[pæs][pɑ:s]	aunt[ænt][ɑ:nt]
laugh[læf][lɑ:f]	after[æftə][ɑ:ftɚ]	last[læst][lɑ:st]	grass[græs][grɑ:s]
dance[dæns][dɑ:ns]	castle[kæsɫ][kɑ:sɫ]	grant[grænt][grɑ:nt]	ranch[rænʧ][rɑ:nʧ]

2) I **have**['hæv **해**:브] **half**['hæf **해**프] a mind to come with you tomorrow. [hæ] + 무성자음 [f]는 [hæf **해**프]이지만, [hæ] + 유성자음 [v]는 약간 길게 ['hæv **해**:브]하고 소리를 끌며 성대의 진동을 일으켜 주어야 한다.

3) It's a **bad**['bæd **배**앧(**밷**:)] omen if a **bat**['bæt **밷**] flies into your house.

4) A **mad**['mæd **매**앧(**맫**:)] man is lying on a **mat**['mæt **맫**].

5) A very **sad**['sæd **쌔**앧(**쌛**:)] little **cat**['kæt] **sat**['sæt **쌛**] outside the patio['pætioʊ] doors

6) She **had**['hæd **해**앧(**햍**:)] her **hat**['hæt **햍**] swept off by the wind

7) **Pat**['pæt **퍁**] used to keep a memo **pad**['pæd **패**앧(**퍁**:)] handy near the telephone.

8) **Chad**['tʃæd **쵀**앧(**쵇**:)] Smith speaks in the **chat**['tʃæt **쵇**] rooms.

9) Due to jet **lag**['læg **랙**: 또는 래액] and **lack**['læk **랙**] of sleep, he left the reception early.

10) "**Back**['bæk **백**] off, old **bag**['bæg **백**: 또는 **배**액]."

11) Holy **Crap**[kræp 쿠**랩**] **Crab**[kræb 쿠**래**앱(쿠**랩**:)] apples are rotten.

12) Their **snacks**['snæks 스**낵**쓰] **add**['æd **애**:드] extra **fat**['fæt **퍁**] to the body.

13) What's in the purse, **ma'am**['mæm **매**앰]? Some **cash**['kæʃ **캐**쉬], credit cards.

14) I'm sorry I didn't **catch**['kætʃ **캐**취] **that**[ðæt **댙**]

15) A **rabbit**['ræˌbɪt **래**빝] crossed his **path**[pæθ **패**쓰].

3. r결합모음 ar['ɑ:r 아:r]

강세가 있는 r결합모음 ar은 -ar['ɑ:r 아:r] 소리가 난다. r결합모음 -ar은 단순모음인 ɑ:를 발음하다가 혀를 감아 r의 소리에 미끄러지듯 섞여서(glide & blend) 한 소리처럼 나는 ar['ɑ:r]을 말한다.

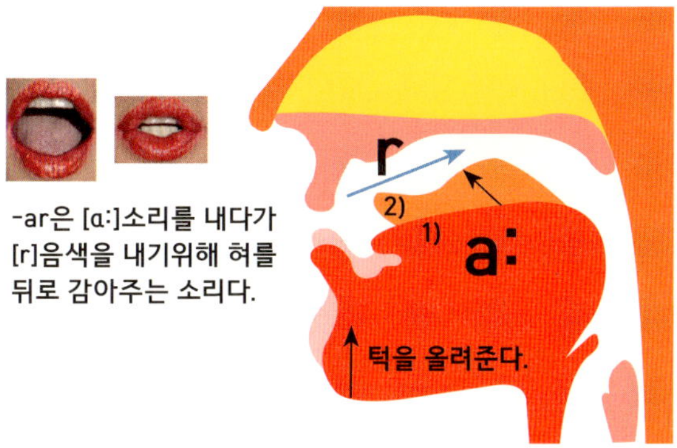

ar /ɑ:r/ 아:r	ar + 유성자음은 ar + 무성자음보다 더 길게 소리난다. bar(바:r), car(카:r), far(퐈:r), spar(쓰빠:r), jar(좌:r), guitár(기타:r)
arch, ark	march(마r취), bark(바r크), park(파r크), dark(다r크)
arf, arp	scarf(쓰까r프), harp(하r프), sharp(쉬아r프)
art	dart(다r트), part(파r트), cart(카r트) mart(마r트), start(쓰따r트), smart(스마r트)
arn, ard	yarn(야:r은), barn(바:r은), darn(다:r은) yard(야:r드), hard(하:r드), card(카:r드), guard(가:r드)
arge, arm	large(라:r쥐), farm(퐈:r음), harm(하:r음), charm(촤:r음)
	강세가 없는 -ar은 [ər 어r]소리가 난다. vinegar['vɪnɪgər 뷔니거r], regular['regjələr 뤠결러r], grammar['græmər 구래머r], dollar['dɑ:lər 달:러r], popular['pɑ:pjələr 파:펼러r], sugar['ʃʊgər 슈거r]

1) 강세가 있는 -ar['ɑ:r] 뒤에 유성자음 [d][b][z][v][ʒ][ʤ][ð][l][m][n]이 오면 성대의 진동을 위하여 모음 ['ɑ: 아:]소리에 강세를 넣고 소리를 끌어주면서 혀를 감아 주는 동작 [r]을 하므로 ['ɑ:r 아:r]소리가 된다. 예를 들면 hard는 ['hɑ:rd 하:r드], arm은 ['ɑ:rm 아:r음]이다. 단, war로 시작하는 단어는 [w]가 입술을 동그랗게 내미는 발음이다 보니 [ɑ:]가 [ɔ:]로 바뀌어 ['wɔ:r 우워:r]로 발음된다. (warm, warn, dwarf, ward, warrant, warrior)

(1) The cardinal['kɑ:rdɪnl 카:r디늘] carves['kɑ:rvz 카:r브즈] a hard[hɑ:rd 하:r드] marble['mɑ:rbl 마:r블] in the yard[jɑ:rd 야:r드].

(2) Farmers['fɑːrmərz 퐈ːr머r즈] guard['gɑːrd 가ːr드] charming['tʃɑːrmɪŋ 촤ːr밍] horses in the barn['bɑːrn 바ːr은].

(3) War['wɔːr 우워ːr] prisoners in the ward['wɔːrd 우워ːr드] wish to take showers with warm['wɔːrm 우워ːr음] water.

2) 강세가 있는 -ar['ɑːr] 뒤에 무성자음([t], [p], [s], [f], [ʃ], [ʧ], [θ])이 오면 모음 ['ɑː]소리에 강세를 주나 보다 짧고 급한 ['ɑː 아] 소리를 낸다. 그리고 혀를 감아주는 동작인 [r]과 무성자음의 소리를 짧게 내주어야 한다. 예를 들면 heart는 ['hɑːrt 하r트], harsh는 [hɑːrʃ 하r쉬]이다.

(1) What's the hardest['hɑːrdɪst 하ːr디슽] part['pɑːrt 파r트] about being a diver?

(2) The bar[bɑːr 바ːr] chart['tʃɑːrt 촤r트] shows the costs of carrying them out.

(3) I'm in charge[tʃɑːrdʒ 촤ːr쥐] of organizing the Terra Flea Market['mɑːrkɪt 마r킽].

(4) I'm starting[stɑːrtɪŋ 쓰따r팅] to learn guitar[gɪ'tɑːr 기타ːr] from my uncle.

(5) Sharks[ʃɑːrks 샤r읔쓰] use their large['lɑːrdʒ 라ːr쥐] eyes to find food.

(6) Some yellow cards['kɑːrdz 카ːr즈] were harsh[hɑːrʃ 하r쉬].

3) 강세가 없는 -ar, -er, -ir, -or, -ur은 [ər 얼]소리가 나는데 이 소리는 자음 [r]의 소리 [ər]을 약하고 짧게 낸 소리로 보면 된다. 영국영어는 아예 [r]음색이 탈락되어 [ə 어]소리가 나는 것이다. r[ər]소리는 입술을 오므리며 혀의 뒷부분을 당겨 올려 입의 중간에서 [ə 어]소리를 내는 첫 번째 단계와 혀끝을 치경까지 들어 올리며 뒤로 감아 [r]음색을 내주는 두 번째 단계로 나눠지므로 [어 + 혀를 감아주는 동작 r => "어r(얼)"]로 표시할 수 있다.

(1) In a large bowl, combine syrup, sugar['ʃʊgər 슈거r], and vinegar['vɪnɪgər 뷔니거r]

(2) There was one student who had trouble with grammar['græmər 구뢔머r].

(3) $1 bill is the most popular['pɑːpjələr 파ː펼러r] dollar['dɑːlər 달ː러r] bill.

(4) It is well worth the effort, particularly[ˌpɑːr'tɪkjələrli 파ːr티켤러r리] for women.

(5) If done regularly['regjələrli 뤠결러r리] exercise can help.

4. 모음 a의 강세없는 약화모음 [ə]

1) **banana는 모음 a가 세 번이나 나오는데** 초성과 중성, 종성이 모두 다 다른 [bəˈnænə 버**내**나]인데 초성과 종성의 소리 a는 단모음도 장모음도 r결합모음도 아닌 약화모음 **[ə]이다. 이처럼** 영어는 2음절 이상의 경우, 강세가 없는 모음을 약화모음 [ə]로 발음한다. [ə]는 입술을 평평하게 하여 입안의 중간에서 내는 중설모음으로 단모음 [ʌ 어]를 힘을 뺀 상태에서 짧고 흐리멍텅하게 발음한 것으로 [으]에 가까운 [ə 어]소리가 된다. 또한 단어의 끝에 오는 [ə]는 [ə 어]를 발음할 때 터뜨려지듯 약간 긴 호흡과 함께 공기가 배출되다보니 입이 더 벌어져 중설모음 중 제일 낮은 **[a 아]**에 가까운 소리가 된다. **따라서 banana**의 앞소리는 a[ə 어]이지만, 뒷소리는 **a[ə 아]처럼 들린다**.

ex) **agenda**[əˈdʒendə]는 [어**젠**다], **Cuba**[kjuːbə]는 [**큐**:바], **America**[əˈmerɪkə 어**메**뤼카], **Canada**[ˈkænədə **캐**너다], **Amanda**[əmændə 어**맨**다], **diarrhea**[dàiəˈriːə 다이어**뤼**아], **addenda**[ədendə 어**덴**다]

(1) The **banana**[bəˈnænə 버**내**나] tree is the largest plant on earth without a woody stem.
(2) Do you remember the **panda**[ˈpændə **팬**다] in the famous movie Kung Fu Panda?.
(3) A cleaning woman had found it under the **sofa**[ˈsoʊfə **쏘**으파(f)] in the cabin.
(4) Two years **ago**[əgoʊ 어**고**으] he published short stories **about**[əbaʊt 어**바**읕] children.
(5) They are made of numbers, letters of the **alphabet**[ælfəbèt **앨**퍼벹].
(6) Now **madam**[ˈmædəm **매**덤], did you see this man?
(7) The concert will be held at the beautiful **Palace**[ˈpæləs **팰**러쓰].

2) 전통적으로 강세가 없는 장모음 a는 ɪ(이)로 약화되어 왔다. 예를 들면 orange는 [ˈɔːreɪndʒ]에서 [ˈɔːrɪndʒ '오륀쥐']로 약화된 것이다. 그런데, 빠른 리듬의 현대 미국영어는 [ɪ 이]를 [ə 으 또는 어]로 더욱 약화시키는 편이라 많은 단어들이 [ə]로 발음된다.

(1) The capt**ain**[ˈkæptɪn, -tən] sold a woman a barg**ain**[ˈbɑːrgɪn, -gən] for chocol**ate**[ˈtʃɑkəleɪt, ˈtʃɑkəlɪt, ˈtʃɑkl**ə**t] candies.
(2) Unfortun**ate**ly[ʌnˈfɔːrtʃən**ə**tli], what she says is so accur**ate**[ˈækjureɪt, ˈækjurɪt, ˈækjur**ə**t].

Listening Skill 51

알파벳 e의 다양한 발음

long e

i:이: iy이이

ee/ea (열린음절)	bee, fee, see, pee, tree, gee, tea, plea, sea, flea, flee, free
e	me, she, we, be, me.dium, fe.ver, ne.gro, me.ter, ve.nus, ze.bra, e.ven, e.vil
e_e	creme, Chinese, Peke, Japanese, athlete, gene, Pete, scheme, cede, scene, Swede, these, theme
ie_e	piece, achieve, niece, believe
y ending	any, body, simply, empty, pony, marry, capacity(2음절 이상의 단어)
ea (닫힌 음절)	mean, teach, please, weak, seal, feat, dean, heap, peace, jean, clean, leave, leave, dream, beam
ee (닫힌 음절)	week, seek, feed, deed, need, speed, jeep, keep, deep, peep, meet, feel, seen, keen

1. 장모음 e [iː 이ː]

영어의 모음은 먼저 자기 이름의 소리로 나는 장모음인 경우가 많다. 장모음 [iː 이ː] 또는 [iy **이**이]로 발음되는 스펠링의 형태는 e, e_e, ee, ea이다. 장모음 e는 긴장된 소리다. 발음 시 입 주위의 근육이 팽팽하게 경직되어 '스마일', '치이즈'하고 웃을 때의 입모양을 만들며 [iː 이ː] 또는 [iy **이**이]라고 발음을 해야 한다. 물론 빠른 속도의 일상대화(casual speech)에서는 입술을 가장자리까지 넓히며 긴장시키기보다는 이완시켜서 편안한 입술상태로 발음하는 편이다.(The lips can be relaxed) 장모음 e의 발음기호 [iː]는 시작소리가 [i]이나 끝소리가 약화되면서 반모음인 y[j]가 되므로 iy[ij]로도 표시 한다.

※ 유성자음 앞의 모음이 무성자음 앞의 모음보다 길게 발음되므로 bead[biːd 비ː드] 의 [iː]의 길이는 beat [biːt 비ː트]의 [iː]의 길이보다 약간 더 길게 발음된다.

장모음 [iː 이ː]	조음위치	소리의 길이와 혀의 긴장여부	둥근 입술 여부
bead[biːd]	Front(앞) High(위) 혀 측면이 윗 어금니에 접촉	소리는 길다(Long) 긴장음(tongue is tense)	펼친 입술 (spread Lips)

1) 음절 끝의 열린음절(개음절/開音節 /open syllable)은 장모음이 된다.

(1) CV(자음 + 모음) 형태 : me, we, he, she, the(모음 앞일 경우)

2) 2음절 이상 중 venus를 ve/nus처럼 V/CV「모음+(자음+모음)」으로 나뉘어져 앞 모음을 개음절(開音節)로 만들면 장모음으로 발음된다.

예) ze/ro, ze/bra, ve/nus, ne/gro, me/ter, ge/nius, he/ro, fe/ver, fe/male, e/vil, e/go

3) CVV 형태의 열린음절(개음절/開音節/open syllable)일 때는 장모음이 된다.

예) tea, see, sea, fee, bee, free, tree, knee, pee,

4) VCe(모음+자음+silent e) 형태의 묵음 e음절은 장모음이 된다.

예) ice, five, pipe, dime, like, life

5) V1V2+C의 닫힌음절 V1은 자기이름소리를 내고 V2는 묵음이 된다.

예) eel, eat, seed, seat

6) 장모음 e + 유성자음은 장모음 e + 무성자음보다 더 길게 [iː **이ː** 또는 iy **이**이] 소리낸다.

(1) I need['niːd **니ː**드, niyd **니**읻] to make my room neat['niːt **니**읻] and tidy.

(2) Seat['siːt 씨읻] yourself in a chair and see your field in seed['siːd **씨ː**읻].

(3) I'll feed['fi:d 퓌:읻] them well to make them stand on their own feet['fi:t 퓌잍].

(4) Heed['hi:d 히:읻] the Heat['hi:t 히잍] During Summer Workouts

(5) Beat['bi:t 비잍] the micro bead['bi:d 비:읻].

(6) One reason why I like the beach is its solitary atmosphere. Then he went away, leaving the man standing in the street. Keep in mind the importance of balancing reading. Seeing these things later will be exciting because they will have real meaning for him. people who did not have an organic disease but were seeking psychological help.

- reason['ri:zən 뤼:즌], beach['bi:tʃ 비:취], leaving['li:vɪŋ 리:빙], street['stri:t 스츄뤼잍], Keep['ki:p 키잎], reading['ri:dɪŋ 뤼:딩], Seeing['si:ɪŋ 씨:잉], these[ði:z 디:즈], real[ri:l 뤼:얼], meaning['mi:nɪŋ 미:닝], people['pi:pl 피:쁠], disease[ˌdɪ'zi:z 디지:즈], seeking['si:kɪŋ 씨:킹]

(7) People change their eating patterns to meet the needs of different situations.They have certain ideas about which foods will increase their athletic ability, help them lose weight, or put them in the mood for romance.

- eating['i:tɪŋ 이:팅(이:링)], meet['mi:t 미잍(미:트)], needs['ni:dz 니:즈], increase[ɪn'kri:s 인크뤼:쓰]

(8) The leaves of a tree appear green.

- leaves['li:vz 리:입(으)즈(리:브즈)] tree['tri: 츄뤼:] green['gri:n 구륀:]

(9) Put on a pair and check out the feel of real performance yourself. To my dismay, the other team scored three runs.

- feel['fi:l 퓌얼], real[ri:l 뤼얼], team['ti:m 티임(팀:)], three['θri: 쓰뤼:]

(10) If you keep your problem to yourself, it can seem a great deal worse than it really is. people form their first impressions based mostly on how you look, then on how you speak, and least of all on what you say.

- keep['ki:p 키잎(킾:)], seem['si:m 씨임(씸:)], deal['di:l 디:얼], really['rɪli 뤼얼리], speak['spi:k 쓰삐익(쓰삐:크)], least['li:st 리:씉]

(11) Before he could reach the door, my mother and I ran out screaming. One of his readers has offered to treat her for free. Clean air is not the only reason. noisy

crowds that disturb their peace of mind.

- reach['ri:tʃ 뤼:취], screaming['skri:mɪŋ 쓰크뤼:밍], readers['ri:dərz 뤼:더r즈], treat['tri:t 츄뤼:트(츄뤼잍)], free['fri: 푸뤼:]. Clean['kli:n 클린:(클리인)], reason['ri:zən 뤼:즌], peace[pi:s 피:쓰]

장모음 long e[i :(iy) 이이]

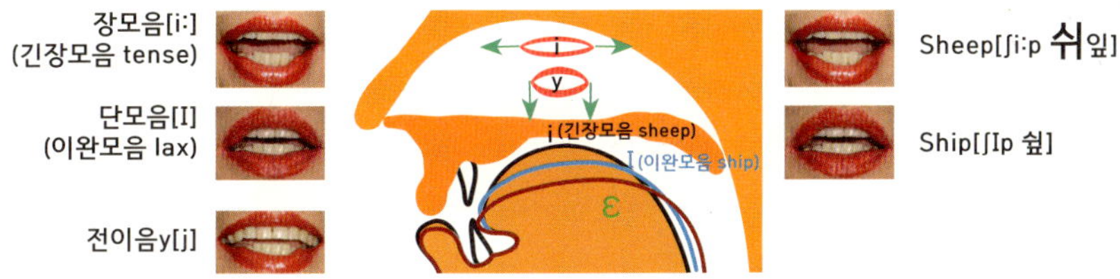

장모음 [i:]는 긴장음 [i]로 시작하지만 끝부분은 이완되어 전이음 [j]가 된다.
빠른속도에서는 처음부터 입술의 긴장이 이완되는 편이다.

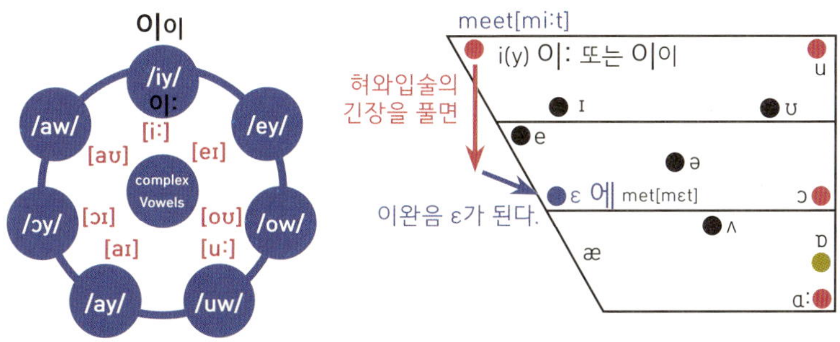

long e[i: 이이]는 주모음인 [i]와 부모음인 [y]로 나눌 수 있다. [i:]는 긴장음으로 혀의 위치가 가장 높고 앞 방향으로 움직인다. 양 입술은 넓게 펴지만 끝 부분에서는 긴장이 풀어져 이완되므로 음량이 적고 여린 전이음 [j]가 된다. 즉, [iy/ij]가 된다.

short e[ɛ 에]는 long e[i:]의 긴장상태를 풀어 혀를 입의 중간에 두고 입술의 근육을 가장 많이 이완시키며 내는 편안한 소리(most relaxed sound) '에'이다.

2. 단모음 e[e/ɛ 에]

단모음 short e[ɛ] long a[eɪ]의 첫음 [e]는 혀를 긴장시켜 내는 음이라면 short e의 [ɛ]는 편한소리를 위해 입술과 혀를 이완시키고 턱을 떨어뜨리므로 입이 더 벌어지는 소리이다.

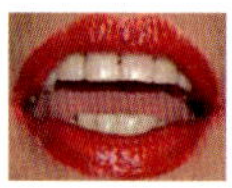

[ɛ]

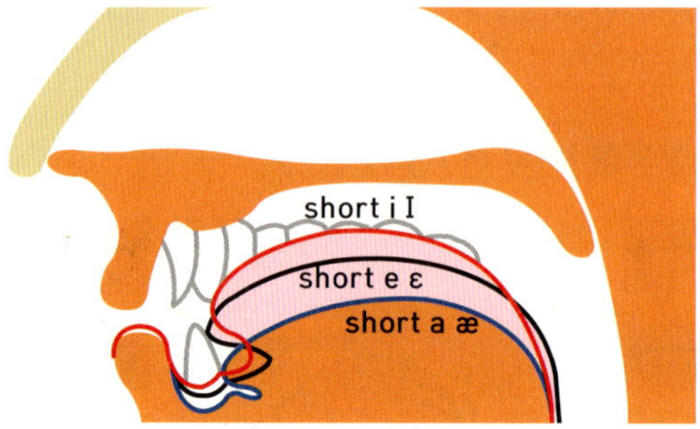

단모음 e는 e + 홑자음 또는 겹자음, 즉 닫힌음절이 될 때 주로 소리 난다. 장모음 e[i:이:]가 철봉에 매달려 [이:]하며 입 주위에 온 힘이 다 쏠리며 말하는 것이라면 단모음 e[ɛ 에]는 철봉에서 내려와 힘이 빠져 힘을 빼고 근육을 이완시켜 내는 소리 [ɛ 에]로 보면 된다. [ɛ 에]는 혀를 입의 중간에 두고 입술의 근육을 가장 많이 이완시키며 내는 편안한 소리 (most relaxed sound)이다. 다만, 표기가 어려워 사전에서는 [e]로 표시하고 있다. 따라서 long a[eɪ]의 첫 음 [e]와 구별할 줄 알아야 한다. [e]는 혀를 긴장시켜 내는 음이지만 [ɛ]는 이완시켜서 소리 내므로 턱을 떨어뜨리고 자연스럽게 입도 더 벌어지는 소리다. 그러므로 사전에서 [e 에]로 표시해도 [ɛ]소리로 알고 이완시켜서 소리를 내주어야 한다.

1. [æ 애]보다 입의 긴장을 풀고 입을 약간만 벌리고
2. 아래턱도 [æ 애]보다 덜 떨구고
3. 입 앞쪽에서 소리가 만들어진다는 기분으로 [ɛ 에] 소리 낸다.

단모음 [ɛ 에]	조음위치	소리의 길이	긴장 또는 이완	둥근 입술 여부
bed['bed]	Front Mid	short	æ보다는 이완되고 [ɪ]보다는 덜 이완됨. (relatively relaxed)	입술과 턱은 약간 벌어진다.(loose)

1) My apple trees **bend**['bend **벤**드] over the **fence**['fens **펜**쓰].

2) From my sick **bed** I noticed it on a nearby **shelf**. most **bet** larger amounts if the coin is **yet** to be tossed. If you **rest** it for **several** days and take some **medicine**, it'll **get better**.

- bed['bed **벧**], shelf['ʃelf 쉬**엘**프], bet['bet **벧**], yet['jet **옏**], rest['rest **뤠**스트], several['sevrəl **쎄**브뤌], medicine['medəsn **메**드쓴], better['betər **베**터r],

3) Kids can **get**['get **겓**] a wonderful **sense**['sens **쎈**:쓰] of being good at something.

4) The **princess attended** the **even**t. the world **gets** more **complex**, we feel more **helpless**.

- princess['prɪnses 푸**륀**쎄쓰], attended[ə'tendɪd 어**텐**딛], event[ɪ'vent 이**벤**트], complex['kɑːmpleks **캄**:플렉쓰], helpless['helpləs **헬**프러쓰]

5) **Then** he **went**['went **웬**트] away. Many of the students **left them** on the **desks**.

- Then['ðen **덴**], left['left **레**프트], them[ðem **뎀**], desks['desks **데**씈쓰],

6) A basket of herbs **rests**['rest **뤠**씉쓰] against the **fence**['fens **펜**쓰] to the **west**['west **웨**쓰트].

3. r결합모음 -er['ə:r(ɜ:r/ɝ) 어:r]

-er, -wor, -ear, -ir, -ur의
강세형은 [ə:r/ɝ 어:r]
강세가 없으면 [ər = ɚ 어r]

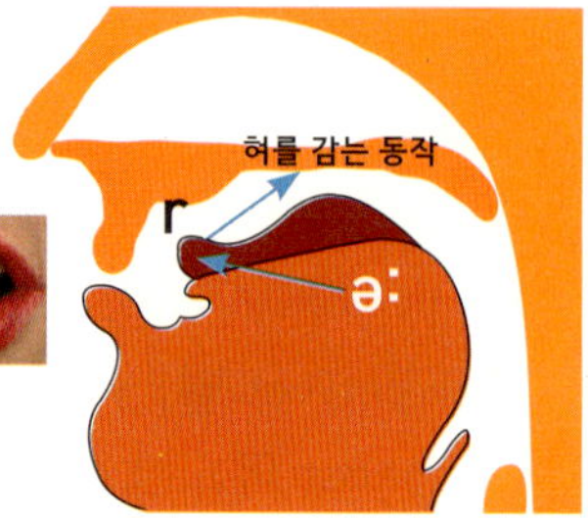

jerk, term, germ, her,
berg, were, verse,
stern, serve, mercy,
earn, learn,pearl,
work, worm,world

1) er 또는 er+자음이 종성인 단어는 ['ə:r/'ɜ:r **어**:r]로 소리 난다. 즉 강세가 주어지는 모음 [ə]를 발음해 준 후에 혀를 감는 동작 [r] 소리를 해주는 것이다. 즉, 입술을 오므리며 혀의 뒷부분을 당겨 올려 입의 중간에서 [ə 어]소리를 내는 첫 번째 단계와 혀끝을 치경(잇몸)까지 들어 올리며 뒤로 감아 [r]음색을 내주는 두 번째 단계로 나눠진다. 영국영어는 단모음 ['ə:/'ɜ:] + [r]의 첫 번째 단계까지만 발음하는 것이고 미국영어는 두 번째 단계까지 다 발음하는 것이다.

2) -er['ə:r] 뒤에 유성자음이 오면 ['ə:]를 발음한 후에 r음색을 넣어주면서(r-coloring) 성대의 진동이 지속될 수 있도록(voicing) 모음의 길이를 길게 끌어 주어야 하므로 장음부호 [:]를 붙인 ['ə:r **어**:r]하는 소리를 낸다.
예) serve['sə:rv **써**:r브(v)], earn['ə:rn **어**:r은]

3) -er['ə:r] 뒤에 무성자음이 오면 ['ə:]를 발음한 후에 r음색을 넣어주면서(r-coloring) 성대의 진동이 멈춰지게 발음해야 하므로 그냥 ['ə:r **어**r] 소리를 낸다.
예) berth['bə:rθ **버**r쓰(θ)], diverse[daɪ'vərs 다이**버**r쓰], earth['ə:rθ **어**r쓰(θ)]

4) 강세가 없는 -ar, -er, -ir, -or, -ur은 [ər 얼]소리가 나는데 이 소리는 자음 [r]의 소리 [ər]을 약하고 짧게 낸 소리로 보면 된다. 영국영어는 아예 [r]음색이 탈락되어 [ə 어]소리가 나는 것이다. r[ər]소리는 입술을 오므리며 혀의 뒷부분을 당겨 올려 입의 중간에서 [ə 어]소리를 내는 첫 번째 단계와 혀끝을 치경까지 들어 올리며 뒤로 감아 [r]음색을 내주는 두 번째 단계로 나눠지므로 [어 + 혀를 감아주는 동작 r => "어r"]로 표시할 수 있다.

(1) Universities are academic in the worst sense of the term.
universities[ˌju:nɪ'vɜ:rsətiz 유:니버:r써티즈], worst['wɜ:rst워:r쓷], term['tə:rm 터:r음]

(2) She has left her purse in her car. So she wants to tell the clerk not to sell the skirt.
purse['pə:rs 퍼:r쓰], her[hər 허r], clerk[k'lə:rk 클러:r크], skirt[skə:rt 쓰커:r트]

(3) The mutual agreement of two or more persons['pə :rsnz 퍼:r쓴즈] or parties.

(4) Other people have to read it and write it in order to learn it.
Other['ʌðər 어더r], order['ɔ:rdər 오:r더r], learn ['lə:rn러:r은]

(5) Couples from different ethnic groups merge['mə:rdʒ 머:r쥐] into harmonious relationships.

4. 모음 e의 강세없는 약화모음 [ə]

system['sɪstəm], item[aɪtəm]의 소리를 들어보면 e는 단모음도 장모음도 r결합 모음도 아닌 약화모음 **[ə]이다. 이처럼** 영어는 2음절 이상의 경우, 강세가 없는 모음을 약화모음 **[ə]**로 발음한다. **[ə]**는 입술을 평평하게 하여 입안의 중간에서 내는 중설모음으로 단모음 [ʌ 어] 를 힘을 뺀 상태에서 짧고 흐리멍텅하게 발음한 것으로 [으] 또는 [ə 어]소리가 난다.

같은 예) angel[eɪndʒəl 에인쥘], hundred['hʌndrəd 헌쥬뤄드], science[saɪəns 싸이언쓰], problem[prɑbləm 푸롸블럼], silence[saɪləns 싸일런쓰], camel['kæməl 캐멀], model['mɑdəl 마덜], nickel['nikəl 니컬], citɪzen['sɪt̬ ɪzən 씨티전], eleven[ɪlevən 일레번], listen['lisən 리썬]

1) Thus, particularly those who have a **tendency**['tendənsi 텐던씨] to spleen **problems**['prɑ:bləmz 푸롸블럼즈] need to take more **minerals**['mɪnərəlz 미너뤌즈] and **vegetables**['vedʒtəblz 붸쥐터블즈].

2) **Women**['wɪmən 위믄] and **children**['tʃɪldrən 췰드뤈] fill the **buckets**['bʌkəts 버클쓰] or cans with **water**['wɔ:tər 워터r] and carry **them**[ðəm 덤] back to theɪr homes.

3) His **parents**['perənts 페뤈쓰] got him **tickets**['tikɪts, -əts 티킽쓰/티끝쓰] for the first showing of Jane Brightman's new movie, Last Friday Night.

Women['wɪmɪn]처럼 e의 약화모음이 [ɪ]로 표시되던 단어의 경우에도 미국 영어에서는 **['wɪmən]처럼** [ə]로 약화모음을 변경시키는 편이다. 어느 쪽으로 발음하든 입술을 이완시켜 발음하는 두 소리는 [위믄]에 가까운 소리이다. bucket 역시 ['bʌkɪt]에서 점차 ['bʌkət 버클]으로 변화되는 추세이다.

- rocket['rɑkɪt, -ət], 'bɑsket['bæskɪt, -ət], eldest['eldɪst, -əst], calendar['kælɪndər, 'kælən.dər], enough[ɪ'nʌf, ə'nʌf], effect]ɪfekt, əfekt] enamel[ɪnæmɫ, ənæmɫ], establish [ɪ'stæblɪʃ, ə'stæblɪʃ], remain[rɪ'meɪn, rə'meɪn] refer[rɪ'fər, rə'fər], result[rɪ'zʌlt, rə'zʌlt], decided[dɪ'saɪdəd, də'saɪdəd], wanted[wɔːntɪd, wɔːntəd], included[ˌɪn'kluːdɪd, ˌɪn'kluːdəd], printed['prɪntɪd, 'prɪntəd], connected[kə'nektɪd, kə'nektəd]

4) **Recently**['riːsntli 뤼:쓴틀리], a **severe** disease hit Asian nations hard, causing **several**['sevrəl 쎄브뤌] **hundred** deaths.
hundred는 ['hʌndrəd 헌드뤋], severe는 [sə'vɪr 써뷔어r]처럼 **e의 약화모음**이 [ə]로 주로 발음되나 **성절자음 l[əl],n[ən]이 강세가 없을 때는 [ə]가 탈락되고 [l], [n]만 남기도 한다.**

- 성절자음 l[əl], n[ən] 앞에 치경음 [n], [l]과 동일조음점의 자음 [s], [z], [t], [d], [n], [l]이 있으면 혀 끝을 뗐다 다시 붙이는 두번의 접촉대신, 한번의 접촉으로 조음이 가능하므로 [ə]탈락이 잘 일어난다. 뿐만아니라 다른조음점의 자음이 앞에 있어도 빠른속도로 말하는 경우에는 이 역시 [ə]의 탈락이 가능하다.
- camel['kæməl → 'kæm.l], cancel['kænsəl → 'kæns.l], model['mɑdəl → 'mɑd.l], travel['trævəl → træv.l], angel['eɪndʒəl → 'eɪndd3.l], channel['tʃænəl → 'tʃæn.l], gospel['gɑspəl → 'gɑsp.l] nickel['nikəl → 'nik.l], citɪzen['sitəzən → 'sitəz.n], garden['gɑːrdən → 'gɑːrd.n], sudden['sʌdən → sʌd.n], deafen['defən → 'def.n], listen['lisən → 'lis.n], often['ɔːfən → 'ɔːf.n], eleven[ɪ'levən → ɪ'lev.n], loosen['luːsən → 'luːs.n], ocean['oʊʃən → 'oʊʃ.n], dozen['dʌzən → 'dʌz.n]
- 하지만, 성절자음 l[əl], n[ən] 앞에 혀를 뒤로 감아 발음하는 [r]이 있을 경우에는 [ə]의 탈락이 일어나지 않는다. quarrel['kwəːrəl], laurel['ləːrəl], barrel['bərəl], apparel[ə'pərəl]

Listening Skill 52

알파벳 i의 다양한 발음

long i
(aI 아이)

i / y hi, my, by, try, fry, cry, dry, sky, spy, shy, why, fly, guy, buy

ie/ye pie, die, tie, lie, dye, bye

i_e hide, tide, ride, side, slide, wide, wife, dice, lice, strife, nice, twice, mice, rice, knife, life, hike, spike, strike, bike, like, tile, file, mile, smile, nile, size

ild mild, wild, child

ind bind, mind, kind, blind, find, grind, hind, wind

igh thigh, sigh, high tight, might, fight, night, right

ign sign, align

1. 장모음 i[aɪ 아이]

영어의 모음은 먼저 자기 이름의 소리로 나는 장모음인 경우가 많다. 따라서 i는 [aɪ **아**이]소리 난다. 그런데 이 i[aɪ **아**이]는 긴장된 소리이다. 발음 시 입 주위의 근육이 팽팽하게 경직되어 [스마일], [치이즈]하듯 웃을 때의 입모양을 만들며 [아이]라고 발음을 해 주어야 한다. 이 장모음 [aɪ **아**이]로 발음되는 스펠링은 i(열린음절) , ie, i + 자음 + e, igh, ind, ild의 형태가 대표적이다.

장모음 [aɪ 아이]	조음위치		소리의 길이	긴장 또는 이완	둥근 입술 여부
pipe[paɪp]	Front	Low/High	Long	긴장음(tense)	(x) unrounded

1) 음절 끝의 열린음절(개음절/開音節 /open syllable)은 장모음이 된다.
- CV(자음 + 모음) 형태 : hi, my, sky, fly, fry, try

2) vi/rus처럼 V/CV 「모음+(자음+모음)」으로 나뉘어져 앞 모음을 개음절(開音節)로 만들면 장모음으로 발음된다.
- I/tem, I/ris, I/ron, I/dle, pi/lot, mi/nus, fi/nal, vi/rus

3)CVV 형태의 열린음절(개음절/開音節 /open syllable)일 때는 장모음이 된다.
- tie, pie, die, lie, buy, guy

4) VCe(모음+자음+silent e) 형태의 묵음 e음절은 장모음이 된다.
- ice, pipe, site, life, five

5) 장모음 i의 단어 연습

6) 장모음 i + 유성자음은 장모음 e + 무성자음보다 더 길게 [aɪ 아이] 소리낸다.

(1) She is writing['raɪtɪŋ **롸**이팅 → raɪrɪŋ **롸**이링] to me while riding['raːɪdɪŋ **롸**:이딩 → 'raːɪ.rɪŋ **롸**:이링] along on a carousel.
유성음 [d]앞의 모음이 무성음 [t]앞의 모음보다 더 길므로 riding은 ['raːɪdɪŋ **롸**:이딩 → 'raːɪ.rɪŋ **롸**:이링]이나 writing은 ['raɪtɪŋ **롸**이팅 → raɪrɪŋ **롸**이링]으로 짧게 발음된다.

(2) East Side['saːɪd **싸**:읻] of this city is the historic site['saɪt **싸**잍].

(3) This side['saːɪd **싸**:읻] of brain controls sight['saɪt **싸**잍].

(4) Stocks see slight['slaɪt 슬**라**잍] slide['slaːɪd 슬**라**:읻] after that accident.

(5) At Right[raɪt **롸**잍] Ride['raːɪd **롸**:읻] Horses we have a yard holding 20 horses.

(6) We strive[straɪv 스츄**롸**:이브] for success. It will not be without our strife[straɪf 스츄**롸**잎].
strive는 성대를 닫고 목을 긴장시켜 ['straɪv 스츄**롸**:이브]하고 모음의 길이를 길게 발음하지만, strife는 성대를 열고 목소리를 이완시켜 [straɪf 스츄**롸**잎] 하며 모음의 길이를 짧게 발음한다.

(7) Hi['haɪ 하이], Julie. How was the flight['flaɪt 플라잍]? It was fine['faɪn 퐈인]. Listen, did you turn off my kitchen light['laɪt 라잍]?

(8) One doll was made of ivory[aɪvəri 아이붜뤼] and lay beside[bɪ'saɪd 비싸읻] her owner who had died[daɪd 다읻] at the age of nineteen['naɪn'tiːn 나인티인].

(9) You should admire[æd'maɪr 애드마이어r] the beauty of a swan.

(10) One night['naɪt 나잍] as he was reading an exciting[ɪk'saɪtɪŋ 익싸이팅] book, his father told him that it was time['taɪm 타임] to go to bed.

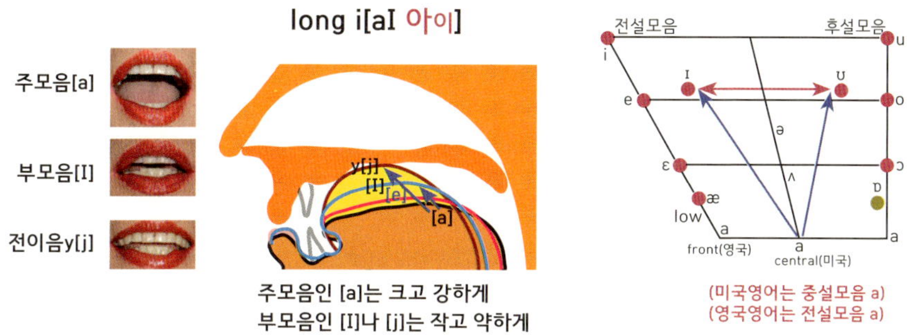

long i는 혀를 긴장시켜 내는 [a]소리를 낸 후 이완음인 short i의 [I 이] 소리로 미끄러지듯 내려가는 2개의 음이 하나처럼 나는 이중모음이다. 빠른 대화에서는 [a]를 발음한 후 /I/로 소리가 옮아 갈 때 입술과 턱에 힘을 뺀 채 입천장 가까이 붙이는 접근음 /j/ 소리를 내므로 [aj]로 소리난다.

주모음인 [a]는 턱을 내리고 혀뒷부분을 연구개쪽으로 들어올리고 혀끝을 아랫니 뒷부분에 대고 입의 중간에서 내는 강한 긴장음 [아]이며 부모음인 [I]는 입술과 혀의 긴장을 완전히 풀어 혀끝을 아랫니 뒷부분에 대고 입을 살짝 벌리며 힘없이 짧게 소리내는 이완음 [이]이다.

그런데 [aI]는 [a]와 [I]의 두개의 소리를 합친 것이 아니라 [a]에서 [I]로 빠르게 미끄러지듯 합쳐지며 소리나다보니 모음 [I]가 전이음인 [j]로 소리나게 된다.(a glide is a rapid & transitory vowel) [aI]도 [a]를 발음하기 위해 입 뒤쪽에 있던 혀와 떨구었던 턱을 [I]를 발음하기 위해 빠르게 움직인다.

즉, 강하고 큰 소리인 긴장음 [a]소리를 내기 위해 연구개쪽으로 향해 있던 혀의 중간부(front & middle)의 힘을 빼고 경구개 입천장까지 움직여 준 후에 턱을 닫는다. 그러면 약하고 이완된 전이음 [j 이]소리가 [a]에 덧붙여지고 하나의 소리 [aj]가 들리게 된다. 전이음 [j]는 모음 [i]나 [I]를 스치듯 빠르게 내는 발음이다.

2. 단모음 [ɪ 이]

단모음 i[ɪ 이]는 i + 홑자음 또는 겹자음, 즉 닫힌음절이 될 때 주로 소리 난다. 그러나, 장모음 [iː]를 가진 sheep(쉽ː)을 짧게 발음하면 단모음 [ɪ 이]를 가진 ship(쉽)이 된다고 생각하면 안 된다. 두 소리를 차이 나게 만드는 것은 모음의 길이가 아니라 조음방법과 조음위치다. 즉, 장모음 i[iː 이ː]는 철봉에 매달려 [이이]하며 입 주위에 온 힘이 다 쏠리며 말하는 것이라면 단모음 i[ɪ]는 탈진 상태에서 힘없이 [이]하는 소리로 보면 된다. 구체적으로 살펴보면 장모음 [iː 이ː]는 턱이 올라가 거의 입이 다물어진 상태이고 혀는 앞쪽으로 쏠리며 입술은 옆으로 펼쳐지지만, 단모음 i[ɪ]는 턱이 좀 더 열리고 혀는 약간 뒤쪽에 놓이고 입술은 이완되는 차이가 있다. 단모음 i[ɪ]는 단모음 [e]상태에서 약간 더 이완시킨 소리므로 [에]소리처럼 들리기도 하며 입술과 혀를 이완시켜 내는 짧은 발음이다 보니 강세 없는 모음 [ə 슈와]처럼 사용된다.['dɪdʒɪt̬ l→'dɪdʒət̬ l]

단모음 [ɪ 이]	조음위치	소리의 길이와 혀의 긴장여부	둥근 입술 여부
bit['bɪt]	Front(앞) High(위) 혀 측면 윗 어금니에 접촉	소리는 짧다(short) [ɪ]의 혀는 [i]보다 더 이완된 상태이다.(more relaxed)	약간 펼쳐짐 (loosely spread Lips)

단모음 short i[ɪ 이] short i[I]는 입술의 긴장을 완전히 풀어 입술을 약간만 벌리고 혀도 긴장을 풀어 혀끝을 아랫니 뒷부분에 대고 힘없이 짧게 [이]하는 소리이다. 입의 중간부분에서나는 소리다 보니 [에]의 느낌이 살짝 난다. 이렇듯 입의 중앙에서 힘없이 나는 소리이므로 강세가 없는 모음의 약화음(슈와)으로 사용되기도 한다.[ex) animal]

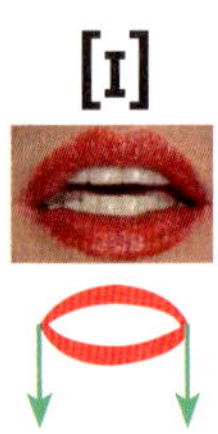

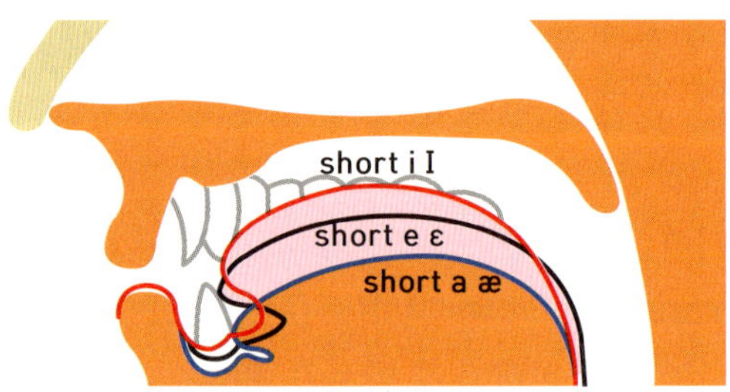

※ 새끼손가락만큼 입을 아래위로 벌리고 입을 옆으로 너무 당기지 말고 턱을 약간만 떨구고 혀끝을 아랫니 뒷부분에 대고 이완시켜 짧게 [이]하면 [에]에 가까운 [이]소리가 난다.

1) We've a **bit** of self-**interest in** relieving the **misery** of others.
bit['bɪt 빝], interest['ɪntrəst 인츄뤄씉], in[ɪn 인], misery['mɪzəri 미저뤼]
2) I've **been**['bɪn 빈] **watching**['wɑːtʃɪŋ 와췽] **video**['vɪdioʊ 뷔디오우]
ciips[klɪps 클맆쓰] **on the Internet**['ɪntərˌnet 인터r넽].
3) **In**[ɪn 인] **this**[ðɪs 디쓰] **digital**['dɪdʒətl 디쥘을] age, **images**['ɪmədʒəz 이머쥐즈] are essential **units**['juːnəts 유넡쓰] of **information**[ˌɪnfər'meɪʃn 인풔r메이쉬운].
4) At **Jim's invitation** the **prince** and the **princess** attended the event.
Jim's['dʒɪmz 쥠즈], invitation[ɪnvə'teɪʃn 인뷔테이쉬은], prince[prɪns 푸륀쓰], princess['prɪnses 푸륀쎄쓰]
5) I **continued** to **visit**['vɪzət 뷔젙] **him**[ɪm 임] **with**[wɪθ 위쓰] **his**[ɪz 이즈] **milk**['mɪlk 미을크].

3. r결합모음 -ir['əːr(ɜːr/ɝ) 어:r]

ir 또는 ir+자음이 종성인 단어는 ['əːr/'ɜːr **어**:r]로 소리 난다. 즉 강세가 주어지는 모음 [ə]를 발음해 준 후에 혀를 감는 동작 [r] 소리를 해주는 것이다. 즉, 입술을 오므리며 혀의 뒷부분을 당겨 올려 입의 중간에서 [ə 어]소리를 내는 첫 번째 단계와 혀끝을 치경(잇몸)까지 들어 올리며 뒤로 감아 [r]음색을 내주는 두 번째 단계로 나눠진다. 영국영어는 단모음 ['əː/'ɜː] + [r]의 첫 번째 단계까지만 발음하는 것이고 미국영어는 두 번째 단계까지 다 발음하는 것이다.

-ir['əːr] 뒤에 유성자음이 오면 ['əː]를 발음한 후에 r음색을 넣어주면서(r-coloring) 성대의 진동이 지속될 수 있도록(voicing) 모음의 길이를 길게 끌어 주어야 하므로 장음부호 [ː]를 붙인 ['əːr **어**:r]하는 소리를 낸다.
예) bird['bəːrd **버**:r드], third[θ'əːrd **써**:r드]

-ir['əːr] 뒤에 무성자음이 오면 ['əː]를 발음한 후에 r음색을 넣어주면서(r-coloring) 성대의 진동이 멈춰지게 발음해야 하므로 그냥 ['əːr **어**r] 소리를 낸다.
예) first['fə ːrst **풔**(f)r스트], flirt[f'ləːrt 플(f)**러**r트]

1) Patience is clearly an important **virtue**['və ːrtʃuː **버**r츄].
2) May I help you, **sir**['sɜːr **써**:r]? It **virtually**['vəːrtʃuəli **버**r츄얼리] stops all pop-ups.

3) A **bird**[bɜ:rd **버**:r드(유성음)] in the hand is worth two in the bush.
4) **Niggers**['nɪgərz 니거r즈] are **dirty**['də:rti **더**r티(무성음)], he said.
5) She wants to tell the **clerk**['klə:rk 클**러**r크] not to sell the **skirt**[s'kə:rt 쓰**꺼**r트].
6) Don't **stir**[s'tə :r 쓰**떠**:r] up the water more than you have to.
7) We are a dynamic successful software **firm**['fə :rm **풔**:r음]
8) A **thirty**[θ'ə:rti **써**r티]-minute question-and-answer period will follow.
9) They, like me, were able to satisfy their **thirst**[θ'ə:rst **써**r쓰트].
10) The **first**['fə :rst **풔**r쓰트] issue an infant faces after **birth**['bə:rθ **버**r 쓰(θ)] is trust.
11) Boys and **girls**[g'ə:rlz **거**:r을즈] speak differently.
12) Bands of blue-**shirted** farmers **circle** and lift and swing behind a drum.**shirted**['ʃɜ:rtɪd **쉬**어r티드], **circle**['sə :rkl **써**r클]

4. 모음 i의 강세없는 약화모음 [ə]

영어는 2음절 이상의 경우, 강세가 없는 모음을 약화모음 [ə]로 발음한다. [ə]는 입술을 평평하게 하여 입안의 중간에서 내는 중설모음으로 단모음 [ʌ 어]를 힘을 뺀 상태에서 짧고 흐리멍텅하게 발음한 것으로 [으]에 가까운 [ə 어]소리가 난다.

1) **Alice** in Love was one of the top ten money-making movies last year.
Alice는 영국영어로는 ['ælɪs 앨리쓰]이나 미국영어로는 ['æləs 앨러쓰]로 발음한다.
2) Their use ranges from the drill in a **dentist**'s **office** to saws for cutting rocks.
영국영어로는 ['dentɪst 덴티쓸], ['ɑ:fɪs 아퓌쓰]이나 미국영어로는 ['dentəst 덴터쓸], ['ɑ:fəs 아풔쓰]이다.
3) It also works on issues such as fair housing, gender **equality**, and environmental **justice**.
equality, justice는 영국영어로는 [ɪ'kwɑlɪti 이크왈리티], ['dʒʌstɪs 줘쓰티쓰]이나 미국영어로는 [ɪ'kwɑlət̬i 이크왈러티], ['dʒʌstəs 줘쓰터쓰]로 발음한다.
4) The laws have had a **definite** effect.
definite는 영국영어로는 [defɪnɪt 데퓌닡]이나 미국영어로는 [defɪnət 데퓌넡]

5) Their glory lies not in their achievements but in their **sacrifices**.
sacrifice는 영국영어로는 ['sækrɪfàɪs 쌔크뤼파이쓰], 미국영어로는 [sækrəfàɪs 쌔크뤄퐈이쓰]

6) Darwin was the first to propose that long necks evolved in **giraffes**.
giraffe는 영국영어로는 [dʒɪ'ræf 쥐래프], 미국영어로는 [dʒə'ræf 줘래프]

7) Sugar producing countries have invested **heavily** in alcohol projects.
heavily는 영국영어로는 ['hevɪli 헤빌리], 미국영어로는 ['hevəli 헤뷜리]

8) "I'm more than 70 years old," says this **pilgrim**.
pilgrim은 영국영어로는 ['pɪlgrɪm 필구륌], 미국영어로는 ['pɪlgrəm 필구뤔]

9) The **animal** doctor came and tried giving him some red meat full of **medicine**.
animal은 영국영어로는 ['ænɪml 애니믈], 미국영어로는 [ænəml 애너믈]
medicine은 영국영어로는 ['medɪsn 메디쓴], 미국영어로는 [medəsn 메더쓴]

10) Ralph **determined** that the **citizens**' complaints were **justified**.
determined는 영국영어 [dɪ.'tɝː.mɪnd 디터r민드], 미국영어 ['də.'tɝː.mənd 드터r믄드]justified는 영국영어는 ['dʒʌstɪˌfaɪd 줘쓰티퐈읻], 미국영어는 ['dʒʌstəˌfaɪd 줘쓰터퐈읻]citizen은 영국영어로는 ['sɪtɪzn 씨티즌], 미국영어로는 ['sɪtəzn 씨터즌]

11) We shall solve our dependence on **fossil**[fɑsl 퐈쓸] fuels by developing new technologies for hydrogen **engines**.
engine은 영국영어로는 ['endʒɪn 엔진], 미국영어로는 ['endʒən 엔줜]

12) I started carrying a **pencil** with me wherever I went.
pencil처럼 약세음절의 -il은 성절자음으로 [əl]이나 [ə]를 탈락시켜 [l]도 가능하므로 영국, 미국 모두 ['pensl 펜쓸]같은 예 : civil['sivl], evil['iːvl], council['kaʊnsl], devil['dev.l]

13) One day Munira's **cousin** came to **visit** her from the big city.
cousin처럼 약세음절의 -in은 성절자음으로 [ən]이나 [ə]를 탈락시켜 [n]도 가능하므로 영국, 미국 모두 ['kʌzn 커즌] visit는 영국영어로는 ['vɪzɪt 뷔짙], 미국영어로는 ['vɪzət 뷔젙]

14) The girl sits almost in the middle of a **basin**['beɪsn 베이쓴].

Listening Skill 53

알파벳 O의 다양한 발음

long o

(oʊ 오으)

o/oe go, so, no, photo, logo, solo, hippo, disco, hero, hello, motto, tomato, potato, Joe, foe, hoe, toe

o open, oven, over ocean, only, omen, noble, total, hotel, doner, bonus, cocoa, motor, focus, cozy, donut, lotion

o_e hope, slope, cope, rope, joke, stroke, smoke, poke, yoke, note, quote, vote, hole, pole, role, nose, close, rose, home, Rome, lone, bone, robe, stove

oa oath, loaf, cocoa, whoa, toad, road, soap, coast, boast, roast, loan, groan, float, throat, goat, boat, roam, foam, soak, cloak, coach, broach

ow low tow, grow, slow, know, crow, blow, show, owe, row, sow, flow, snow, bowl

1. 장모음 o [oʊ 오우/오으]

o, o_e, oa, oe, ow의 형태에서는 알파벳 o가 장모음 o[oʊ **오**우]로 소리 난다. 영어의 모음은 먼저 자기 이름의 소리로 나는 장모음인 경우가 많다. o는 [ou **오**우]처럼 완전 둥근입술이 아닌 [oʊ **오**우/**오**으]의 완만한 둥근 입술소리이다. 그런데 이 [oʊ 오우/**오**으]는 긴장된 소리이다. 발음 시 입 주위의 근육이 팽팽하게 경직되어 물고기가 입질하듯 둥근 입 모양을 만들며 안면근육을 많이 움직여서 [oʊ **오**우/**오**으]라고 발음해 주어야 한다.

※ 유성자음 앞의 모음이 무성자음 앞의 모음보다 길게 발음되므로 code[koʊd **코**으드]의 [oʊ]의 길이는 coat[koʊt **코**으트]의 [oʊ]의 길이보다 약간 더 길게 발음된다.

장모음 [oʊ 오우]	조음위치		소리의 길이	긴장 또는 이완	둥근 입술 여부
road[roʊd]	Back	Mid/High	Long	긴장음(tense)	(o) rounded

1) 음절 끝의 열린음절(개음절/開音節 /open syllable)은 장모음이 된다.

(1) go, so, no, tow, sow tow, sow

2) V/CV「모음+(자음+모음)」으로 나뉘어져 앞 모음을 개음절로 만들면 장모음으로 발음된다.

예) no/ble, to/tal, bo/nus, do/ner, o/men, o/nly, o/pen, co/zy, ho/tel, o/ver, mo/tor

3) VCe(모음+자음+silent e) 형태의 묵음 e음절은 장모음이 된다.

예) code, dome, cope, rose,

4) V1V2+C의 닫힌음절 V1은 자기 이름소리를 내고 V2는 묵음이 된다.

예) oat, soap, toad, coal

5) 장모음 o의 문장 청취

(1) These tiles are coated['koʊtɪd **코**으틷] in plastic. vs A spy coded['koʊdɪd **코**:으딛] a message.

빠른속도에서는 유성음 앞의 모음의 길이가 무성음 앞의 모음의 길이보다 약간 더 길므로 coated는 ['koʊtɪd → 'koʊdɪd → 'koʊɾɪd **코**으릳], coded는 ['koʊdɪd → 'koʊɾɪd **코**:으릳]으로 들린다.

(2) Approaching[ə'proʊtʃɪŋ 어프**로**으췽] the tree in which many soldiers['soʊldʒəz **쏘**을줘r즈] had been hanged, he thought he saw something white floating['floʊtɪŋ 플**로**으팅 또는 'floʊɾɪŋ 플**로**으링] in the middle of the tree.

(3) Can you get some potatoes[pə'teɪt̬oʊz 퍼**테**이도우즈] on your way home['hoʊm **호**음]?

(4) Odd-looking tomatoes[tə'meɪt̬oʊz 터**메**이도우즈] were not valuable to the

grocery['groʊsəri 구로으써뤼] store, where only produce was sold['soʊld 쏘읃드].

(5) They are surrounded by lots of flies and mosquitoes[mə'skiːt̬oʊz 머쓰끼:도우즈].

(6) The highlands also[ɔːlsoʊ 오을쏘으] have a long enough growing[groʊɪŋ 구로으잉] season for two crops a year.

(7) The low ['loʊ 로으] performers usually voted['voʊtɪd 보으틷] unanimously, with little open['oʊpən 오우픈] debate.

(8) How about a photo['foʊt̬oʊ 포으도으] of the students this year instead of the logo['loʊgoʊ 로으고으]? Is it okay[ˌoʊ'keɪ 오으케이] to put the title above the photo? I'd rather put it below[bɪ'loʊ 빌로으] the photo.

(9) I'm Ronald Jones['dʒoʊnz 조은즈]. I spoke[s'poʊk 스뽀윽] to you on the phone['foʊn 포은] about my son.

(10) She returned to the shop the following[fɑːloʊɪŋ 퐐로으잉] morning dressed in a fur coat.['koʊt 코읕]

(11) He was covered with seaweed and holding['hoʊldɪŋ 호을딩] on to his broken['broʊkən 부로우큰] boat[boʊt 보읕].

(12) Some of them will show['ʃoʊ 쇼으] you the speed limit or road['roʊd 로으드] features. show, road

(13) I hope your brother will get a goal. hope[hoʊp 호읖], goal[goʊl 고을]

(14) Do you know['noʊ 노으] how to make soap['soʊp 쏘읖] from used cooking oil?

(15) I need two small cocoas['koʊkoʊz 코으코으즈]. Can you package them up for takeout?

(16) There's an old['oʊld 오읃드] joke[dʒoʊk 조윽] that goes[goʊz 고으즈].

장모음 long o/oʊ/

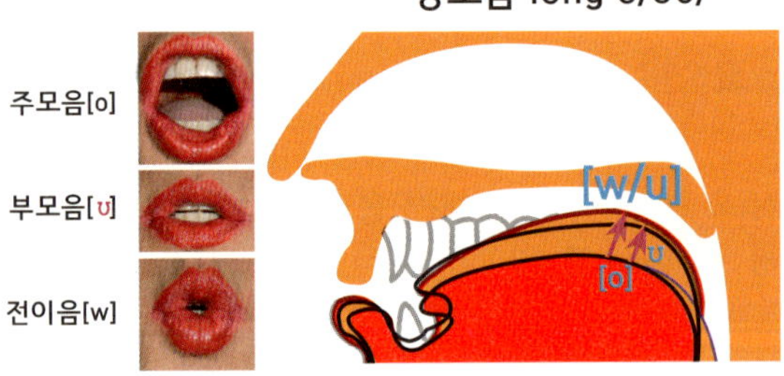

주모음인 [o]는 긴장상태에서 크고 강하게
부모음인 [ʊ]나 전이음인 [w]는
이완상태에서 작고 약하게 발음한다.

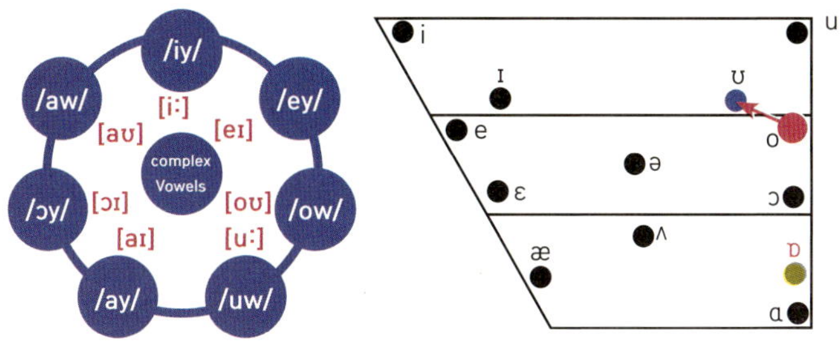

long o[oʊ]는 주모음인 [o]에서 부모음인 [ʊ]로 미끄러지듯 내려가는 2개의 음이 하나의 음으로 소리나는 이중모음이다. 그러나 미국영어에서는 [o]와 [ʊ]까지의 거리가 가깝기 때문에 과도음인 [o]를 발음한 상태에서 입술과 혀의 긴장을 풀면 전이음 [w]로 미끄러지듯 합쳐져(glide) 2개의 소리 [o + w]를 1개의 소리 [ow]로 발음한다.

2. 단모음 o [ɑː 아]

장모음 [oʊ]가 철봉에 매달려 [**오**우/**오**으]하며 입 주위에 온 힘이 다 쏠리며 말하는 것이라면 단모음 [ɑː]는 철봉에서 내려와 힘이 빠져 바닥에 드러누워 하늘을 보며 [아!]하며 큰 하품을 한다고 생각하면 된다. (치과의사에게 [아]하고 입을 벌리는 것과 같다.) 단모음 o는 o+single자음 또는 o+double자음의 형태, 즉 닫힌 음절이 될 때 [ɑː **아**]소리가 주로 난다. 하지만 상당수의 단어에서는 [ɔː](오)로 발음한다.

단모음 [ɑː 아]	조음위치		소리의 길이	긴장 또는 이완	둥근 입술 여부
cot['kɑːt]	Back	Low	Long	이완음(lax)	(x) unrounded

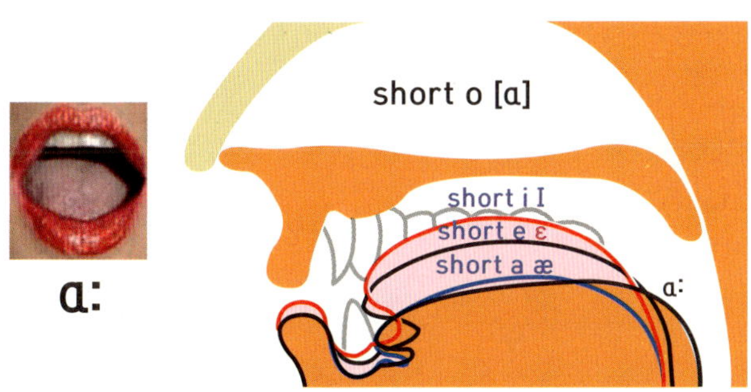

[ɑ]는 소리를 낼때 이완시키므로 턱이 가장 많이 내려가 혀의 높이는 모음 중 가장 낮고 입속 깊숙한 소리다.
ɑ는 입 안(입 뒤쪽)에서 나는 소리, æ는 입 앞 쪽에서 소리

1) An alchemist commonly used a double-bottomed melting **pot**.

pot처럼 [o]뒤에 자음이 와서 닫힌음절이 될 때 전통적으로 영국인은 [ɔ:오]에 해당되는 [pɒt 퐅]를 사용하였다. 하지만 오늘날 미국인들은 pot를 [pɔ:t 폴] 가 아닌 [pɑ:t 팥]으로 발음한다. 이는 [ɔ: (오)]상태에서 턱을 더 낮추고 이완시켜 좀 더 편한 발음인 [ɑ:]로 소리를 바꿔버렸기 때문이다. 하지만 [o] 뒤에 자음이 와도 여전히, 전통적인 발음을 쓰는 경우도 꽤 된다. cost['kɔ:st 코스트], cross ['krɔ:s 쿠로쓰], dog['dɔ:g 도그], fog['fɔ:g 포(f)그], long['lɔ:ŋ롱], song['sɔ:ŋ 쏭], strong['strɔ:ŋ 스트롱], wrong['rɔ:ŋ 롱], gone['gɔ:n 곤], off['ɔ:f 오프(f)], soft[s'ɔ:ft 쏘프(f)트]등이 대표적인데 이 역시 [ɑ:]로 발음해도 괜찮다. 또한 caught[kɔ:t 코트]의 경우도 40~50%의 미국인이 [ɑ:]를 써서 [kɑ:t 카트]로 발음하는 등 영국영어의 [ɒ]와 [ɔ: 오]가 미국영어에서 [ɑ: 아]로 발음되는 추세이다.

2) N**od**ding[nɑ:dɪŋ **나**딩] the head **up and down** means [yes]

3) He worked, dr**opp**ing['drɑ:pɪŋ 쥬**롸**핑] the clothespins or kn**ock**ing['nɑ:kɪŋ **나**킹] over the books.

4) The t**op**['tɑ:p **탚**] five preferred factors for male and female j**ob**[dʒɑ:b **좝**:] seekers.

5) L**og** cabins fewer in number; the changeless glare of the h**ot** sky shone upon the same **ob**ject. log[lɑ:g **락**:], hot[hɑ:t **핱**], **ob**ject['ɑ:bdʒekt **아**브젝트],

6) He was n**ot**['nɑ:t **낱**] c**ont**ent['kɑ:ntent **칸**텐트] with his own cr**ops**['krɑ:ps 쿠**랖**쓰], and he stole cr**ops**. The Greek g**od**[gɑ:d **갇**/**가**읃], Zeus, was very angry at this.

7) Sure, kid. You g**ot**[gɑ:t **같**] a pencil?. I didn't have one in my p**ock**et['pɑ:kɪt **파**킽].

8) He came acr**oss**[ə'krɑ:s 어쿠**롸**쓰] a pair of male giraffes l**ock**ed['lɑ:kt **락**트] in **com**bat['kɑ:mbæt **캄**:뱉].

3. 단모음 o의 두 번째 소리 [ɔ : 오:] :

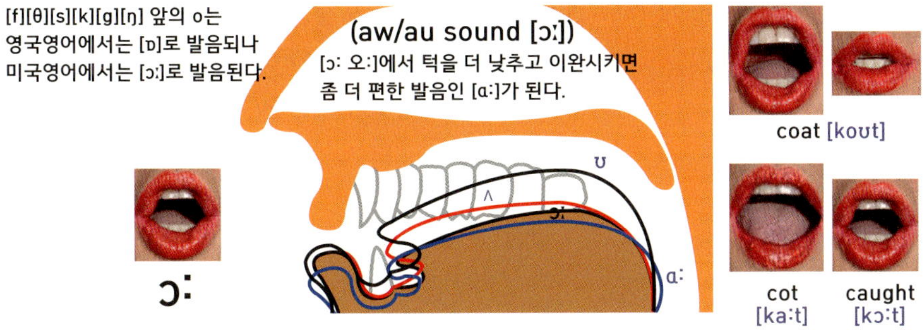

1) o + 자음의 철자는 단모음 [ɑ: 아]로 소리 나나 [ɔ: 오:]로도 발음되는 단어들이 있다. pot처럼 “o”뒤에 single 자음이 와서 닫힌음절이 될 때 전통적으로 영국인은 [ɔ: 오:] 소리에 해당되는 /pɒt 폴/으로 소리 낸다. 하지만 미국인들은 pot를 [pɔ:t 폴:]가 아닌 [pɑ:t 팔:]으로 발음한다. 이는 미국인들이 [ɔ: 오:]소리 상태에서 턱을 더 낮추고 이완시켜 좀 더 편한 발음인 [ɑ:] 소리를 내기 때문이다. 하지만 “o”뒤에 자음이 와도 여전히 [ɔ: 오:]로 발음하는 경우도 꽤 된다. cost[kɔ:st 코스트], lost[lɔ:st 로스트], cross[krɔ:s 쿠로쓰], boss[bɔ:s 보쓰], dog[dɔ:g 도그], fog[fɔ:g 포(f)그], long[lɔ:ŋ 롱], song[sɔ:ŋ 쏭], strong[strɔ:ŋ 쓰뚜롱], wrong[rɔ:ŋ 롱], gone[gɔ:n 곤], off[ɔ:f 오프(f)], soft[sɔ:ft 쏘프(f)트]등이 대표적인데 이 역시 [ɑ:]로 발음해도 괜찮다. 장음부호가 있어도 [ɔ: 오:]는 단모음인데 북미지역에선 [ɔ:] 가 [ɔ 오]로 표시되기도 한다. 즉, gone은 /gɔ:n/ 또는 /gɔn(북미)/ 둘 다 가능하다.

영국모음 [ɒ]가 미국모음 [ɑ:](이완모음)나 [ɔ:](긴장모음)로 변하는 사례

(1) 자음 앞의 o는 영국영어에서는 [ɒ]로 발음되지만 미국영어에서는 [ɑ:]로 발음되는 편이다.

Got	ˈgɒt	ˈgɑ:t
Hot	hɒt	hɑ:t
Clock	ˈklɒk	ˈklɑ:k
Job	ˈdʒɒb	ˈdʒɑ:b
Lot	ˈlɒt	ˈlɑ:t
Not	ˈnɒt	ˈnɑ:t
Possible	ˈpɒsəbl	ˈpɑ:səbl
Stop	ˈstɒp	ˈstɑ:p

(2) [f], [θ], [s], [k], [g], [ŋ] 앞의 o는 영국영어에서는 [ɒ]로 발음되지만 미국영어에서는 [ɔ:]로 발음되는 편이다. caught-cot로 인해 일부 단어는 [ɑ:]로도 발음되는 과도기상태를 겪고 있다.

Off/loft/soft	ɒf/lɒft/sɒft	ɔ:f('ɑ:f)/'lɔ:ft/'sɔ:ft
Cost/lost	'kɒst/'lɒst	'kɔ:st/'lɔ:st('lɑ:st)
Cloth	'klɒθ	'klɔ:θ
Chocolate	'tʃɒklət	'tʃɔ:klət('tʃɑ:klət)
Dog	'dɒg	'dɔ:g
long/song/strong/wrong	'lɒŋ/'sɒŋ/'strɒŋ/'rɒŋ	'lɔ:ŋ('lɑ:ŋ)/'sɔ:ŋ/'strɔ:ŋ/'rɔ:ŋ
Sorry	'sɒri	sɔ:ri('sɑ:ri)
Gone	'gɒn	'gɔ:n
Want	'wɒnt	'wɔ:nt/'wɑ:nt

2) 영국에서 원래 [ɔ 오] 또는 [ɔ: 오:]소리를 내는 대표적인 단어 형태는 -au, -aw, -al, wa-,이다. caught의 경우는 영국발음이 [kɔ:t 코트]이듯 미국발음도 [kɔ:t 코트]다. 하지만 Cambridge 사전에 caught의 미국발음을 /kɑ:t/로 표시해 놓았듯이, 최근 40~50%정도의 미국인(주로 남동부지방)이 턱을 더 이완시켜 좀 더 편한 소리인 [ɑ:]를 써서 [kɑ:t 카트]로 발음하는 편이다. 이렇듯 [ɔ: 오:]가 [ɑ:(아)]로 발음되는 현상을 cot[kɑ:t]-caught[kɑ:t] merger (캍-캍 머r줘r)라 한다. 이렇듯 law, saw, cause, pause, talk, chalk, bald, all, ball, fall, hall, small, false, salt, want, wash, watch의 발음은 영국, 미국 모두 [ɔ:]이나 미국에서는 [ɑ:]로도 발음된다. 즉, Talk는 영국에선 [tɔ:k 톡]이지만 미국에선 [tɔ:k 톡]도 되고 [tɑ:k 탁]도 된다.

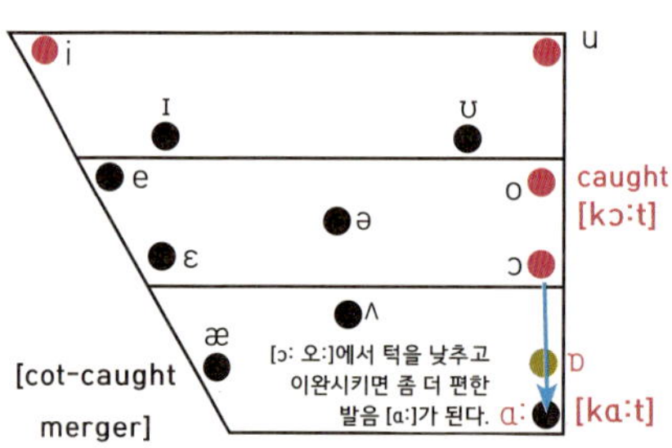

pot의 영국발음은 [pɒt 퐅:],
미국발음은 [pɔ:t 퐅: 또는 pɑ:t 팥:]
caught-cot로 인해 일부 단어는 [ɔ:]가 [ɑ:]로도 발음되고 있다.
dog[dɔ:g => dɑ:g]
[ɔ: 오]는 원순모음이자 긴장모음이며 입을 앞으로 내밀고 턱을 연다.
[ɑ: 아]는 이완모음이므로 아래턱이 비교적 크게 아래로 내려가고 입도 크게 벌려진다.

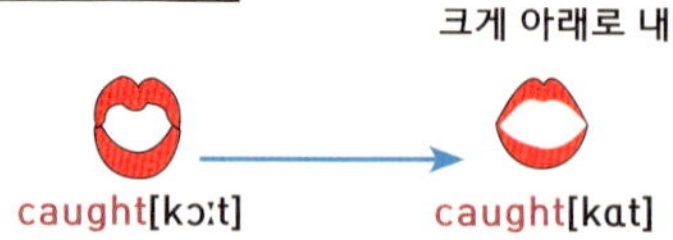

off[ɔ:f/ɑ:f], lost[lɔ:st/lɑ:st],
Chocolate[tʃɔ:klət/tʃɑ:klət],
long[lɔ:ŋ/lɑ:ŋ], sorry[sɔ:ri/sɑ:ri]

ɔ:

al all, ball, call, fall, hall, mall, tall, small, wall, talk, walk, chalk, stalk, salt, halt, bald

au caught, taught, august, autumn, Paul, Saul, auto, audio, author, daughter

ost/ong/oss gone, cost, lost, frost, dog, fog, long, strong, wrong, soft, song, cross, across, loss, boss, toss, off, often, office
(캠브리지사전에는 ɔ가 모두 ɑ로 발음된다.)

aw crawl, shawl, dawn, hawk, yawn, law, paw, jaw, saw, awful, draw, straw

4. 이중모음 -ow[aʊ/aw 아우]

ow 또는 ou의 철자에서 나타나는 소리로 /aʊ(아우)/가 있다. ow가 장모음(long o sound) [oʊ 오우]로 발음될지 이중모음(ow sound) /aʊ아우/로 발음될지를 결정하는 것은 뒤에 자음이 이어지느냐 아니냐에 달려있다.

이중모음 ow [aʊ/aw]

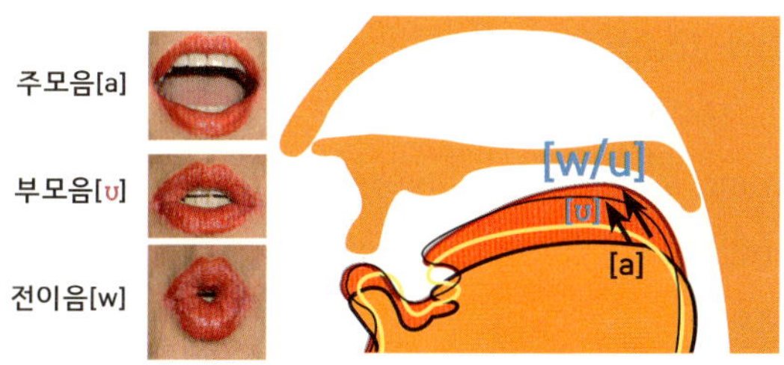

입의 중간지점에서나는 central vowel인 [a]를 소리낸 후 입을 약간 닫으며 혀 뒤쪽을 올려 미끄러지듯 소리를 [ʊ]로 전이(glide)시켜라.

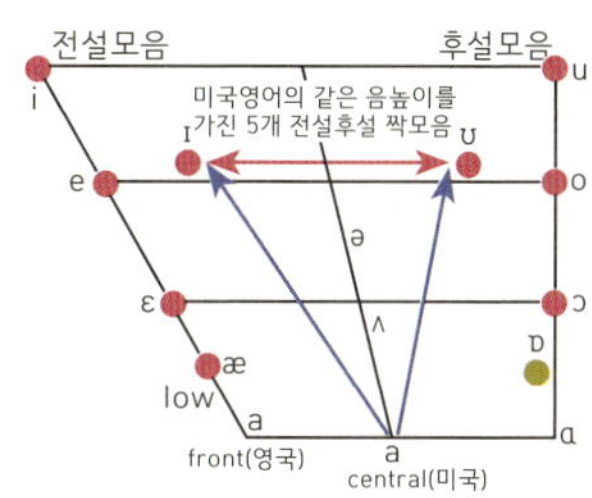

(미국영어는 중설모음 a)
(영국영어는 전설모음 a)

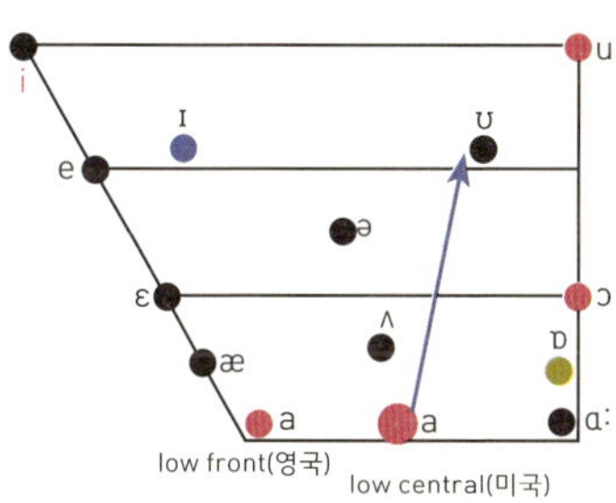

주모음인 [a]는 턱을 내리고 혀를 긴장시켜 입의 중간에서 내는 크고 깅힌 소리인데 부모음인 [ʊ]로 소리가 옮아갈(glide) 때 아래 앞니에 닿아있던 혀끝에 힘을 빼면서 [ʊ]를 소리내다 보니 혀끝이 떨어지게 되고 입술은 더 오므라지는데 이렇듯 [a]에서 전이(glide)되는 소리를 [aw]로 표시한다

이중모음 [aʊ]의 첫 음 [a]는

영국영어로는 low front vowel, 미국영어로는 low central vowel임.

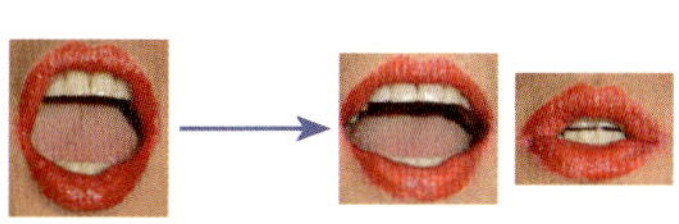

단모음[æ] 주모음[a] 부모음[ʊ]

이중모음 [a]는 영어의 모음 분류에 없는 모음으로 후설모음인 [a 아]와 다르다. 이는 전설모음인 [æ]상태에서 혀의 뒤 부분을 연구개쪽으로 뻗치고 입술 양쪽 끝을 당기고 윗입술이 올라가 앞니가 더 많이 드러날 때 입의 중간에서 나는 중설모음이다.

[ʊ]는 혀뒷부분을 연구개의 더 안쪽으로 올리면서 뻗쳐줌과 동시에 입술을 오므리고 힘을 빼면서 내는 [우]와 [으]의 중간소리다.

/oʊ오우/ (자음없음)	arrow borrow bowl below blow crow elbow fellow flow grow hollow know low mow meadow narrow pillow rainbow shadow slow snow show sow swallow tomorrow throw window willow yellow bow(활) blower는 blow + 접미사 er이므로 /oʊ/ bowl, own은 자음이 있지만 예외적으로 /oʊ/소리가 난다.
/aʊ아우/ (자음있음)	owl fowl growl brown clown crown down town crowd powder vowel towel flower shower tower(w+el/ɫ/, w+er/r/은 성절자음이다) 예외) cow how however now plow coward bow(절하다)

1) It is a brown[braʊn] bag.

2) Before it rains, the sky is covered with clouds[klaʊdz].

3) I acted the clown[klaʊn].

4) Don´t count[kaʊnt] your chickens before they are hatched.

5) I pushed my way through the crowd[kraʊd].

6) There is no doubt[daʊt] that you're lying.

7) Who is that girl walking down[daʊn] there?

8) Schoolboys are running on the ground[graʊnd].
ground[graʊnd]와 같은 rhyme의 단어는 bound[baʊnd], astound[əstaʊnd], compound[kάmpaʊnd], found[faʊnd], flounder[flaʊndər], hound[haʊnd]

9) She roamed from town[taʊn] to town.
casual sppech에서 [aʊ]의 [ʊ]가 탈락→[a] 또는 [aː]로 발음되는 단모음화가 일어나 town[taʊn]을 [taːn], downtown[dàʊntaʊn]을 [dàːntaːn]으로 발음하기도 한다.

10) Wow[waʊ], you look a lot younger without[wiðaʊt] it.

5. 이중모음 -oy[ɔɪ 오이]

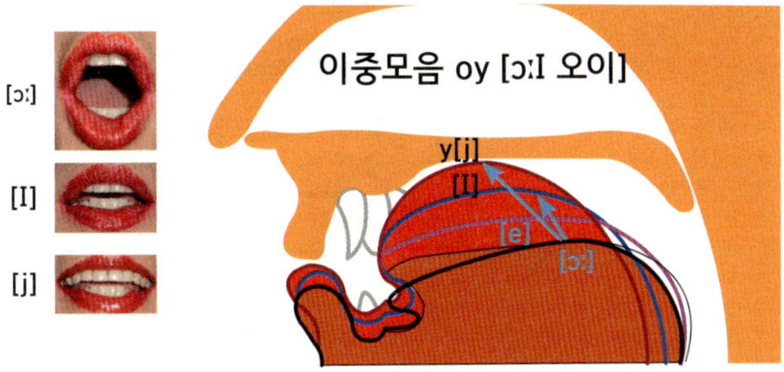

주모음인 [ɔ:]는 크고 강하게 부모음인 [I]나 [j]는 작고 약하게

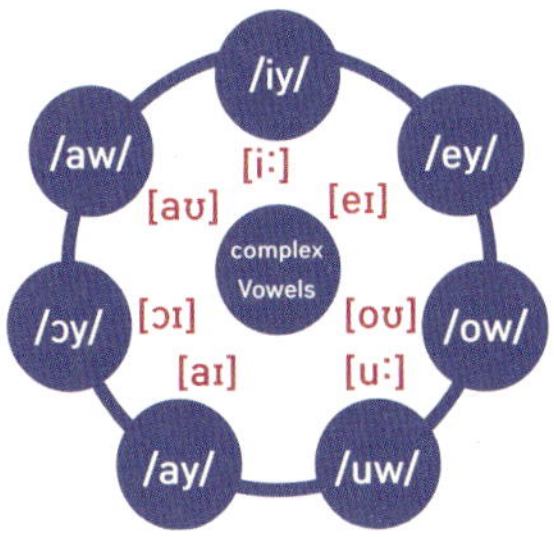

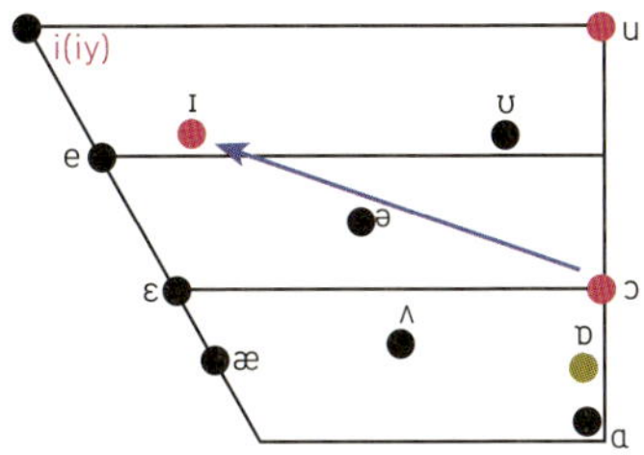

oy는 혀를 긴장시켜 내는 [ɔ:]소리를 낸 후 이완음인 short i [I 이]로 미끄러지듯 내려가는 2개의 음이 하나처럼 소리나는 이중모음이다. [ɔ]가 [I]로 전이될 때 턱은 살짝 닫히고 혀는 치경쪽으로 들어 올려진다. 혀의 양측면은 위측면의 치아 안쪽에 닿는다. 빠른 대화에서는 [ɔ:]를 발음한 후 /I/로 소리가 옮아 갈 때 입술과 턱에 힘을 뺀 채 입천장 가까이 붙이는 접근음 /j/ 소리를 내므로 [ɔj]로 소리난다.

oi 또는 oy의 철자에서 나타나는 소리로 /ɔɪ **오**이/로 발음된다.

1) They have only one boy[bɔɪ].

2) I put a coin[kɔɪn] in.

3) Join[dʒɔɪn] in the party.

4) To my joy[dʒɔɪ], she came to see me.

5) His eyes were moist[mɔɪst] with tears.

6) Don't make noise[nɔɪz].

7) Don't add oil[ɔɪɫ] to the flames.

8) That's a weak point[pɔɪnt].

9) An earthworm lives in the moist soil[sɔɪɫ]. 지렁이는 축축한 흙 속에서 산다.

10) My dad runs a toy[tɔɪ] shop. 아빠는 장난감 가게를 운영하신다.
Buy me a toy. 장난감 사주세요.

11) Don't speak in a high voice[vɔɪs].

6. r결합모음 -or[ɔ:r 오:r] :

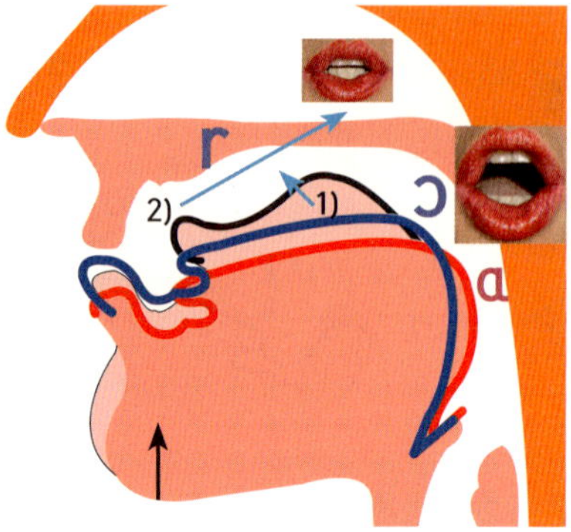

-or은 [ɔ:]소리를 내다가 [r]음색을 내기 위해
허를 뒤로 감아주는 소리다.

-or /ɔ:r/

-or for, force, horse

ore/-ord chore, score, more, shore, snore, store, bored, cord

ork/-ort cork, fork, pork, short, port, fort, sport, sort, north

orm/-orn form, storm, born, corn, horn, torn, thorn, scorn

war warrant, war, warm, warn, warrior, ward, dwarf

예외1) worth, worry, word, worst, world, work, worm, worse는/ə:r/

-or의 강세형 ['ɔ:r]은 [ɔ:]에서 r음색을 넣기(r-coloring) 위해 혀끝을 뒤로 감으며 한 소리처럼 발음해야 한다. 강세가 있는 or은 단모음 ['ɔ] + r => ['ɔ r **오**:r]이지만, 영국영어는 [r]음색을 넣지 않고 그냥 [ɔ:(r) **오**:]로 소리 낸다. -or['ɔ:r] 뒤에 유성자음이 오면 성대의 진동이 일어날 수 있도록 모음의 길이를 길게 끌어 주어야 하므로 장음부호 [:]를 붙인 ['ɔ: **오**:]하는 소리를 낸다. 예) ford[f'ɔ:rd **포**:(f)r드], form[f'ɔ:rm **포**:(f)r음] 반면, 무성음이 오면 급하고 짧게 ['ɔ:**오**] 하는 소리를 낸다. 예) fort[f'ɔ:rt **포**(f)r트], fork[f'ɔ:rk **포**(f)r크]

1) Unless it is well-paid, you will not be able to aff**ord**[əfɔ́:rd 어**포**:r드] many things.
2) Ask their doctor first bef**ore**[bifɔ́:r 비**포**:r] taking a bath above 39℃.
3) She looks b**or**ed[bɔ́:rd **보**:r드] after school these days. How about a sp**or**ts['spɔ:rts 쓰**뽀**r(읃)쓰] class?

4) Each team tries to score[skɔ́ːr 쓰꼬ːr] more[mɔ́ːr 모ːr] points than the other.
5) Corn[kɔ́ːrn 코ːr은] is traditionally eaten with beans.
6) A group of students gathered in a corner[kɔ́ːr.nər 코ːr너r] of the school yard.
7) Do you wish to force[fɔ́ːrs 포r쓰] your company on those who do not want you?
8) In the morning['mɔːrnɪŋ 모ːr닝] the smell of the wet forest['fɔːrəst 포ː뤄쓷] entered through the screen.
9) I'm sorry['sɔːri 쏘ːr뤼] I popped the balloon with my fork[fɔ́ːrk 포r크].
10) I resort[rɪ'zɔːrt 뤼조r트] forth with[ˌfɔːr'θwɪð 포r쓰윋] to the pen.
11) It is more[mɔ́ːr 모ːr] precise to define it as "rule by the majority[mə'dʒɔːrəti 머조ːr뤄티]", having respect for the rights of minority[maɪ'nɔːrəti 마이노ːr뤄티] groups and individuals.

r음색모음 -or[ɔːr]의 약화 : -or['ɔːr]은 [ər]로 약화된다. (elevator[eləvèɪtər], doctor[dɑktər], mirror['mirər], major['meɪdʒər], record['rekərd], forget[fərget], harbor[hɑːrbər], alligator['ælɪgèɪtər], effort[efərt], minor[maɪnər], color['kʌlər], junior[dʒuːnjər], factor['fæktər], senior['siːnjər], visitor['vizitər]

7. 모음 o의 강세없는 약화모음 [ə]

1) Potato chips contains too much salt.
2) Today millions of people own automobiles.
3) The tears caused by sadness contained more total proteın than those caused by cutting a raw onion.
4) Opinions vary from 'rejection and correction' to complete acceptance.
5) Do zebra stripes confuse zebras as much as they confuse lions?

potato[pə'teɪt oʊ 퍼테이도으], today[tə'deɪ 터데이], million['mɪljən 밀련], automobile['ɔt əməˌbil 오더머빌], contained[kən'teɪnd 컨테인드], onion['ʌnjən 어년], opinion[ə'pɪnjən 어피년], from[frəm 푸뤔],

rejection[rɪ'dʒekʃən 뤼**젝**쉬언], correction[kə'rekʃən 커**뤡**쉬언], to[tə 터] complete[kəm'pli:t 컴플리잍], do[də 더], confuse[kən'fju:z 컨**퓨**:즈], lion[laɪən **라**이언]의 소리를 들어보면 o는 단모음도 장모음도 r결합 모음도 아닌 약화모음 [ə]이다. 이처럼 영어는 2음절 이상의 경우, 강세가 없는 모음을 약화모음 [ə]로 발음한다. [ə]는 입술을 평평하게 하여 입안의 중간에서 내는 중설모음으로 단모음 [ʌ 어]를 힘을 뺀 상태에서 짧고 흐리멍텅하게 발음한 것으로 [으]에 가까운 [ə 어]소리가 난다.

6) They faced a lot of competi**tion**[ˌkɑ:mpə'tɪʃən 캄퍼**티**쉬언] **from**[frəm 프뤔] all **of**[əv 어브] the male pi**lot**s['paɪləts 파일럳쓰] who were looking **for**[fər 풔r] **work**[wərk 워r크].
7) Y**our**[jər 여r] children draw on the table with cray**on**['kreɪən 쿠뤠이언/'kreɪɑn도 가능].
8) If f**or** no other rea**son** than to remind himself that he would have **to** make his deci**sion** alone.

reason['ri:zən→'ri:zn], deci**sion**[də'sɪʒən→də'sɪʒn]처럼 final-on은 강세가 없을 때 [ən]으로 소리나지만, [ə]를 탈락시켜 [n]으로 표시하기도 한다. 성절자음 n은 이처럼 끝소리가 되면 [ən]이 되기도 하고 [n]이 되기도 한다.

skeleton[s'kelətn], prison['pri:zn], poison['pɔɪzn], season['si:zn], lesson ['lesn], mason['meɪsn], person['pə:rsn], unison['ju:nəsn], pardon['pɑ:rdn], button['bʌtn]

Listening Skill 54

알파벳 u의 다양한 발음

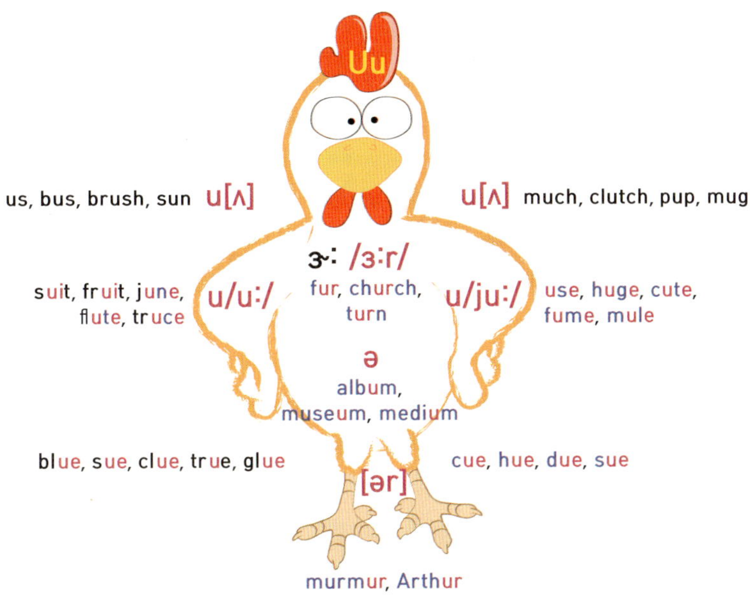

long u

uː(우ː) / juː(유ː)

u cruel, flu, july, junior, Peru, thru, Lucy, music, tulip, duty, super, during, unit

ui suit, fruit, juice

ue cue, hue, due, blue, glue, clue, sue, value, true

ew new, dew, crew, blew

u_e cute Bruce, truce, flute, mute, brute, fuse, juke, duke, abuse, refuse, huge, refuge, tube, cube, fume, plume, tune, june, dune, prune, mule, rule

/b//p//m/(양순음),/f/(순치음),/k//g/(연구개음) /h/(성문음), /t//d//n//s/(치경음) + u는 [juː]소리가 나지만 /ʤ/,/r/,/ʧ/, /s/,/l/ + u는 [uː]소리가 난다.
(단 /t//d//n//s/+u는 미국영어의 경우 [juː]보다 [uː]로 발음되는 추세이다.)

1. 장모음 u [ju:유:] 또는 [juw 유우]

[ue], [u + 자음 + e], [ui]의 형태에서는 알파벳 u가 장모음 [ju:**유**:] 또는 [juw **유**우]로 소리 난다. 그런데 이 u는 긴장된 소리이다. 발음 시 입 주위의 근육이 팽팽하게 경직되어 물고기가 입질하듯 둥근 입 모양을 만들며 안면근육을 많이 움직여서 [ju: **유**:] 또는 [juw **유**우]라고 발음을 해 주어야 한다.

장모음 [ju: 유:]	조음위치		소리의 길이	긴장 또는 이완	둥근 입술 여부
cute[kju:t]	Back	High	Long	긴장음(tense)	(o) rounded

장모음 long u[ju:][juw]

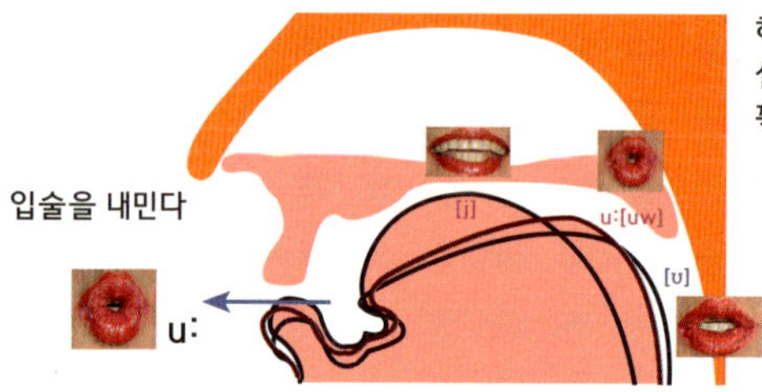

허 뒷부분이 입천장 가장 높이(연구개쪽) 올라가는 후설모음으로 [ʊ]보다 더 긴장시켜 발음하고 입술도 더 꽉 오무린다.

long u[ju:] => 1) y[j] + 2) u:[uw]

(연구개 입천장을 건드리면 자음 [g]가 되므로 가능한 높이 혀를 뒤로 올리되 건드리진 말라)

1) 2음절 이상 중 music을 mu/sic처럼 V/CV 「모음+(자음+모음)」으로 나뉘어져 앞 모음을 개음절(開音節)로 만들면 장모음으로 발음된다.

예) mu/sic, tu/lip, nu/clear, bu/gle, u/nit, u/sual, u/niform, stu/pid, du/ring, Ju/ly

2) CVV 형태의 열린음절(개음절/開音節/open syllable)일 때는 장모음이 된다.

예) cue hue due blue glue clue sue value true

(1) Cuteness, like beauty, has a universal appeal.
cuteness['kju:tnəs **큐**:웉너쓰(u: = uw)], beauty['bju:ti **뷰**:티], universal [ju:nɪ'vɜ:sl **유**:니버r슬].

(2) Turn off your notebook computer when not in use, especially when you are not at home.
computer[kəm'pju:tər 컴퓨:터r], use['ju:s 유:쓰], you[ju 유]

(3) Life becomes fruitful['fru:tfəl 푸루웉플] with our endless pursuit[pər'su:t 퍼r수웉] of dreams.

(4) We are pumping huge[hju:dʒ 휴:쥐] quantities of CO_2 into the atmosphere.

(5) John argued['ɑ:rgju:d 아:r규:드], adding that he didn't break the rules['ru:lz 루울즈].

(6) He alone understood the impact of De Forest's vacuum['vækju:m 배큐:음] tube['tju:b 튜:브], and he used['ju:zd 유:즈드] it to invent an amplifying system.

(7) Analyzes auditory and visual cues[kju:z 큐:즈] at the same time.

(8) Reduce[rɪ'du:s 뤼두:쓰] Carbon Emission, Rescue['reskju: 뤠쓰큐:] Earth.

(9) So stay tuned[tu:nd 투:은드]. Thank you for your continued[kən'tɪnju:d 컨티뉴:드] support.

(10) Sue[su:수:(미), sju:슈:(영)] had a newspaper['nu:z,pepər 누:즈페이퍼r] route in her neɪghborhood.

(11) The old Sumerian cuneɪform could not be used to write normal prose, whose vocabulary was restricted to names, numerals and units of measure.
Sumerian[su:'miəriən 수:미어뤼언(미), sju[:슈:(영)], cuneɪform['kju:nɪfɔ:rm 큐:니포r음], used to['ju:st tə 유:스터], numerals['nu:mərəlz 누:머뤌즈(미), nju[:뉴:(영)], units[ju:nɪt 유:닡쓰],

(12) It is now your duty[du:ti 두:티] to develop them, because a person who['hu: 후:] wastes his inborn talents is a fool['fu:l 푸:을].

(13) "No added sugar['ʃʊgər 슈거r]" labels are commonly seen in fruit juice[fru:tdʒu:s 푸루웉주:쓰]

(14) The noise comes from the wind blowing through[θru:쓰루:] holes in swellings at the base of the thorns, which act like tiny flutes[flu:ts 플루웉쓰].

3) 장모음 [ju:]로 시작하는 단어 중 [j]의 탈락이 일어나는 경우(yod dropping[yod elision)

장모음 long u [u:][uw]

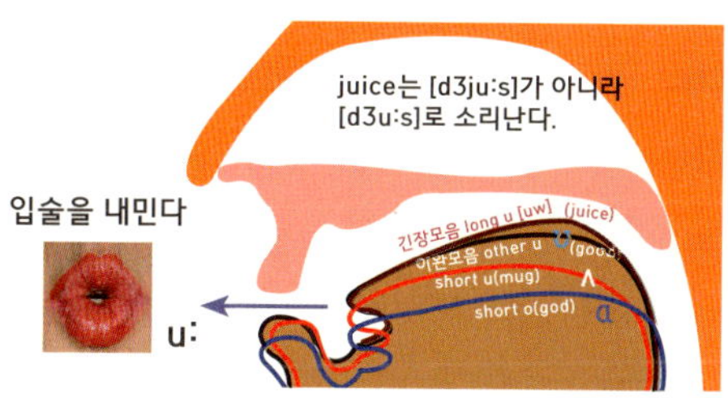

[u:]는 혀 뒷부분이 입천장 가장 높이(연구개쪽) 올라가며 ʊ보다 더 긴장시켜 발음하고 입술도 더 꽉 오무리며 앞으로 내민다.
[u:]는 fruit, suit, juice, june, flute처럼 ui, u_e형태에서 나타나나 oo형태에서 더 많이 나타난다.
food[fu:d/푸:], mood[mu:d/무:드], shoot[ʃu:t/슈:트], pool[pu:l 푸:얼], cool[ku:l 쿠:얼], fool[fu:l 푸:얼]

(1) 경구개치경음인 [ʃ][ʒ][ʧ][ʤ]나 치경음인 [r][l] + 경구개음 [j] + [u:]로 이루어진 강세음절을 가진 단어인 경우는 17세기부터 [j]의 탈락이 일어났다.(Early Yod Dropping) 즉, chew[tʃju: → tʃu:], Manchu[mæntʃju: → mæntʃu:], juice['dʒju:s → 'dʒu:s], chute['ʃju:t → ʃu:t], rude['rju:d → 'ru:d], crew['krju: → kru:], blue['blju: → blu:], flue[flju: → flu:]가 되는데 이는 경구개음 [j]와 경구개치경음 및 치경음이 거의 같은 위치에서 조음되기 때문에 자연스럽게 겹치는 발음이 탈락되는 것이다.

(2) 현대미국영어에서는 치경음인 [t][d][s][n]+경구개음 [j] + [u:]로 이루어진 강세음절을 가진 단어에도 [j]의 탈락(Yod Dropping)이 일어나고 있다.

예) tune['tu:n], student['stu:dənt], dune['du:n], new['nu:], numerous['nu:mərəs], enthusiasm[en'θu:zi,æzəm], suit['su:t], presume[prə'zu:m], lewd['lu:d], allude[ə'lu:d] 물론 아직까지는 영국영어처럼 여전히 탈락시키지 않고 발음하기도 하지만 탈락시키는 경우가 일반적이다.

2. 단모음 u [ʌ 어]:

장모음 u[ju:]가 철봉에 매달려 [ju:**유**:] 또는 [juw **유**우]하며 입 주위에 온 힘이 다 쏠리며 말하는 것이라면 단모음 [ʌ 어]는 철봉에서 내려와 힘이 빠져 [어,어,어, 어]하며 잔기침하듯 [**어**]한다고 생각하면 된다. 단모음 u[ʌ 어]는 u + single자음 또는 u + double 자음의 형태, 즉 닫힌음절이 될 때 [ʌ **어**]소리가 주로 난다.

단모음 [ʌ 어]	조음위치		소리의 길이	긴장 또는 이완	둥근 입술 여부
cut['kʌt]	Mid	Mid	short	이완음(lax)	(x) unrounded

1) **A duck**['dʌk **덕**] **dug**['dʌg **더**억(**덕**:)] out the meat by using its beak.
유성음 앞의 모음이 무성음 앞의 모음보다 더 길므로 dug은 ['dʌg **더**억(**덕**:)], duck은 ['dʌk **덕**]

2) It seems like a **fun**ny game - stand by a sink and **scrub** your hands. After a few sessions, says a **pub**lic health expert, the mothers tell us children are washing their hands at home. And not **just** their own. They[re making their brothers wash their hands too.] Washing hands with soap reduces the rates of infections, such as pneumonia and diarrheal diseases, that kill more than 3.5 million kids under age five every year worldwide.
funny['fʌni 풔니], **pub**lic['pʌblɪk 퍼블릭], **u**nder['ʌndər **언**더r]처럼 2음절 이상의 강세음절인 경우는 [ʌ]이나 1음절 단어의 경우는 강세가 주어지는 [ʌ]로도 가능하지만 강세가 없으면 약화모음 [ə]가 된다. **scrub**['skrʌb/'skrəb 스쿠뤕], **us**[ʌs/əs 어쓰], j**u**st['dʒʌst/'dʒəst **줘**쓷], s**u**ch['sʌtʃ/'sətʃ **써**취]

3) The figures depicted the falcon, the wild **duck**, the humming bird.

강세가 주어지는 humming은 ['hʌmɪŋ]이나 duck은 wild 뒤에서 떨어지는 리듬이 되다 보니 ['dʌk]보다는 약화모음의 ['dək]이 더 적당하다.

4) I **just** wish for a nice **cup** of tea.

강세가 없는 just는 ['dʒʌst]보다는 ['dʒəst **줘**쓷]이며 강세가 주어지는 cup은 ['kʌp]이 된다.

5) Huge d**u**st clouds eventually float over R**u**ssia.

Huge는 장모음이므로 ['hjuːdʒ 휴:쥐], 뒤의 dust는 약세리듬이므로 ['dəst 더쓷] 또는 ['dʌst 더쓷], 강세가 주어지는 Russia는 ['rʌʃə 뤄쉬어]

6) **But**[bʌt/bət] when the same air arrives with a "body-odor" label, the **subject**[sʌb'dʒekt] unwittingly[ʌn'wɪtɪŋli] **shuts**['ʃʌts/'ʃəts] down the smell areas of his brain.

7) I **jumped**['dʒəmpt/'dʒʌmpt] off. I rolled down the cold snow, thinking the next thing touch me would be the hard **rubber**['rʌ.bər] of a car tire. **Luckily**['lʌk.ə.li], I was safe.

8) The ground is wet and there are **mud**['məd/'mʌd], **puddles**['pʌd.lz] dotting the landscape.

9) He was sitting in the rented **truck**['trək/'trʌk] with his head **slumped**[s'ləmpt/s'lʌmpt] down.

10) You **must**[məst/mʌst] learn as **much**['mʌtʃ] as you can while you are **young**[jʌŋ].

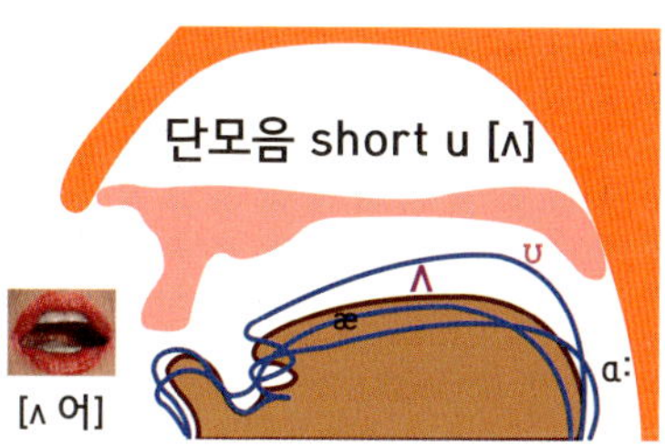

æ발음에서 입에 힘을 빼면 ʌ소리가 된다.
[ɛ 에]처럼 입을 약간 벌리고 혀를 입 중간에 두고 [어]한다.

단순모음 [ʊ]

짧고 이완된 (shorter & relaxed) ʊ(으)　　길고 긴장된 (longer & tense) uː(우:)

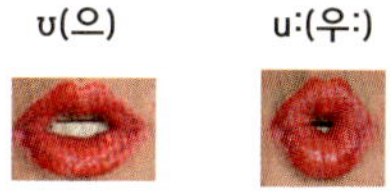

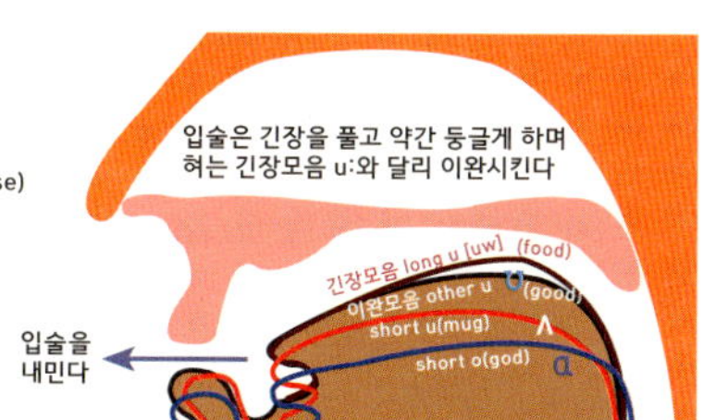

cushion[kʊʃn]	sugar[ʃʊgər]
sure[ʃʊr]	good[gʊd]
pull[pʊl]	bull[bʊl]
full[fʊl]	push[pʊʃ]
put[pʊt]	

ʊ는 혀뒷부분이 올라가며(up & back) 둥근입술을 만든다. [ʊ]는 혀를 최대한 뒤로 당기고 입술을 완만하게 풀어 힘을 뺀 상태에서 [ə 으]에 가까운 [우]소리를 낸다.

3. 단모음 u의 두 번째 발음 [ʊ 으]

oo 또는 u의 철자에서 나타나는 소리로 [ʊ 으]로 발음이 된다. oo가 oo sound [uː우ː] 또는 [uw 우우]로 발음될지 [ʊ 으]로 발음될지를 결정하는 것은 뒤에 앞에 어떤 자음이 오느냐에 달려있다. 긴장상태의 [uː우ː]를 이완시키면 [ʊ 으]가 되는데 혀의 높이가 약간 낮아지고 입술도 긴장이 풀려 입이 조금 더 열린다.

1) 단모음/ʊ/는 "으"로 표기한다. /ʊ/는 혀의 앞쪽이 아닌 혀의 뒤쪽에서 소리 낸다. 혀를 최대한 뒤로 당기고 "으" 보다는 입술을 동그랗게 모으고 입을 더 열어 힘을 빼서 미국인들은 슈와음 "ə"에 가까운 '으'의 소리를 낸다. good은 '귿', goodbye는 '귿바이', foot은 '픋',' football은 '픋보올', could는 '큳'으로 표기하지만 입술을 동그랗게 모으고 입을 더 열어 주도록 해야 한다.
2) "u" 뒤에 자음이 와서 닫힌 음절이 될 때 /ʌ어/ 소리가 나지만 /ʊ/소리가 나는 경우도 일부 있다. (put, full, bull, bush, push, cushion, butcher)
3) "oo" 뒤에 자음이 오면 장모음 /uː/가 되지만 /ʊ/소리가 나는 경우도 일부 있다. (book look hook took cook cookie foot good hood wood wool)
4) 단모음 /ʊ/로 소리나는 다른 경우는 ou나 o등의 단어에서 볼 수 있다. would, could, should, bouquet, bosom, wolf, woman

4. -ur의 강세형 ['əːr(ɜːr)]

-ur의 강세형 ['əːr(ɜːr)]은 ['əː]에서 r음색 을 넣어주기(r-coloring) 위해 혀끝을 뒤로 감으며 한 소리처럼 발음해야 한다. 단, **-ur['əːr] 뒤에 유성자음이 오면** 성대의 진동이 일어날 수 있도록 모음의 길이를 길게 끌어 주어야 하므로 장음부호 [ː]를 붙인 ['əːr **어**ːr]하는 소리를 낸다. 예) burn['bəːrn **버**ːr은], curl['kəːrl **커**ːr을] 반대로, 무성음이 오면 급하고 짧게 내야 하므로 그냥 ['əːr **어**r]하는 소리를 낸다.

1) It's a **murder** in the name of justice.
   m**ur**der는 강세가 들어가고 -ur 뒤에 유성음이 오므로 ['mə ːrdər **머**ːr더r]
2) Betty was **hurt** but wasn't particularly **surprised**.
   hurt는 강세가 들어가고 -ur 뒤에 무성음이 오므로 ['hə ːrt **허**r트]이지만 s**ur**prised의 sur-은 강세가 없는 약세음절이므로 [sər'praɪzd 써r푸**롸**이즏]
3) A **nurse** said, "You're really lucky."
4) The girl looked in her **purse** and counted her money.

5) Shoes have not served such a purely functional **purpose**.

6) A piece of fruit for lunch, a **turkey** sandwich for dinner.

nurse처럼 강세가 들어가고 -ur 뒤에 무성음이 오면 ['nə :rs **너**r쓰]
purse['pə :rs **퍼**r쓰], purpose['pɜ:rpəs **퍼**r퍼쓰], turkey['tə :rki **터**r키]

7) When the **bursts** of noise would **occur** or had the ability to terminate the noise with a panic button.

b**ur**st는 강세가 들어가고 -ur 뒤에 무성음이 오므로 ['bə:rst **버**r쓰트],
occur는 강세가 들어가고 -ur이 유성음 상태에서 끝나므로 [ə'kə:r 어**커**:r]

8) It was Jack's **turn**, but his roommate **Arthur** had to cook. The steaks were **burned**, so they went out for dinner.

turn의 -ur은 강세가 들어가고 -ur이 유성음과 연결되므로 ['tɝ:n **터**:r은]
Arthur의 -ur은 강세가 없는 약세모음이므로 ['ɑ:r.θər **아**r써r]

9) Every summer many **return** home suffering from a **sunburn**.

ret**ur**n은 강세가 들어가고 -ur 뒤에 유성음이 오므로 [ri'tə:rn 뤼**터**:r은]
sunburn의 -ur은 강세가 없는 약세모음이므로 ['sʌnbərn **썬**버r은]

10) The difference in distance between the two routes is due to the earth's **curved surface**.

curved는 강세가 들어가고 -ur 뒤에 유성음이 오므로 ['kɝ:vd **커**:r브드]
surface는 강세가 들어가고 -ur 뒤에 무성음이 오므로 ['sɝ:.fəs **써**r풔쓰]

11) **Surprisingly**, it can **survive** up to five days without water.

Surprisingly의 -ur은 강세가 없는 약세모음이므로 [sər.'praɪ.zɪŋ.li 써r푸**롸**이징리]
survive는 ur에 강세가 없으므로 [sər.'vaɪv 써r**봐**이브]

12) The **furniture** is soft and comfortable, and the **curtains** are cheerful. Beautiful **pictures** of mothers are hanging on the walls.

13) Clearly, his debt to **culture** will vary with the **nature** of his education.

furniture의 -ur은 강세가 있고 -ur이 유성음과 연결되므로 ['fɝ:.nɪ.tʃər **풔**:r니춰r]
curtains는 강세가 들어가고 -ur 뒤에 무성음이 오므로 ['kɝ:.tnz **커**r튼즈]
furniture, picture, culture, nature의-ure는 강세가 없으므로 ['fɝ:nɪtʃər **풔**:r니춰r], ['pɪktʃər **픽**춰r], ['kʌl.tʃər **컬**춰r], ['neɪ.tʃər **네**이춰r]

5. 모음 u의 강세없는 약화모음 [ə]

1) Aren't falling leaves in **autumn** beautiful?
2) The band will be in concert to promote their new **album** this Saturday.
3) You know we're supposed to visit a **museum** this week, right?
4) Money is merely a convenient **medium** of exchange.

강세가 없는 모음 u는 autumn(오럼), album(앨범), museum(뮤지엄), medium(미디엄), curriculum(커뤼켤럼)처럼 단모음 [ʌ **어**]로 생각하기 쉽다. 하지만, 자세히 들어보면, 강세가 없는 모음 u는 [ʌ 어]가 아닌 [ə 어]로 약화된 소리이므로 언뜻 듣기에는 [어]이지만 [으]에 더 가까운 [ə 어]인 것이다. 따라서 autumn['ɔtəm **오**름], album['ælbəm **앨**븜], museum[mju'zi:əm뮤**지**:음], instrument['ɪnstrəmənt **인**스츄르믄트] curriculum[kə'rɪkjələm 커**뤼**켤름], medium['mi:diəm **미**:디음]으로 청취된다고 보면 된다. 또한 scrub['skrʌb/'skrəb 스크뤕], us[ʌs/əs 어쓰], just['dʒʌst/'dʒəst **줘**씉], such['sʌtʃ/'sətʃ **써**취]처럼 1음절 단어의 경우는 강세가 주어지는 [ʌ]로도 가능하지만 강세가 없으면 약화모음 [ə]로도 가능하다.

장모음 u(long u)의 you['ju:], into[ˌɪn'tu:], to['tu:], do['du:], who['hu:], through['θru:]가 약화음이 되면 you[ju(모음 앞), jə(자음 앞)], into['intu(모음 앞), 'intə(자음 앞)], to[tu(모음 앞), tə(자음 앞)], do[du(모음 앞), də(자음 앞)], who[hu], through[θru]가 된다.

Listening Skill 55

모음약화의 원리 - 강세가 없거나 기능어의 모음은 약화모음 [ə]

Psy, at[ət] the American[ə'merɪkən] Music Awards[ə'wɔːrdz], has[həz] even bigger rock'n roll['rɑːkən roʊl] ambitions[æm'bɪʃənz].

1. 강세가 없는 음절의 모음약화 [ə]

영어의 2음절 이상의 단어는 음파(sound wave)의 음높이(pitch)가 최고점(high pitch)인 각 음절의 모음은 강세를 받고 그 외의 모음은 강세를 받지 못한다. 그리고 문장 속에서 연결발화로 대화할 때 중요하지 않은 모음을 빨리 말해야 하므로 [ə]로 약화시키는 데 이를 모음약화(vowel reduction)라 하고 한다. 예를 들면 banana는 같은 모음 'a'를 3개 가지고 있지만, 가장 높은 음높이(pitch)의 'a'만 강한 [æ]로 소리 나고, 나머지 'a'는 약화된 모음 [ə]로 소리 나기 때문에 [bə'nænə 버내너]인 것이다. ex) American[ə'merɪkən 어메뤼컨], Awards[ə'wɔːrdz 어와r즈], ambitions[æm'bɪʃənz 앰비쉬은즈]

1) Who do you invite? "Him and them."[hɪm ænd ðem]I invite him and them[ɪmənðəm]
2) At home['æt hoʊm], he kept large sketchbooks into which he might enter new ideas.Now, I'm at home[ət hoʊm], so give me a[ə] call.
3) Have['hæv] you come up with any New Year's resolutions? Yes, I have['hæv]. Yes, I have[həv] a[ə] tattoo. It doesn't make me a bad person.
4) Can['kæn 또는 → kən] you['juː → jə] find out for[f'ɔːr → fər] me as['æz → əz] soon as [æz → əz] possible?
5) For[f'ɔːr → fər] some['sʌm → səm] years I had to['hæd tuː→ həd tə] live without books.

2. r결합모음(-ar, -er, -ir, -or, -ur)의 약화모음 [ər 어r] 소리

1) In a large bowl combine flour, sugar, baking powder, and salt.
Standard photos are one dollar each and large ones are two dollars each.
large처럼 강세가 있는 -ar은 ['lɑːrdʒ 라ːr쥐] sugar, Standard, dollar처럼 강세가 없는 -ar은 ['ʃʊgər 슈거r], ['stændərd 쓰땐더r드], dollar['dɑːlər 달ː러r]
Richard Warren demonstrated this particularly well.
Richard['rɪtʃərd 뤼처r드], particularly[ˌpɑːr'tɪkjələrli 파ːr티켤러r리]
There was one student who had trouble with grammar['græmər 구래머r].
The sandal was the most popular['pɑːpjələr 파ː퍌러r] form of footwear.
If done regularly['regjələrli 뤠결러r리] exercise can help.
Try tasting some other sour solution, such as dilute vinegar['vɪnəgər 비너거r].
When you find there is blank space on your calendar['kæləndər 캘런더r].
The broom should not be used for cleaning the household gods or altar['ɔːltər 오ː올터r] as this is disrespectful.
The ants also look after a caterpillar['kætərˌpɪlər 캐터r필러r] which lives inside the ant plant. He stopped smoking cigars[sigɑːrz 씨가ːr스] twenty years ago.

2) She paid particular attention to the number of years a person stays with a job.
person처럼 강세가 있는 -er은 [pəːrsn 퍼ːr쓴]
number처럼 강세가 없는 -er은 ['nʌmbər 넘버r]

3) The other girls made fun of me because my skills weren't like theirs.
girl처럼 강세가 있는 -ir은 [gəːrl 거ːr을]
their처럼 강세가 없는 -ir은 [ðeər 데어r(강세형)], [ðər 더r(약세형)]

4) Ask their doctor first before taking a bath above 39℃.
first처럼 강세가 있는 -ir은 ['fɚːst 풔ːr쓷]
doctor처럼 강세가 없는 -or은 ['dɑːktər 닥ː터r]

5) Betty was hurt['həːrt 허ːr트] but wasn't particularly surprised. [sər'praɪzd 써r프롸이즏]

6) A professor lectured for an hour on the dishonesty of certain dictionary editors who omitted a word from the dictionary.
(1) certain의 cer-, word의 wor-은 강세음절이므로 ['sɚːtn], ['wɚːd]

(2) professor, for, editors의 -or은 강세 없는 약모음이므로 [prə.'fe.sər], [fər], ['ed.ət.ərz]

(3) lectured의 -ure는 강세없는 약모음이므로 ['lek.tʃərd]

(4) hour의 -our은 ['aʊ] + [r]의 결합이므로 ['aʊr]

7) Just go up to your neighbor's door['dɔːr] and ask her if you can borrow a cup of sugar.

-ar, -er, -ir, -or, ur의 앞에 자음이 오고 강세가 없으면 [ər] 소리 난다.neighbor's['neɪbərz 네이버r즈], sugars['ʃʊgərz 슈거r즈]

8) Little girls wearing earrings and boys wearing hairstyles aren't rare anymore.

9) Steve had supervised one of his company's warehouses for four years.

10) I am not a mountaineer, but I love to hike and be outdoors.

-ar, -er, -ir, -or, ur의 앞에 모음이 오고 강세가 없으면 [r] 소리 난다. 알파벳 r의 음가 [ər]은 [ə] + [r]인데 강세를 받지 못하여 약화되면 앞의 [ə]소리를 내지 않고 바로 혀를 감아주며 [r]음색만을 내는 것이다.

wearing['wer.ɪŋ 웨어링], earrings['ɪ.rɪŋz 이어링즈], hairstyles[herstaɪl 헤어스따일], rare['rer 뤠어r], warehouse['werhaʊs 웨어r하으쓰], four['fɔːr 포어r] year['jɪrz (이)이어r], mountaineer['maʊntə̩nɪr 마은트니어r], outdoors['aʊt.'dɔːrz 아읕도어r즈]

즉 air[er], eer[ɪr], ear[ɪr], ear[er], our[ɔːr], oor[ɔːr]처럼 장모음 + r의 형태가 되면 장모음이 긴장상태에서 완화되므로 단모음으로 이완되고 [r]을 붙이는 단어들이 있다.

(1) [eɪr → er] : fair['fer **페**어r], air, fair, chair, hair, pair, stair
cared['kerd **케**어r드], care, dare, share, aware, bare

(2) [iːr → ɪr] : fear['fɪr **피**어r], ear, near hear, beard
deer[dɪr **디**어r], beer, deer, cheer, peer
mere[mɪr **미**어r], here, mere, adhere, sphere

(3) [oʊr → ɔːr] : four[fɔːr **포**ːr], pour[pɔːr], tore[tɔːr], mourn[mɔːrn], source[sɔːrs], force[fɔːrs], score[skɔːr], door[dɔːr]

(4) [uːr → ʊr] : moor['mʊr **무**어r], poor['pʊr **푸**어r], sure['ʃʊr **슈**어r], lure['lʊr **루**어r], tour['tʊr **투**어r]

3. 기능어들의 모음약화 [ə]

영어의 기능어들은 강세를 가진 내용어의 중간에서 빨리 발음해야 할 필요가 있어 모음을 약화시키는데 이렇게 약화된 모음 [ə]와 함께 발음되는 소리를 약세형(weak form)이라 한다. 반면에, **따로 떼어서 발음할 때나, 문장의 끝 또는 문장의 앞에서 강세를 주며 발음하는 것을 강세형(strong form)**이라고 한다. 예를 들면, 기능어인 at는 강세형으로는 [æt]이지만 약세형으로는 [ət 얻], has는 강세형으로는 [hæz]이지만 약세형으로는 [həz 허즈], and는 강세형으로는 [ænd]이지만 약세형으로는 [ənd 언드] → [ən 언] → [n 은]으로 약화된다. 문장 속에서도 마찬가지이다. Him and them, At home, Yes, I have.에서 강세형이면 [hɪm ænd ðem], [æt hoʊm], [jes, aɪ hæv]로 소리 나지만 문장 속으로 들어가 강세를 받지 못하면 him **and** them[ɪmənðəm], I'm **at[ət]** home. I have**[həv] a[ə]** book.처럼 발음이 약화된다.

1) 관사(a, the) 및 한정사(some)의 모음약화

① I was⁀a[wəzə 워저] teacher. It's an egg.[ɪts⁀ən⁀'eg 잍써네그]
② The[ðə] ewes'['juːz] horns are much smaller and lighter and do not tend to curl.
③ The[ðə] sun['sʌn] rises in the[ði] east['iːst] and sets in the[ðə] west['west].
④ The[ðə] one['wʌn] way to reach the[ði] island['aɪlənd] is by helicopter.
⑤ The[ði] owner['oʊnər] and the[ðə] union['juːnjən] deadlocked over the[ði] issue['ɪʃuː].
⑥ One dispute is between the[ðə] European[ˌjʊrə'piːən] Union and the[ðə] USA.
⑦ Some['sʌm] people always get on my nerves.
⑧ There are some[s(ə)m] people waiting outside to see you.
⑨ Would you like some more?[səm⁀m'ɔːr → səmː'ɔːr][s'more]

(1) 부정관사 a나 an의 약세형은 [ə 어]나 [ən 언]
(2) 정관사 the는 모음 앞에서는 [강세형 ðiː], 반자음 [j], [w]를 포함한 자음 앞에서는 약세형 [ðə]
(3) ① 강세형['sʌm]은 일정하지 않은 불특정 대상을 말하는 어떤, 얼마간의 뜻일 때
② 약세형[s(ə)m]은 긍정적 의미에서 '얼마간의'란 뜻일 때
③ 의문문에서 긍정적 의미로 '얼마간의'란 뜻으로 쓰인 some은 약세형[s(ə)m]이다.

2) be동사 및 have동사의 모음약화

① Are you ready? Of course, I am[æm(강세형)]. I wonder what it was[wɑːz(강세형)].
② Are you okay? No, I am not[æm nɑt 앰낱(강세형)]
③ I'm sure they are[ɑːr(강세형)]. We aren't[ɑːrnt] ready, are[ɑːr] we?
④ Am I?[əmaɪ 어마이] What am I?[wɑt əm aɪ → wɑɾəmaɪ(와러마이)]
⑤ There are[ðeər ɑːr(강세형) → ðərər 더러(모음약화)] many shops in the street.
⑥ You haven't['hævnt] been there, but I have['hæv(강세형)].
⑦ He hasn't['hæznt] paid yet, has['hæz(강세형)] he?
⑧ Have you been to a doctor?['hæv ju bɪn(강세형) → 'hævjə bɪn → əvjə bɪn(모음약화)]
⑨ Has[hæz 또는 həz] he a glass?
⑩ I could have[kʊd həv → kʊdəv] done it. You need not have done[həv 'dʌn] it
⑪ I should have[ʃəd həv → ʃədəv] done the work before.
⑫ Mary has['hæz] seen him[ɪm] before.(경험을 강조했을 때 강세형)
⑬ Mary has[həz] seen him['hɪm] before.(him을 강조했을 때 약세형)
⑭ Mary has[əz] seen him[ɪm] before.(약세형은 [həz]에서 [h]가 탈락, [əz]가 됨.)

(1) be동사가 문장 끝이나 부가의문문, 부정형에서는 강세형이지만, 그 외에는 모음약화 된다.

(2) have동사가 문장 끝, 부가의문문, 부정형에서는 강세형이지만, 그 외에는 [həv]로 모음약화 된다.

(3) 문장의 처음에서는 강세형 또는 약세형 둘 다 가능하다. 문장중간에서 [h]가 탈락 [əv]가 된다.

3) 대명사의 모음약화

① I[aɪ(강세형) → aː 아ː(모음약화)] beg your[jər 여r] pardon?
② I'm[aɪm → aːm 아ː음] leaving. I'll[aɪl → aːl 아ː을] be back.
③ You're[ju + ər → jər] not certain, are you['juː]?(문장 끝은 강세형)
④ Will you[ju] ask? You[ju] owe me some money. Thank you[ju] a lot.(자음 앞은 [ju])
⑤ If you[jə] fight, you[jə] will hurt each other.
⑥ He's a[hiz⁀ə 히저] boy. Is he[ɪz hi 또는 ɪziː] late?
⑦ What did he do?['dɪd⁀iː⁀duː 디디ː두ː → dɪɾ⁀iː⁀duː 디리ː두ː]
⑧ She['ʃi] loves him[ɪm]. Does she['ʃi] love them[ðəm]? Tell them[ðəm] to be nice.
⑨ That's my['maː] man. I met his[ɪz] son. Our['aːər] car is very comfortable.

(1) I : [강세형 aɪ 아이] [약세형 aː 아ː]

(2) you : [강세형 'juː] [약세형 (ju, jʊ 모음앞), (jə 자음앞)]

(3) He : [강세형 'hiː 약세형 hɪ, hi, iː] , She : [강세형 'ʃiː 약세형 ʃɪ, ʃi]

(4) them : [강세형 'ðem, 약세형 ðəm, ðm, əm, m], him : [강세형 'him힘, 약세형 im]

(5) my : [강세형 'maɪ, 약세형 'maː], your : [강세형 yʊər 유어r] [약세형 jər 여r]
his : [강세형 'hɪz, 약세형 ɪz], our : [강세형 'aʊər 아워r] [약세형 'aːər 아어r]

4) 전치사

① Are you good at['gʊd ət] math? I'm poor at['pʊr ət] math.
② Dinner's at[dɪnərz ət] five. I'm at[aɪmət] school.
③ I'm at a meeting.[ət ə 'mi:tɪŋ, → ərə 'mi:ɾing]
④ What's he famous for[f'ɔ:r]? What is it for[f'ɔ:r]? It is what I'm looking for[f'ɔ:r]
⑤ Is this for us[fərəs 풔러쓰] or for you[fərju 풔류]?
⑥ His phone has been busy for hours[fə'raʊərz 풔라워r즈]
⑦ Where are you from?['frɑm]
⑧ I'm from Italy['frəm 'ɪtəli:] apart from[əpɑ:rt frəm] my family.
⑨ He died? What of[ɑv]? What's it made of[ɑv]?
⑩ Could you bring me a glass of milk?[ə glæs ə milk] 또는 [ə glæs əv milk]
⑪ Get out of here.[get aʊt əv →geraʊrəv 또는 geraʊrə]
⑫ There were a lot of[ə 'lɑ:t əv 또는 ə 'lɑ:rə] people.
⑬ This back door of[ə(v)] the building is out of use[ə(v) ju:s]
⑭ Who is the prettiest of us[əv‿əs] all?
⑮ He is twenty years of age[əv‿'eɪdʒ]
⑯ The party is a lot of fun[əvfʌn → əffʌn → əf:ʌn]
⑰ Yes, I want to[tu:]. Who dɪd you give it to[tu:]? Who are you talking to[tu:]?
⑱ He wants to[tə] go. He'd like to[tə] go. I'd like to[tə] speak to[tə] them.
⑲ I want to eat[tu 'i:t] now. It's a quarter to eɪght.[tu eɪt]
⑳ I wanted to do['wɑntɪd tə du: 원팉트두:→' wɑnɪd də du:→ 'wɑnɪdə du:→'wɑnɪ ɾə du:워니르두]
㉑ They will go to America['goʊ tu ə'merɪkə → 'goʊ ɾu ə'merɪkə]

전치사는 문장 끝에 오면 강세형, 문장 중간에 오면 약세형으로 소리가 난다.

(1) at : i) 강세형은 [æt 앹], ii) 약세형은 [ət 엍], iii) 모음이 이어지면 설탄음화 [əɾ]가 된다.

(2) for : i) 강세형은 [f'ɔ:r 포:r], ii) 약세형은 [fər 풔r]로 소리가 난다. iii) for[fər] + 모음은 연음되어 [r]음색이 잘 연결되지만 [fər] + 자음은 [r]이 약화, [fə 풔]에 가깝다.

(3) from : i) 강세형은[frʌm; frɑm], ii) 약세형은 [frəm 푸뤔]으로 소리가 난다.

(4) of : i) 강세형은 [ʌv, ɑv 아브], ii) 약세형은 [əv, ə(자음 앞)], iii) of[əv] + 자음은 [v]가 탈락, [ə]로 소리나기도 한다. iv) of[əv] + 모음은 연음된다. v) of[əv]+무성자음의 [v]는 무성음 [f]로 무성음화 된다.

(5) to : i) 강세형은 [tu:], ii) 약세형은 자음 앞에선 [tə], 모음 앞에서는 [tu]나 [tʊ], iii) 모음 또는 유성음 + to의 경우는 유성음화(flap)되어 설탄음 [də]나 [ɾə]로 발음한다.

5) 접속사

① And he said['ænd hi sed 앤드 히 쎄드 또는 æn⁀i sed 애니쎄드] something very quickly.
② But I[bʌt aɪ 벝아이 또는 bʌɾ⁀aɪ 버라이] didn't understand.
③ He and I[ənd⁀aɪ 또는 ən⁀aɪ] went and asked[ənd⁀æskt 또는 ən⁀æskt] over and over again.['oʊvər ənd⁀oʊvər 또는 'oʊvər ən⁀oʊvər]
④ Husband and wife['hʌz.bən ən 'waɪf 허즈버넌와이프] came and left['keɪm ən 'left] agaɪn.
⑤ Try it agaɪn and agaɪn[ə'gen⁀ən⁀ə'gen 어게너너겐]
⑥ rock'n roll['rɑkn'roʊl 롹큰로을], bread and butter[b'redn 'bʌɾər 브뤠든버러], come'n see
['kəm(ə)n'siː 커믄씨ː], off'n on[ɔːfn ɑːn 오픈안], wait'n see['weɪtnsiː 웨이든씨ː], give'n take['gɪvn'teɪk 기븐테잌], up-and-down['ʌpn'daʊn 어픈다운], wife'n husband['waɪfn'hʌz.bənd]
⑦ What's he acting as['æz]?
⑧ I'll go as soon as[əz 'suːn əz] I can. He's as[əz] tall as[əz] I.
⑨ Which is longer, this or['ɔːr] that?
⑩ Fry two or three['tuː ɔːr 'θriː→ tuər θriː] at a time.
⑪ This is a mile or so[ə 'maɪl ər 'soʊ] from my house.

(1) and : 강세형은 [ænd], 약세형은 [ənd 언드], 모음이 이어지면 모음에 연음된다. 하지만 자음이 이어지면 [d]가 탈락, [ən 언]이 된다. 심지어, 빠르게 말할 때나 관용적 표현에서는 [n은]만 남는다.

(2) but : 강세형 [bʌt], 약세형 [bət]이며, 모음이 이어지면 연음시 quick d나 flap t가 된다.

(3) as : 강세형 [æz]는 문장 끝이나 강조를 할 경우에 발음되며 그 외에는, 약세형 [əz]로 소리난다.

(4) or : 강세형 ['ɔːr]은 선택의 의미가 강할 때 사용한다. [약세형 ər, r]은 선택의 의미가 약할 때 사용한다.

6) that, what, there are

① I believe that[ðət] it's true. I say that[ðət] that[ðæt] is scary. I think that[ðæt] it's red.(접속사)
② Is this the pen that[ðət] you bought? The pen that[ðət] I bought is that[ðæt] one. (관계대명사)
③ Do you have any opinion on that[ðæt]? What's the deal with that[ðæt] thing?(지시사)
④ Are you blind or what['hwʌt]? Are you people crazy or what['hwʌt]?
⑤ What's[wəts] your name? Put off what[wət] you shouldn't do.
⑥ That's what I thought.[wət aɪ 월아이→ wəraɪ 워라이]
⑦ What a beautiful day.[wət ə bjutəfl → wərəbjurəfl 워러뷰러플]
⑧ Whatever you say.[wət'evər 월에버r → wər'evər워레버r]
⑨ She is beautiful, and, what is more, wise.[wət ɪz mɔr → wərɪz mɔr 워리즈모어r]
⑩ What is it?['wʌt ɪz ɪt 월이즈일 → 'wərɪzɪt 워리질]
⑪ What if it rains?[wət ɪf 월이프 → wərɪf 워리프]
⑫ I left it over there[ðeər] There's[ðərz] something there[ðeər].
⑬ There is[ðər ɪz] a nice restaurant around the corner.
⑭ There are[ðərər] two left. There[ðər] were[wər] three survivors.

(1) that : 강세형 [ðæt]은 지시대명사나 지시형용사일 때이며 관계대명사나 접속사일 때는 약세형 [ðət]이다.

(2) what : 문장 끝에 있을 때 강세형 ['wʌt, wɑt], 문장 앞에서는 강세형 또는 약세형 [wət], 문장의 중간에서나 관계대명사로 쓰일 때는 약세형 [wət], 특히 what + 모음의 연음은 설탄음(quick d나 flap t)이 된다.

(3) there : 강세형[ðeər]은 위치부사로 쓰일 때 주로 나타난다. There is, There are는 약세형 [ðər]

7) 조동사(do, can, could. will, shall, should)

① I'll be hanged if I do.['du:] I think everybody does['dʌz](문장끝)
② Do I['du: aɪ 또는 du aɪ] have to know that? Do[du 모음 앞] animals think?
③ Do you['du: ju 또는 də ju] love me? Do[də 자음 앞] the animals think?
④ What do you[dəjə] call it? Where do you[dəjə] live?
⑤ What does he[dəz (h)i] call it? Where does he[dəz (h)i] live?
⑥ Let's see if the others can['kæn 캐앤]. I can't do it.[kæn(t)dəɪt 캐앤드잍]
⑦ Can['kæn 또는 kən] I come? What can[kən 컨] I do? I can[kn 큰] do it.
⑧ I would[wʊd] if I could[kʊd]. What could[kəd] I say? I could have[kəd əv] come earlier.
⑨ I will[wəɫ] not tell him, will[wɪɫ] you? I will[wəɫ] call you later. I will[wəɫ] help you.
⑩ What'll[warɫ] be, will[wəɫ] be. What'll[warɫ] you do? Ted'll[tedɫ/terɫ] do. That'll[ðærɫ] do,
⑪ I think we shall[ʃæɫ 섀을]. Shall[ʃəɫ 셔을] we dance?, What shall[ʃəɫ, ʃɫ] we do?
⑫ When shall[ʃəl 셜] I go? I shall[ʃəl, ʃl] always go.
⑬ You shouldn't[ʃʊd(ə)nt] drink.(부정형일 땐 강세형)
⑭ What should[ʃəd, ʃd] I do? I should do[ʃəd du:] my homework.

조동사가 문장 끝에 오거나, 부가의문문인 경우에는 강세형으로 발음한다. 조동사가 문장의 맨 앞에 올 경우는 강세형으로 말하거나 [ə]로 모음약화를 시키거나 둘 다 가능하다.
약세형은 문장 중간 또는 문장 앞에서 사용된다.(문장 앞에서는 강세형 또는 약세형 둘 다 가능)

(1) do[강세형 'du:], [약세형 (du 모음앞), (də 또는 dʊ 자음앞)], does[강세형 'dʌz, 약세형 dəz]
(2) can['kæn 캔, 캐앤 약세형 kən 컨, kn 큰], could[강세형은 kʊd크드, 약세형은 kəd큳]
(3) will[강세형 wɪl], [약세형 wəɫ, əɫ, ɫ](자음 앞에선 dark l), [wəl][əl][l](모음 앞)]
(4) shall[강세형ʃæl], [약세형 ʃəɫ(자음 앞에선 dark l), ʃəl(모음 앞), ʃl]
(5) should[강세형 ʃʊd], [약세형 ʃəd]

Listening Skill **56**

영국영어의 약화모음 [ɪ]는 미국영어에서 [ə]로 발음

captain을 전통적 영국영어에서는 약화모음 [ɪ 이]의 ['kæptɪn **캪**틴]으로 발음하지만, 미국영어에서는 [ɪ 이]로 발음하기도 하지만 [ə '어' 또는 '으']를 사용하여 ['kæptən **캪**턴(튼)]으로 발음하는 추세임을 알고 청취해야 한다.

1. So I have to look honest['ɑnɪst(영미), 'ɑ:nəst(미)]
2. At last her earnest['ərnɪst(영미), 'ərnəst(미)] prayer was answered.
3. The rainforests['reɪnfɔrɪsts(영미), 'reɪnfɔ:rəsts(미)] are full of plants and animals['ænɪmlz(영미), 'ænəmlz(미)]

규칙 1. 강세가 없는 -est는 [ɪst(영미)]이지만 오늘날 미국영어에서 [əst(미)]로 소리 난다.

- brightest[braɪtəst(미), -ɪst(영미)], easiest['i:zɪəst(미), -ɪst(영미)], happiest['hæpiəst(미)

1. It is hot and humid['hju:mɪd(영미), 'hju:məd(미)] in the summer months.
2. You'd better take the rapid['ræpɪd(영미), 'ræpəd(미)] train.
3. The sheriff['ʃerɪf(영미), 'ʃerəf(미)] provided a silver trophy for the winner.
4. There is a collection of pictures painted by our local artist['ɑ:rtɪst(영미), 'ɑ:rtəst(미)]
5. Scientists['saɪəntɪst(영미), 'saɪəntəst(미)] are interested in stars.
6. He used to audit['ɔdɪt(영미), 'ɔdət(미)] many companies
7. Great! Then, here's my credit['kredɪt(영미), 'kredət(미)] card.
8. The habit['hæ.bɪt(영미), 'hæ.bət(미)] of reading has been on the decline.

규칙 2. 강세가 없는 -id는 [ɪd(영미)], -iff는 [ɪf(영미)], -ist는 [ɪst(영미)], -it는 [ɪt(영미)] 이지만 미국영어에서는 [əd(미)], [əf(미)], [əst(미)], [ət(미)]로 소리 난다.

- rigid['rɪdʒəd(미), -ɪd(영미)], solid['sɑ:ləd(미), -ɪd(영미)], valid['væləd(미), -ɪd(영미)]
- sheriff['ʃerəf(미), 'ʃerɪf(영미)], tariff['tærəf(미), 'tærɪf(영미)] bailiff['beɪləf(미), 'beɪɪf(영미)]
- typist['taɪ,pəst(미), -ɪst(영미)], cyclist['saɪkələst(미), -ɪst(영미)]

- digit['dɪdʒət, -ɪt], merit['merət, -ɪt], inhibit[ˌɪn'hɪbət, -ɪt], profit['prɑːfət, -ɪt]

1. We feel more helpless['helplɪs(영미), 'helpləs(미)] and insecure.
2. The careless['kerlɪs(영미), 'kerləs(미)] pedestrian was to blame for the accident.
3. Take a look at this pamphlet['pæmflɪt(영미), 'pæmflət(미)].
4. What's faster than a speeding bullet['bʊlɪt(영미), 'bʊlət(미)]?

규칙 3. **강세가 없는 -less, -let는** [lɪs(영미)], [lɪt(영미)]이지만 오늘날 미국영어에서 [ləs(미)], [lət(미)]로 소리 난다.

- powerless[paʊərləs, -lɪs], valueless['væljuːləs, -lɪs] pointless[p'ɔɪntləs, -lɪs] restless['restləs, -lɪs] voiceless[v'ɔɪsləs, -lɪs], needless['niːdləs, -lɪs]
- bracelet['breɪslət, -ɪt] leaflet['liflət, -ɪt], eaglet['iglət, -ɪt], circlet['səːrklət, -ɪt]

1. I missed a very important business['bɪznɪs(영미), 'bɪznəs(미)] meeting!
2. How about other facilities like a fitness['fɪtnɪs(영미), 'fɪtnəs(미)] center?
3. She was the goddesse['gɑdɪs(영미), 'gɑdəs(미)] of beauty.
4. Stewardess['stjuːərdɪs(영미), 'stjuːərdəs(미)] is now referred to as 'flight attendant.'

규칙 4. **강세가 없는 -ness, -tess, -dess는** [nɪs(영미)], [tɪs(영미)], [dɪs(영미)]이지만 오늘날 미국영어에서 [nəs(미)], [təs(미)], [dəs(미)]로 소리 난다.

- fitness['fitnəs(미), -ɪs(영미)], blindness[blaɪndnəs(미), -ɪs(영미)], business['bɪznəs(미)
- hostess['hoʊstəs(미), -tɪs(영미)], countess['kaʊntəs(미), -tɪs(영미)]
- stewardess[stjuːərdəs(미), -dɪs(영미)], goddess['gɑdəs(미), -dɪs(영미)]

1. She gathered up her courage['kʌrɪdʒ(영미), 'kɜːrədʒ(미)]
2. We manage['mænɪdʒ(영미), 'mænədʒ(미)] the relationship between the things.

규칙 5. 강세가 없는 -age는 [ɪdʒ(영미)]이지만 미국영어는 [ədʒ(미)]로 소리 난다.

- image['ɪmɪdʒ(영미), 'ɪmədʒ(미)], luggage['lʌgɪdʒ(영미), 'lʌgədʒ(미)], damage['dæmɪdʒ(영미)

하지만, [ɪdʒ]에서 [ədʒ]로의 변화하지 않고 영국, 미국 모두 [ɪdʒ]로 발음되는 단어도 꽤 있다. village['vɪlɪdʒ(영미)], mortgage['mɔːgɪdʒ], bandage['bændɪdʒ], marriage['mærɪdʒ], carriage['kærɪdʒ]

Listening Skill 57

모음탈락이 이루어진 단축형(short form) 또는 축약형(contraction)

1. And he's[hiz] wearing jeans.
2. She's[ʃiz] very pretty. She's[ʃiz] got long hair.(= has got)
3. They are[ðeɪ ər] just for display. They're[ðər] not for sale.
4. You're[jər] Sandra, aren't you['ɑːrənt ju]? No, I'm['aɪm] Lisa.
5. The baseball game is so exciting, isn't it['ɪzənt 'ɪt]?
6. At first, we weren't['wɜːrənt] together at all.
7. But you've[juv] been paid more for it, haven't['hævnt] you?
8. He's[hiz](he has) really become a good skater, hasn't['hæznt] he?
9. I don't['doʊnt] think I've[aɪv] seen you in class.
10. We won't[woʊnt] be able to save our children from pollution.
11. "You can't['kænt] come in." he said.
12. "You mustn't['mʌsnt] get what I have."
13. Her mother said she couldn't['kʊdnt].
14. We shan't[ʃænt] be gone long.
15. You shouldn't['ʃʊdnt] share secrets with them.
16. They wouldn't['wʊdnt] know what we think.

1. 주어 + be동사, have동사, do동사일 때는 동사를 축약시키는 편이다.

- be동사는 주어가 명사, 대명사, 사람이름 등 모든 경우에서 축약이 가능하다.

  She is playing tennis. → She's playing tennis. (주어가 대명사일 때)

  The truck is late. → The truck's late. (주어가 명사일 때)

  David is going to the party. → David's going to the party. (주어가 사람이름일 때)

  They are[ðeɪ ər]의 축약형 They're[ðeɪər]는 모음약화가 일어나 [ðər]로 발음한다. 이는 there나 theɪr와 같은 발음이므로 문맥에서 잘 구별해야 한다.

- I've had dinner는 축약이 되지만 I have dinner처럼 have가 본동사일 때는 축약시키지 못한다.

2. be동사, have동사, do동사, 조동사 + not의 형태는 축약을 시킨다.

aren't, weren't의 미국식발음은 보통속도에서는 ['ɑ:rənt(아:른트)], ['wɜ:rənt(워:r 른트)]이지만, 일상회화의 빠른 속도에서는 ['ɑ:rnt(아:r은트)], ['wɜ:rnt(워:r은트)]로 발음한다. 영국식발음은 [ɑ:nt 아:은트], [wɜ:nt(워:은트)]이다.

- cannot의 축약형 can't의 미국식발음은 ['kænt 캐은트] 영국식발음은 [kɑ:nt 카은트]
- could not의 축약형 couldn't의 영미 공통발음은 ['kʊdnt 큳:은(트)]
- must not의 축약형 mustn't의 영미 공통발음은 ['mʌsnt 머쓴(트)]
- shall not의 축약형 shan't의 미국식발음은 [ʃænt 쉬앤트] 영국식발음은 [ʃɑ:nt 쉬안:트]
- should not의 축약형 shouldn't의 영미 공통발음은 ['ʃʊdnt 슏은트] 또는 [쉬읃은(트)]
- will not의 축약형 won't의 미국식발음은 ['woʊnt 워은트], 영국식발음은 ['wəʊnt]
- would not의 축약형 wouldn't의 영미 공통발음은 ['wʊdnt (우)읃은(트)]

1. It will be fine → It'll be fine.
2. That will be great → That'll be great.
3. Who will be the teacher? → Who'll be the teacher?

3. 주어 + 조동사 will은 축약을 시키는 편이다.

It'll be.[이를비]와 That'll be.[대를비]의 청취가 어려운 것은 우리가 It will be.(잍윌비)와 That will be. (댙윌비)에 익숙해 있기 때문이다. It'll의 미국식발음은 ['ɪtl 잍을 → 'ɪdl 이들 → 'ɪɾl 이를], that'll의 미국식발음은 ['ðætl 댙을 → ðædl 대들 → ðæɾl 대를]로 설탄음화 됨을 알고 들어야 한다.

1. What do you say? → (축약형) Whaddaya(와러여) say?
2. What are you talking about? → (축약형) Whaddaya(와러여) talking about?
3. What did you do to my car? → (축약형) Whadja do to my car?
4. Where dɪd you put my keys? → (축약형) Wheredja put my keys?
5. Won't you help them? → (축약형) Wontcha help them?
6. Would you do it? → (축약형) Wouldja do it?
7. What you are said isn't true. → (축약형) Watcha said isn't true.
8. What are you saying? → (축약형) Watcha saying?
9. I used to live here. → (축약형) I useta live here.
10. He is supposed to be here by five. → (축약형) He is supposta(s'posta) be here by five.

11. We're sort of scared. → (축약형) We're sorta scared.
12. I'm kind of gloomy. → (축약형) I'm kinda gloomy.
13. We ought to go home. → (축약형) We oughta go home.
14. I need you. → (축약형) I needja.
    I meet you. → (축약형) I meetcha.
15. I need a lot of help. → (축약형) I need a lotta help.
16. He ate lots of pineapples. → (축약형) He ate lotsa pineapples.
17. Give me a ride. → (축약형) Gimme a ride.
18. Let me see it. → (축약형) Lemme see it.
19. I'll let you do it. → (축약형) I'll letcha do it.
20. How did you get here? → (축약형) How dja get here?
21. I have to go now. → (축약형) I hafta go now.
22. He has to come back. → (축약형) He hasta come back.
23. I've got to go now. → (축약형) I've gotta go now.
24. I'm going to sleep. → (축약형) I'm gonna sleep.
25. I don't know. → (축약형) I dunno.['aɪ də'noʊ → 'aɪrə 'noʊ]
26. Don't you like me? → (축약형) Dontcha like me?
27. Did you have a good time? → (축약형) Didj'ave[didʒæv] a good time?
28. Did you see him? → (축약형) Didja see him?
29. Do you see him? → (축약형) D'you see him?
30. Couldn't you go? → (축약형) Couldntcha go?
31. Could you help me? → (축약형) Couldja help me?
32. I bet you you don't know it. → (축약형) I betcha you dunno it.
33. We might have done it. → (축약형) We might've[mighta] done it.
34. You should have done it. → (축약형) We should've[shoulda] done it.

4. 비격식 영어의 축약형(Informal Contractions)

원어민들은 가까운 사람들과(with friends) 빠르게 말하는(fast) 일상적이고(casual) 격식없는 영어(informal speech)에서 다양한 축약형을 써서 말하고 있다. 이러한 축약형은 올바른 영어가 아니므로 글을 쓸 때는 사용해서는 안 된다.

Chapter 6

연결발화시의 다양한 연음 형태

Listening Skill 58~66

Listening Skill 58

연음규칙(Linking across word boundaries)

1. 연음규칙

연속발화에서 리듬을 더 빠르고 편하게하기 위하여 모음으로 시작하는 단어를 앞 단어 끝 자음에 연결시켜 발음하는 것이 연음의 기본패턴이다. 예를 들면, turned out보다는 turn dout으로 발음하면 훨씬 편하고 리듬도 부드럽다.

1) 자음과 모음의 연음(Consonant to vowel linking)

Mice⁀eat **my seat** cushion.에서 자음과 모음의 연음되는 부분은 Mice⁀eat['maɪs⁀'iːt]인데 자음이 모음에 연결, ['maɪ s'iːt]가 된다. 이는 **my seat[maɪ 'siːt]**와 거의 같은 발음이다. 다만, **seat['siːt]**처럼 강세 모음 앞의 초성 [s]는 리듬의 고점에 있으므로 긴 자음 [sː]가 되므로 **my seat[maɪː 'sːit]**가 되지만, Mice['maɪs]처럼 모음 뒤의 종성 [s]는 리듬의 저점에 있으므로 짧은 자음 [s]의 Mice⁀eat['maɪ s'iːt]인 것이다.

- **red eye**['red 'aɪ] → **re deye**['re d'aɪ] vs **red dye**['red˺ 'daɪ → 'redː'aɪ(짧은 폐쇄가 필수)]
- stand up → stan **dup** walk around → wa **karound** start it → star **dit(flap)**
- stands up → stand **zup** walked around → walk **daround** started it → star**di dit**

2) 모음으로 시작하는 단어의 앞 음소가 모음이면 전이음인 w[w]나 y[j]를 삽입시켜 자음을 초성으로 만든다.(Vowel to vowel linking)

- two-**w**-apples['tuː 'æplz→'tuw-**w**-'æplz→'tuwː'æplz 투왜ː플즈]
- three-**y**-apples['θriː 'æp.lz→'θriy-**y**-'æp.lz→'θrijː'æp.lz 쓰뤼 얘ː플즈]

3) 영국영어의 경우 묵음으로 만들던 종성의 r을 뒤 단어에 연음시킨다**(Linking r/종성의 r이 뒤 단어의 초성이 됨)**

- four⁀apples['fɔːr 'æp.lz→'fɔːr'æp.lz 포**래**플즈]

Listening Skill 59

자음과 모음의 연음(Consonant to vowel linking)

영어는 단어내의 종성의 자음이 초성의 자음보다 발음을 하기가 어려워 연음을 시켜 뒷 단어의 초성으로 만들려는 경향이 있다.

1) 끝자음과 모음이 연결되면 자음은 두 소리의 중간쯤에 걸치는 소리가 된다.

1. Is⁀it OK? Yes, it⁀is. → I zit[ɪ zɪt] OK? Yes, i diz[ɪt ɪz → ɪ dɪz → ɪ ɾɪz].
2. He worked ten⁀hours⁀a day. → te nhour sa['te-n'aʊər-zə]
3. I ate⁀an⁀apple. → a te+a napple['eɪ tə n'æp.l].
4. I lived⁀in Seoul. → live din[lɪv dɪn].
5. We watered⁀it['wɔtərd 'ɪt]. → water dit['wɔtər d'ɪt]
6. I skated⁀on the frozen river. → skati don['skeɪtɪ dɑːn]
7. We decorated⁀our['dekəˌretɪd 'aʊər] room. → decorati dour['dekəˌretɪ d'aʊər]
8. We headed⁀off['hedɪd 'ɔf] to school. → headi doff['hedɪ d'ɔf]
9. We looked⁀at⁀it[lʊkt æt 'ɪt]. → look da dit[lʊk dæ dɪt(flap)]
10. I worked⁀at⁀a movie theater. → work da da[wɝːk də də(flap)]

2) 끝 자음이 2개이고 뒤의 모음과 연결되면 자음은 뒤의 모음의 초성이 된다.

1. It turned out['tɝːnd 'aʊt] great. → turn dout['tɝːn d'aʊt]
2. It rained and rained. → rain dan(d)['reɪn dən]
3. I'm so tired of it. → tire do vit['taɪər də v'ɪt]
4. We picked our['pɪkt 'aʊər] vegetables. → pick dour['pɪk d'aʊər]
5. We walked along['wɔːkt ə'lɔːŋ] the beach. → walk dalong['wɔːk də'lɔːŋ]
6. We climbed on['klaɪmd ɑːn] the bus. → climb don['klaɪm dɑːn]
7. We raked a['reɪkt ə] lot of leaves. → rake da['reɪk də]
8. and we jumped in['dʒəmpt ɪn] the pile. → jump din['dʒəmp dɪn]

turned out['tɜ:nd 'aʊt]은 turn dout['tɜ:n d'aʊt], tired of['taɪərd əv]는 tire dof['taɪər dəv]로 연음된다.

- find⁀out[faɪnd aʊt → faɪn daʊt], What's⁀up['wəts 'ʌp → wət s'ʌp]
- pushed⁀up['pʊʃt 'ʌp → 'pʊʃ d'ʌp], left⁀arm['lef t'ɑ:rm], wept⁀over['wep t'oʊ.vər]
- hold⁀on[hoʊl dɑ:n], Whales⁀are huge⁀animals.['weɪl zər 'hju: dʒ'ænəmlz] the roads⁀are⁀icy.[ðə roʊd zə r'aɪ.si], send⁀it['sen dɪt], turn⁀off['tɜ:rn'ɔf]

3) 앞 자음과 뒷 모음이 연음되면 앞 자음은 뒷 단어의 초성이 되는데 [t]가 강세 모음과 약모음 사이에 위치하면 설탄음으로 음운변화가 일어난다.

1. I can get it['get 'ɪt → 'ger'ɪt 게릿] down to thirty minutes. Can it be allowed?
2. Could you put it in a[put ɪt ɪn ə → puɾɪ ɾɪnə 프리리너] show?
3. Forget about it.[fər'get ə'baʊt 'ɪt → fər'ge ɾə'baʊ ɾɪt 풔r게러바으릿],
4. What is it about?['wət ɪs 'ɪt ə'baʊt → 'wəɾɪ z'ɪ ɾə'baʊt 워리지러바읏]
5. Stop picking at your food; eat it up[i:t ɪt ʌp → i:ɾɪɾʌp 이:리럽].
6. I've got to[gɑ:tə → gɑ:t̬ə가더 → gɑ:ɾə가러] eat or I'll die!
7. He caught up[k'ɔ: tʌp → k'ɔ: ɾʌp 코럽] with the runner ahead of him.
8. I am tired of[táɪərd əv → táɪərrəv 타이어r러v(브)] this work.

4) 앞 자음과 뒷 모음이 연음(Consonant to vowel linking)되면 앞 자음은 뒷 단어의 초성이 되는데 파열음 [p, k]가 강세모음과 약모음 사이에 위치하면 [b, g]로 **유성음화 및 경음화**가 일어난다.

cap⁀on['kæp ən]이 [캐뻔], rip⁀off['rip 'ɔ:f]가 [뤼뽀프(f)], back⁀on['bæk ɑ:n] 이 [배깐]으로 들리는 것은 강세모음 뒤의 파열음 [p][k]가 약모음이나 성절 자음 [l][m][n]의 앞에 올 때는, [b][g]로 유성음화 및 경음화되기 때문이다.

- stop⁀it[stɑp ɪt →'stɑbɪt 스따빗], work it out['wɜ:rk 'ɪt 'aʊt → 'wɜ:rg'ɪr'aʊt 워r끼라읏], Camp out['kæmp 'aʊt → 'kæm'b'aʊt 캠빠읏], deep⁀end['di:p'end → 'di:b'end 디:뻰드] i like⁀it['aɪ 'laɪk 'ɪt → 'aɪ 'laɪg'ɪt 아이라이낏]

1. Stop it! Playing for more than three hours really hurts your eyes.
2. Believe me. I will work it out.
3. I want to camp out under the stars.

Listening Skill 60

자음과 약세모음의 연음(Consonant to reduced vowel [ə])

1. 연음규칙

Not at all을 [nɑɾə ɾɔ:l 나러롤], again and again을 [ə.genə nə.gen 어게너 너겐]으로 발음하듯, 약모음 [ə]로 시작하는 뒤 단어는 앞 자음에 붙어 앞 자음의 끝소리로 연음된다.

1. Not⁀at⁀all. It's my pleasure to help you out.
2. City officials went to the state capital again⁀and⁀again to ask.
3. Salespeople are taught to emphasize their sales with numerous⁀accounts⁀of['nu:mərəsə 'kaʊntsə v] individuals.
4. Stand up, tell⁀us all⁀about['ɔl ə'baʊt → 'ɔlə 'baʊt] it.
5. Isn't it nice to walk⁀around['wɑ:kə 'raʊnd] this school pond?
6. But I put the notebook⁀away['noʊtbʊkə 'weɪ] and promptly forgot⁀about it[fər'gɑ:rə 'baʊr'ɪt] and about[əndə 'baʊt] becoming a journalist.

관사나 전치사, 부사 및 일부 명사, 동사, 형용사에는 약모음 [ə]로 시작하는 단어들이 있는데 앞 자음과 이 약모음 [ə]가 연음되는 경우 약모음 [ə]를 앞 자음에 붙어 앞 자음의 끝소리로 발음한다.

(1) Not⁀at⁀all[nɑt ət ɔ:l 낱얼올 → nɑtə tɔ:l → nɑdə dɔ:l → nɑɾə ɾɔ:l 나러롤]

(2) again⁀and⁀again은 [ə'gen ən(d) ə'gen → ə.genə nə.gen 어게너 너겐]

(3) numerous⁀accounts⁀of['nu:mərəs ə'kaʊnts əv]는 약모음 [ə]를 앞 자음의 끝에 붙여 ['nu:mərəsə 'kaʊntsə v 누:머뤄써 카은써브]로 발음한다.

(4) Tell⁀us⁀all⁀about⁀it['tel əs 'ɔl ə'baʊt ɪt]도 ['telə-s'ɔlə-'baʊtɪt 텔러쏠러바으틷]으로 약모음 [ə]를 앞 단어의 끝소리에 붙여 발음하는 편이다.

(5) walk⁀around['wɑ:k ə 'raʊnd]도 ['wɔ:kə 'raʊnd 워꺼롸은(드)]로 약모음 [ə]를 앞 단어의 끝소리에 붙여 발음하는 편이다.

(6) notebook⁀away['noʊtbʊk ə'weɪ]도 ['noʊtbʊkə 'weɪ 노읕브꺼웨이]로 약모음 [ə]를 앞 단어의 끝소리에 붙여 발음하는 편이다.

7. You'll surely be asked⁀about['æskt ə'baʊt → 'æskdə 'baʊt 애쓱더 바읕] your medical history and given⁀a['gɪvnə →'gɪvn ə 기브너] short physical examination.
8. His life was⁀as[wəz əz → wəzəz 워저즈] stormy as his music. But he was poor⁀at['pʊr ət → 'pʊrət 푸어뤁] mathematics.
9. Once upon⁀a time['wəns ə'pɑːn ə 'taɪm → 'wənsə 'pɑːnə 'taɪm 원써파너타임] there was⁀an [wəz ən → 'wəzən 워전] island called Lombok.
10. But it's not the way we obtain them⁀at all[ðəm ət ɔːl → ðəmə dɔːl → ðəmə ɾɔːl 더머롤].
11. I was⁀afraid⁀of⁀a friend⁀of her.['wəz ə 'freɪd əv ə 'frend əv (h)ər. → wəzə 'freɪdə və 'frendə vər 워저 푸뤠이더버 푸뤤더붜].
12. He caught⁀a[k'ɔːtə → k'ɔːd ə → k'ɔːɾə 코러] firefly and put⁀it⁀in⁀a bottle [put ɪt ɪn ə → pʊ dɪ dɪnə → pʊ ɾɪ ɾɪnə 프 리 리너].
13. That's⁀a good⁀idea⁀of⁀it[ðæt's ə gʊd aɪ'diːə əv ɪt → ðæt'sə gʊ ɾaɪ'diːə-ɾəvɪt 댙써 그라이디:어 러뷭].
14. He asked⁀a favor.['æsk˥t ə → 'æsk˥də 애슥터] of me.
15. I want⁀a red⁀apple.['wɑːnt ə 'red 'æp.l → 'wɑːntə 're d'æp.l 완터 뤠 대플]
16. It's⁀an⁀egg.[its ə neg → itsə neg 잍써네그]
17. I was⁀a[wəz ə → wəzə 워저] bad boy.
18. I'm⁀at⁀a meeting.[aɪm ət ə → aɪmə tə → aɪmə də → aɪmə ɾə 아이머러]
19. I'm poor⁀at[pʊər ət → pʊərət 푸어뤁] math.
20. Don't look⁀at him[lʊk ət (h)ɪm → lʊkə tɪm → lʊkə dɪm → lʊkə ɾɪm 르꺼 림]
21. What's⁀it⁀about[wəts 'ɪt ə'baʊt → Wət s'ɪtə 'baʊt → Wət s'ɪdə 'baʊt → Wət s'ɪɾə 'baʊt 웥 씨러 바읕]
22. Forget⁀about⁀it[fərget ə'baʊt ɪt → fərgedə 'baʊ dɪt → fərgeɾə 'baʊ ɾɪt 풔게러 바으릳]
23. Tell⁀about⁀it[tel ə'baut ɪt → telə 'baʊ dɪt → telə 'baʊ ɾɪt 텔러 바으 릳]
24. Keep⁀an eye on it.['kiːp ən 'aɪ 'ɔn ɪt → 'kiːpə n'aɪ 'ɔ nɪt 키:뻐 나이 오 닡]
25. We heard⁀a lot⁀about you.['hərd ə 'lɑt ə 'baʊt 'juː → 'wiː 'hərdə 'lɑtə 'baʊtʃuː → 'hərdə 'lɑdə 'baʊ tʃuː → 'hərɾə 'lɑɾə 'baʊ tʃuː 허러 라러 바으츄]
26. Coffee keeps⁀us⁀awake['kiːps əs ə'weɪk → 'kiːps'ə sə'weɪk 기잎써 써 웨잌]
27. I called police⁀around noon[pə'liːs ə'raʊnd → 'pə'liːsə 'raʊnd 펄리:써 롸운]
28. Don't⁀allow it.[doʊn ə'laʊ 'ɪt → doʊnə 'laʊ 'ɪt 도은널 라으 잍]
29. When does it⁀arrive?['wen 'dəz 'ɪt ə'raɪv? → 'wen 'də z'ɪɾə 'raɪv? 웬 더 지러 롸이브]
30. That's⁀amazing[ðæts ə.'meɪz.ɪŋ → ðætsə 'meɪz.ɪŋ 댙써 메이징]
31. rock⁀and roll['rɑk ən(d) 'roʊl → 'rɑkən(d) 'roʊl 롹끈로을 → rock'n roll]
32. bread⁀and butter[b'red ən(d) 'bʌɾər → b'redən(d) 'bʌɾər 브뤠든버러 → bread'n butter]
33. come⁀and see['kəm ən(d) 'siː → 'kəmən(d) 'siː 커믄씨: → come'n see]
34. give⁀and take['gɪv ən(d) 'teɪk → 'gɪvən(d) 'teɪk 기븐테잌→ give'n take]
35. wife⁀and husband['waɪf ən(d) 'hʌz.bənd → 'waɪfən(d) 'hʌz.bənd 와이픈허즈번]

36. wait‿and see['weɪt ən(d) siː → 'weɪtən(d) siː웨이든씨: → wait'n see]
37. check‿and see[ʧek ən(d) siː → ʧekən(d) siː췌큰씨: → check'n see]
38. up‿and down[ʌ́p ən(d) daʊn → ʌ́pən(d) daʊn 어픈다운 → up'n down]
39. off‿and on[ɔːf ən(d) ɑːn → ɔːfən(d) ɑːn 오픈안 → off'n on]
40. over‿and‿over‿again[oʊvərən(d) oʊvərə gen 오우버뤄 노으버뤄겐]
41. just‿around the corner[dʒʌstə 'raʊn ðə 줘스터롸운더]
42. from‿under the table['frəm'ən dər 프뤄먼더r].
43. get‿away['gerə 'weɪ 게러웨이], pass‿away['pæsə 'weɪ 패써웨이]
44. run‿away['rənə 'weɪ 뤄너웨이]. walked‿away['wɔktə 'weɪ웤터웨이],
45. do it‿away['duː'ɪtə 'weɪ → 'duː'ɪrə 'weɪ 두:이러웨이]
46. one‿another['wənə 'nəðər 워너너더r]
47. have‿an appointment['hævə nə 'pɔɪntmənt 해버너포인먼트]
48. stick‿around['stɪkə 'raʊnd 스띠꺼롸운드]
49. for‿an‿exam[fər ən igzæm → fərə nigzæm 풔러 니그잼]
50. such‿a[sətʃə], all‿about]ɔːlə 'baut], a week‿ago[ə wiːkə góʊ 어 위:꺼 고으]
51. in‿about‿a half‿an‿hour['ɪnə' bautə 'hæfə n'aʊr 이너 바으러 해풔 나워],
not‿alone[nɑrə 'loʊn 나러로운]
52. red‿and blue[redən bluː 뤠던블루:], here‿and there[hiərən ðeə 히어뤈 데어]

Listening Skill 61

반자음 y[j]가 삽입되는 모음과 모음의 연음 (Vowel to Vowel Linking with [y])

1. 연음규칙

영어는 물 흐르듯 연결발화를 해야 하는데 모음과 모음이 연결되면 발음하기 어려워 모음이 충돌하지 않도록 모음사이에 충돌회피용 자음을 삽입한다.

ⓐ 가장 익숙한 모음 충돌회피의 예는 [It's a pen]과 [It's an apple]처럼 부정관사 a뒤에 모음이 이어지면 자음 [n]이 삽입되는 경우이다.

ⓑ May I['meɪ 'aɪ]나 You know it['noʊ 'ɪt]. Say [A]['seɪ eɪ]를 말할 때 모음이 충돌되는 부분을 회피하기 위하여 모음충돌회피용 자음을 삽입시켜 May + [j] + I['meɪ-j-'aɪ], Say + [j] + [A]['seɪ-j-eɪ], I know + [w] + it['noʊ-w-'ɪt], go + [w] + out['goʊ-w-'aʊt]으로 발음하는 경우이다.

[y]를 삽입시킬지 [w]를 삽입시킬지는 바로 앞의 모음이 무엇인가에 따라 결정된다. 즉, 앞 모음이 [j]소리와 유사한 모음 [ey], [iy], [ay]가 오면 [j], 앞 모음이 [w]소리와 유사한 모음 o[ow], u[uw]가 오면 **[w]가 삽입이 된다**.

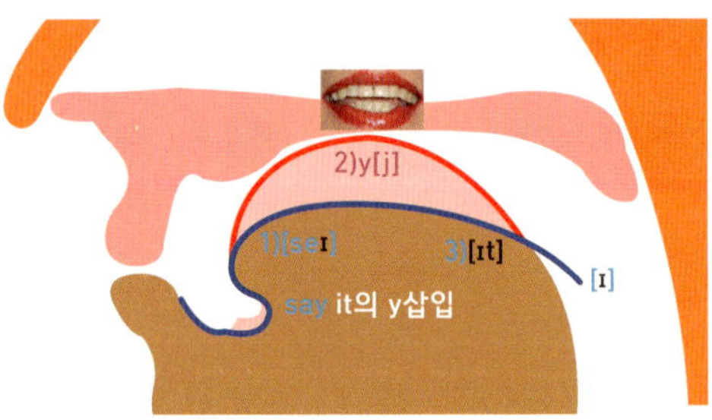

tree is[triy-y-Iz]
toy is[tɔɪ-y-Iz]
try it[traɪ-y-It]
say it[seɪ-y-It]

모음 I와 모음 I의 충돌을 회피하기 위해 자음 y를 삽입하므로 자음 + 모음의 연음이 되게 하는 것이다.

1) May⁀I['meɪ 'aɪ → 'meɪ-j-'aɪ] go to the bathroom, please?

- 모음과 모음사이에서의 반모음 [j]의 삽입규칙

  모음과 모음사이는 발음편의를 위해 반모음을 삽입한다. 앞 모음이 [ɪ], [eɪ], [aɪ]처럼 조음시 **입술모양이 평평한 쪽이면 같은 평평한 입술모양이 되는 y([j])가 삽입**된다. 혀의 중간부(front & middle)의 힘을 빼고 혀를 y의 조음점인 경구개 입천장까지 이동시키면 약간의 마찰이 생긴다. 그러면 모음 [ɪ]에서 자음 y[j]로 소리의 변화가 된 후에 자음 y + 모음의 연음이 되는 것이므로 모음충돌을 피할 수 있고 부드러운 연결발화가 이루어지는 것이다.

장모음 [iː], [iy], [eɪ], [aɪ], [ɔɪ]와 반모음 [j]가 이어지면 [i], [e], [a], [ɔ] + [jː]가 된다. 따라서, May-y-I는 ['meɪ-j-'aɪ → 'me-jː-'aɪ 메**야**:이]가 된다.

2) **They⁀are**['ðeɪ-j-ər] handling many aircraft in the sky.

- They-y-are는 ['ðeɪ-j-ər → 'ðe-ɪj-ər → 'ðe-jː-ər **데**여:r]

  they-y-only[ðeɪ-j-oʊnli → ðe-ɪj-oʊnli → ðe-jː-oʊnli 데**요**은리]

3) Did she **say⁀anything**['seɪ-j-enɪθìŋ] about the license plate?

- say-y-anything은 ['seɪ-j-enɪθìŋ → se-jː-enɪθìŋ **쎄예**:니씽]

4) Our mind could **play⁀an**['pleɪ-j-ən] important role in illness.

- Play-y-an['pleɪ-j-ən → 'ple-ɪj-ən → 'ple-jː-ən 플**레**여:은]

5) He was allowed to **stay⁀up**['ste-jː-ʌ́p] long enough to finish the book.

- stay-y-up['steɪ-j-ʌ́p → 'ste-ɪj-ʌ́p → 'ste-jː-ʌ́p 스**떼**엽]

6) A weak light will make it more difficult for a biker to **see⁀at** night['siː-j-ət 'naɪt].

- ['siː ət 'naɪt → 'siː-j-ət 'naɪt **씨**:옅나잍]

7) It's possible to **see⁀a**['siː-j-ə] bean sprout growing up out of the ground.

- ['siː ə → 'siː-j-ə 씨:여] see⁀again['siː-j-əgen → siy-j-ə'gen → si-jː-ə'gen **씨**여겐]

8) The trunk of a **tree⁀appears**['triː-j-ə'pɪrz] brown.

- ['triː ə'pɪrz → 'triː-j-ə'pɪrz 츄**뤼**:여**피**어r즈]

  free⁀access['friː-j-'æk,ses → 'friy-j-'æk,ses → 'friy-jː-'æk,ses 푸뤼:**액**쎄쓰]

  Be⁀a sport[biː-j-ə → biy-j-ə → bi-jː-ə **비**여스**뽀**r트]

  we⁀are coming[wi-j-ər → wiy-j-ər → wi-jː-ər **위**여r]

  we⁀applied[wi-j-ə'plaɪd → wi-jː-ə'plaɪd **위**여플**라**이드]

  the⁀actor[ði-j-'æktər → ðiy-j-'æktər → ði-jː-'æktər 디**옉**터r]

  She asked]ʃi-j-'æskt → ʃiy-j-'æskt → ʃi-jː-'æskt 쉬**애**슥트]

9) I⁀agree['a-jː-ə.'griː] with you. Practice makes perfect.

- I⁀agree['aɪ-j-ə.'griː → 'a-ɪj-ə.'griː → 'a-jː-ə.'griː **아**여ː그**뤼**ː]

  I⁀also[aɪ-j-ɔlsoʊ → 'a-ɪj-ɔlsoʊ → 'a-jː-ɔlsoʊ **아욜**ː쏘으]

  Tie⁀it up['taɪ-j-'ɪt 'əp → 'ta-ɪj-'ɪt 'əp → 'ta-jː-'ɪɾ'əp **타**이ː럽]

  sky⁀is['skaɪ-j-ɪz → 'ska-ɪj-ɪz → ska-jː-ɪz 스**까**이ː즈]

  I⁀am['aɪ-j-'əm → 'a-ɪj-'əm → 'a-jː-'əm **아**염ː]

  I⁀ate['aɪ-j-'eɪt → 'a-ɪj-'eɪt → 'a-jː-'eɪt **아**예ː이트]

10) Yes, I really enjoy⁀it[ɪn'dʒɔ-jː-ɪt].

- enjoy⁀it[ɪn 'dʒɔɪ-j-ɪt → ɪn'dʒɔ-ɪj-ɪt → ɪn'dʒɔ-jː-ɪt 인**조잍**ː]

Employ⁀a[ɪm,plɔɪ-j-ə → ɪm,plɔ-ɪj-ə → ɪm,plɔ-jː-ə 임플**로**여ː]

11) I think this is the happiest['hæpɪ-j-əst] news this year!

12) Well, I respect my science['saɪ-j-əns] teacher.

13) Tonight, however, people are unusually quiet['kwaɪ-j-ət]

한 단어 내에서도 발음편의를 위해 반모음 y[j]를 삽입한다.

- happi-j-est['hæpɪ-j-əst → 'hæpjːəst **해**뼈ː스트],

  sci-j-ence['saɪ-j-əns → 'sa-ɪj-əns → 'sajːəns **싸**연ː쓰]

  qui-j-et['kwaɪ-j-ət → 'kwa-ɪj-ət → 'kwajːət 크**와**옅ː트]

  re-j-act[ri-j-ækt → [rɪjːækt 뤼**옉**ː트]

  cli-j-ent['klaɪ-j-ənt → 'klajːənt 클**라**연ː트]

  experi-j-ence[ɪk.'spɪ.ri-j-əns → ɪk.'spɪ.rjːəns 잌쓰**피**련ː쓰]

  seri-j-ous['sɪ.ri-j-əs → 'sɪ.r-ɪj-əs → 'sɪ.rjːəs **씨**려ː쓰]

  di-j-et['daɪ-j-ət → 'da-ɪj-ət → 'dajːət **다**옅ː트]

  negoti-j-ate[nɪ'goʊʃi-j-eɪt → nɪ'goʊʃjːeɪt 니**고**으셰ː이트]

  furi-j-ous['fjʊ.ri-j-əs → 'fjʊ.r-ɪj-əs → 'fjʊ.rjːəs **퓨**(f)려ː쓰]

  muse-j-um[mjuː.'ziː-j-əm → mjuː.'zɪy-j-əm → mjuː.'zɪjːəm 뮤ː**지**염ː]

Listening Skill 62

반자음 w[w]가 삽입되는 모음과 모음의 연음 (Vowel to Vowel Linking with [w])

go out의 [w]삽입은
모음 ʊ와 모음 a의 충돌을 회피하기 위해
자음 w를 삽입하므로
자음 + 모음의 연음이 되게 하는 것이다.

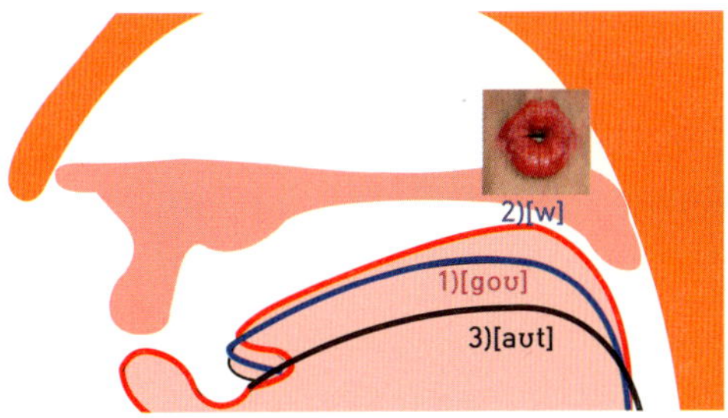

1. Hi, how‿are you[haʊ-w-ər ju 하으워:류] doing?
2. I can't remember how‿old[haʊ-w-oʊld → 'ha'w:oʊld 하워:을드] I am.
3. How much do‿I[du-w-'aɪ 두와이] owe you? I'll do it[du-w-'ɪt 두윋] right away.
4. We can do‿all[du-w-'ɔl 두월] things alone.
5. Many of which are all too‿easy['tu:-w-'i:.zi 투위:지] to unintentionally violate.

1. 연음규칙

two eggs가 ['tu:-w-'egz]로 들리듯이, 모음과 모음이 연음되면 반모음[w]가 삽입되는 경우가 있는데 이는 앞 모음이 [w]소리와 유사한 모음 [u], [aʊ], [oʊ]으로 끝날 때이다.

1. I know‿it['noʊ 'ɪt → 'noʊ-w-'ɪt] is easier said than done.
2. Your children will go‿out['goʊ-w-'aʊt → 'gow:'aʊt 고와:읃] into the world.
3. They set themselves on fire, spill acid, splash it in their eyes, and so‿on['soʊ-w-ɑ:n 쏘으완:]
4. There is no‿other['noʊ-w-'ʌðər 노워더r] way.
5. Children make noise or throw‿a['θroʊ-w-ə 쓰로으워] ball on her porch.
6. They throw‿away['θroʊ-w-ə.'weɪ 쓰로으워웨이] a very nutritious part of the fruit.

모음과 모음사이에서의 반모음 [w]의 삽입규칙

know⁀it을 발음하면 know+[w]+it['noʊ-w-'ɪt → 'now:'ɪt 노윝:]이 되는데 이는 발음의 편의를 위해 반모음 w([w])를 삽입하기 때문이다. 또한 How often do Americans go out to eat?을 발음하면 How+[w]+often do+[w]+Americans go+[w]+out to eat? **['haʊ-[w]-'ɔfndə-[w]-ə'merəkənz 'goʊ-[w]-'aʊt tə 'i:t]이 된다. 이처럼 모음과 모음이 이어질 때 앞 모음이 [ʊ], [aʊ], [oʊ], [u]처럼 입술모양이 둥근 입술모양이 되면 [w]가 삽입된다**. 아래 앞니에 닿아있던 혀끝에 힘을 빼면서 동시에 입술은 오므리면서 반자음 [w]의 조음점인 연구개로 혀뒷부분을 이동시키면 약간의 마찰이 생긴다. 그러면 모음 [ʊ]에서 자음 w[w]로 소리의 변화가 된 후에 자음 w + 모음의 연음이 되는 것이므로 모음충돌을 피할 수 있고 부드러운 연결발화가 이루어지는 것이다.

ex) show⁀window[ʃoʊ-w-'windoʊ → ʃo'w:'windoʊ쇼우:윈도으]
go⁀on['goʊ-w-ɑ:n → 'gow:ɑ:n 고완:]
go⁀west['goʊ-w-'west → 'go'w:west 고우:웨스트]
so⁀a['soʊ-w-ə → 'sow:ə 쏘워:]
bow⁀and[boʊ-w-ən → bow:ən 보원:]
no⁀end['noʊ-w-'end → 'now:'end 노웬:드]
slow⁀and[s'loʊ-w-ən → s'low:ən 슬로원:]
no⁀other['noʊ-w-'ʌðər → 'no'w:ʌðər 노워:더(ð)r]
no⁀objection['noʊ-w-əb.'dʒekʃən → 'no'w:əb'dʒekʃən 노워:브젝션]

ex) now⁀what['naʊ-w-'wət → 'na'w:wət 나우:웥]
now⁀we['naʊ-w-wi → 'naw:wi 나우:위]
Now⁀is a[naʊ-w-ɪzə → na'w:ɪzə 나위:저]
now⁀and then[naʊ-w-ənðen → na'w:ənðen나원:덴]
you⁀are[ju-w-ɑ:r 유와r]
see you⁀again['si:ju ə.'gen → 'si:ju-w-ə.'gen 씨유:워겐]
blue⁀water['blu:-w-'wɔ:tər → "bluw:'wɔ:tər 블루:워터]
into⁀a[ɪn.'tu:-w-ə → ɪn.'tuw-w-ə → ɪn.'tuw:ə 인투워:]
through⁀it all[θru:-w-'ɪt 'ɔ:l → θruw'ɪr'ɔ:l 쓰루위롤]
too⁀often['tu:-w-'ɔf.n투:워픈]
two⁀and[tu:-w-ænd 투왠드]

two⁀of[tuː-w-əv 투:워브]

too⁀early[tuː-w-'ɜːrli투월:리]

too⁀old[tuː-w-oʊld 투:워을드]

try to⁀update[tuː-w-ˌʌp'deɪt → tuw-w-ˌʌp'deɪt 츄**롸**이투웝:**데**이트]

who⁀would['huː-w-'wʊd → 'huw-w-'wʊd → 'huwːʊd 후우:읃]

who⁀else['huː-w-'els → 'huw-w-'els → 'huwː'els 후웰:쓰]

Who⁀is[huː-w-ɪz → huw-w-ɪz → huwːɪz 후위:즈]

1. Suddenly, however[haʊ-w-evər], delight appeared on their faces.
2. Don't generate a lot of quick power[paʊ-w-ər] for the body.

allow⁀ing[ə.'laʊ-w-ɪŋ → ə.'lawːɪŋ 얼라웡:]

go⁀ing['goʊ-w-ɪŋ → 'gowː'ɪŋ 고윙:]

cooperate[koʊ-w-'ɑpəˌreɪt → kowː'ɑpəˌreɪt 코와:퍼뤠이트]

show⁀ing[ʃoʊ-w-ɪŋ → ʃowː'ɪŋ 쇼윙:]

do⁀ing[də-w-'ɪŋ 드윙]

evaluate[ɪ'væljuː-w-eɪt → ɪ'væljuww-eɪt 이밸류:웨이트]

January['dʒænjuː-w-ˌeri → 'dʒænjuwwˌeri → 'dʒænjwːwˌeri 재뉴:웨뤼]

February['februeri → 'febjueri → 'febju-w-eri 페(f)뷰:웨뤼]

Listening Skill 63

-r로 끝나는 단어가 모음과 연음되는 r 연음(Linking r) 규칙

1. I think you'd be better off['betə rɔːf] getting a professional opinion.
2. How far is['fɑːr ɪz → 'fɑː rɪz] it to the island?
3. How far can he see?['haʊ 'fɑː kən hi 'siː?](영국영어)
4. How far can he see?['haʊ 'fɑːr kən hi 'siː?](미국영어)
5. How far is it?['haʊ 'fɑːrɪz'ɪt?](Linking r)(영미동일)

1. 연음규칙

four eggs는 미국영어에서는 [fɔːr egz → fɔː regz]로 연음이 되고 영국영어에서는 [fɔː egz → fɔː regz]로 묵음이던 [r]이 부활되는 것을 알고 청취해야 한다. 미국영어는 better⌒off['betər ɔːf]를 연음하면 ['betə rɔːf 베터로프(f)]가 되듯이, 단어 끝이 [r]이고 뒤 단어의 초성이 모음이면 [r]이 뒤 단어의 초성처럼 들린다. 이처럼 단어 자체가 -r로 끝나고 뒤의 모음과 연음(linking)되는 것을 미국영어에서는 **[r 연음(Linking r)]이라 한다.**

반면에, 영국영어는 미국영어와 달리 단어 끝이 -r로 끝나도 [r]발음을 하지 않는다. 그래서 better를 [bet**ə**베터]로 발음한다. 하지만, 영국영어에서 better⌒off[betə ɔːf 베터오프(f)]를 연결발화(connected speech)로 발음할 때 [bet**ə** **r**ɔːf베터로프(f)]로 소리 난다. 즉, 끝소리 [ə]+모음이 되면 **모음충돌을 막고자 묵음이었던** [r]이 제소리를 되찾아 연음시 [r]이 삽입되는 것이다.

이렇듯 **영국영어에서 모음충돌을 회피하기 위해 [r]이 삽입되면서 연음되는 것 또한** r 연음(Linking r)이라고 부르는데 이는 단어 자체가 -r로 끝나기 때문이다.

1. It was, after all['æftər ɔ:l → æftə rɔ:l], her birthday. a survey is conducted just after a[æftər ə → æftə rə] plane crash. after it['æftər ɪt → æftə rɪt] has served its purpose.
2. They also have a number of['nʌm.bər əv → 'nʌm.bə rəv] differences.
3. As a matter of['mætər əv → 'mætə rəv] fact, I bike to school everyday.
4. Here are[hɪər ər → hɪə rər] some things you can do to prevent yourself from catching the flu.
5. We do not really care about['keər əbaʊt → 'keə rəbaʊt] them.
6. The man is caring['keə(r)ɪŋ → 'keərɪŋ] for the plant.
7. Everyone deals with conflict in a more or['mɔ:r ɔ:r → 'mɔ:rɔ:r] less individual way.

- after⁀all['æftə ɔ:l(영)/æftər ɔ:l(미) → æftərɔ:l **애**프터**롤**:]
- after a[æftər ə → æftə rə **애**프터뤄], after it['æftər ɪt → æftə rɪt **애**프터뤌]
- after⁀applying[æftə(r) əplaɪjɪŋ → æftərəplaɪjɪŋ **애**프터뤄플**라**잉]
- a number⁀of[ə 'nʌm.bə(r) əv → ə 'nʌm.bərəv 어**넘**버뤄브(v)]
- as a matter⁀of fact['mætər əv → 'mætərəv **매**터뤄브]
- care⁀about[kέər əbaʊt → kέərəbaʊt **케**어뤄**바**웉]
- more⁀or less['mɔ:r ɔ:r 'les → 'mɔ:rɔ:r 'les **모**로r레쓰]

1. There⁀is[ðə rɪz] a difference between being an onlooker⁀and[ˌlʊkə rən] being a true observer⁀of[əb'zɜ:və rəv] art.
2. You'll see a polar bear⁀in['beə(r) ɪn → 'beərɪn 베어륀] the wild.
3. The doctor⁀also['dɑ:ktər 'ɔlsoʊ → 'dɑ:ktə r'ɔlsoʊ 닥터롤쏘으] carries out some special tests.

- There⁀is[ðər ɪz→ðə rɪz 더뤼즈], onlooker⁀and[ɑnˌlʊkər ən→ɑnˌlʊkə rən 안르꺼뤈] observer⁀of[əb'zɜ:vər əv→əb'zɜ:və rəv 업저:r붜뤄브]
- doctor⁀agrees[dɑktə(r) ə'gri:z → dɑktərə'gri:z 뤄그**뤼**:즈]

1. There⌒are[ðər⌒ər → ðərər 더뤄r] other equally important considerations.

- There⌒is a pair⌒of shoes[ðərɪz ə 'perəv 더r뤄저페뤄브]
- for⌒instance[fə(r) ɪn.stəns → fərɪn.stəns 퍼(f)륀스턴쓰]
- hear⌒anything[hɪər 'enɪθɪŋ → hɪər'enɪθɪŋ 히어뤠니씽]
- here⌒is[hɪərɪz 히어뤼즈]
- here⌒and there[hɪər ən ðer → hɪərən ðer 히어뤈데어]
- here⌒are[hɪər ər → hɪərər 히어뤄r]
- near⌒enough[nɪə(r) ɪ'nʌf → nɪərɪ'nʌf 니어뤼너프(f)]
- four⌒eggs[fɔːr egz → fɔːregz 포뤠그즈]
- take care⌒of['teɪk 'ker əv → 'teɪk 'kerəv 테잌케어뤄브]
- tour⌒along[tʊər əl'ɔːŋ → tʊərəl'ɔːŋ 트어뤄롱]
- more⌒ice[m'ɔːr aɪs → m'ɔːraɪs 모롸이쓰]
- far⌒and wide['fɑːr ən 'waɪd → 'fɑːrən'waɪd 퐈뤈와이드]

Listening Skill 64

한 단어내의 겹자음이 짧은 소리(short sound)로 발음되는 경우 - Running Man은 "런닝맨"이 아닌 "뤄닝맨"

1. Anna['æ.nə] worked at a sewing machine.
2. "Someone might see me." Hannah['hæ.nə] said.
3. Madonna[mə'dɑːnə] and Gwyneth Paltrow seldom sign anything.
4. During his thirty-five years in Vienna[vi'enə], he moved about forty times.
5. Emma['e.mə], are you done with the front page?
6. He was as cunning['kʌn.ɪŋ] as a fox.
7. The smiling landscape of last summer['sʌ.mər] is gone.
8. But Arthur was running[rʌn.ɪŋ] out of money.
9. "Running Man" is a popular TV variety program starring famous comedians.

"런닝맨(Running Man)"은 콩글리쉬!!! Anna는 [안나]가 아닌 [에나], Emma는 [엠마]가 아닌 [에마], cunning은 [컨닝]이 아닌 [커닝]이 되듯 연결발화에서 자음과 자음이 결합할 때 다양한 소리의 전이(transition)나 변화(change)가 있음을 알고 청취해야 한다.

우리는 Anna를 [안나], Hannah를 [한나], Madonna를 [마돈나], Vienna를 [비엔나], Emma를 [엠마], gamma를 [감마], comma를 [콤마], cunning을 [컨닝], summer를 [썸머r], cutter를 [컷터r], running을 [런닝], Rinnai를 [린나이]로 발음하는 콩글뤼쉬에 익숙해져있다. 이는 한 단어 내에서 동일한 자음이 겹치면, 앞 자음의 음가를 동일음인 뒷 자음에 전이시켜 뒷 음절의 초성으로 발음시키는 발음원칙을 모르기 때문에 일어난 일이다.

원어민의 올바른 발음을 살펴보면, Anna는 ['æ.nə **애**나], Hannah는 ['hæ.nə **해**나], Madonna는 [mə'dɑːnə 머**다**나], Vienna는 [vi'enə 뷔**에**나], Emma는 ['e.mə **에**마], gamma는 ['gæmə **개**마], comma는 [kɑːmə **카**마], cunning은 ['kʌnɪŋ **커**닝], summer는 ['sʌ.mər **써**머r], running은 ['rʌnɪŋ **뤄**닝], Rinnai는 [rɪ.naɪ **리**나이], Running Man은 ['rʌnɪŋ mæn **뤄**닝맨]으로 겹자음을 하나의 소리로 발음하는 것을 알 수 있다.

1. The floor will get wet and slippery[s'lɪpəri] when people start to come in.
2. All biddersbidders['bɪdərz] were invited to attend a clarification meeting.
3. They are cheaper when it's sunny['sʌ.ni].
4. They would look at me funny['fʌni].
5. Collecting is one of the most exciting hobbies['hɑː.biz] mankind has invented.
6. There are six other puppies['pʌpiz] to play with.
7. She spends weeks on the high pastures cutting['kʌtɪŋ] hay.
8. "Why don't you find some information from the encyclopedia over there?" he added['ædəd]. Rob grabbed['græbd] the encyclopedia.

동일한 자음이 겹치면, 앞 자음의 음가를 동일음인 뒷 자음에 전이시켜 뒷 음절의 초성으로 발음시키는 유형은 아래의 두 가지가 있다.

1) slippery, cutter, bidder, sunny, funny, hobbies, puppies, cutting, running, added, bedded처럼 단모음을 만들기 위하여 자음을 한 개 더 붙인 경우 중 어원이 그 속에 있는 단어이다. 예를 들면, sunny는 어원이 단모음인 sun['sʌn]이므로 [sun.ny → suhn-ee['sʌn.i]로 분절이 되지만, 연음 시 ['sʌ.ni 써니]로 소리 나게 된다.

1. Where is the antenna[æn'tenə] located on the television?
2. The best way to resolve a dilemma[dɪ'lemə] is to start writing.
3. My heart was beating like a hammer['hæ.mər].
4. There was one student who had trouble with grammar['græmər].

2) Anna, antenna, Emma, comma, dilemma, gamma, grammar, hammer, Rinnai, cunning, buffer, summer, dagger처럼 단모음을 만들기 위하여 자음을 한 개 더 붙인 경우 중 어원이 그 속에 없는 단어이다. 예를 들면, Anna는 단모음으로 소리 나기 위하여 [an·na → an-uh]로 분절이 되지만(어원이 없다.), 연음시 ['æ.nə 애나]로 소리나게 된다. 단어의 끝에 오는 [ə]는 발음할 때 터뜨려지듯 약간 긴 호흡과 함께 공기가 배출되다보니 입이 더 벌어져 중설모음 중 제일 낮은 [a 아]에 가까운 소리가 된다.

Listening Skill 65

두 단어의 경계가 동일자음(예 : d-d)인 자음과 자음의 연음 (consonant sound + same consonant sound => long consonant sound)

1. This⁀side⁀dish⁀shan't⁀taste⁀terrific.[ðɪ 'sːaɪ 'dːɪ ʃːɑn 'tːeɪs tːə'rɪfɪk]
2. In another⁀really peaceful⁀location, I took photos of⁀five⁀very reddish⁀sheep.
3. You can talk with a real⁀live person. Call⁀Laura now.
4. Americans are referred to properly as Americanos[əˌmerɪ'kɑːnoʊz 어메뤄카ː노으즈].
5. Every sane American⁀knows[ə'merɪkən⁀'noʊz 어메뤄컨 노으즈] aliens are good people.
6. What does gramercy[grə'mɜːsi 구뤄머ːr씨] mean?
7. We've Got Gram⁀Measuring['græm⁀'meʒərɪŋ 구뢤메줘륑] Spoons.
8. orange⁀juice['ɔːrəndʒ⁀'dʒuːs 오뤈줘 쥬ː쓰] is one of the most popular cold drinks.
9. Each⁀choice['iːtʃ⁀'tʃɔɪs 이ː취 초이쓰] has a consequence.
10. How about some more ice['mɔːr 'aɪs 모ːr롸이쓰] cream?
11. Can I have some more⁀rice['mɔːr⁀'raɪs → 'mɔː'rːaɪs 모ːr롸ː이쓰]?

disservice[dɪssɜːvəs], misspelling[mɪsspelɪŋ], unnatural[ʌnnætʃərəl], greenness['griːnnəs]처럼 두 개의 겹자음이 하나의 긴 자음으로 발음되어 [dɪ'sːərvəs], [mɪsːpelɪŋ], [ʌnːætʃərəl], ['griːnːəs]가 되듯이 두 단어의 경계가 겹자음이면 하나의 긴 소리로 연음된다.

This⁀side⁀dish⁀shan't⁀taste⁀terrific에서 끝 자음과 같은 자음이 겹치면, 앞 자음을 머금는 대신 뒷 자음을 하나의 긴 자음으로 공동조음해 주어야 한다. 즉, [ðɪ 'sːaɪ 'dːɪ ʃːɑn 'tːeɪs tːə'rɪfɪk 디싸ː인 디ː샨ː 테ː이쓷 터ː뤼퓍]이 된다. 이처럼 단어와 단어의 경계가 이어질 때 **파열음[tt, kk, pp, dd, gg, bb,]이나 마찰음[ss, zz, ʃʃ, θθ, ðð, ff, vv], 접근음[ll, rr]**이 겹쳐지면, 겹자음은 조음점이 같으므로 공동조음을 하여 하나의 긴 자음(long consonant) **[tː, kː, pː, dː, gː, bː, sː, zː, ʃː, θː, ðː, fː, vː, l ː, rː]**로 발음한다.

긴 자음은 혀나 입술을 떼며 두 번 발음하는 대신 빠른 대화를 위해 첫 번 조음점에 혀나 입술을 둔 채 약간 길게, 약간 힘주어 긴 자음으로 발음을 하는 것이다. 예를 들어 side⁀dish처럼 파열음 [d-d]가 겹자음이 되면 폐쇄(stop)와 파열(plosive)을 두 번 반복하는 것이 아니라 한 번의 폐쇄와 한 번의 파열만을 해 주어야 한다. 즉, side['saɪd **싸**읻]하고 잠시 끊어주면서 폐쇄의 과정을 거친 후에 dish['dːɪ ʃ **디**쉬]하고 파열시키며 발음한다. site test['saɪt 'test]는 side['saɪt **싸**읻]하고 잠시 끊어주면서 폐쇄의 과정을 거친 후에 test['test 테쓭]하고 파열시키며 발음한다. 비음 [n], [m]이나 파찰음 [dʒ], [tʃ]도 동일 자음이 겹치면 앞소리를 조음점을 그대로 유지한 채 하나의 긴 자음 [nː], [mː], [dʒː], [tʃː]로 발음한다.

1. 파열음의 겹자음이 공동조음 되는 사례(Linking Same Continuous Stop Consonants)

파열음 [d-d]와 [t-t]의 발음은 잠시의 멈춤(stop)후에 파열한다.

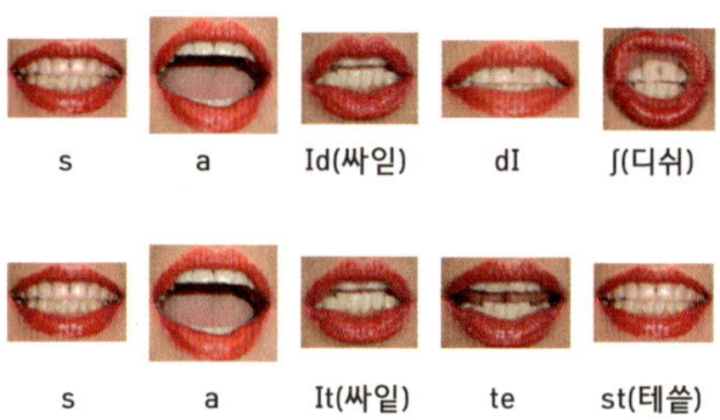

big gas[bIg gæs]의 발음
1) stop후 연음하는 올바른 발음은 - 유성음 앞의 모음을 길게 끌어 성대를 울려 주어야 하므로 [bIg gæs 비익개쓰]로 들리지만,
2) stop없이 연음하는 잘못된 발음은 [bIgæs 비개쓰]가 되어 big ass처럼 들린다.

1. I promise it'll be OK next⁀time.([t] + [t]의 공동조음 → [tː])
2. Dad⁀didn't like the old⁀dog at all.([d] + [d]의 공동조음 → [dː])
3. Stop⁀pushing and wait your turn.([p] + [p]의 공동조음 → [pː])
4. Bob⁀Bryan's cab⁀broke the window. He had a rib⁀broken.([b] + [b]의 공동조음 → [bː])
5. In this way, you can take⁀care of your children.([k] + [k]의 공동조음 → [kː])
6. There's a big⁀game at Jamsil Baseball Stadium.([g] + [g]의 공동조음 → [gː])

1) next⁀time['nekst 'taɪm **넥**쓰트 **타**임 → nekstːaɪm **넥**씉**타ː**임]

2) dad⁀didn't['dæd 'dɪdnt **대**드**디**든 → dædːɪdnt **대**앧**디ː**든](유성음 앞의 모음은 길게 끌어준다)

3) stop⁀pushing['stɑp pʊʃɪŋ 쓰**따**프 **프**슁 → 'stɑpːʊʃɪŋ 쓰**땊프ː**슁]

4) rib⁀broken['rɪb 'broukən **뤼**브 부**로**으큰 → 'rɪ'bːroukən **뤼**입브ː**로**으큰](유성음 앞의 모음은 길게 끌어준다)

5) take⁀care['teɪk 'keər 테이크 케어r → 'teɪ'k:eər 테익케:어r]

6) big⁀game['bɪg 'geɪm 비그게임 → 'bɪ'g:eɪm 비익게:임](유성음 앞의 모음은 길게 끌어 준다.)

2. 마찰음의 겹자음이 공동조음 되는 사례

nice sense[naIs sens 나이쓰쎈쓰]의 [s s]는 1개의 [s]로 공동조음됨[naIs:ens 나이쎈:쓰]

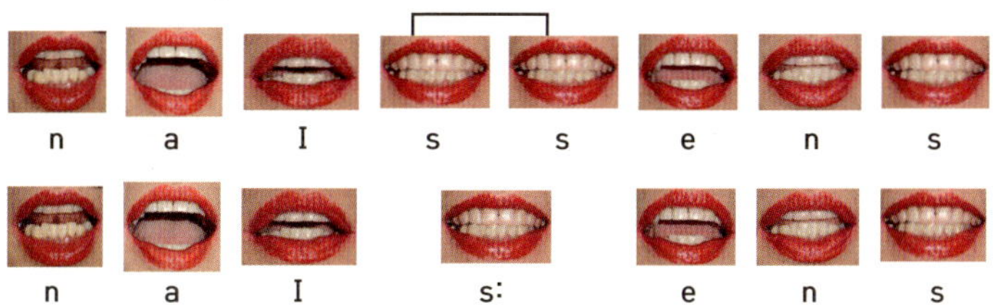

1. Miss⁀Sue thinks that this⁀side dish tastes⁀salty.([s] + [s]의 공동조음 → [s:])
2. It costs⁀six['kɔ:s(t)s⁀'sɪks] dollars.([s] + [s]의 공동조음 → [s:])
3. I rated my chances as⁀zero.([z] + [z]의 공동조음 → [z:])
4. I wish⁀she[wɪʃ⁀ʃi] were in the fish⁀shop.['fɪʃ⁀'ʃɑ:p]([ʃ] + [ʃ]의 공동조음 → [ʃ:])
5. Do both⁀things.([θ] + [θ]의 공동조음 → [θ:])
6. Bathe⁀the babies & clothe⁀them anew.([ð] + [ð]의 공동조음 → [ð:])
7. Please go out with⁀them to breathe⁀the fresh air.([ð] + [ð]의 공동조음 → [ð:])
8. Wear a mask to protect yourself⁀from the harmful dust.([f] + [f]의 공동조음 → [f:])
9. David had a tough⁀fight with them.([f] + [f]의 공동조음 → [f:])
10. These fruits have⁀value of five⁀vitamins.([v] + [v]의 공동조음 → [v:])

- this⁀side⁀dish[ˌðɪs⁀saɪd⁀'dɪʃ 디(ð)쓰 싸읻디쉬 → ˌðɪ's:aɪd:ɪʃ 디(ð)싸:이디:쉬]
- as⁀zero[əz⁀'zɪroʊ 어즈 지로으 → ə'z:ɪroʊ 어지:로으]
- I wish⁀she[aɪ 'wɪʃ ʃi 아이위쉬 쉬 → aɪ 'wɪʃ:i 아이위쉬:]
- Both⁀things[boʊθ 'θɪŋz 보으쓰씽즈 → boʊ'θ:ɪŋz 보으씽:(θ)즈]
- with⁀this[wɪð ðɪs 위드디쓰 → wɪð:ɪs 윋디:쓰]
- yourself⁀from[jər'self frəm 여r쎌프 푸뤔 → jər'self:rəm 여r쎌푸:뤔]
- have⁀value[həv 'vælju: 허브 밸류: → hə'v:ælju: 헙밸:류:]

Listening Skill 66

두 단어의 경계가 유무성 짝 자음(예 : d-t)인 자음과 자음의 연음

파열음과 마찰음 중 **같은 조음점의 유무성 짝 자음**(b-p, d-t, g-k, v-f, z-s, ʒ-ʃ, ʤ-ʧ, ð-θ)이 겹치면 앞 자음의 소리가 뒤 자음과 공동조음으로 인해 앞 자음이 탈락한다. 즉, 앞의 자음이 뒷 자음에 역행동화되어[g] + [k] → [k] + [k] → [kː]처럼 **하나의 긴 자음(long consonant)으로 공동조음 된다.** 예를 들어 sit⁀down처럼 파열음 [t-d]가 연음이 되면 폐쇄(stop)와 파열(plosive)을 두 번 반복하는 것이 아니라 한 번의 폐쇄와 한 번의 파열만을 해 주어야 한다. 즉, sit['sɪt 씯]하고 잠시 끊어주면서 폐쇄의 과정을 거친 후에 down['dːaʊn 다은]하고 파열시키며 발음한다. bad town['bæd 'taʊn]은 bad[bæd 배앧]하고 잠시 끊어주면서 폐쇄의 과정을 거친 후에 town['taʊn 타은]하고 파열시키며 발음한다.

[t-d]와 [d-t]의 발음은 잠시의 멈춤(stop)후에 파열한다. sit down/bad town

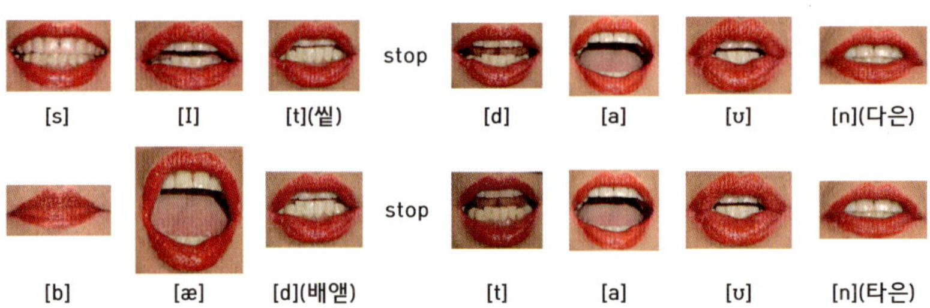

1. 파열음의 유무성 짝 자음이 겹칠 때 공동조음 되는 사례

1) That⁀dog[ðæt dɔːg 대트도윽 → ðæd˺dɔːg → ðædːɔːg 댇(ð)도ː윽] is still there.
2) A young boy sat⁀down[sæt daʊn 쌔트다은 → sæd˺daʊn → sædːaʊn 쌘다ː은]

3) It's bedtime['bed 'taɪm 베드타임 → 'beːt˥ t'aɪm → 'beːtːaɪm 베엘타:임] for you.

4) Sad⁀to['sæd tə 쌔드트 → 'sæːt tə → 'sæːtːə 쌔엘트:] say, he just passed away.

5) How about egg⁀cream['eg kriːm 에그크림: → 'ek kriːm → 'eːkːriːm 에엑쿠:림]?

6) Look at the big⁀cat['bɪg 'kæt 비그캘→ 'bɪk˥ 'kæt → 'bɪ'kːæt 비익캘:]

7) My hair is dark⁀grey['dɑːrk 'greɪ 다r크구뤠이 → 'dɑːrg 'greɪ → 'dɑːr'gːreɪ 다윽구:뤠이]

8) He's proud of his background['bæk graʊnd 배크구롸운드 → bægːraʊnd 백구:롸운드]

9) This is my web⁀page['web 'peɪdʒ 웨브페이쥐 → 'wep 'peɪdʒ → 'we'pːeɪdʒ 웨엘페:이쥐].

10) The rocket made a long trip⁀back['trɪp 'bæk 츄뤼프백 → 'trɪb 'bæk→ 'trɪ'bːæk 츄립백:] to Earth.

2. 마찰음의 유무성 짝 자음이 겹칠 때 공동조음 되는 사례

1) He decided to write his⁀story[hɪz 'stɔːri 히즈쓰또뤼 → hɪs 'stɔːri → hɪ'sːtɔːri 히쓰:또뤼].

※ his story[hɪz 'stɔːri 히즈쓰토:뤼]처럼 [z]다음에 [s]가 이어지면 앞 자음이 뒷 자음에 역행동화되어 뒷 자음의 소리와 같아져(s-s) [hɪs 'stɔːri]가 된다. 그리고 하나의 긴 자음 [sː]로 공동조음을 하여 [hɪ'sːtɔːri 히쓰:또뤼]가 된다. 언뜻 history와 같은 발음으로 생각하지만 history는 약세모음 때문에 ['hɪstəri→'hɪstri히스트뤼]가 된다.

2) Today is⁀special?[ɪz 'speʃl 이즈쓰뻬쉬을 → ɪs 'speʃl → ɪ'sːpeʃl 이쓰:뻬쉬을]

3) His⁀smile[hɪz 'smaɪl 히즈스마이얼→ hɪs 'smaɪl→ hɪsːmaɪl 히스마이얼] is sweet.

※ Jack's xylophone['dʒæks 'zaɪlə,foʊn] was stolen과 Jack's zippers['dʒæks 'zɪpərz] are broken 처럼 무성마찰음이 유성마찰음으로 공동조음 되지는 않는다.

4) I love⁀Fred[lʌv fred 럽(v)(으)푸뤠드 → lʌf fred → lʌfːred 러(으)푸:(f)뤠드]

5) Let's move⁀forward['muːv 'fɔːr.wərd 뭅(v)(으)포r워r드 → mufːɔrwərd 무:(으)포r워r드]

6) Negative⌒feelings['negətɪv 'fi:lɪŋz 네거팁(으)퓌:을링즈 → 'negətɪf 'fi:lɪŋz → 'negətɪ'f:i:lɪŋz 네거티(으)퓌:을링즈] build up pressure. Have fun[hæv 'fʌ.n → hæf 'fʌ.n → hæf:ʌ.ni 해(으)풘]

7) It's difficult to love⌒forever['lʌv fə.'re.vər 럽(v)(으)풔r에버r → 'lʌf:ə.'re.vər 러(으)풔:r에버r]

8) I have⌒finished[həv 'fɪnɪʃt 헙(v)(으)퓌니쉬트 → həf:ɪnɪʃt 허(으)퓌:니쉬트] my duty.

9) Don't deal with⌒things[wɪð 'θɪŋz 윋(ð)(으)씽즈 → wɪ'θ:ɪŋz 위(으)씽:즈] that are overdue.

10) I received with⌒thanks[wɪð θæŋks 윋(ð)(으)쌩쓰 → wɪθ:æŋks 위(으)쌩:쓰] the present.

11) The pond is frozen over with thin[wɪð θɪn 윋(ð)(으)씬→ wɪθ:ɪn 위(으)씬:] ice.

12) Try to smooth things['smu:ð θɪŋ 스무욷(으)씽 → 'smu:θ 'θɪŋ → 'smu:'θ:ɪŋ 스무:(으)씽] over.

Chapter 7

이웃소리와 닮거나 공동조음, 융합되면서 만드는 리듬

- 순행동화(progressive assimilation)
- 역행동화(regressive assimilation)
- 상호동화(reciprocal assimilation)

Listening Skill 67~87

Listening Skill 67

동화의 방향이 앞 자음이 뒷 자음을 바꾸는 순행동화 (progressive assimilation)

1. 순행동화(progressive assimilation)의 정의

seven의 [v]가 순치음(【脣齒音】 labiodental consonant)이므로 입술에서 발음하는 그 편안함을 유지하고자 이어지는 치경음 [n]을 억지로 입술소리 [m]으로 바꾸어[sevm]으로 말하는 동화를 순행동화라고 한다. 우리말의 경우도 '종로'가 '종노'로 발음되듯 순행동화는 앞소리를 유지시키며 뒷소리를 바꾸는, 즉 왼쪽이 오른쪽을 잡아먹는 동화현상이다.(left to right assimilation)

- The rude waitress gave the restaurant a bad name['bæd 'neɪm].
- Neither is a bad game['bæd 'geɪm] – far from it.

연결발화는 빠르고 쉬운 발음을 하려는 경향이 있다. 따라서 앞소리를 미리 뒷소리로 변동하여 연음시키는 역행동화가 상당히 많다. 예를 들어, bad game['bæd 'geɪm 배앧 게임]은 앞소리 [d]가 뒷소리 [g]의 영향을 받아 [g]로 바뀌는 역행동화가 일어나, bag game['bæg 'geɪm 배액 게임]으로 들린다.
하지만, 뒷소리를 미리 앞소리로 변동하여 연음시키는 순행동화는 잘 안 일어난다. 만약 뒷소리 [g]가 앞소리 [d]의 영향을 받아 [d]로 바뀌는 순행동화가 일어난다면 아마 bad dame['bæd 'deɪm 배앧 데임]이 되어 그 뜻이 완전히 달라지기 때문이다. 이처럼, 단어의 첫 번째 음절은 의미를 만드는데 중요하므로 그 소리를 변동하는 것이 조심스럽지만 단어의 끝음절은 의미의 변동을 주지 않으므로 역행동화는 많고 순행동화는 적은 것이다. 단어의 의미를 변동시키지 않는 범주 안에서 뒷 자음이 앞 자음을 닮아가는 순행동화는 다음의 경우에서 일어난다.

2. 뒤에 오는 자음이 앞소리를 닮아서 그와 비슷하거나 같은 소리로 바뀌는 순행동화가 일어나는 사례

1) 명사형의 복수 -s는 무성음 다음에 오면 무성음 [s]로 동화되고 유성음 다음에 오면 유성음 [z]로 순행동화된다. (bucks는 [bʌks], bugs는 [bʌgz])

- We're talking big bucks[bʌks] here.
- He's living a Bug's[bʌgz] Life.
- I want to run a store that sells model kits['kɪts].
- I pick up the kids['kɪdz] from school.

무성음 + s(명사형의 복수) => [s]	유성음 + s(명사형의 복수) => [z]
bucks[bʌks], kits['kɪts], cats['kæts], caps['kæps], cakes['keɪks], giraffes[dʒə'ræfs]	bugs[bʌgz], kids['kɪdz], dogs[d'ɔːgz], pubs[pʌbz], gloves['gləvz]

2) 축약형 또는 소유격 's는 무성음 다음에 오면 [s]로 동화되고 유성음 다음에 오면 [z]로 순행동화 된다.

- It's[its] on sale now. There's[ðərz] going to be a big swimming competition.
- Dasher's['dæʃərz] a cute, white, cat with a loving personality.
- Robert's['rɑːbərts] friends made fun of him.
- The sisters had shared the job as van Beek's['biːks] secretary.
- Jack's[d3æks] wife was cleaning out a closet.
- Ted's['tedz] residence. Please leave your message.
- Helen's['helənz] class performed the play Cinderella.
- From Picasso's[pɪ'kɑːsoz] arrival to Henri Matisse's[mə'tiːsəz] death, the two artists were not only rivals but also each other's['ʌðərz] greatest critic and fan.

무성음 + s(축약형 또는 소유격 's) => [s]	유성음(축약형 또는 소유격 's) + s => [z]
It's['ɪts], That's[ðæts], Pip's[pɪps], Kate's[keɪts], Mike's[maɪks], Jeff's[jefs], Seth's[seθs], Hope's['hoʊps], Ralph's['rælfs], students' books['stuːdənts 'bʊks]	There's[ðərz], Here's['hɪrz], Abe's[eɪbz], Fred's[fredz], Meg's[megz], Olive's['ɑːlɪvz], Ben's[benz], Molly's['mɑːlɪz], Bob's['bɑːbz], Greg's['gregz] Steve's['stiːvz], girls' books['gɝːlz 'bʊks], dinner's['dɪnərz] on me

3) 동사의 3인칭 현재 -s는 무성음 다음에 오면 [s], 유성음 다음에 오면 [z]로 순행동화된다.

- The world gets[gets] more complex. A nutcracker hides[haɪdz] nuts throughout the forest.
- It sells['selz] very well.
- He may be welcomed with hugs['hʌgz], told the day's['deɪz] news['nu:z].
- Your language use affects[ə'fekts] your teachers['ti:tʃərz] attitudes['ætəˌtu:dz] toward you. It affects your parents['perənts] responses to your requests[rɪ'kwests]. It can also affect your friends['frendz] understanding of you and their feelings['fi:lɪŋz] toward you.

무성음 + s(동사의 3인칭 현재) => [s]	유성음 + s(동사의 3인칭 현재) => [z]
gets[gets], affects[ə'fekts], requests[rɪ'kwests], waits['weɪts], speaks['spi:ks], laughs['læfs]	hides[haɪdz], sells['selz], hugs['hʌgz], day's['deɪz], news['nu:z], loves['lʌvz], rubs['rʌbz]

4) 동사의 과거형 -ed는 앞 자음의 영향을 받아 앞 자음이 무성음이면 [t], 유성음이면 [d]로 순행동화된다.

- The size of our world has not changed[tʃeInd3d], but the scale of human activities has increased[ˌɪn'kri:st] greatly.
- I also attached[ə'tætʃt] two heart-shaped['ʃeɪpt] balloons to the sign.
- I rubbed['rʌ bd] the dirt off it.
- As we approached[ə'proʊtʃt] an intersection, we stopped['stɑ:pt] at a red light.

무성음 + ed(동사의 과거형) =>[t]	유성음 + ed(동사의 과거형) =>[d]
stopped['stɑ:pt 스탚트],	rubbed['rʌ bd 뤕(으)드]
picked['pɪkt 픽트], ached[eɪkt 에이크트]	hugged['hʌ gd 헉(으)드]
ceased['si:st 씨스트], kissed['ki:st 키스트]	buzzed[bʌzd 버즈드]
fished['fɪʃt 퓌쉬트] attached[ə'tætʃt 어 태취트]	changed[tʃeInd3d 췌인쥐(dʒ)드]
laughed[læft 래프트]	moved['mu:vd 무읍(v)(으)드]
raced['reɪst 뤠이스트]	breathed[briðd 브뤼드(ð)드]

5) 무성자음 [p], [t], [k], [s], [f], [θ] + 유성음 [l], [r], [n], [m], [w], [j]의 순행동화

- Nobody was unduly alarmed, having seen no fire, just the column of smoke['smoʊk].
- What are friends['frendz] for? I'll pay you half that price['praɪs] for the printer['prɪntər].

- A swarm['swɔːrm] of flies['flaɪz] cleared['klɪrd] away a cluster['klʌstər] of flowers.['flaʊərz]
- Twin['twɪn] trees['triːz] are planted['plæntɪd] around the province['prɑːvəns].
- A crowd['kraʊd] of crows[kroʊz] flew['fluː] in and tried['traɪd] to slay[s'leɪ] a flock['flɑːk] of cranes['kreɪnz].
- I don't have proof['pruːf] to prove['pruːv].

무성파열음 + 유성음 [l], [r], [n], [m], [w], [j]	무성마찰음 + 유성음 [l], [r], [n], [m], [w], [j]
접근음과 비음인 유성자음 [l], [r], [n], [m], [w], [j]은 앞에 무성자음이 있으면, 무성음으로 동화되므로 목에 긴장을 줄 필요 없이 price[praɪs 푸롸이쓰], clean[k'liːn 클린:], snow[snoʊ 스노으], smell[smel 스멜], twin[t'win 트윈], tune[tjuːn 튠:]처럼 편안하고 짧게 발음하면 된다.	
price[praɪs], printer['prɪntər], cleared['klɪrd], cluster['klʌstər], clean[k'liːn], twin[t'win], trees['triːz], tune[tjuːn], planted['plæntɪd], province['prɑːvəns], crowd['kraʊd], crows[kroʊz], tried['traɪd], cranes['kreɪnz], proof['pruːf], prove['pruːv]	smoke[smoʊk], friends['frendz], swarm['swɔːrm], flies['flaɪz], flowers.['flaʊərz], flew['fluː], snow[snoʊ], smell[smel], slay[s'leɪ], flock['flɑːk]

6) 기타의 순행동화

- Oh, I'm all thumbs[θʌmz] today.
- It takes more time to cook lamb['læm] ribs than pork chops.

양순음 [m]과 [b]가 겹칠 경우 뒤의 [b]가 같은 조음점인 앞의 [m]으로 순행동화 되면서 하나의 [m]이 되어버린다([b]탈락).

> ex) thumb[θʌm], lamb['læm], bomb[bɑm] dumb[dʌm], numb[nʌm], tomb['tuːm], climb['klaɪm], bomb['bɑːm], comb['koʊm], plumber['plʌ.mər], combs['koʊmz], comber['koʊmər], combed['koʊmd]

- We're going to[gonə] send a rocket straight to the sun.

going to가 gonna로 되는 주된 음운변화현상은 순행동화이다. 즉, going to[goʊɪŋ tə]는 -ing에서 g가 탈락되어 [-in]이 되면서 단모음화가 일어나 [goʊɪŋ tə → goɪn tə]로 되었다가 [t]가 [n]으로 순행동화가 일어난다. 따라서 [goɪn nə → goɪnə]가 된다. 그리고 다시 한번 단모음화시켜서 [goɪnə → gonə]가 된다.

- Oh, no! How did it **happen**['hæ.pən → 'hæp.n → 'hæp^{m}m 햎음]?
- How do I **open**[oʊpən → oʊp.n → oʊp^{m}m 오읖음] this bottle?
- We will meet to discuss **urban**['ɜːrbən → 'ɜːrb.n → 'ɜːrb^{m}m] development.
- The **ribbon**[rɪbən → rɪb.n → rɪb^{m}m] cutting is free of charge to everyone.

[b], [p] + [n]은 [ə]가 삽입되며 구강파열을 하는 것이 보편적이지만, 일부 원어민들이 비격식영어에서 빠른 속도로 발음할 때는 비강파열을 하기도 한다. 예를 들면, happen['hæpən]을 빠른 속도로 발음 시 약세모음인 /ə/를 탈락시켜 ['hæpn]으로 발음하게 되는데 [n]이 앞 파열음 [p]와 동일조음점의 비음 [m]으로 바꿔어 ['hæp^{m}m 햎음], [oʊp^{m}m]으로 비강파열이 되는 것이다. 이 과정에서 ['hæ.pən → 'hæp.n → 'hæp^{m}m]으로 [n]이 [p]에 순행동화되어 p와 같은 조음점의 양순음 m으로 변동되었다고 볼 수 있다.

urban['ɜːrbən → 'ɜːrb.n → 'ɜːrb^{m}m], ribbon[rɪbən → rɪb.n → rɪb^{m}m]은 [n]이 [b]에 순행동화되어 b와 같은 조음점의 양순음 m으로 변동되어 ['ɜːrb^{m}m], [rɪb^{m}m]이 됨.

Listening Skill 68

뒤 자음에 의해 앞 자음이 바뀌는 역행동화 (regressive assimilation)

1. 역행동화의 정의

영어는 역행동화의 언어라고 불릴 정도로 역행동화가 많이 일어난다. 역행동화란 연속 발화의 특성이 발음을 빠르고 쉽게 하려는 경향이 있기 때문에 조음 기관의 움직임을 최소화하기 위하여 앞소리를 뒷소리의 조음 위치와 같게 하거나 조음시의 성대울림 상태를 같게 해주고자 하는 규칙이다. 이처럼 뒷소리를 미리 예상하여 앞소리를 바꾸거나 아예 탈락시키는, 앞소리가 뒷소리에 의해 잡아먹히는 것이 역행동화(right to left assimilation)이다.

2. 역행동화의 종류

1) 유성음이 무성음 앞에서 무성음으로 동화되는 경우(Assimilation of voicing)(예 : /b/ → /p/)

원래의 단어	파생단어
scribe['skraɪb]	scripture['skrɪptʃər], description[dɪ'skrɪpʃn], inscription[ˌɪn'skrɪpʃn]
absorb[əb'zɔːrb]	absorption[əb'sɔrpʃn/əb'zɔːrpʃn]
leave['liːv] receive[rɪ'sːv]	과거형 left[left]는 [t]의 영향으로 [v]가 [f]로 바뀐 것임. 무성음화 /v→f/ reception, receipt는 [t]의 영향으로 [v]가 [p]로 바뀐 것임. 무성음화 /v→p/
twelve[twelv]	twelfth['twelfθ]([θ]의 영향으로 [v]가 [f]로 바뀐 것임. 무성음화 /v→f/)
five['faɪv]	five past[faɪv pæst→faɪfpæst] fifteen[ˌfɪf.'tiːn], fifth['fɪfθ], fifty['fɪf.ti] /v→f/
give['gɪv]	give books['gɪv 'bʊks] vs give peace['gɪv 'piːs→'gɪf 'piːs] / v→f/ 명사형은 give+t=>gift['gɪft](무성음화 /v→f/)

원래의 단어	파생단어
love[lʌv], have[hæv]	love to[lʌvtə→lʌftə], have to[hævtə→hæftə],(무성음화 / v→f/)
as[əz]	as can be shown[əzkonbɪʃoʊn→əskonbɪʃoʊn](무성음화 / z→s/) has['hæz]+to[tə] =>has to['hæstə](무성음화 /z→s/)
lose['luːz]	lose five[luːzfaɪv→luːsfaɪv], 과거형 lost['lɔst](무성음화 / z→s/)
edge['edʒ]	edge to edge['edʒtə'edʒ→'eʧtə'edʒ](무성음화 /dʒ→ʧ/)

2) 조음점의 동화(Assimilation of place of articulation)

두 개의 자음이 이어질 때 앞의 자음은 뒤의 자음의 조음위치를 미리 예상하여 자신의 조음점을 뒤 자음의 조음위치로 변경시키는데 이를 조음점의 동화라고 한다.

(1) 치경음 /s, z/는 경구개음 /ʃ//3/가 이어지면 경구개음 /ʃ//3/로 발음됩니다.

ex) I miss you['mɪs 'ju→'mɪʃ'ju 미쉬유] She knows you[noʊz ju→noʊ3 ju 노으쥐유]

(2) 치경음 /n//d//t/는 양순음 /m/, /b/, /p/가 이어지면 양순음 /m/, /b/, /p/로 발음한다.

ex) ten men['ten 'men→'tem 'men], good boy['gʊd ˌbɔɪ→'gʊb ˌbɔɪ] that boy[ðæt bɔ́ɪ→ðæp bɔ́ɪ]

(3) 치경음 /n//d//t/는 연구개음 /k/, /g/, /ŋ/가 이어지면 연구개음 /k/, /g/, /ŋ/으로 발음한다.

ex) ten coins['ten 'kɔɪnz→'teŋ 'kɔɪnz], bad girl['bæd 'gəːrlz → 'bæg 'gəːrlz]

(4) 치간음 /θ/는 치경음 /s/가 이어지면 치경음 /s/로 발음됩니다.

ex) bath seat['bæθ 'siːt→'bæs 'siːt→'bæsːiːt] bath salts['bæːθ 'sɔlts→'bæːs 'sɔlts→'bæːsːɔlts]

(5) 양순음 [m,b,p]는 순치음 /v//f/가 이어지면 순치음 /v//f/로 발음됩니다.

ex) comfort['kʌmfərt→'kʌmᶠfərt] in vain[ɪn 'veɪn→ɪmᵛ'veɪn] deep from['diːp frʌm→'diːf frʌm]

(6) 치경음 /n//d//t//l/는 치간음 /ð//θ/가 이어지면 치음 /n̪//d̪//t̪//l̪/로 발음한다.

ex) in the[ɪn ðə → ɪn̪ ðə → ɪn̪ nə]), read this['riːd ðɪs → 'riː d̪ ðɪs → 'riː d̪ d̪ɪs → 'riː d̪ːɪs]

1. Companies used to provide for greater autonomy.
2. When were you supposed to be picked up?
3. The habit of reading newspapers has been on the decline.
4. Have you got a five pence?

앞소리인 유성음 [zd]가 뒷소리인 무성음 [t]의 영향을 받아 무성음으로 변동되어 [st]로 발음되는 경우

(1) used to['ju:zd+tə → 'ju:st tə → 'ju:st:ə 유:스터:]

(2) supposed to[sə'poʊzd + tə → sə'poʊst tə → sə'poʊst:ə 써포으스터]

(3) newspaper는 news[nu:z 누:즈] + papers[ˌpeɪpərz 페이퍼r즈] => ['nu:sˌpeɪpərz 누:스 페이퍼r즈]

news[nu:z누즈]의 유성음 [z]가 무성음 [p]에 연결, [s]로 무성음동화 되는 경우

(4) five['faɪv] + pence['pens] => five pence['faɪfpens]([pens]는 모음약화되어 [pəns]로도 발음한다)

3) 조음방법의 변화를 통한 동화

(1) let me help you with that.의 [t]를 이어오는 양순음[m]의 위치에서 발음하다 보니 역행동화되어 ['letmi→'lemmi]가 됩니다. 즉, 파열음인 [t]가 비음인 [m]으로 바뀐 것이므로 조음방법이 달라진 것입니다. 구어체에서 Lemme help you with that으로 축약합니다.

(2) give me more 또한 구어체에서 격식없이(informal) 말할 때는 gimme more로 줄여서 말합니다. 이는 ['gɪvmi]의 순치음 [v]를 양순음 [b]와 비슷한 소리라고 생각하여 양순음 [m]의 위치에서 발음하다보니 역행동화되기 때문입니다. 이 경우도 마찰음 [v]가 비음 [m]으로 바뀐 것이므로 조음방법이 달라진 것입니다.

(3) Get some of that soup['get səm əv ðət 'su:p]가 역행동화 되면 ['ges səm əv ðəs 'su:p→'ges:əm əv ðəs:u:p]가 되는 데 파열음인 [t]가 마찰음인 [s]로 바뀐 것이므로 조음방법이 달라진 것입니다.

Listening Skill 69

치경음 [s] + 경구개음 [ʃ] 형태의 역행동화

1. I feel like I'm in a spaceship.['speɪsʃɪp]
2. Can this shoes[ðɪs 'ʃu:z] go with a dress?
3. The space shuttle[s'peɪs 'ʃʌtl] is different.
4. Police should[pə'li:s ʃʊd] issue some additional warnings.
5. I need to go to the shoe repair shop to pick up my dance shoes['dæns 'ʃu:z].
6. They don't try to recreate the strong passion they once shared.['wəns 'ʃerd]

영어에서 발음하기가 가장 힘든 치경(잇몸)과 치간(齒間)을 조음점으로 가진, [s],[z],[n],[t],[d],[θ],[ð]는 좀 더 편한 소리로 변신하고 싶어 인접소리인 구개음, 양순음, 치간음 등의 소리로 자신의 소리를 바꾸는 역행동화를 한다. 치경음 [s]가 이어지는 경구개음 [ʃ]와 연음 되면 빠른 발음을 용이하게 하기 위하여 혀나 입술을 미리 [ʃ]의 조음위치에 옮겨 놓고 발음하는 역행동화를 하므로 is she는 [ɪʒ ʃi: → ɪʃ ʃi: → ɪʃ:i: 이쉬:]로 소리 난다.

1. spaceship['speɪ**s**ʃɪp 스**빼**이스쉽 → 'speɪ**ʃʃ**ɪp → 'speɪ'**ʃ**:ɪp 스**빼**이쉬:잎],
2. this shoes[ðɪ**s** 'ʃu:z 디쓰**슈**:즈 → ðɪ**ʃ**'ʃu:z → ðɪ'**ʃ**:u:z 디**쉬**:우(**슈**:)즈]
3. space shuttle[s'peɪ**s** 'ʃʌtl 쓰**빼**이쓰 **셔**틀→ s'peɪ**ʃ**'ʃʌtl→ s'peɪ'**ʃ**:ʌtl 쓰**빼**이**쉬**:어(**셔**:)틀]
4. Police should[pə'li:**s** ʃʊd 펄**리**:쓰 **슈**드→ pə'li:**ʃ** ʃʊd → pə'li:'**ʃ**:ʊd 펄**리**:**슈**드]
5. dance shoes.['dæn**s** 'ʃu:z **대**앤쓰**슈**:즈→ 'dæn**ʃ**'ʃu:z → 'dæn'**ʃ**:u:z 대앤**쉬**:우(**슈**:)즈]
6. once shared.['wən**s** 'ʃerd **원**쓰**셰**어r드 → 'wən**ʃʃ**erd → 'wən'**ʃ**:erd **원쉬**:에(**셰**:)어r드]

7. I worked for a short time at the dress shop['dres 'ʃɑp] there.

8. Since she['sɪns 'ʃi] hasn't learned how to read.

9. Free legal advice should[æd'vaɪs 'ʃʊd] be offered to more people.

10. All of us should[əs 'ʃəd] use bicycles rather than automobiles.

11. Then I heard my mates shouting['mets 'ʃaʊtɪŋ].

12. Swiss Chalet is a chain of Canadian chicken restaurants.["swɪs 'ʃæ.ˌleɪ]

13. The only thing students should['stuːdənts 'ʃəd] do is to study.

14. Just then an immense shadow[ˌɪ'mens 'ʃæˌdoʊ] blotted him out entirely.

15. A handsome prince shows['prɪns 'ʃoʊz].

16. Kim will appear in an ice show[ən 'aɪs 'ʃoʊ].

17. Thakns for your nice show['naɪs 'ʃoʊ].

7. dress shop['dres 'ʃɑp 쥬뤠쓰 샾 → 'dreʃ 'ʃɑp → 'dre'ʃːɑp 쥬뤠샾ː]

8. Since she['sɪns 'ʃi 씬쓰 쉬→ sɪnʃ ʃi → sɪn 'ʃːi 씬쓰 쉬ː]

9. advice should[æd'vaɪs 'ʃʊd 앧으봐이쓰 슈읃 → æd'vaɪ 'ʃːʊd 앧으봐이 슈ː읃]

10. us should[əs 'ʃəd 어쓰 슈읃 → əʃ' ʃəd → ə 'ʃːəd 어슈ː읃]

11. mates shouting.['meɪts 'ʃaʊtɪŋ 메잍쓰 샤으팅 → 'meɪt'ʃːaʊtɪŋ 메잍샤ː으팅]

12. Swiss Chalet["swɪs 'ʃæ.ˌleɪ 스위쓰 섈레이 →'swɪ'ʃːæ.ˌleɪ 스위섈ː레이]

13. students should['stuːdənts 'ʃəd 쓰뚜ː던쓰 슈읃 → "stuːdənt 'ʃːəd 쓰뚜ː던슈ː읃]

14. immense shadow[ˌɪ'mens 'ʃæˌdoʊ 이멘쓰 섀도으 → 'ɪ'men 'ʃːæˌdoʊ 이멘쉬ː애(섀ː)도으]

15. prince shows.['prɪns 'ʃoʊz 푸륀쓰 쇼으즈→ 'prɪn 'ʃːoʊz 푸륀쇼ː으즈]

16. an ice show[ən⁀'aɪs 'ʃoʊ 어나이쓰 쇼으 → 'ən⁀'aɪ'ʃːoʊ 어나이쉬ː오우(쇼ː으)]

17. nice show['naɪs 'ʃoʊ 나이쓰 쇼으 → 'naɪ'ʃːoʊ 나이쉬ː오우(쇼ː으)]

nice show의 [s + ʃ]는 역행동화되어 1개의 [ʃː]로 공동조음됨

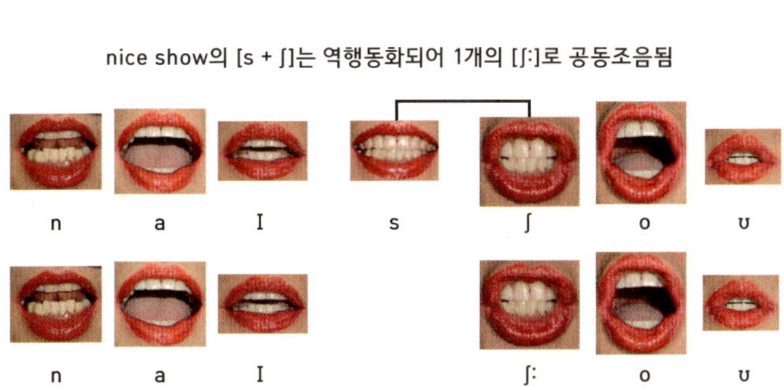

Listening Skill 70

치경음 [z] + 경구개음 [ʃ] 형태의 역행동화

1. One of his shoes[hɪz 'ʃuːz → hɪʒ 'ʃuːz → hɪː'ʃːuːz] slipped off.
2. Is she[ɪz 'ʃi → ɪʒ 'ʃi → ɪʃ'ʃi → ɪ'ʃːi] sick?
3. What has she[hæz 'ʃi → hæʒ 'ʃi → hæʃ'ʃi → hæ'ʃːi] learned?
4. Does she[dʌz 'ʃi → dʌʒ 'ʃi → dʌʃ'ʃi → dʌ'ʃːi] know about you, too?
5. Munira lived on the seashells she['siːˌʃelz 'ʃi] gathered on the beach.
6. Lisa has picked up some of the words she['wɜːrdz 'ʃi] uses.

1. **his shoes**[hɪz 'ʃuːz 히즈슈:즈]처럼 단어사이에서 **치경음 [z]와 경구개 치경음 [ʃ]**가 연음되면 [z]의 조음점을 [ʃ]의 조음점인 경구개치경에 옮기고 성대를 떨며 발음하다 보니 **치경음 [z]가 경구개 치경음 [ʒ]로 역행동화**, [hɪz 'ʃuːz 히즈슈:즈 → hɪʒ 'ʃuːz 히쥬슈:즈]로 들린다. 뿐만 아니라 같은 조음점의 유무성 짝 자음 **[ʒ]와 [ʃ]**가 연음되면, 앞 자음이 뒷 자음에 역행동화되어 뒷 자음의 소리와 같아지므로 [hɪʒ 'ʃuːz → hɪːʃ'ʃuːz → hɪː'ʃːuːz 히:슈:즈]가 된다.
2. **Is she**[ɪz 'ʃi 이즈쉬 → ɪʒ 'ʃi → ɪʃ'ʃi → ɪ'ʃːi 이쉬:]
3. **has she**[hæz 'ʃi 해즈쉬 → hæʒ 'ʃi → hæʃ'ʃi → hæ'ʃːi 해쉬:]
4. **Does she**[dʌz 'ʃi 더즈쉬 → dʌʒ 'ʃi → dʌʃ'ʃi → dʌ'ʃːi 더쉬:]
5. **seashells she**['siːˌʃelz 'ʃi → 'siːˌʃelʒ 'ʃi → 'siːˌʃelʃ'ʃi → 'siːˌʃel'ʃːi 씨:쉘쉬:]
6. **words she**['wɜːrdz 'ʃi 워:r즈쉬→ 'wɜːrdʒ 'ʃi → 'wɜːrdʃ'ʃi → 'wɜːrd'ʃːi 워:r(읃)쉬:]
7. **cruise ship**['kruːz 'ʃip 쿠루:즈쉽→ 'kruːʒ'ʃip → 'kruːʃ'ʃip → 'kruː'ʃːip 쿠루:쉽:]
8. **one's shadow**[wʌnz 'ʃæˌdoʊ 원즈섀도으→ wʌnʒ'ʃæˌdoʊ → wʌn'ʃːæˌdoʊ 원섀:도으]
9. **These shoes**['ðiːz 'ʃuːz 디:즈슈:즈→'ðiːʒ'ʃuːz → 'ðiːʃ'ʃuːz → 'ðiː'ʃːuːz 디:슈:즈]
10. **He's short**[hiːz 'ʃɔːrt 히즈쇼:r트→ hiʒʃɔːrt → hiʃʃɔːrt → hiʃːɔːrt 히쇼:r트]
11. **his shirt**[hɪz 'ʃɜːrt 히즈셔:r트 → hiʒʃɜːrt → hiʃʃɜːrt → hiʃːɜːrt 히셔:r트]
12. **was shocked**[wəz 'ʃɑkt 워즈샥트→ wəʒʃ'ɑkt → wəʃ'ʃɑkt → wə'ʃːɑkt 워샥:트]
13. **was shiny**[wəz 'ʃaɪni 워즈샤이니→ wəʒʃaɪni → wəʃʃaɪni → wəʃːaɪni 워샤:이니]
14. **cheese shop**['tʃiːz 'ʃɑp 취:즈 샵→ 'tʃiːʒ'ʃɑp → 'tʃiː'ʃːɑp 취:샵:]

Listening Skill 71

치간음 [θ] + 치경마찰음 [s] 형태의 역행동화

1. The same thing happened again five months['mʌnθs] later.
2. She cut the cake into fifths[fɪfθs],
3. You'll need two widths['wɪdθs] of fabric for each curtain.
4. He worked as a door-to-door salesman peddling cloths[klɑθs] and brushes.
5. They will make a stand to protect rainforests for the Earth's[ɜːrθs] future.
6. Health Secretary['helθ 'sekrəteri] Johnson is a good, working-class lad.
7. Find bath seat['bæθ 'siːt] and bath toy holders.
8. She poured all of the bath salts['bæːθ 'sɔlts] into the swirling water of the tub.
9. A birth certificate['bɜːrθ 'sər'tɪfɪkət] is a vital record that documents the birth of a baby.
10. For both sexes[boʊθ 'sek.səz], heart disease is often avoidable.
11. Both sides[boʊθ 'saɪdz] begin anew the quest for peace.
12. The various branches of earth science['ɜːrθ 'saɪəns] are geology, meteorology.
13. Fifth Set['fɪfθ 'set] Tennis is for those who have a desire to learn tennis at their best.
14. The North-South[nɔːrθ 'saʊθ] summit has fallen apart.

1. [치간음 θ] + [치경마찰음 s]의 형태가 되면 역행동화가 일어나 [θ]가 [s]로 발음이 된다. months['mʌnθs]의 경우 [θ] + [s]의 발음이 힘들므로 [θ]가 [s]에 역행동화되어 ['mʌnss]가 된 후에 ['mʌnsː]로 공동조음 된다.
그런데, 비음 [n]은 유성음이므로 이어지는 [s]를 유성음화시켜 ['mʌnz]로 발음하기 쉽다. 따라서 이를 방지하기 위하여 [n]과 [s] 사이에 [n]과 동일조음점인 무성음 [t]를 삽입시켜 ['mʌntsː]로 발음하는 원어민들이 많다. ['mʌnθs → 'mʌnss → 'mʌnsː→ 'mʌntsː]

2. fifths[fɪfθs]는 [f]와 [θ]는 같은 마찰음이므로 발음을 편하게 하기 위하여 [f]를 탈락시켜 [fɪθs] 하거나, [θ]가 [s]에 역행동화되어 [fɪfθs → fɪfss → fɪfsː]가 된다.

3. widths는 ['wɪdθs]로 발음되기도 하지만 무성음 [θs]에 동화되어 유성음 [d]가 무성음 [t]가 되므로 ['wɪtθs]로 발음이 되는 편이다. 뿐만아니라 빠른속도에서는 [θ]가 [s]에 역행동화되어 ['wɪdθs → 'wɪtθs → 'wɪtss → 'wɪts:]로 발음이 되게 된다.

4. cloths['klɑθs]는 [θ]가 [s]에 역행동화되어 [klɑθs → klɑss → klɑs:]로 발음이 된다.

5. Earth's['ɜ:rθs]는 [θ]가 [s]에 역행동화되어 [ɜ:rθs → ɜ:rss → ɜ:rs:]로 발음이 된다.

6. Health Secretary['helθ 'sekrəteri → 'hels sekrəteri → 'hels:ekrəteri]

7. bath seat['bæθ 'si:t → 'bæs 'si:t → 'bæs:i:t],

8. bath salts['bæ:θ 'sɔlts → 'bæ:s 'sɔlts → 'bæ:s:ɔlts],

9. birth certificate['bɜ:rθ 'sər.'tɪ.fɪkət → 'bɜ:rs 'sər.'tɪ.fɪkət → 'bɜ:rs:ər.'tɪ.fɪkət]

10. both sexes[boʊθ 'sek.səz → boʊs 'sek.səz → boʊs:ek.səz],

11. Both sides[boʊθ 'saɪdz → boʊs 'saɪdz → boʊs:aɪdz],

12. earth science['ɜ:rθ 'saɪəns → 'ɜ:rs 'saɪəns → 'ɜ:rs:aɪəns]

13. Fifth Set['fɪfθ 'set → 'fɪfs 'set → 'fɪfs:et],

14. north-south[nɔ:rθ 'saʊθ → nɔ:rs 'saʊθ → nɔ:rs:aʊθ]

(months를 보통속도로 말하기)

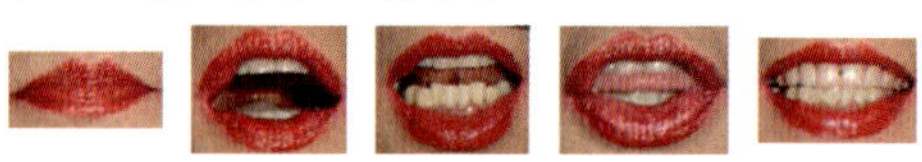

[m] [ʌ] [n] [θ] [s]

혀를 뒤로 당겨 혀 끝을 앞니 아래에 둔 상태에서 [s]소리를 낸다.

(months를 빠른속도로 말하기)

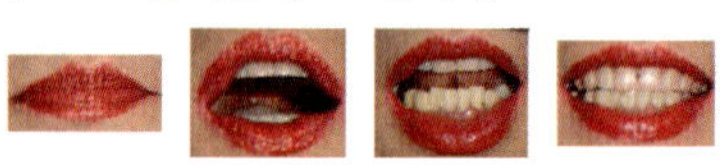

[m] [ʌ] [n][nt] [s:]

(1개의 [s]로 공동조음)

비음방지를 위해 같은 조음점인 [nt]로 발음 [mʌnts:]가 되기도 한다.

(south side를 보통속도로 말하기)

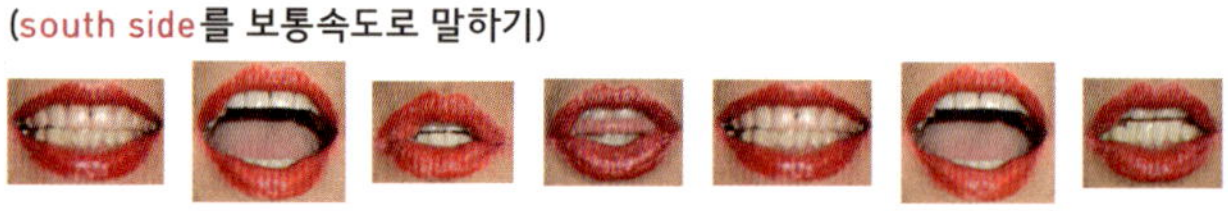

s a ʊ θ s a Id

(south side를 빠른속도로 말하기)

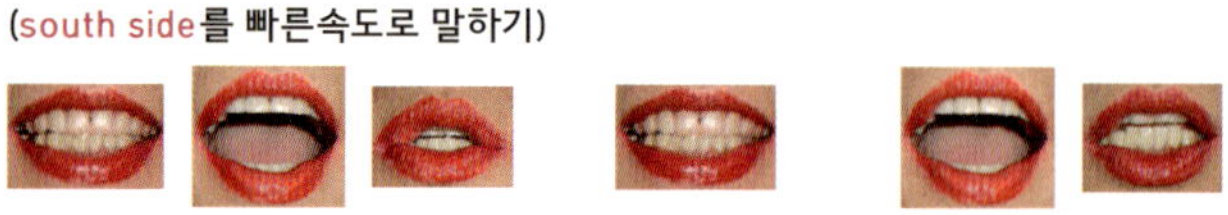

s a ʊ s: a Id

(1개의 [s]로 공동조음)

Listening Skill 72

치경음 [n], [d], [t] + 연구개음 [k], [g] 형태의 역행동화

1. Ten green['ten 'gri:n] bottles Hanging on the wall. And if one green [wʌn 'gri:n] bottle Should accidentally fall, There'll be nine green['naɪn 'gri:n] bottles Hanging on the wall.
2. Take it easy. You can grow[kən 'groʊ] wild flowers at home.
3. The time spent on regular examinations is a sensible investment in good[ɪn 'gʊd] health.
4. I've been great.['bɪn 'greɪt]
5. Even our most highly educated guesses often go['ɔfn 'goʊ] disastrously wrong.
6. We are anxious to get our products into the market as soon as possible.
7. The anchorman and the sportscaster took off their ties in support.
8. People brought drinks from the bar and gathered in groups.
9. People may anger['æŋgər] us. We may no longer suffer from anxiety.
10. I'm very interested in classical music.
11. We become young enough to be taken care of by others.
12. Playing with a computer will not increase a preschooler's reading scores or train him or her in computer science.
13. His son had gone to live in Canada
14. He attempted to illustrate his idea by unfolding his handkerchief.

1. 치경비음 [n],[m]이 뒤의 연구개음 [k], [g]의 위치에서 소리 나면 연구개비음 [ŋ]으로 역행 동화된다.
   - Ten green bottles['ten 'gri:n 'bat.lz → 'teŋ 'gri:m 'batlz 탱구륌:바틀즈]
   - one green bottle[wʌn 'gri:n 'batl → wʌŋ 'gri:m 'batl 웡구륌:바틀']
   - nine green bottles['naɪn 'gri:n 'batlz → 'naɪŋ 'gri:m 'batlz 나잉구륌:바틀즈]
   - ten girls['ten 'gə:rls → ''teŋ 'gə:rls], congress[kangrəs → kaŋgrəs],

- language['læn**g**wədʒ → 'læ**ŋg**wədʒ], dead and gone['ded ə**n** '**g**ɔn → ded**ŋg**ɔn]
- ungrateful[ʌ**n**'**g**reɪtfl → ʌ**ŋ**'**g**reɪtfl], ingratitude[ɪ**ŋ**'**g**rætətu:d], single['sɪ**ng**l → 'sɪ**ŋg**l]
- I can go[aɪkə**n** **g**oʊ → aɪkə**ŋg**oʊ], I can't go[aɪkæ**n** **g**oʊ → aɪkæ**ŋg**oʊ]
- one go[wʌ**n** **g**oʊ → wʌ**ŋg**oʊ], on guard[ɑ:**n** **g**ɑ:rd → ɑ:**ŋg**ɑ:rd]
- handgun['hæ**n**(d)ˌ**g**ən → 'hæŋgən], the line goes there['laɪ**n** **g**oʊz → 'laɪ**ŋg**oʊz]

2. can grow[kə**n** '**g**roʊ → kə**ŋ** '**g**roʊ]
3. in good[ɪ**n** '**g**ʊd → ɪ**ŋ** '**g**ʊd]
4. been great['bɪ**n** '**g**reɪt → bɪ**ŋ** '**g**reɪt]
5. often go['ɔf**n** '**g**oʊ → 'ɔf**ŋ** '**g**oʊ]
6. anxious['æ**n** + **ks** + iəs]는 [앤크시어스]가 아닌 ['æ**ŋk**ʃəs 앵셔쓰]로 들린다. 먼저 [s]가 경구개음 [i]의 영향으로 경구개음 [ʃ]로 변해 ['æn + k**s** + **i**əs → ænk + **ʃ**əs 앤크셔쓰]가 되고 다시 치경음 [n]이 연구개음 [k]를 만나 연구개비음인 [ŋ]으로 역행동화가 되므로, [æ**nk** + ʃəs → æ**ŋk** + ʃəs 앵크셔쓰]로 발음되는 것이다. 게다가, 파열음 + 마찰음이면 앞 파열음이 불파음이 되므로 [æ**ŋk**˺ʃəs 앵셔쓰]로 들리게 된다.
7. anchor['ænkər]는 치경음 [n]이 연구개음 [k]를 만나 연구개음 [k]의 위치에서 연구개비음인 [ŋ]으로 역행동화가 일어나므로 ['æ**nk**ərˌmæn → 'æ**ŋk**ərˌmæn]이 된다.
8. 치경음 [n]이 연구개음 [k]를 만나 연구개음 [k]의 위치에서 연구개비음인 [ŋ]으로 역행동화가 일어나므로 drinks['drɪnks → 'drɪŋks], in groups[ɪ**n** '**g**ru:ps → ɪ**ŋ** '**g**ru:ps]
9. anger['æ**ng**ər → 'æ**ŋg**ər], anxiety[æ**nk**saɪəti → 'æ**ŋg**zaɪəti 앵자이어티]
10. in classical[ɪ**n** '**k**læsɪkl → ɪ**ŋ** '**k**læsɪkl 잉클래씨끌]
11. taken care['teɪkə**n** '**k**er → 'teɪkə**ŋ** '**k**er 테이끙 케어r],
12. in computer[ɪ**n** **k**əm'pju:tər → ɪ**ŋ** **k**əm'pju:tər 잉컴퓨:터r]
13. live in Canada[lɪvɪ**n** **k**ænədə → lɪvɪ**ŋ** **k**ænədə]는 living Canada[lɪvɪ**ŋk**ænədə]로 소리 난다.
14. handkerchief['hændkərtʃɪf → hæ**nk**ərtʃɪf → 'hæ**ŋk**ərtʃɪf 행커r춰프]

1. You are a **bad girl**! You are evil!.
2. I approached the shooting line, remembering all the hard training I **had gone** through.
3. The bride inside the dress **had grown** old.
4. I've had a **bad cold**, and I couldn't get out of bed.
5. It's still in **good condition**.
6. A mother's **good counsel** cannot work on her son.
7. It has bright **red coloring** that warns predators that it is toxic.
8. He was **not good** enough.
9. You're not still hung up on **that girl**?
10. Humans are **quite good** at recalling unusual or unexpected events.
11. Everyone has something to be happy about : a loving partner, good health, **great kids**!
12. Warm breeze and the sea moved **about kindly**.
13. **What kind** of world will our children have to live in?

치경음 [d] + 연구개음 [g]의 형태가 되면 연구개음 [g]로 역행동화가 일어난다.

1. **bad girl**['bæd 'gɜːrl → 'bæg 'gɜːrl],
2. **had gone**['həd 'gɔn → 'həg 'gɔn],
3. **had grown**[həd 'groʊn → 'həg 'groʊn],

기타) good girl['gʊd g'əːrɫ → 'gʊg g'əːrɫ], bad guy['bæd gaɪ → 'bæg gaɪ], closed game['kloʊzd 'geɪm → 'kloʊzg 'geɪm], slide guitar[s'laɪd gə'tɑːr → s'laɪg gə'tɑːr]

치경음 [d] + 연구개음 [k]의 형태가 되면 연구개음 [g]로 역행동화가 일어난다.

4. **bad cold**['bæd 'koʊld → 'bæg 'koʊld],
5. **good condition**['gʊd 'kən'dɪʃn → 'gʊg 'kən'dɪʃn],
6. **good counsel**['gʊd 'kaʊnsl → 'gʊg 'kaʊnsl],
7. **red coloring**['red 'kələrɪŋ → 'reg 'kələrɪŋ],

기타) good concert['gʊd 'kɑːn.sərt → 'gʊg 'kɑːn.sərt], hard cash['hɑːrd 'kæʃ → 'hɑːrg 'kæʃ], bird call['bɜːrd 'kɔl → 'bɜːrg 'kɔl], hard copy['hɑːrd 'kɑːpi → 'hɑːrg 'kɑːpi], hard court['hɑːrd 'kɔːrt → 'hɑːrg 'kɔːrt], red carpet['red 'kɑːrpət → 'reg 'kɑːrpət], good cook['gʊd 'kʊk → 'gʊg 'kʊk], had come[həd 'kəm → həg 'kəm]

치경음 [t] + 연구개음 [g]의 형태가 되면 연구개음 [k]로 역행동화가 일어난다.

8. **not good**['nɑːt 'gʊd → 'nɑːk 'gʊd],

9. **that girl**[ðæt g'əːrɫ → ðæk g'əːrɫ],

10. **quite good**[kwaɪt gʊd → kwaɪk gʊd],

기타) that girl[ðæt g'əːrɫ → ðæk g'əːrɫ → ðægː'əːrɫ], cut glass[kʌt glæs → kʌk glæs], eight goals['eɪt goʊlz → 'eɪk goʊlz]

치경음 [t]가 연구개음 [k]를 만나 연구개음 [k]의 위치에서 연구개음인 [k]로 역행동화가 일어난다.

11. **great kids**!['greɪt kɪdz → 'greɪk kɪdz],

12. **about kindly**[ə'baʊt 'kaɪndli → ə'baʊk kaɪndli]

13. **What kind**['hwʌt 'kaɪnd → 'hwʌk kaɪnd]

기타) pet kitten[pet kɪtn → pek kɪtn → pekːɪtn], bright colour[braɪt 'kʌ lər → braɪk 'kʌ lər → braɪkːʌ́lər], that kid[ðæt kɪd → ðæk kɪd], that case[ðæt keɪs → ðæk keɪs] white cross['waɪt 'krɔs → 'waɪk 'krɔs → 'waɪ'kːrɔs]

Listening Skill 73

치경음 [n], [d], [t] + [양순음 m, b, p, w] 형태의 역행동화

치경음 [n][d][t] + 양순음 [m], [b], [p], [w]의 형태가 되면 양순음의 위치에서 발음하는 역행 동화를 하여 [m], [b], [p]로 소리나게 된다.

1. The men **and boys**[ən(d) 'bɔɪz → 'əm 'bɔɪz] were fighting; the women **and girls**[ən(d) 'gɜːrlz → əŋ 'gɜːrlz] were in the factories.
2. He just grabbed a quick **sandwich**['sændwɪtʃ → 'sænwɪtʃ → sæmwɪtʃ쌔앰위취] on the run.
3. Come on. Let's go to **that boy**[ðæt b'ɔɪ → ðæp b'ɔɪ].
4. I **couldn't be**['kʊdnt bi → kʊdmp bi(kʊdn bi)] a **good painter**['gʊd 'peɪntər → gʊb 'peɪntər].
5. I still remember the awesome feeling I had on that day **in May**[ɪn 'meɪ → ɪm'meɪ] **when my**[wen 'maɪ → wem'maɪ] little feet carriedme up the stairs.
6. A common mistake['kɑːmən mɪ'steɪk → 'kɑːməmmɪ'steɪk] in talking to celebrities.
7. The performers often improvise their own melodies['oʊn 'melədiz → 'oʊm'melədiz].
8. My gran(d)mother[grænmʌðər → græmmʌðər] put it on me[ɑːn mi → ɑːm mi].
9. This picture of a positive environment[ɪn'vaɪərnmənt → ɪn'vaɪərmmənt] is real.
10. The **brown bear**['braʊn 'ber 부롸은베어r → braʊm'beər 브롸음베어r] is small.
11. Blue jeans are **worn by**['wɔːrn baɪ → 'wɔːrmbaɪ] people of all ages
12. The old man **can be**[kən bi → kəmbi] kept in bed[ɪn 'bed → ɪmbed].
13. She told each person to take a **wooden board**['wʊdn'bɔːrd → 'wʊdmbɔːrd]
14. Oh, they're awarding the **second prize**['sekən(d) 'praɪz → 'sekəm 'praɪz] now.
15. His act is **incorrect**[ɪnkə'rekt → ɪŋkə'rekt] and **impartial**[ˌɪm.ˈpɑːr.ʃl].
16. When people[wen piːpl → wem'piːpl] talk, listen carefully.
17. A great change has **taken place**['teɪkən pleɪs → 'teɪkəm'pleɪs] .

※ 부정의 접두사 in- + 양순음은 im-, in- + l은 il-, in- + r은 ir-로 역행동화된다.

원래의 부정접두사(in-)	역행동화된 부정접두사(im-)
independent[ˌɪndɪˈpendənt], indifferent[ˌɪn.ˈdɪ.frənt] inflexible[ˌɪn.ˈflek.səb.l], intangible[ˌɪn.ˈtæn.dʒəb.l] inoperative[ˌɪ.ˈnɑːpərətɪv],	impossible[ˌɪm.ˈpɑː.səb.l], Imbalanced[ɪm.ˈbæ.lənst], immobile[ɪˈmoʊbl], impartial[ˌɪm.ˈpɑːr.ʃl], immoral[ˌɪ.ˈmɔː.rəl]
부정접두사 /ɪn/이 역행동화로 /ɪŋ/으로 발음되는 경우	
incorrect[ɪnkəˈrekt → ɪŋkəˈrekt], incomplete[ɪnkəmˈpliːt → ɪŋkəmˈpliːt] inconvenient[ɪnkənˈviːnjənt → ɪŋkənˈviːnjənt], ingratitude[ɪnˈgrætətuːd → ɪŋˈgrætətuːd]	
원래의 부정접두사(il-)	역행동화된 부정접두사(ir-)
illogical[ˌɪ.ˈlɑː.dʒɪk.l], illegal[ˌɪ.ˈliːg.l] illegitimate[ˌɪ.lɪ.ˈdʒɪ.tə.mət], illegible[ˌɪ.ˈle.dʒəb.l] illiberal[ɪ.ˈlɪ.bə.rəl]	irrevocable[ɪˈrevəkəbl], irrelevant[ɪˈreləvənt], irrational[ɪˈræʃnəl], irregular[ɪˈregjələr], irresistible[ˌɪrəˈzɪstəbl]

18. Strong punishment **can be**[kən bi → kəmbi] effective in stopping a child's **bad behaviors**[ˈbæd bəˈheɪvjərz → ˈbæb bəˈheɪvjərz].
19. That **would be**[ˈwʊd bi → ˈwʊb bi] a kind of affection.
20. The youngster **should be**[ʃəd bi → ʃəb bi] allowed to experience.
21. Day care is **provided by**[prəˈvaɪdɪd baɪ → prəˈvaɪdɪb baɪ] the company.
22. **Good presentation**[ˈgʊd prezənˈteɪʃn→ ˈgʊb prezənˈteɪʃn] skills are important.
23. They **should pick**[ʃəd pɪk → ʃəb pɪk] up their pens.
24. I'm not good **at playing**[ət pleɪɪŋ → əp pleɪɪŋ] musical instruments.
25. How **about putting**[əˈbaʊt pʊtɪŋ → əˈbaʊp pʊtɪŋ] it on the wall?
26. There **cannot be**[ˈkænat bi → ˈkænab bi] a sports game.
27. He will **not be**[ˈnɑːt bi → ˈnɑːb bi] able to do anything right.
28. Sorry, we don't have **that many**[ðæt ˈmæni → ðæp mæni] right now.
29. Forgetting is the **best medicine**[ˈbest ˈmedəsn → ˈbesp ˈmedəsn] for anger.
30. The **first meeting**[ˈfɝːst ˈmiːtɪŋ → ˈfɝːsp ˈmiːtɪŋ] will be held here next Thursday.
31. You haven't yet returned three books you borrowed **last month**[ˈlæst ˈmənθ → ˈlæsp ˈmənθ].
32. **Good morning**[gʊd mˈɔːrnɪŋ → gʊbmˈɔːrnɪŋ].
33. It **could mean**[kəd ˈmiːn → kəb ˈmiːn] that I like you.
34. Reading makes you a **good mechanic**[ˈgʊd məˈkænɪk → ˈgʊb məˈkænɪk].

Listening Skill 74

치경음 [n] + 치간음 [ð], [θ]에서의 치음화(齒音化) (역행동화)

1. 치음화(dentalization)의 정의

eighth[eɪtθ → eɪt̪θ], width['wɪdθ → 'wɪd̪θ], tenth[tenθ → ten̪θ], health['helθ → hel̪θ], in the[ɪn ðə → ɪn̪ðə]처럼 혀끝을 치경에 두었다가(/t//d//n//l/) 이빨 사이로 옮겨(/ð//θ/) 발음하는 두 자음의 결합은 원어민도 어려워하는 발음이다. 그래서 두 소리를 편하게 발음하고자 혀끝을 윗니 안쪽에(inside of the upper front teeth)에 두고 발음하는 치음화가 일어난다. 즉, 발음하기 어려운 두 조음점의 치경음 [t][d][n][l]과 치간음 [ð],[θ]를 발음하기 쉽게 치음화시켜 혀를 윗니에 대고 그 상태에서 [ð, θ]의 소리까지 동시조음 함으로써 편하고 빠른 리듬을 얻을 수 있는 것이다. 치음화된 **[t][d][n][l]**은 【t̪, d̪, n̪, l̪】로 표시하며, **[ð],[θ]**는 원래 치음이므로 굳이 [ð̪, θ̪]로 표시하지 않으며 치경음이 뒤의 치음(치간음) [ð],[θ]에 의해 치음으로 바뀌었다는 점에서 역행동화로 본다.

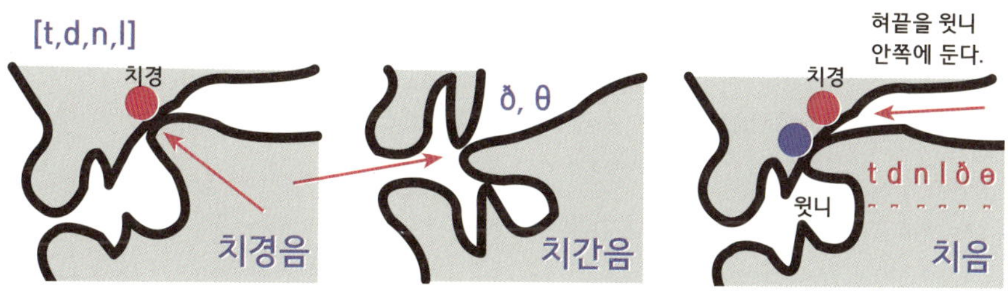

치음화 : [t][d][n][l] + [ð],[θ] => 【치음 t̪, d̪, n̪, l̪】+【치음 ð̪, θ̪】으로 발음하는 것

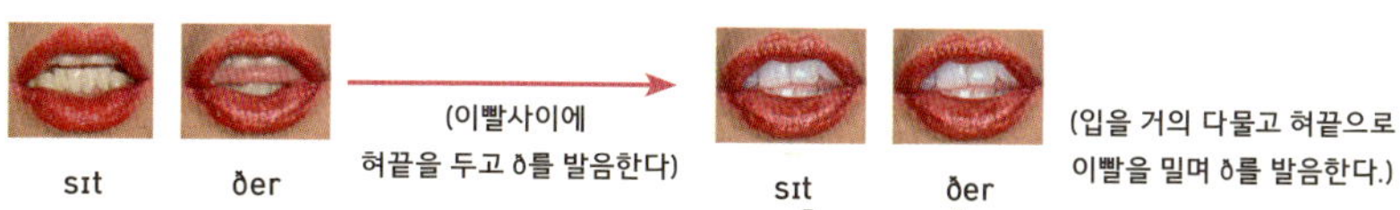

2. 치음화의 기타 사례

1) [s][z] + [ð],[θ]도 치경음과 치간음의 결합이지만 치음화 되지 않는다. 그 대신 유성치간음 [ð]는 혀끝을 이빨사이로 내밀지 않고 다문 이빨을 누르면서 발음된다.

was that과 this thing처럼 [s][z] 다음의 [ð], [θ]는 입을 거의 다물고 혀끝으로 이빨을 밀며 발음한다.

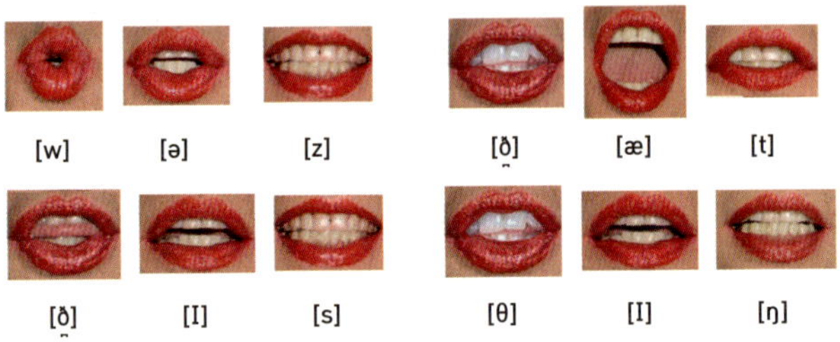

2) [ð],[θ] + [t][d][n][l]의 경우는 원래의 조음점인 이빨사이(치간)에서 발음을 하기도 하지만, 조음점을 윗니 안쪽으로 옮기고 [ð],[θ]를 발음하기도 한다. 그리고 윗니 안쪽에 혀끝을 그대로 둔 상태에서 [t][d][n][l]의 소리까지 동시조음 함으로써 치음화시키고, 편하고 빠른 리듬을 얻기도 한다.

ex) clothed[klouðd], athletic[æθ'letɪk], ethnic['eθnɪk], unearthed[ʌ'nɜ:θt], with Terry[wɪð 'teri]

3. 치경음 [n] + 치간음 [ð][θ]에서의 치음화(齒音化) 사례

1. **On the**[ɑ:n ðɪ → ɑ:n̪ n̪ɪ 안니] other hand, the same word is always spelt **in the**[ɪn ðə → ɪn̪ n̪ə 인너] same way.
2. I don't know much more **than that**.[ðən ðæt 던댇 → ðən̪ n̪æt 던낻]
3. First catch your hare, **and then** cook him.[ən(d) 'ðen 언덴→ ən̪ ðen → ən̪ n̪en 언넨]
4. I was sick to the **point that** I couldn't walk.[p'ɔɪn ðæt → p'ɔɪn̪ n̪æt → p'ɔɪn̪:æt 포인낻]
5. I **understand them**[ˌʌn.dər'stæn(d) ðəm → ʌndər'stæn̪ n̪əm → ʌndər'stæn̪:əm 언더r스탠넘]
6. What's his opinion ***on that***[ɑ:n ðæt 안댇 → ɑ:n̪ n̪næt 안낻]?
7. What's ***in that***?[ɪn ðæt 인댇 → ɪn̪ n̪æt 인낻]
8. November is the **eleventh**[ɪ'levənθ → ɪ'levən̪θ 일레븐쓰] month of the year
9. In the top half of the **ninth**['naɪnθ → 'naɪn̪θ 나인쓰] inning, we got into a pinch.

1) 치경음 /n/+ 치간음 /ð/가 되면 치경음/n/은 치간음/ð/의 조음위치에 역행동화 되어 조음위치를 변경. 치음 /n̪/이 되며, 마찰음 /ð/도 동일조음점에서 발음되므로 치음비음 /ð̪/ = /n̪/이 된다.

- been there[ˈbɪn ðer → ˈbɪn̪ n̪er → bɪn̪ːer]
- wasn't there[ˈwɑːznt ðer → ˈwɑːz n̪ n̪er → wɑːzn̪ːer]
- down there?[ˈdaʊn ðer → ˈdaʊn̪ n̪ner → ˈdaʊn̪ːer]
- something there[ˈsʌm.θɪŋ ðer → ˈsʌm.θɪn ðer → ˈsʌm.θɪn̪ n̪er → ˈsʌm.θɪn̪ːer]

2) 치경음 /n/+ 치간음 /θ/가 되면 치경음/n/은 치간음/θ/의 조음위치에 역행동화 되어, 조음위치를 변경. 치음 /n̪/이 된다. 반면, 마찰음 /θ/는 조음위치를 치음으로 변경, 치음 /n̪/과 동일조음점이 된다.

- tenth[tenθ→ten̪θ 텐쓰]
- fine thought[ˈfaɪn ˈθɔːt → ˈfaɪn̪ θɔːt 파인쏘트]
- panther[ˈpænθər → ˈpæn̪θər 팬써r]
- and think[ənˈθɪnk → ən̪ˈθɪŋk 언씽크]
- one thing[wʌn ˈθɪŋ → wʌn̪θɪŋ 원씽]
- unthinkable[ʌnˈθɪŋkəbl →ʌn̪ˈθɪŋkəbl 언씽커블]
- nine things[ˈnaɪn ˈθɪŋz → ˈnaɪn̪ θɪŋz],
- fine thread[ˈfaɪn̪ ˈθred→ ˈfaɪn θred 파인쓰뤠드]

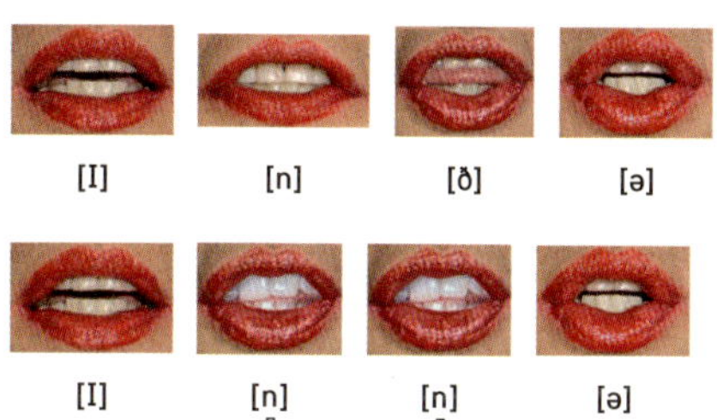

in the의 [n][ð]는 치음화되어 혀끝을 윗니 안쪽에 둔다.

Listening Skill 75

치경음[t], [d] + 치간음 [ð], [θ]에서의 치음화(齒音化) (역행동화)

1. You can **get them**['get ðəm → 'get̪ ð̪əm → 'get̪ t̪əm 겥텀] cheaper.
2. I have an appointment **at that**[æt ðæt → æt̪ t̪æt 앹댙] time.
3. I really **hate the**['heɪt ðə → 'heɪt̪ t̪ə 헤잍더] dirty air.

보통속도에선 get하고 잠시 멈추었다가 them한다. 빠른속도에서는 치음화시켜 get한 후 멈춤없이 them한다.

[get] stop [ðəm]

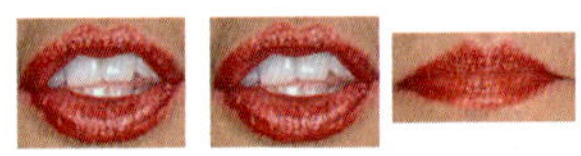

get[get̪] them[t̪əm]

치음화된 [ð]는 치음화된 [t]와 같은 조음위치인 윗니에 혀끝을 두는 것이나 이빨사이로 약간 나오기도 한다.

1) [t]+[ð]가 되면 치경음 [t]는 치간음[ð]의 조음위치에 역행동화 되어, 조음위치를 변경. 치음 [t̪]가 되며, 마찰음 [ð]도 동일조음점에서 발음되므로 치음 /ð/ = [t̪]가 된다. 따라서 get them['get ðəm]은 치음화 되어 ['get ðəm → 'get̪ ð̪əm → 'get̪ t̪əm('ge t̪:əm) 겥덤]으로 소리난다.

- at there[ət ðέər → ət̪ t̪eər 엍데어r]
- get those['get ðoʊz → 'get̪ t̪oʊz 겥도으즈]
- meet there['mi:t ðer → 'mi:t̪ t̪er 미잍데어r]
- hit them['hɪt ðəm → 'hɪt̪ t̪əm 힡덤]
- not that['nɑ:t ðæt → 'nɑ:t̪ t̪æt 낱댙]
- Put that['pʊt ðæt → 'pʊt̪ t̪æt 픝댙]

4. It's a good idea for you to **read this**['ri:d ðɪs→ 'ri: d̪ ð̪ɪs → 'ri:d̪ d̪ɪs 뤼읻디쓰] book.
5. How about right **beside the**[bə'saɪd⁀ðə → bə'saɪd̪ d̪ə 브싸읻더:] sofa.
6. I **enjoyed the**[ɪn,dʒɔɪd ðə → ɪn,dʒɔɪd̪ d̪ə 인조읻더:] job and worked hard.
7. **Would that**['wʊd ðæt → 'wʊd̪ d̪æt 욷댙] be all right?
8. I haven't **heard that**['hɜ:rd 'ðæt 허:r드 댙 → 'hɜ:rd̪ d̪æt 허:r댙:].

2) [d]+[ð]가 되면 치경음 [d]는 치간음[ð]의 조음위치에 역행동화 되어, 조음위치를 변경. 치음 [d̪]가 되며, 마찰음 [ð]도 동일조음점에서 발음되므로 치음 /ð/=[d̪]가 된다. 따라서 read this['ri:d ðɪs]는 치음화 되어 ['ri:d̪ ð̪ɪs(i: = iy) → ri:d̪ d̪ɪs → 'ri:d̪:ɪs('riy d̪:ɪs) 뤼읻디쓰]로 소리난다.

- hid those['hɪd ðoʊz → 'hɪd̪ d̪oʊz 힏도으즈]
- stood there[stʊd ðeər → stʊd̪ d̪eər 스뜯데어r]
- surprised them[sərpraɪzd ðəm → sərpraɪzd̪ d̪əm]
- arrived there[əraɪvd ðeər → əraɪvd̪ d̪eər 어롸이븓데어r]
- I believed that[bə'li:vd ðæt → bə'li:vd̪ d̪æt 블리:븓댙]
- I paid those['peɪd ðoʊz → 'peɪd̪ d̪oʊz 페읻도으즈]

치음화된 [ð]는 치음화된 [t]와 같은 조음위치인 윗니에 혀끝을 두는 것이나 이빨사이로 약간 나오기도 한다.

[p] [e] [Id] [ðoʊz] → [p] [e] [Id̪] [d̪oʊz]

Listening Skill 76

치경음 [l] + 치간음 [ð], [θ]에서의 치음화(齒音化) (역행동화)

1. If his facts are true, that is **all that**['ɔ:l̪ ð̪æt → 'ɔ:l̪ l̪æt('ɔ:l̪:æt) 오:을랱] counts.
2. **Tell them**['tel̪ ð̪əm → 'tel̪ l̪əm ('tel̪:əm) 테얼름] I'm out of town and I'll be back on Monday.
3. It provides no nourishment and doesn't support **health**['heɫθ → 'heəlθ → 'heəl̪θ̪ 헤얼쓰].

1) [l] + [ð]가 되면 치경음 [l]은 치간음[ð]의 조음위치에 역행동화 되어, 조음위치를 변경. 치음 [l̪]가 되며, 마찰음 [ð]도 동일조음점에서 발음되므로 치음 /ð/ = [l̪]이 된다. 따라서 all that['ɔ:l ðæt]은 치음화 되어 ['ɔ:l̪ ð̪æt → 'ɔ:l̪ l̪æt('ɔ:l̪:æt) 오:을랱]으로 소리난다.

- tell them['tel ðəm → 'tel̪ ð̪əm → 'tel̪ l̪əm → 'tel̪:əm 테얼름]
- sell there['sel ðέər → 'sel̪ ð̪έər → 'sel̪ l̪έər 쎌:레어]
- fill the['fɪl ðə → 'fɪl̪ ð̪ə → 'fɪl̪ l̪ə → 'fɪl̪:ə 퓌얼러]
- all the same[ɔ:l ðə seɪm → ɔ:l̪ ð̪əseɪm → ɔ:l̪ l̪əseɪm → ɔ:l̪:ə seɪm 오얼러쎄임]
- people there['pi:pl ðέər → 'pi:pl̪ ð̪έər → 'pi:pl̪ l̪έər 피:쁠레어r]

2) 치경음 [l] + 치간음 [θ]가 되면 치경음 [l]은 치간음 [θ]의 조음위치에 역행동화 되어, 조음위치를 변경. 치음 [l̪]이 된다. 반면, 마찰음 /θ/는 조음위치를 치음으로 변경, 치음 [l̪]과 동일조음점이 된다.

- wealth['weɫθ → 'weəlθ → 'weəl̪θ̪ 웨얼쓰]
- health['heɫθ → 'heəlθ → 'heəl̪θ̪ 헤얼쓰]
- filthy['fɪɫθi → 'fɪəlθi → 'fɪəl̪θ̪i 퓌얼씨]
- tilth['tɪɫθ → "tɪəlθ → "tɪəl̪θ̪ 티얼쓰]
- stealth['steɫθ → 'steəlθ → 'steəl̪θ̪ 쓰떼얼쓰]

Listening Skill 77

양순음 [m], [b], [p] + 순치음 [v], [f]에서의 순치음화 (역행동화)

양순음 [m], [b], [p]가 순치음 [v], [f]에 역행동화되어 순치음 [ɱ],[v], [f]로 발음되는 것을 순치음동화라고 한다. 양순비음 [m]이 두 입술로 소리를 내는 것이라면 (lip-to-lip contact) 순치음 [ɱ]은 입술과 이빨로(lip-to-teeth contact) 소리 내는 것이다.

1은 아랫입술(lower lip)로 윗입술(upper lip)을 막는 양순음 [m]

2는 아랫입술(lower lip)로 윗니(upper teeth)를 긁는 순치음 [ɱ]

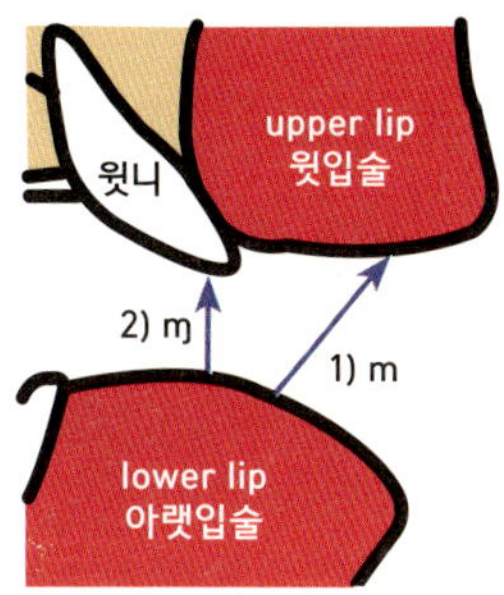

1. I'm very['aɪm 'veri → 'aɪm^{ʋ}'veri] excited to work here.
2. I'm fine['aɪm 'faɪn → 'aɪm^{f}faɪn]. Thanks. Are you free this afternoon?
3. It may be small comfort['kʌmfərt → 'kʌm^{f}fərt] to know you aren[t alone.
4. So many people stand in front of[ɪn 'frənt əv → ɪm^{f} 'frənt əv] their microwaves.
5. Nature does nothing in vain[ɪn 'veɪn → ɪm^{ʋ} 'veɪn].
6. Questions have arisen from[ə'rɪzn frəm → ə'rɪzm^{f}frəm] victims and their families.
7. The victims were hikers who were mistaken for[ˌmɪ'steɪkən fər → mɪ'steɪkəm^{f}'fər] game.
8. They can vary[kən 'veri → kəm^{ʋ}'veri(kəɱ'veri)] in color from light to dark brown or black.
9. Try a collection of bottles in various[ɪn 'veriəs → ɪm^{ʋ} 'veriəs] shapes and sizes.
10. The human auditory system has its own version['oʊn 'vɜːʒən → 'oʊm^{ʋ} 'vɜːʒən].

I'm 'very를 발음할 때 두 입술을 붙여 [아음]하고 이어서 윗니를 아랫입술에 마찰시키며 [붸뤼]를 소리 낸다. 하지만 빠른 일상회화에서는 [아음]소리부터 [m]을 [v]의 조음위치에서 소리 내므로 빠르고 부드럽고 편한 리듬을 만들어 준다. 이렇듯 양순음 [m], [b], [p]이 순치음 [v], [f]를 만나면 역행동화가 되어 순치음으로 소리나는 것을 순치음화(脣齒音化)라고 한다.

1) I'm very['aɪm 'veri]나 I'm fine['aɪm 'faɪn]의 양순비음 [m]은 순치음 [v], [f] 앞에서 순치음화 된다. 이는 순치음 [v], [f]나 양순음 [m]의 조음위치가 인접하기 때문이다. 두 입술로 조음하느냐 아랫입술(lower lip)로 윗니(upper teeth)를 긁으며 조음하느냐의 차이정도뿐이기 때문에 역행동화가 일어나는 것이다. 양순음 [m]의 순치음화된 소리는 **[ɱ], 또는 [mᵛ](v앞에서), [mᶠ](f앞에서)**으로 표시한다.

양순비음 [n][m]이 순치음 [f]앞에서 순치비음 [ɱ] 또는 [mᶠ]으로 역행동화되는 사례

- ten forks['ten 'fɔːrks → 'temᶠ'fɔːrks], infant['ɪnfənt → 'ɪmᶠ'fənt],
- infinitive[ˌɪn'fɪnətɪv → ˌɪmᶠfɪnətɪv], information[ˌɪnfər'meɪʃn→ ˌɪmᶠfər'meɪʃn], from victims[frəm 'vɪktəmz → 'frəmᵛvɪktəmz], emphasis['emfəˌsɪs → 'emᶠfəˌsɪs], come for me['kəmfər 'miː → 'kəmᶠfər 'miː], symphony['sɪmfəni → 'sɪmᶠfəni]

양순비음 [n][m]이 순치음 [v]앞에서 순치비음 [ɱ] 또는 [mᵛ]으로 역행동화되는 사례

- invent[ˌɪn'vent → ˌɪmᵛ'vent], circumvent[ˌsɜːrkəm'vent → ˌsərkəmᵛ'vent]

11. Jess took another step forward['step 'fɔːrwərd → 'stef 'fɔːrwərd].
12. They should not risk their own lives in deep forests['diːp 'fɔːrəsts → 'diːf 'fɔːrəsts].
13. There is little hope for[hoʊp fɔːr → 'hoʊf fɔːr] success.
14. He had no help from['help frəm → 'helf 'frəm] anyone
15. Ronald was a very deep friend['diːp 'frend → diːf frend] of the president.
16. I put one cupful['kʌp fʊl → 'kʌf fʊl] of milk in the cake batter.
17. Don't sleep for[s'liːp fɔːr → s'liːf fɔːr] more than 30 minutes during the day.

18. Keep from['ki:p frʌm → 'ki:f frʌm] losing the forest for the trees.
19. How can you jump from['dʒəmp frəm → 'dʒəmf 'frəm] a twenty-meter ladder?
20. It is obvious['ɑ:bviəs → ɑ:vviəs] that he will fail
21. Let me describe very[də'skraɪb 'veri → də'skraɪv 'veri fully the difficulties we are facing.

2) 양순파열음 [p], [b]는 순치마찰음 [f], [v] 앞에서 순치음화 된다.

- step forward['step 'fɔ:rwərd 스텝(p)포r워드→ 'stef 'fɔ:rwərd 스텝(f)포r워드].
- deep forests['di:p 'fɔ:rəsts딮(p):포뤄쓷쓰] → ['di:f 'fɔ:rəsts 딮(f):포뤄쓷쓰]
- obvious['ɑ:bviəs → ɑ:vviəs 압(v)뷔(v)어쓰].
- describe very[də'skraɪb 'veri → də'skraɪv 'veri 디쓰쿠롸입(v)붸뤼]

Listening Skill 78

상호동화는 두 음소의 융합 또는 구개음화

1. 상호동화(Reciprocal Assimilation)

동화는 이루어지는 방향에 따라 순행동화(left to right), 역행동화(right to left)로 나누고, 성대의 울림의 유무가 동화되느냐에 따라 유무성음동화(voicing), 그리고 조음위치의 동화(place of articulation), 조음방법의 동화(manner of articulation)로 분류할 수 있는데, 인접하는 두 음소를 연음할 때 위의 2가지 이상의 동화가 일어나는 것을 상호동화라 한다.
특히, 상호동화는 하나의 새로운 소리로 발음되므로 융합(coalescence 또는 fusion)이라고도 한다.

2. 상호동화의 종류

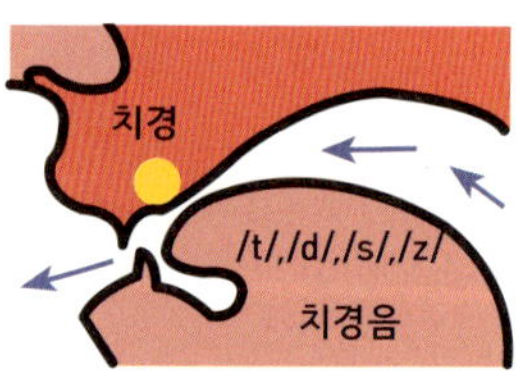

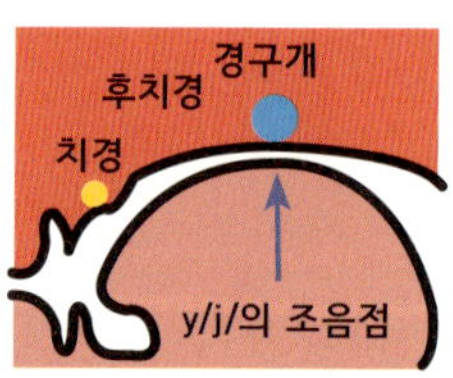

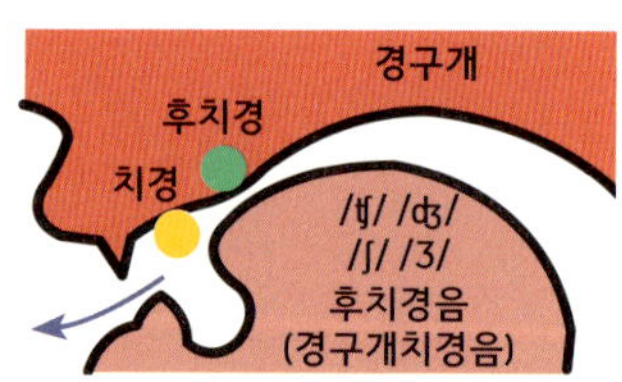

1) [/t/ + /j/ → /ʧ/] ex) I missed you['mist + ju → 'misʧu] a lot.
   (1) [t]의 조음위치인 치경에서 [j]의 조음위치인 경구개 쪽으로 조음위치가 이동함. => 두 조음점의 중간위치인 후치경에서 융합된 소리 [tʃ]가 조음됨.
   (2) 조음방법이 파열음 [t]에서 파찰음 [tʃ]로 바뀜.

2) [/d/ + /j/ → /ʤ/] ex) Would you[wəd + ju → wəʤu] believe it?
   (1) [d]의 조음위치가 치경에서 [j](경구개)로 바뀜. => 두 소리가 융합된 [ʤ](경구개)로 소리 남.
   (2) 조음방법이 파열음 [d]에서 파찰음 [ʤ]로 바뀜.

3) [/s/ + /j/ → /ʃ/] ex) I miss you['mis + ju → 'miʃu].

(1) [s]의 조음위치가 치경에서 [j](경구개)로 바뀜. => 두 소리가 융합된 [ʃ](경구개)로 소리 남.

(2) 접근음 [j]가 [s]와 결합 시 조음방법이 바뀌어 마찰음 [ʃ]로 융합됨.

4) [/z/ + /j/ → /ʒ/] ex) God knows you[noʊz ju → noʊʒu].

(1) [z]의 조음위치가 치경에서 [j](경구개)로 바뀜. => 두 소리가 융합된 [ʒ](경구개)로 소리 남.

(2) 접근음 [j]가 [z]와 결합 시 조음방법이 바뀌어 마찰음 [ʒ]로 융합됨.

missed you의 구개음화

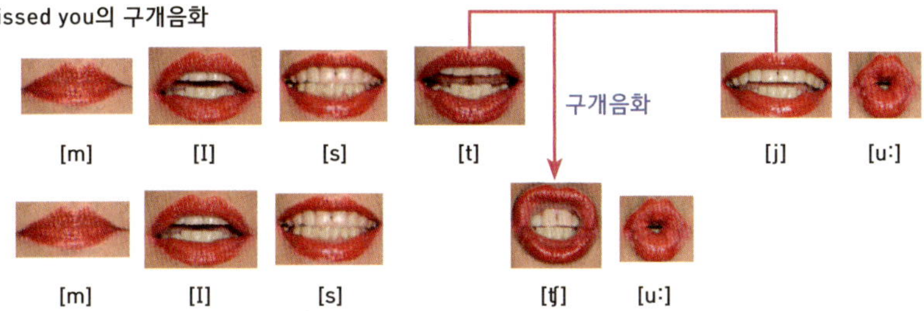

did you의 구개음화

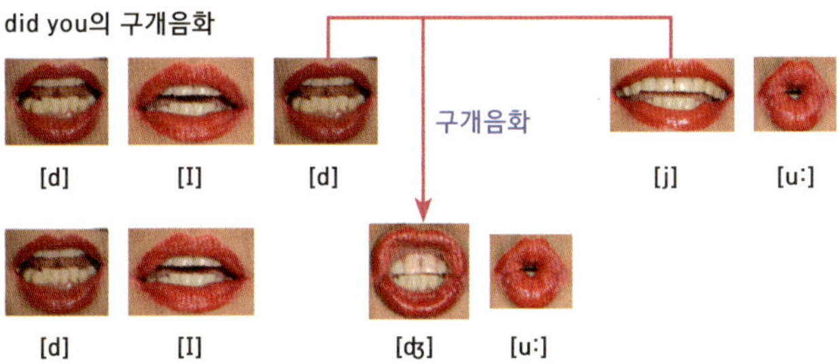

miss you의 구개음화

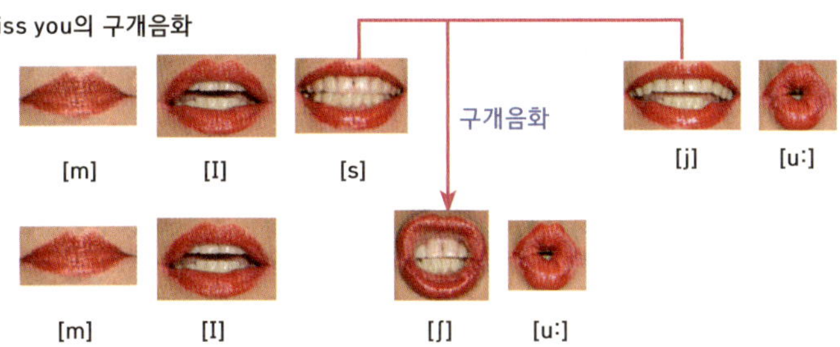

is your의 구개음화

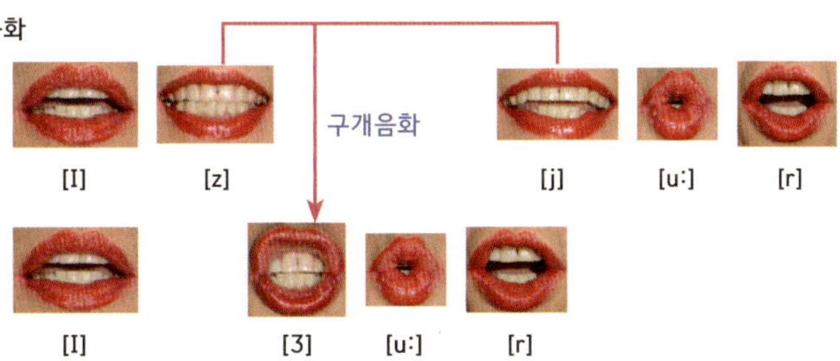

Listening Skill 79

[s] + [j] => [ʃ]의 상호동화

I miss you는 ['mɪs + ju → 'mɪʃu]처럼 앞소리([s])는 뒷소리 [j][i](경구개음)의 조음위치로 옮겨지고 (역행동화) 뒷소리 [j][i]는 새로운 [ʃ]에 융합되는 상호동화가 일어난다. 이 과정에서 **치경음인 [s]**가 **경구개음인 [j][i]**를 만나 **경구개음인 [ʃ]**가 되기 때문에 이를 **구개음화**라고도 한다. **issue**['ɪs + juː → 'ɪʃuː]처럼 단어 자체에서 상호동화 및 구개음화가 일어나기도 한다.

1. I **miss you**['mɪs ju → 'mɪʃu]. I want to **kiss you**['kɪs ju → 'kɪʃu].
2. **This unit**[ðɪs 'juːnət → ðɪʃuːnət] is now an established part of the course.
3. God **bless you**!['bles ju → 'bleʃu]
4. I'll try to **guess your**['ges jər → 'geʃər] age.
5. The boundaries among **business units**['bɪznəs 'juːnəts → 'bɪznəʃuːnəts] were ambiguous.
6. All of **us use**[əs 'juːz → əʃuːz] the cultural knowledge.
7. It has **various uses**['veriəs 'juːsɪz → 'veriəʃuːsɪz] in the body.
8. Is **this yours**?[ðɪs 'jʊrz → ðɪ'ʃʊrz]
9. **This year**[ðɪs 'jɪr→ ðɪ'ʃɪr] it looks like long skirts are in.
10. Are the **socks yours**?['sɑːks 'jʊrz → 'sɑːkʃʊrz]
11. Find friends with whom you can **discuss your**[ˌdɪ'skəs jər → ˌdɪ'skəʃər] fears.
12. That's the **class you**['klæs ju → 'klæʃu] should take this month.
13. Are you surprised? Of **course you**['kɔːrs ju → 'kɔːrʃu] are not.
14. What **makes you**['meɪks ju → 'meɪkʃu] think they were wrong?
15. **What's your**['wəts 'jər → 'wət ʃər] name?
16. A fire chief, for example, needs **to issue**['ɪsjuː → 'ɪʃuː] his orders with absolute clarity.
17. They use tissue['tɪsjuː → 'tɪʃuː] to blow their noses.

18. Do you add sugar['sju:gər → 'ʃʊgər] in your special['spesjəl → 'speʃəl] coffee?

19. I am not sure['sjʊər → 'ʃʊr] where to put the key.

20. He is still anxious['æŋksiəs → 'æŋkʃəs → 'æŋʃəs] about the future.

21. You'd better not associate[ə'soʊsieɪt]→[ə'soʊʃeɪt] with that group.

miss you의 구개음화

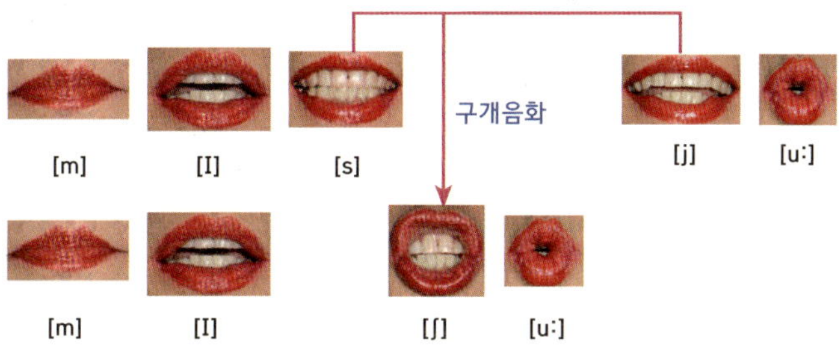

Listening Skill 80

[z] + [j] => [ʒ]의 상호동화

She knows you는 [noʊz+ju → noʊʒu]처럼 앞소리([z])는 뒷소리 [j], [i](경구개음)의 조음위치로 옮겨지고(역행동화) 뒷소리 [j], [i]는 새로운 [ʒ]에 융합되는 상호동화가 일어난다. 이 과정에서 치경음인 [z]가 경구개음인 [j], [i]를 만나 경구개음인 [ʒ]가 되기 때문에 이를 구개음화라고도 한다. decision[dɪ'sɪʒən], television['teləˌvɪʒən], division[dɪvɪʒən], confusion[kən'fu:ʒn], conclusion[kən'klu:ʒn], explosion[ɪk'sploʊʒ(ə)n], exclusion[ɪk'sklu:.ʒən], treasure['treʒər], pleasure['pleʒər], leisure['li:ʒər], measure['meʒər], usual['ju:ʒuəl], casual['kæʒuəl], visual['viʒuəl], individual[ɪndɪ'vidʒuəl], 처럼 단어 자체에서 상호동화 및 구개음화가 일어나기도 한다.

1. They advise you to make sure everyone knows you.[noʊz ju → noʊʒu].
2. She sees you['si:z ju → 'si:ʒu] and gives you['gɪvz ju → 'gɪvʒu] a ride to the school.
3. As you[əz ju → əʒu] see error in what you have done.
4. It says your['sez jər → 'seʒər] visa will be issued soon.
5. We must create new opportunities for our nation's youth['neɪʃənz 'ju:θ → 'neɪʃən'ʒu:θ].
6. Everyone is unique[ɪz ju:'ni:k → ɪʒu:'ni:k].
7. Tuna was usually[wəz ju:ʒəwəli → wəʒu:ʒəwəli] eaten raw
8. The sharp stone, as used[əz 'ju:zd → əʒu:zd] here, refers to a sword.
9. Where's your[weərz jər → weərʒər] television['teləˌvɪʒən]?
10. The city has yet[həz jet → həʒet] to be completed.
11. It was you[wəz ju → wəʒu] who ate the last slice of the cake.
12. This is because you[bɪ'kɔz ju → bɪ'kɔʒu] have a fever and a runny nose

13. How's your['haʊz jər → 'haʊʒər] new office?

14. He is not as young[əz 'jəŋ → ə'ʒəŋ] as he was

15. Vision['viz iən → 'viʒən] is normally so swift and sure, so dependable and informative.

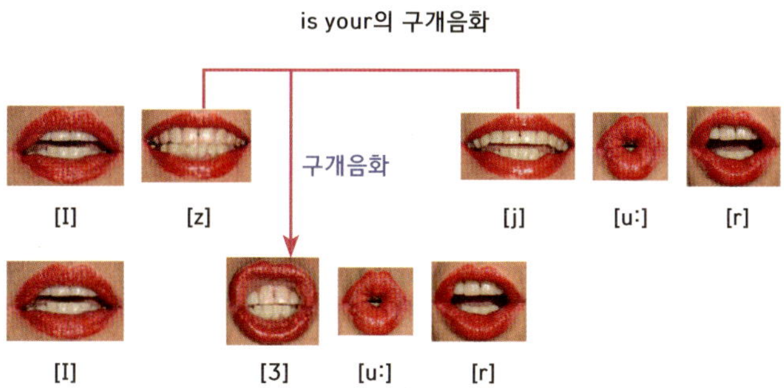

Listening Skill 81

[t] + [j] => [tʃ]의 상호동화

I missed you는 ['mɪst + ju → 'mɪstʃu]처럼 파열음 [t]가 경구개음 [j]나 [i]와 결합하면 새로운 제3의 음인 마찰음 [tʃ]를 만들어내는데 이를 상호동화에 의한 y와의 융합(Yod coalescence)이라 하며 만들어지는 소리가 경구개음 [tʃ]이므로 구개음화라고도 한다.

Statue['stæt+ju:→ 'stæʧu:], picture[pɪkt+jʊər → 'pɪktʃʊər], righteous[raɪt+iəs → 'raɪtʃəs], perpetual[pər'pet+juəl → pər'petʃuəl], century['sent+jʊəri → 'sentʃʊəri]처럼 단어 자체에서 상호동화 및 구개음화가 일어나기도 한다. don't you[doʊnt ju:]는 구개음화 및 약화되어 [donʧə]가 되는데 이를 doncha로 표기한다.

1. I missed you['mɪst+ju → 'mɪstʃu]. Didn't you['dɪdənt+ju → 'dɪdəntʃu] miss me?
2. Last year[læst+jiər → læstʃiər], I forgot to meet you['mi:t+ju → 'mi:tʃu].
3. Why don't you[doʊn t+ju → doʊn ʧu] invite your[ɪn'vaɪt+jər → ɪn'vaɪʧər] friends?
4. We congratulate you[kən'grætʃə,leɪt+ju → kən'grætʃə,leɪʧu] on your achievements.
5. I really appreciate your[ə'pri:ʃi,eɪt+jər → ə'pri:ʃi,eɪʧər] cooperation.
6. I've got you['gɑ:t+jə → 'gɑ:ʧə]. I hate you['heɪt+ju → 'heɪʧu].
7. I want you[w'ɔ:nt+ju → w'ɔ:nʧu] to do it yourself[it+jərself → iʧərself].
8. Next year['nekst+jiər → 'neksʧiər], I'll put you['pʊt+ju → 'pʊʧu], in touch with the girl.
9. Is that your[ðæt+juər → ðæʧər] pen? I bet you['bet+ju → 'beʧu] are right.
10. She discussed your[,dɪ'skəst+jər → ,dɪ'skəsʧər] homework with others.
11. What you[wət+jə → wəʧə] said makes sense.
12. Did you hurt yourself['hɝ:t+jər'self → 'hɝ:ʧər'self]?

13. I **asked you**['æskt+ju → ˌæskʧu] a question['kwestʃən].
14. I haven't yet['hævnt+jet → 'hævnʧet] visited the Statue['stæt+juː → 'stæʧuː] of Liberty.
15. He drew a fine picture['pɪkt+jər → 'pɪkʧər] of his future[fjuːt+jər → fjuːʧər] happiness.
16. Nature['neɪt+jər → neɪʧər] and culture['kʌlt+jər → 'kʌlʧər] are often seen as opposite ideas

missed you의 구개음화

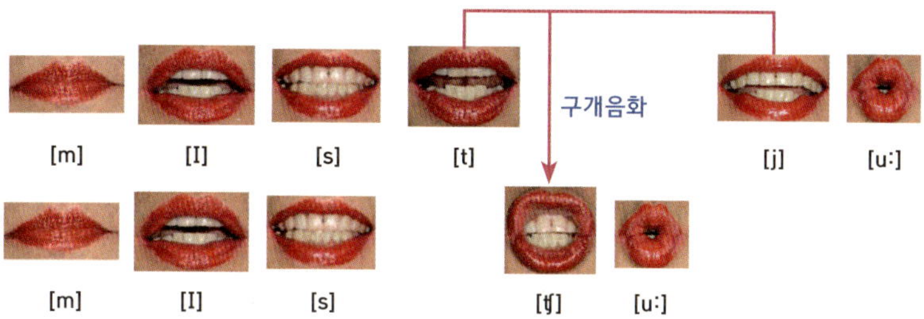

Listening Skill 82

[d] + [j] => [dʒ]의 상호동화

I need you는 ['ni:d + ju → 'ni:dʒu]처럼 파열음 [d]가 경구개음 [j]나 [i]와 결합하면 새로운 제3의 음인 마찰음 [dʒ]를 만들어내는데 이를 상호동화에 의한 y와의 융합(Yod coalescence)이라 하며 만들어지는 소리가 경구개음 [dʒ]이므로 구개음화라고도 한다. residue['rezəd + jù: → 'rezədʒu:], cordial['kɔ:rd + iəl → 'kɔ:rdʒəl], education[ed + jù:'keɪʃn → edʒə'keɪʃn]처럼 단어 자체에서 상호동화 및 구개음화가 일어나기도 한다.

1. I really need your['ni:d jər → 'ni:dʒər] education,[ed jù:'keɪʃn → edʒə'keɪʃn].
2. Nobody called you['kɔ:ld ju → 'kɔ:ldʒu] during['d+jʊərɪŋ→'dʒʊərɪŋ] this weekend.
3. Did you['dɪd ju → 'dɪdʒu] get the picture I e-mailed you['i:meɪld ju → 'i:meɪldʒu]?
4. Where did you['dɪd ju → 'dɪdʒu] build your['bɪld jər → 'bɪldʒər] house?
5. Would you[wəd ju → wədʒu] lead your['li:d jər → 'li:dʒər] soldiers['soʊld+iərz → 'soʊldʒərz]?
6. We received your[ri'si:vd jər → ri'si:vdʒər] cordial[k'ɔ:rd +iəl → k'ɔ:rdʒəl] greetings.
7. I can't find your['faɪnd jər → 'faɪndʒər] message. Send your['send jər → 'sendʒər] message now!
8. We're working on a tight schedule['skedjul → 'skedʒul]
9. I told you['skedjul → 'skedʒul] it wouldn't be easy.
10. I called your['skedjul → 'skedʒul] office but they said you['skedjul → 'skedʒul] left early.
11. Spend your['spend jər → 'spendʒər] money wisely.
12. Could you[kəd ju → kədʒu] hold your[hoʊld jər → hoʊldʒər] bag.?

13. What made you['meɪd ju → 'meɪdʒu] decide to send your['send jər → 'sendʒər] money?
14. I'm glad you['glæd ju → 'glædʒu] are happy.
15. Please include your[ɪn'klu:d jər → ɪn'klu:dʒər] name, address and telephone number.
16. I didn't want to offend you[ə'fend ju → ə'fendʒu], but I offended you[ə'fendɪd ju →ə'fendɪdʒu]
17. Begin and end your['end jər → 'endʒər] day with stretching exercises or gentle massage.
18. I do not think we can afford your[ə'fɔ:rd jər → ə'fɔ:rdʒər] fee.

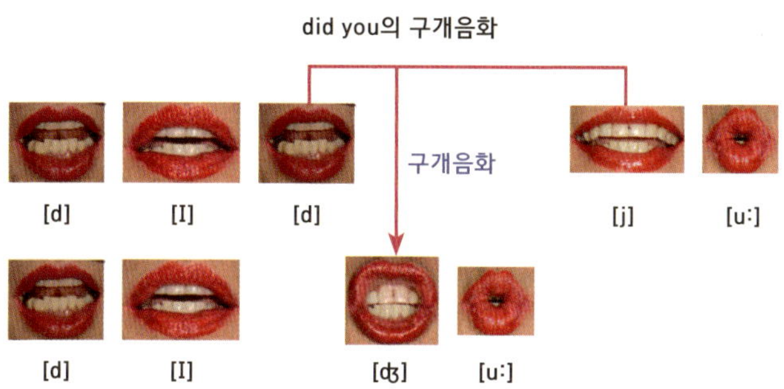

Listening Skill **83**

[ts + j → t + ʃ] 또는 [dz + j → d + ʒ]의 구개음화의 예

1. I have pimple marks and small pits['pɪts] on my face
2. He went for a piss['pɪs] and didn't come back.
3. These kits['kɪts] are available at stores. vs A kiss['kɪs] is just a kiss.
4. It hits['hɪts] you right between the eyes.
5. Snakes spit and hiss['hɪs] when they are cornered
6. Make a plan for a bookcase that suits your['suːts jər → 'suːt ʃjər] own library.
7. Your language use affects your[ə'fekts jər → ə'fekt ʃər] teachers' attitudes toward you.
8. Don't buy the tickets yet['tɪkɪts jet → 'tɪkɪt ʃet].

1. [ts+j → t+sj → t+ʃ]

It's you는 "이츠유"가 아니라 "잍쓰유" 또는 "잍슈" 무성치경파열음 [ts]([츠]에 가까운 발음)는 tsunami [tsuː'nɑːmi]정도에 나타나기는 하지만 이마저도 대부분의 원어민들이 [suː'nɑːmi]로 발음하므로 영어에는 없다고 보면 된다. pits['pɪts]는 혀끝을 치경에 붙인 상태에서 마찰음 [s]를 내는 소리로 ['pɪ+ts 피츠]가 아닌 ['pɪt+s 핕쓰]가 맞는 발음이다. He went for a piss.의 piss['pɪs]는 혀끝을 치경에 붙이지 않은 상태에서 마찰음 [s]를 내므로 ['pɪs 피쓰]가 된다. kits['kɪts]와 kiss['kɪs], hits['hɪts]와 hiss['hɪs]도 같은 차이가 있다.
It's you[ɪts ju]의 It's도 [ɪ] + [ts](이츠)]가 아니고 [ɪt] + [s](잍쓰)]로 발음해야 한다. 따라서 [s] 뒤에 경구개음 [j]가 이어지면 빠른 속도에서는 구개음화되기도 하여 [ɪt+s+ju] → [ɪt+ʃ+ju 잍쉬유]로 소리나기도 한다. Nobody hates you.[heɪts ju → 'heɪt ʃu']

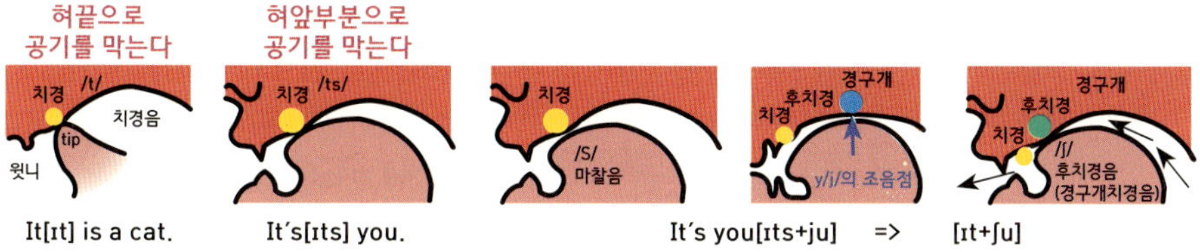

The less you know의 less you는 구개음화되어서 [레쓰유]지만, No one lets you know의 lets you는 lets의 [t] 소리 때 혀끝이 아닌 혀 앞부분(front)으로 공기를 짧게 차단해 준 후에 구개음화 되는 점이 다르다. 즉, [렡쓰유]로 발음이 된다.

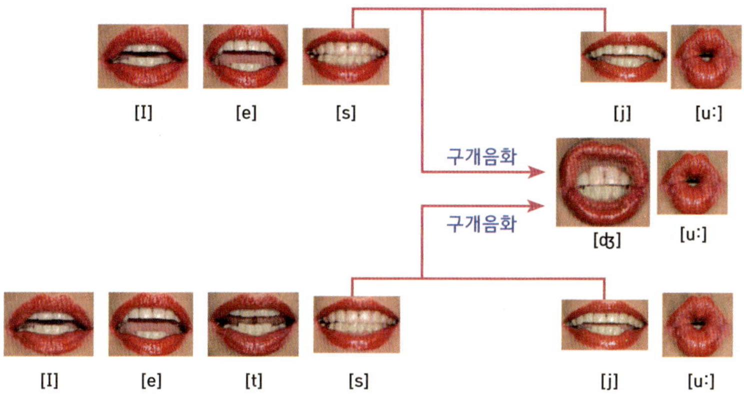

2. [dz+j → d+zj → d+ʒ]

He needs you는 "히니:즈유"가 아니라 "히니**읻**쥬"로 발음한다.

1. The kids['kɪdz 킫즈] are shaking hands['hændz 핸즈] with dads['dædz 댇즈] in sorrow.
2. Liz['lɪz 리즈] don't squeeze the lids['lɪdz 릳즈] over the eyeballs.
3. Our schedule of services can be tailored to your needs['ni:dz 니읻즈] and tastes['teɪsts 테이씉쓰].
4. The water level seemed to jump from her knees['ni:z 니:즈] to her waist.
5. You can choose the insurance that best meets['mi:ts 미잍쓰] your travel needs['ni:dz 니읻즈].
6. They are all vastly different, meeting various human needs['ni:dz 니읻즈] in different cultures and climates['klaɪməts 클라이멑쓰].
7. He needs you['ni:dz ju → ni:d˥ʒu 니읻쥬].

8. The actual words you['wɜːrdz ju → 'wɜːrd˥ʒu 워:은쥬] use count for only 10%.

9. It is one of those things that reminds you[ri'maɪndz ju → ri'maɪndʒu 뤼마인쥬].

10. In this way, he leads you['liːdz ju → 'liːd˥ʒu] to buy the product.

11. Sounds you['saʊndz ju → 'saʊnd˥ʒu 싸은쥬] hear while sleeping help enhance your memory.

1) 유성치경파열음 [dz 쯔]는 영어에는 없다고 보면 된다. kids['kɪdz]와 needs['niːdz]는 혀끝을 치경에 붙인 상태에서 마찰음 [z]를 내는 ['kɪdz 킫즈]와 [''niːd + z 니읻즈]로 혀끝을 치경에 붙이지 않는 마찰음인 kizz['kɪz 키즈]나 knees['niːz 니:즈]와는 다른 소리이다. 반면, tastes['teɪsts], meets['miːts], climates['klaɪmətsl]의 [ts]는 혀끝을 치경에 붙인 상태에서 마찰음 [s]를 내는 소리로 ['teɪs+ts 테이쓰츠], ['miː + ts 미:츠], ['klaɪmə + ts 클라이머츠]가 아닌 ['teɪst˥s 테이쓭쓰], ['miːt˥s 미잍쓰], ['klaɪmət˥s 클라이멑쓰]가 맞는 발음이다.

2) needs you['niːdz ju]처럼 [dz]의 [z] 뒤에 경구개음 [j]가 이어지면 구개음화되어 needs you['niːdz + ju]가 [niːd + ʒu], words you['wɜːrdz ju]가 ['wɜːrd + ʒu], leads you가 ['liːdz ju → 'liːdʒu]로 들리게 된다.

3) hands['hændz], reminds[ri'maɪndz], Sounds['saʊndz]의 [d]는 콧소리(비음화)가 되는 것을 방지하기 위해 혀끝을 치경에 붙이며 발음한다. 하지만, reminds you는 [ri'maɪndz ju → ri'maɪndʒu], Sounds you는 ['saʊndz ju → 'saʊndʒu]로 구개음화시켜 발음한다.

Listening Skill 84

[t], [d], [s], [z]+[ju:]의 [j] 탈락 또는 구개음화 현상
=> [tʃu:], [dʒu:], [ʃu:], [ʒu:](영) 또는 [tu:], [du:], [su:], [zu:](미)

1. Stay tuned['tju:nd] or stay in tune['tju:n]?
2. Super Dune['sju:pər 'dju:n] 2 was the real-time strategy game.

1) 치경음 뒤에 y음이 오면 발음 편의를 위해 영국영어는 구개음화시킨다.(예 : [t+ju: → ʧu:])

치경음(t,d,s,z) + [ju:]의 [tju:], [dju:], [sju:], [zju:]는 치경에서 경구개로, 다시 모음 [u:]의 조음위치로 조음기관을 바삐 움직여야 하기 때문에 발음하기 힘들다. 그러다보니 빠른 속도에서는 부드러운 리듬감을 만들기 위하여 간편한 발음을 찾게 되었다. 그 결과 영국에서는 치경과 [j]의 조음점의 중간지점인 후치경에서 두 소리를 융합, 새로운 구개음을 만들어 구개음인 [tʃu:], [dʒu:], [ʃu:],[ʒu:]로 발음하게 되었는데 이를 y음과의 융합 (Yod coalescence.) 또는 구개음화(Yod palatalization)라 부른다.

예문의 tune, Super Dune은 전통적으로 [tju:n], ['sju:pər 'dju:n]이지만, 치경에서 [t][d][s] 소리를 내고 경구개까지 혀를 옮겨 [j]소리를 내기 보다는 그 중간지점인 후치경에서 [t][d][s]와 [j]가 융합된 새로운 소리 [ʧ][dʒ][ʃ]를 내는 것이 편리하므로 [t + ju:n → ʧu:n 춘:(츄운)], ['s + ju:pər 'd + ju:n → 'ʃu:pər 'dʒu:n 슈:퍼r 쥬:은]으로 발음한다.

치경음이 y음과 융합하는 구개음화의 다른 예들은 아래와 같다

nature['neɪtʃə 네이춰], actual['æktʃuəl 액췰], perpetual[pə'petʃʊəl 퍼페췰], gradual['grædʒʊəl 구래줠], graduate['grædʒʊeɪt 구래줴잍], assume[ə'sju:m 어슈:음], presume[prɪ'zju:m 푸뤼쥬움]

2) 치경음 뒤에 y음이 오면 발음 편의를 위해 미국영어는 y음을 탈락시킨다. (예 : [t+ju: → 'tu:])

반면, 미국영어는 치경음을 소리 낸 후에 후치경이든 경구개이든 일체의 조음 기관의 움직임을 생략하고 곧바로 모음 [u:]의 소리를 내는 [tu:], [du:], [su:], [zu:]의 발음을 하는데 이를 y음의 탈락(yod dropping)이라 한다. 치간음 [θ] + [ju:]의 [θju:] 역시 [θu:]로 발음한다.(ex : enthusiasm[ɪn'θju:zɪˌæzəm(영) → ɪn'θu:zɪˌæzəm(미)]

예문의 tune, Super Dune의 경우, 미국영어는 [t][d][s] 소리를 낸 후 경구개나 후치경으로 혀를 움직이는 것조차도 불편하게 느껴 아예 [j]를 탈락시키는 매우 경제적인 발음을 한다. 따라서 [tju:n → tu:n 툰:(투운)], [sju:pər 'dju:n → 'su:pər 'du:n 쑤:퍼r 두:은]으로 발음한다.

영국 [t][d][n][s] + [ju:] => [tju:][dju:][nju:][sju:]
미국 [t][d][n][s] + [ju:] => [tu:][du:][nu:][su:]

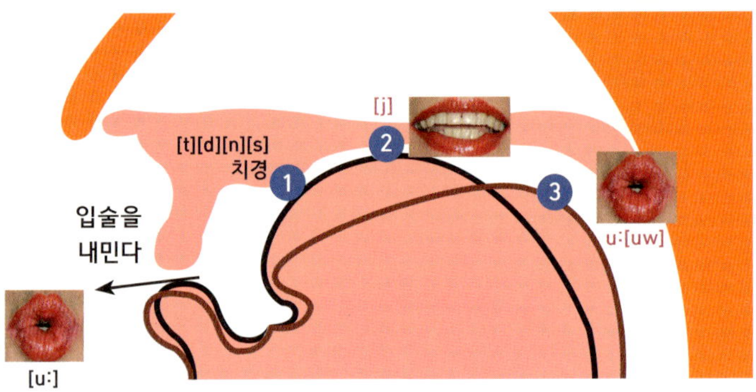

발음의 편의를 위해
영국은 ①에서 ②를 거쳐 ③으로 이동하며 [t]+[j] => [ʧ]로 구개음화된다.
미국은 ①에서 ③으로 직접 이동하므로 구개음 [j]가 탈락된다.

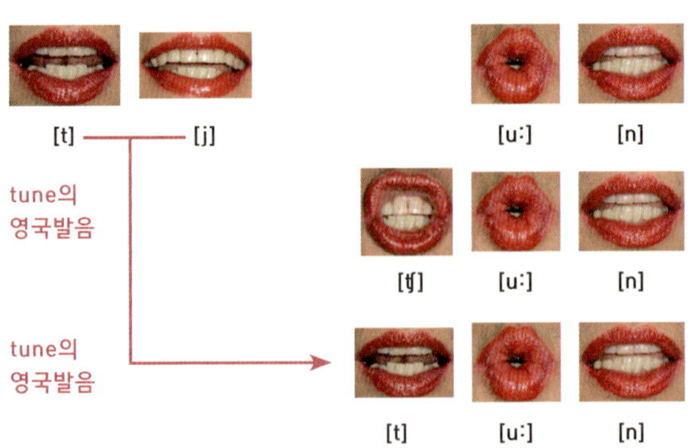

Listening Skill 85

[t + ju:]가 미국영어에서 [tu:]로 소리나며 [j]가 탈락되는 단어

1. You must leave on a **Tuesday**.
   - 영국영어 Tuesday['tju:deɪ → 'ʧu:zdeɪ 츄:즈데이](choose+day), 미국영어 Tuesday['tu:zdeɪ 투:즈데이](two+z+day이다.)

2. Television picture **tubes** enable viewers to see the image.
   - 영국영어 tubes['tju:bz → 'ʧu:bz 츄:브즈], 미국영어 tubes['tu:bz 투:브즈]

3. I never argued with my parents about differences between their **attitudes** and mine.
   - 영국영어 attitudes['ætɪtju:dz → 'ætɪʧu:dz 애티츄:즈], 미국영어 attitudes['ætɪtu:dz 애티투:즈]

4. The purpose of your letter is very simple: to express love and **gratitude**.
   - 영국영어 gratitude['grætɪtju:dz → 'grætɪʧu:dz 구래티츄:즈], 미국영어 gratitude['grætɪtu:dz 구래티투:즈]

5. That's okay. I don't like **tulips** anyway.
   - 영국영어 tulips['tju:lɪps → 'ʧu:lɪps 츄:맆쓰], 미국영어 tulips['tu:lɪps 투:맆쓰]

6. It's my **costume** for the dance performance this weekend.
   - 영국영어 costume['kɔstju:m → 'kɔsʧu:m 코스츄:음], 미국영어 costume['kɑ:stu:m 카스투:음]

7. You have the proof that you are **stupid**.

- 영국영어 stupid['stju:pɪd → 'stʃu:pɪd 스츄:핃], 미국영어 stupid['stu:pɪd 스투:핃]

8. That meaning **constitutes** what the piece is saying.

- 영국영어 constitutes['kɔnstətju:ts → 'kɔnstətʃu:ts 콘스터츄웉쓰], 미국영어 constitutes['kɑ:nstəˌtu:ts 칸스터투웉쓰]

9. The ABC Marketing **Institute** also offers very good presentation skills courses.

- 영국영어 Institute['ɪnstətju:t → 'ɪnstətʃu:t 인스터츄:트], 미국영어 Institute['ɪnstəˌtu:t 인스터투:트]

10. Could you be a **substitute** for me?

- 영국영어 substitute['sʌbstətju:t → 'sʌbstətʃu:t 써브쓰터츄웉], 미국영어 substitute['sʌbstəˌtu:t 써브쓰터투웉]

Listening Skill 86

[d + ju:]가 미국영어에서 [du:]로 소리나며 [j]가 탈락되는 단어

1. A year later the **newspaper** was discontinued for a while **due** to a fire.
   - 영국영어 **newspaper**['nju:speɪpə], **due**['dju: → 'dʒu:],
     미국영어 **newspaper**['nju:speɪpə], **due**[du:]

2. The mirror temperature is above **dew** point.
   - 영국영어 **dew**['dju: → 'dʒu:], 미국영어 **dew**[du:]

3. Payment is **due** on October 2.
   - 영국영어 **due**['dju: → 'dʒu:], 미국영어 **due**[du:]

4. **During** the fire, the firemen urged the people around to stay calm.
   - 영국영어 **during**['djʊərɪŋ → 'dʒʊərɪŋ], 미국영어 **during**['dʊrɪŋ]

5. A **dune** is a hill of sand near the ocean or in a desert.
   - 영국영어 **dune**['dju:n → 'dʒu:n](June과 같은 발음), 미국영어 **dune**['du:n]

6. The **residue** of the estate was divided equally among his children.
   - 영국영어 **residue**['rezədju: → 'rezədʒu:], 미국영어 **residue**['rezədu:]

7. The **Duke** was hurt but not killed.
   - 영국영어 **duke**['dju:k → dʒu:k], 미국영어 **duke**['du:k]

8. She has set out to **seduce** the president.
   - 영국영어 **seduce**[sɪ'dju:s → sɪ'dʒu:s], 미국영어 **seduce**[sɪ'du:s]

9. The **residue** of the estate was divided equally among his children.

- 영국영어 **residue**['rezə,dju → 'rezəd3u], 미국영어 **residue**['rezə,du]

10. It is my **duty** to report it to the boss.

- 영국영어 **duty**['dju:ti → 'd3u:ti], 미국영어 **duty**['du:ti]

11. She has **dual** nationality.

- 영국영어 **dual**['dju:əl/'d3u:əl] 미국영어 **dual**['du:əl]

12. She **adduced** several facts to support her thesis.

- 영국영어 **adduced**[ə'dju:st] 미국영어 **adduced**[ə'du:st]

13. I bid you **adieu**.

- 영국영어 **adieu**[ə'dju:] 미국영어 adieu[ə'du:]

14. I was **assiduous** in doing that.

- 영국영어 **assiduous**[ə'sɪdjuəs/ə'sɪd3uəs] 미국영어 **assiduous**[ə'sɪduəs]

15. The book was received with **adulation** by critics.

- 영국영어 **adulation**[ædju'leɪʃn/æd3u'leɪʃn] 미국영어 **adulation**[ædu'leɪʃn]

Listening Skill 87

[s + ju:]가 미국영어에서 [ʃu:]로 소리나며 [j]가 탈락되는 단어

1. In this circumstance, it is best to **assume** nothing.
   - 영국영어 **assume**[ə'sju:m → ə'ʃu:m], 미국영어 **assume**[ə'su:m]

2. If the word is **suitable** for female **students**['stju:dnts(영) → 'stu:dənts(미)] to hear.
   - 영국영어 **suitable**['sju:təbl → 'ʃu:təbl], 미국영어 **suitable**['su:təbl],

3. Make a plan for a bookcase that **suits** your own library.
   - 영국영어 **suits**['sju:ts → 'ʃu:ts], 미국영어 **suits**['su:ts]

4. We won't be going to the **supermarket**.
   - 영국영어 **supermarket**['sju:pəmɑ:kɪt → 'ʃu:pəmɑ:kɪt],
     미국영어 **supermarket**['sju:pərmɑ:rkɪt 또는 'supərmɑrkɪt]

5. Many kinds of **superior** coffee beans are being decaffeinated.
   - 영국영어 **superior**[sju:'pɪərɪə→ ʃu:'pɪərɪə], 미국영어 **superior**[su:'pɪərɪə 또는 sə'pɪriər]

6. **Superman** raised his hand and stopped the car.
   - 영국영어 **Superman**['sju:pəmæn → 'ʃu:pəmæn], 미국영어 **Superman**['su:pərmæn]

7. **Superficial** analogies between the eye and a camera.
   영국영어 **Superficial**[sju:pə'fɪʃl→ ʃu:pə'fɪʃl], 미국영어 **Superficial**[su:pər'fɪʃl]

8. Steve had **supervised** one of his company's warehouses.

- 영국영어 **supervised**['sju:pəvaɪzd→ 'ʃu:pəvaɪzd], 미국영어 **supervised**['su:pərvaɪzd]

9. According to ancient **superstitions**, moles reveal a person's character.

- 영국영어 **superstitions**[sju:pə'stɪʃnz → 'ʃu:pər'stɪʃnz],
  미국영어 **superstitions**[su:pər'stɪʃnz]

10. All six men were considered missing and **presumed** dead.

- 영국영어 **presumed**[prɪ'zju:md → prɪ'ʒu:md],미국영어 **presumed**[prɪ'zu:md]

11. We'll call you to **resume** delivery.

- 영국영어 **resume**[rɪ'zju:m → rɪ'ʒu:m], 미국영어 **resume**[rɪ'zu:m]

Chapter 8

부드러운 리듬과 속도향상을 주는 음의 탈락

- 약화모음 [ə]의 탈락
- 단어 끝 [t], [d]의 탈락
- 중복을 피하려는 인접한 [r]의 탈락
- 기타 자음의 탈락(h dropping)

Listening Skill 88~95

Listening Skill 88

약화모음 [ə]의 탈락

How about a buffet at a family restaurant?을 우리는 [하우 어바우트 어 부풰 앳어패밀리 퉤쓰토랑]으로 들리기를 원하지만, 원어민들은 ['haʊ⁀(w) ə'baʊt⁀ə bə'feɪ æt⁀ə 'fæməli 'restəˌrɑːnt **하**으으**바**으러 브**풰**이 애러 **퐴**을리 **퉤**쓰트**롼**트]라고 말하기 때문에 청취가 어려운 것이다. 특히, 약화모음 ə는 앞 단어 끝에 붙어버리거나, 단어 중간에서 ə를 탈락시키기 때문에 How-w-abour⁀a b'ffet ar⁀a fam'ly rest'rant?으로 들리는데 이렇듯 연결발화에서는 약화모음 [ə](어와 으의 중간 음)는 잘 들리지 않거나 생략이 되기 쉽다.

1. Perhaps[pər'hæps 퍼r**햎**쓰 → pʰr'hæps 프r**햎**쓰] some day you'll regret your decision.
2. Potato[pə'teɪˌtoʊ 퍼**테**이토으 → pʰ'teɪˌtoʊ 프**테**이토으] chips contain too much salt.
3. I'm sorry. Nobody called you today[tə'deɪ 터**데**이 → tʰ'deɪ 트**데**이].
4. Odd-looking tomatoes[tə'meɪtoʊz 터**메**이도으즈 → tʰ'meɪtoʊz 트**메**이도우즈] were not valuable.
5. Some wild plants confront[kən'frənt 컨푸**뤈**트 → kn'frənt 큰푸**뤈**트] an uncertain future.

약세음절의 무성파열음 + [ə] 뒤에 강세음절이 이어지면 대기음 [ʰ]가 [ə]를 대신하므로 [ə]를 탈락시킨다. Police[pə-'liːs], canary[kə-'neri], tonight[tə-'naɪt]처럼 약세음절의 무성파열음 또는 무성마찰음 + [ə] 뒤에 성절자음 [n], [l], [r]이 이어지면 [ə]가 탈락되며, 뒤의 성절자음과 결합하여 음절 이동을 한다. [pl-'iːs], [kn-'eri], [tn-'aɪt]

6. That canary[kə-'neri 커네뤼 → kn-'eri 큰에뤼/크네뤼] is my best friend.
7. Thanks. Then, I'll make dinner tonight[tə-'naɪt 터나잍 → tn-'aɪt 튼아잍/트나잍].
8. Police[pə-'li:s 펄리:쓰 → pl-'i:s 플리:쓰] do issue permits to qualified hunters.
9. It's not used in the correct[kə-'rekt 커뤸트 → kr-'ekt 크뤸트] way for adequate scientific testing.
10. It takes forever[fə-'revər 풔뤠붜r(보통속도) → fr-'evər 프뤠붜r(빠른속도)].
11. I'm interested['ɪntərəstɪd → 'ɪntrəstɪd] in photography[fə'tɑ:grəfi → f'tɑ:grfi 프타구르퓌].
12. Those cookies were delivered by Mom straight from the oven['ʌvən → 'ʌvn 어븐].
13. A dozen['dʌzən → 'dʌzn 더즌] or so students['stu:dənts → 'stu:dnts 쓰뚜:든쓰] appeared
14. I have widened['waɪdənd → 'waɪdnd 와잍은드] my horizons[hə'raɪzənz → hə'raɪznzss 허롸이즌스] to include many delightful[də'laɪtfəl → də'laɪtfl 들라잍플] people.
15. It may be a comfort to know you're not alone['nɑ:t ə'loʊn 낱얼로은 → 'nɑ:t'loʊn 낱을로은]
16. Don't tell me you got another['gɑ:t ə'nʌðər 갈어너더r → 'gɑ:t'nʌðər 같으너더r] traffic ticket.
17. We will come back Sunday evening[i:vənɪŋ → 'i:vnɪŋ 이:브닝]

강세음절 바로 다음에 파열음이나 마찰음 + 약화모음 [ə]의 형태가 되면 [ə]를 탈락시키기도 한다.

11. interested['ɪntərəstɪd 인터뤄스티드 → 'ɪntrəstɪd 인츄뤄스티드]

12. oven['ʌvən 어뷘] → ov'n['ʌvn 어븐]

13. dozen['dʌzən 더전] → doz'n['dʌzn 더즌]
students['stu:dənts 쓰뚜:던쓰] → stud'nts['stu:dnts 쓰뚜:든쓰]

14. widened['waɪdənd 와이던드] → wid'ned['waɪdnd 와잍은드]
horizons[hə'raɪzənz 허롸이전즈] → horiz'ns[hə'raɪznzss 허롸이즌스]
delightful[də'laɪtfəl 들라잍퓔] → delightf'l[də'laɪtfl 들라잍플]

15. not alone['nɑ:t ə'loʊn 낱얼로은 → 'nɑ:t'loʊn 낱을로은]

16. got another['gɑ:t ə'nʌðər 같어너더r → 'gɑ:t'nʌðər 같으너더r]

17. evening, even, every는 강세음절 뒤의 약화모음 [ə]의 탈락이 영구적으로 굳어진 경우이다.

18. Do you go ahead['goʊ ə'hed → 'goʊ 'hed] and follow the schedule?
19. Your eye infection won't go away['goʊ ə'weɪ → 'goʊ 'weɪ] easily.
20. How about[haʊ ə'baʊt → haʊ 'baʊt] playing tennis?
10. If at first you don't succeed, try, try again['traɪ ə'gen → 'traɪ 'gen].
21. Hurry up['hɜːri əp → 'hɜːri 'p] and get ready.

앞 단어 끝이 강세 있는 모음이고 약화모음 [ə]가 이어지면 [ə]가 앞 단어에 붙어 발음되는데 빠른 속도에서는 [ə]의 탈락이 일어난다.

18. go ahead는 보통속도에선 ['goʊ⁀ə'hed 고으 어헫], 빠른속도에선 ['goʊ 'hed 고으헫]
19. go away는 보통속도에선 ['goʊ⁀ə'weɪ 고으 어웨이], 빠른속도에선 ['goʊ 'weɪ 고으웨이]
20. How about는 보통속도에선 ['haʊ⁀ə'baʊt 하으 어바읕], 빠른속도에선 [haʊ 'baʊt 하으바읕]
21. try again은 보통속도에선 ['traɪ⁀ə'gen 츄롸이 어겐], 빠른속도에선 ['traɪ 'gen 츄롸이겐]
22. Hurry up은 보통속도에선 ['hɜːri⁀əp 허ː뤼 엎], 빠른속도에선 ['hɜːri 'p 허ː뤼읖]

23. I am used to make fingernail polish, aspirin['æspərən → 'æsprən].
24. Italy['ɪtəli → 'ɪt.li] is not famous for the quality of its chocolate['tʃɔːkəlɪt → 'tʃɔːklɪt].
25. The camera['kæmərə → 'kæmrə] is the eye of history['hɪstəri → 'hɪstri].
26. After a while['æftər ə 'waɪl → 'æftrə 'waɪl], you won't feel that way.
27. The laboratory['læbərətˈɔːri → læbrətˈɔːri] sent another['sentə'nʌðər →'sent'nʌðər] samples.

미국영어에서 제일 많이 일어나는 [ə](‘으’ 또는 ‘어’)의 탈락은 단어 중간이다. aspirin['æspərən 애스쁘뤈]의 가운데 [ə]의 소리는 성절자음 l[əl], n[ən], r[ər]의 앞 소리와 같은 소리이므로 생략해도 ['æsprən 애스쁘른]으로 소리 나기 때문이다.

한국인 발음	원어민 발음-[ə]의 탈락([ə]는 [어] 또는 [으])
aspirin['æspərən 애스퍼뤈]	['æspərən 애스뻐뤈 → 'æsprən 애스쁘른]
chocolate[tʃ'ɔːkəlɪt 초컬릳]	['tʃɔːkəlɪt 초ː클릳 → 'tʃɔːklɪt 촉ː을릳]
Italy['ɪtəli 이털리]	['ɪtəli 이털리 → 'ɪt.li 잍을리]
family['fæmɪli 쾌(f)밀리]	['fæməli 쾌(f)멀리 → 'fæmli 쾜(f)을리]
history['hɪstəri 히스터뤼]	['hɪstəri 히스터뤼 → 'hɪstri 히스트뤼]
camera['kæmərə 캐머뤄]	['kæmərə 캐머뤄 → 'kæmrə 캠(으)뤄]
after a while['æftər ə'waɪl 애프터뤄와일]	['æftrə'waɪl 애프트뤄와일]
sent another['sent ə'nʌðər 쎈터너더r]	['sentə'nʌðər → 'sent'nʌðər 쎈튼어더r]

약화모음 [ə]가 탈락 하는 경우

1) 강세모음 뒤에 약화모음 [ə] + [r] + [ə] 또는 [i]인 경우 앞의 [ə]가 탈락되는 단어들

bakery['beɪkəri → 'beɪkri **베**이크뤼]

beverage['be.vərɪdʒ → 'be.vrɪdʒ **베**브뤼쥐]

salary['sæləri → 'sælri **쌜**르뤼]

boundary['baʊndəri → 'baʊndri **바**운드뤼]

memory['meməri → 'memri **멤**으뤼]

elaborate[ɪ'læbərət 일**래**버뤌 → ɪ'læbrət 일**래**브뤌]

emerald['emərəld → 'emrəld **엠**으뤌드]

favorite['feɪvərət → 'feɪvrət **풰**이브뤌]

general['dʒenərəl → 'dʒenrəl **줸**으뤌],

separate[sepərət → seprət **쎄**프뤌]

interesting[intərəstɪŋ → intrəstɪŋ **인**트뤄스팅]

temperature[tempərətʃər → temprətʃər **템**프뤄춰r]

miserable['mɪ.zərəb.l → 'mɪzrəbl **미**즈뤄블]

mystery['mɪstəri → 'mɪstri **미**스트뤼]

preferable['prefərəbl → 'prefrəbl 푸**뤠**프(f)뤄블]

preparatory[p'repərət'ɔːri → p'reprət'ɔːri 푸**뤠**프뤄토뤼]

2) 강세모음 뒤에 약화모음 [ə] + [l, n, m] + [ə] 또는 [i]인 경우 앞의 [ə]가 탈락되는 단어들

broccoli[brɑkəli 부**롸**컬리 → brɑkli 부**롸**클리]

gasoline['gæsəlin **개**설린: → 'gæslin **개**슬린:]

finally['faɪnəli **퐈**이널리 → 'faɪnli **퐈**인을리]

analyst['ænəlɪst, əst **애**널리스트 → ænlɪst **애**늘리스트]

company['kʌmpəni **컴**퍼니 → 'kʌ mpni **컴**프니]

balcony[bælkəni **밸**커니 → bælkni **밸**크니]

monotony[mə'nɑːtə.ni 머**나**:터니 → mə'nɑːtni 머**나**:튼이]

symphony[sɪmfəni **씸**풔니 → sɪmfni **씸**프니]

Listening Skill 89

단어 끝 [t], [d]의 탈락(word final [t, d] deletion)

1. 단어 끝 [t][d]의 탈락(word final/-t, -d/ deletion)

[t][d]가 문장 끝에 있으면 보통속도에서는 약한 대기음을 내며 /t'//d'/로 파열한다.(예 : west['west 웨쓰트], mind['maɪnd 마인드])
하지만 빠른 속도에서는 문장 끝의 리듬이 마침표를 향해 삭으러들기 때문에 약화된 리듬상태에서 혀끝으로 입천장을 막았다가 터뜨려 주는 것이 불편하다. 그러다보니 혀끝을 입천장에 대고 머금은 채 소리를 마치게 되는데 이러한 불파음 상태(예 : west['west˥ 웨쓷], mind['maɪnd˥ 마인(읃)])는 듣는 사람의 입장에서는 소리가 탈락된 것처럼 들린다(예 : west['wes 웨쓰], mind['maɪl 마인]). 이렇듯 단어 끝 [t][d]가 탈락이 되기도 하는 현상을 단어 끝 [t][d]의 탈락(word final/-t, -d/ deletion)이라 한다.

1) The truck came to rest⁀against the fence to the west.
They called⁀her 'Grandma' because she was old⁀and mild.
rest against나 called her(h는 묵음), old and처럼 뒤에 모음이 오면 연음이 되고 자음이 오면 d, t 탈락이 된다.

2) Thank you for your support to have passed⁀her a dIfficult test.
The way to find the best salt product is to take this important⁀information into account.
The West Bank is located in the heart⁀of Jeju's West⁀End.
I have left my purse in my car. So I want to tell the clerk not to sell the skirt.
Its enormous power is abused[ə'bjuːzd] more often in developing countries.
It's the referee's job to record the new world record.
passed a나 important information, heart of, West End처럼 뒤에 모음이 오면 연음이 되고 자음이 오면 d, t 탈락이 된다.

2. 단어 끝 [t][d]를 발음하느냐 마느냐를 결정짓는 주요인

1) 단어 끝 [t][d]에 선행되는 음이 조음점이 같은 치경음이면, 다른 자음일 때보다 탈락하기 쉽다.

ex) passed['pæst], test, best, Fast, important, account, want, dIfficult, salt, support, skirt나 abused[ə'bju:zd], find, world, record

(1) West End의 발음은 1)['west 'end] 2)['wes t'end] 3)['wes 'end]의 3개이고, West Bank의 발음은 1)['west 'bæŋk], 2) ['wes 'bæŋk]의 2가지이다.

(2) 비음을 내기 위하여 조음점인 치경을 꽉 누르는 /nt/와 /nd/가 단어 끝에 오면 /n/을 강조하여 길게 /nnn/한 후 /nt/를 한 소리(one sound)로 내주려다 보니 [t]탈락이 더 잘 일어난다. 예를 들어 account와 fund의 단어 끝 /nt/와 /nd/는 /n/을 강조, 길게 /nnn/한 후 /t//d/를 탈락시키므로 [ə'kaʊn]이나 [fʌn]이 된다(ex : different, important, parent, plant, president, student, went, wasnt, didnt, hunt, and, band, blend, end, kind, land, stand, wind, brand, fund).

2) 단어 끝 [t][d]에 이어지는 음이 자음이면, 마침표나 모음이 이어질 때보다 탈락하기 쉽다.

예문 1의 final [t]가 잘 탈락되는 순서는 against the(자음 앞) 〉 west(마침표 앞) 〉 rest a(모음 앞)

예문 2의 final [d]가 잘 탈락되는 순서는 called(자음 앞) 〉 mild(마침표 앞) 〉 old(모음 앞)

따라서 치경음 [s, z, n, l, r]이 선행하고 다른 자음이 이어질 경우의 3연속 자음의 중간 음인 [t, d]는 탈락하기 쉽다. 특히, 조음방법이 같은 파열음이거나 조음점이 같은 치경음/후치경음 + [t][d] + [파열음, 마찰음, 비음, 설측음 l]의 형태가 되면, 3연속자음의 중간 음 [t][d]는 불파음 [t˺][d˺]이 되거나 아예 탈락되기도 하는데 어느 실험결과에 따르면 원어민이 [t][d]를 탈락시키는 비율은 이어지는 자음이 파열음일 때 60%, 마찰음일 때 49%, 비음일 때 42%정도라고 한다. 다만, 탈락시키기 보다는 조음 위치인 치경에 혀끝을 둔 채 파열을 하지 않고 머금는 소리(held 또는 hidden)가 되도록 하는 것이 좋다.

3) I missed['mɪst] the town which was shrouded in mist['mɪst].
'Gorillas in the Mist['mɪst]' is the movie not to be missed['mɪst].
I am guarantee for the pact['pækt]. vs The gallery is packed['pækt].
I lost['lɔst] a child. vs I was a lost['lɔs 또는 'lɔst˥] child.
Don't talk back and do as you're told['toʊld].
By the end of this year, almost half of the staff will have left['left].
Turn to the left['lef 또는 left˥].

3) 문법적인 중요성을 부드러운 리듬보다 더 중요하게 생각하는 중년층은 동사의 과거형의 [t]소리를 잘 탈락시키지 않지만, 젊은층에서는 탈락시키기도 한다.

(1) 동사의 과거형 -ed가 [t] 소리나는 missed['mɪst], packed['pækt]는 단어 자체의 [t]소리인 Mist['mɪst], pact['pækt]보다 탈락이 덜 일어난다.

(2) left나 told와 같은 불규칙과거동사의 경우도 [d], [t]가 잘 탈락하지 않는다. 하지만 젊은 이들은 탈락시키는 경우가 더 많다.

(3) lost가 동사로 쓰이면 ['lɔst]로 발음하지만, 형용사로 쓰이면 ['lɔs 또는 'lɔst˥]로도 가능하며, left가 동사의 과거이면 ['left]로 발음하지만, 명사로 쓰이면 ['lef 또는 left˥]로도 가능하다.

4) 단어 끝 [t][d]에 자음이 이어지면 불파음이 되는 편이지만, 비음 [n, m]이나 설측음 [l]은 보통속도에서는 파열음으로 발음되는 경향이 많다. 이는 혀끝으로 입천장을 막을 지라도 코나 혀의 양 측면으로 공기가 빠져나가기 때문이다. 빠른 속도에서는 불파음[t˥][d˥] 후에 코로 파열시키는 비강파열을 하거나 혀의 양 측면으로 내보내는 설측면 파열을 하는 편이다.

They conferred at great length last night.

(1) great length는 보통속도에서는 ['greɪt 'leŋθ 구뤠이트 렝쓰]로 발음되나 빠른 속도에서는 ['greɪt˥ 구뤠잍]으로 불파음을 만든 후에 ['leŋθ 렝쓰]하며 [l] 소리를 낼 때 혀의 양측면으로 파열을 같이 시키는 설측면 파열을 하게 된다.

(2) last night은 보통속도에서는 ['læst 'naɪt 래쓰트 나잍]으로 발음되나 빠른 속도에서는 [læst˥ 래씉]으로 불파음을 만든 후에 ['naɪt 나잍]하며 [n] 소리를 낼 때 코로 파열을 같이 시키는 비강 파열을 하게 된다.

Listening Skill **90**

단어 내 3연속자음의 중간 음 d/t 탈락 (word internal d/t deletion)

한 단어 내에서도 3연속자음의 중간 음이 될 경우는 [t][d]의 탈락이 나타난다. 특히, [파열음/치경음/후치경음] + [t][d] + [파열음, 마찰음, 비음, 설측음 l]의 결합일 때 그 중간 음 [t][d]의 탈락이 잘 일어난다.

1. **acts처럼 파열음 + [t][d]+ 파열음 또는 마찰음의 형태가 되면** [t][d]는 불파음 [t˺], [d˺]이 되므로 acts는 ['æk˺ts 액트쓰]가 아닌 ['æk˺t˺s 액(읕)쓰]로 발음이 된다. 이때, [t˺(읕)]은 실제 소리가 아니라 혀끝으로 입천장을 막는 동작이므로 [æk˺ 액]하면서 혀의 위치를 [k˺(윽)]→ [t˺(읕)]으로 옮겨줄 뿐 소리는 바로 [s 쓰]로 연결되기 때문에 우리 귀에는 [액쓰]로 들리게 된다.

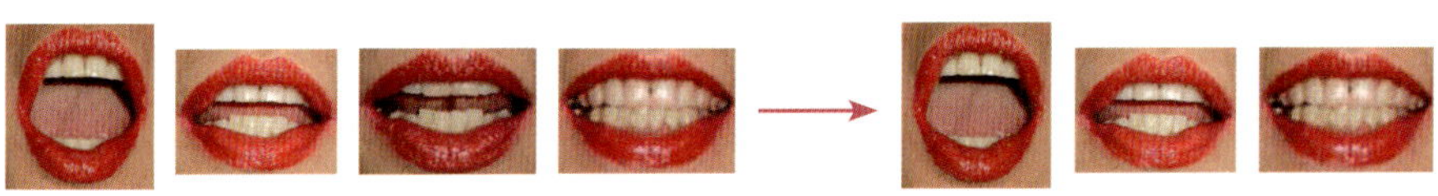

[æ] [k] [t] [s]액트쓰 → [æ] [k] [s]액쓰

acts의 파열음 k뒤의 t는 소리가 나지 않지만 혀의 앞부분을 치경에 붙인 상태에서 발음한다.

1. A wise person avoids feelings of guilt by avoiding the acts['æk˺ts 액쓰] that cause them.
2. The seller asks a higher price than he really expects[ɪk'spek˺(t)s 익쓰펙쓰].
3. Mexico attracts[ə'træk˺(t)s 어츄랙쓰] different types of visitors.
4. A society adopts[ə'dɑːp˺(t)s 어닾쓰] a new food without the food culture surrounding it.
5. I read only for a few minutes because she interrupts[ˌɪntə'rəp˺(t)s 인터뤂쓰] me.
6. After paying the fee, the actual scripts['skrɪp˺(t)s 쓰쿠륖쓰] can be downloaded.
7. How can I send this postcard[poʊs(t)kɑ̀ːrd 포으쓰카:r드]?
8. He said the test was postponed[post˺'poʊnd 포씉포은드 → pos(t)'poʊnd 포쓰포은드].
9. Many textbooks['tekst˺ˌbʊks 텍씉븍쓰 → 'teks(t)ˌbʊks 텍쓰븍쓰] have been produced.

2. [k + 파찰음 tʃ]도 3연속 자음 [k + t + ʃ]의 중간 음 [t]탈락으로 간주하여 actual['æk˥tʃuəl → 'æk˥ʃuəl], lecture['lek˥tʃər → 'lek˥ʃər], picture['pɪk˥tʃər → 'pɪk˥ʃər]처럼 두 가지로 다 발음이 가능하다.

1. The actual['æk˥tʃuəl → 'æk˥ʃuəl] words you use count for only 10%.
2. A professor lectured['lek˥tʃərd → 'lek˥ʃərd] for an hour on the dishonesty.
3. A picture['pɪk˥tʃər → 'pɪk˥ʃər] is worth a thousand words.

3. [k˥t], [p˥t] [st] + 설측음 [l] + 모음의 형태에서는 [t][d]의 탈락이 선택적이다.(optional)

1. That's exactly[ɪg'zæktəli 익(으)잭틀리] what I want. I'll take it.
2. Her manner will not change significantly or abruptly[ə'brʌptəli 업(으)뤕틀리]
3. They are mostly[moʊstəli 모으쓰틀리 또는 'moʊs(t˥)li 모으쓸리] Christian.

exactly는 보통속도에서는 무성파열음 [t]가 대기음과 함께 살짝 파열되므로 연음 시 [ə]가 삽입, [ɪg'zækt' + li →ɪg'zæktəli 익(으)잭틀리]가 된다. 그러나, 빠른 속도시 3연속자음의 중간자음 [t]를 탈락시켜 [ɪg'zæk.li 익(으)재끌리]로 발음하기도 한다. 이처럼 파열음 + [t][d] 뒤에 접근음(l.r.w.y)이 오는 경우는 중간음 [t][d]의 탈락 현상이 꼭 일어나지는 않는 편이다(optional).
correctly[kə.'rek˥t'li 커렉틀리], perfectly['pɜr:fɪk˥t'li 퍼r픽틀리], directly[dɪ.'rek˥t'li 디렉틀리]
abruptly는 [ə'brʌpt] + [li]로 분절이 되는데 무성파열음 [t]가 대기음과 함께 살짝 파열되므로 연음 시 [ə]가 삽입, [ə'brʌpt' + li →ə'brʌptəli 업(으)뤕틀리]가 된다. 빠른 속도시에는 3연속자음의 중간자음 [t]를 탈락시켜 [ə'brʌp.li 업(으)뤕을리(뤄쁠리)]로 발음하기도 한다.

4. [n][l][r] + [t][d] + [파열/마찰/파찰음]의 중간 음 [t][d]탈락

1. Parents['pærən(t˺)s] first teach us essential ways of living by cautioning.
2. It's not just to amaze our friends['fren(d˺)z] with our own profound thinking.

parents가 ['pærənts **패**뤈트쓰]보다는 ['pærəns 패뤈쓰]로, friends가 ['frendz 푸**렌**드즈]보다는 ['frenz 푸**렌**즈]로 소리가 나듯, 비음 [n] + [t][d]+ 마찰음 [s][z]가 되면 3연속자음의 중간 음 [t][d]는 탈락한다. 그런데, parents['pærəns], friends['frenz]처럼 [t][d]가 탈락이 되면 비음 [n]소리가 강하게 나게 되므로 이를 싫어하는 원어민들은 혀끝으로 입천장을 막는 불파음 [t˺][d˺]를 그대로 소리 내어 ['pærənts **패**뤈쓰], ['frendz 푸**렌**즈]처럼 입 앞으로 공기를 내보내는 구강음으로 발음하는 경향이 많은 편이다.

5. 비음 [n] + [t][d]+ 마찰음 [ʃ][ð][θ]의 형태가 되면 3연속자음의 중간 음 [t][d]는 탈락한다.

1. I was poor and secured a teaching assistantship[ə'sɪstənˌʃɪp/ə'sɪstənt˺ʃɪp] to help pay my tuition.
2. Good friendships bring you up, and bad friendships['frenˌʃɪps/'frenˌd˺ʃɪps] bring you down.
3. A keyboard will never be able to replace the warmth of a handshake['hænˌ(d˺)ʃeɪk].
4. Not predicting the future may be like driving a car without looking through the windshield['wɪnʃild /'wɪn(d˺)ʃild].
5. The phone rings for the thousandth['θaʊzən(d˺)θ 싸으전쓰] time.

assistantship은 [ə'sɪstənˌʃɪp 어**씨**쓰턴쉽], friendship은 ['frenˌʃɪp 푸**렌**쉽]이 된다. 하지만, [t][d]가 탈락이 되면 비음 [n]소리가 강하게 나게 되므로 이를 싫어하는 원어민들은 혀끝으로 입천장을 막는 불파음 [t˺][d˺] 상태에서 소리를 내는 [ə'sɪstənt˺ʃɪp 어**씨**쓰턴(읃)쉽], ['frenˌd˺ʃɪp 푸**렌**(읃)쉽]을 더 선호한다.
handshake['hændˌʃeɪk → 'hænˌ(d˺)ʃeɪk **핸**(읃)쉬에익],
windshield['wɪndˌʃild → 'wɪnˌ(d˺)ʃild **윈**(읃)쉬얼드]
(코맹맹이 소리를 없애는 [t][d]삽입)

6. 비음 [n] + [t][d]+ 파열음의 형태가 되면 3연속자음의 중간 음 [t][d]는 탈락한다.

1. She can study a handbook on raising children.
2. I lived with my grandparents. My grandfather was a diving coach and he encouraged me.
3. The sandglass was invented at some time during the 14th century.,
4. He attempted to illustrate his idea by unfolding his handkerchief.
5. He felt in his pockets for the key to the handcuffs.
6. Your granddaughter lost her stuffed dog somewhere.

handbook은 3연속자음의 중간 음 [d]가 탈락되므로 ['hæn,bʊk **핸**븍]이나 비음화를 싫어하는 원어민들은 불파음 [d˥]상태에서 발음하므로 ['hænd˥,bʊk **핸**(읃)븍]

grandparents는 [ndp]의 중간 음 [d]가 탈락되므로 ['græn,peərənts 구**랜페**어뤈쓰]이나 비음화를 싫어하는 원어민들은 불파음 [d˥]상태에서 발음하므로 ['grænd˥ peərənts 구**랜**(읃)**페**어뤈쓰]

sandglass는 [ndg]의 중간 음 [d]가 탈락되므로 ['sæn,glæs **쌘**글래쓰]이나 비음화를 싫어하는 원어민들은 불파음 [d˥]상태에서 발음하므로 ['sænd˥glæs **쌘**(읃)글래쓰]

handkerchief는 hand+kerchief인데 [ndk]의 중간 음 [d] 탈락이 일어나면 ['hæn'kɜrtʃɪf]가 되고 다시 [n]이 역행동화되어 [k]의 위치에서 소리 나면 ['hæŋkərtʃɪf **행**커r취프]로 소리가 난다.

handcuffs는 [ndk]의 중간 음 [d]가 탈락되므로 ['hænkʌf **핸**커프]이나 비음화를 싫어하는 원어민들은 불파음 [d˥]상태에서 발음하므로 ['hænd˥kʌf **핸**(읃)커프]

granddaughter는 [ndd]의 중간 음 [d]가 탈락되는 것으로 볼 수도 있으나 [dd]의 [d:]로의 공동조음에 의해 ['græn,dɔtər 구**랜**도터r]가 되는 것으로 볼 수도 있다.

7. 비음 [n] + [t][d]+ 비음[n],[m]의 형태가 되면 3연속자음의 중간 음 [t][d]는 탈락한다.

1. Your kindness will not be forgotten.
2. We hope you'll enjoy our brand-new library!
3. Finally, they know all the landmarks around the hive.
4. One grandmother hires her grandchildren to help with gardening chores. Grandparents shouldn't overlook the value of incidental learning experiences.
5. "Then, it must be a fragile color," said the blindman.

kindness, landmark는 ['kaɪndnəs **카**인드너쓰], ['lændmɑːrk **랜드마:**r크]처럼 보통속도에서는 [d]가 살짝 소리 날 수 있으나 빠른 속도에서는 [d]가 탈락되어 ['kaɪnnəs **카**인너쓰], ['lændmɑːrk **랜마:**r크]가 된다.

brand-new는 ['brænd 'nuː 부**랜**드누:]처럼 보통속도에서는 [d]가 살짝 소리 날 수 있으나 빠른 속도에서는 [d]가 탈락되어 ['bræn 'nuː 부**랜**누:]로 발음이 되는데 이 경우에는 아예 ['bræn 'nuː 부**랜**누:]로 발음이 굳어졌다.

grandmother 역시 [d]의 탈락이 굳어져 ['græn,mʌðər 구**랜**머더r]로 소리 난다.

※ grandma['grænmɑ], grandpa['grænpɑ], grandparent['græn,perənt], grandson['grænsʌn], Grand Canyon['græn 'kæ.njən]처럼 grand + 명사는 미국영어로는 [d]탈락이 일어나 [구랜]이지만 영국인들은 여전히 [구랜드]로 약간의 [d]파열을 시키며 발음한다.

blindman은 [blaɪndmæn 블**라**인드**맨**]처럼 보통속도에서는 [d]가 살짝 소리 날 수 있으나 빠른 속도에서는 [d]가 탈락되어 [blaɪnmæn 블**라**인**맨**]이 된다.

unpleasantness[ʌn'plezənt˺nəs 언플**레**전(읃)너쓰 → ʌn'plezənnəs 언플**레**전너쓰]

appointments[ə,pɔɪnt˺mənts 어**포**인(읃)먼쓰 → ə,pɔɪnmənts 어**포**인먼쓰]

resentment[rə'zent˺mənt 르젠(읃)먼트 → rə'zenmənt 르**젠**먼트]

비음 [n] + [t]+ 비음 [m][n]이 되면 [t]는 불파음이 되지만 이어지는 소리가 비음이므로 코로 바람을 내보내다 보면 미세한 파열음이 나는 편이다. 그래서 unpleasantness[ʌn'plezənt˺nəs 언플레전(읃)너쓰], appointments[ə'pɔɪnt˺mənts 어포인(읃)먼쓰]가 되나 빠른 속도에서는 [t]가 탈락이 되어 [ʌn'plezənnəs 언플레전너쓰]나 [ə,pɔɪnmənts 어포인먼쓰]가 된다. 그러나 비음을 싫어하는 원어민들은 불파음 [t˺]를 위해 혀끝을 입천장에 붙이는 과정을 거치므로 [ʌn'plezənt˺nəs 언플레전(읕)너쓰]나 [əpɔɪnt˺mənts 어포인(읕)먼쓰]로 발음하는 편이다.

8. [rts]의 형태가 되면 [t]는 불파음 [t˺]이 되므로 [rt˺s]가 되지만, 빠른 속도에서는 유음 [r]의 흐르고자 하는 성격 때문에 약간의 파열음이 섞여난다. 예를 들어 parts는 ['pɑːrt˺s **파**r읕쓰]가 되지만, 빠른 속도에서는 ['pɑːrts **파**r츠]의 느낌이 나기도 한다.

1. The next step is to put the different parts['pɑːr(t˺)s **파**r(읕)쓰] together with glue and nails.
2. There cannot be a sports['spɔːr(t˺)s 쓰**뽀**r(읕)쓰] game.
3. A nurse inserts[ɪn'sər(t˺)s 인**써**r(읕)쓰] the big needle into my arm.
4. My ankle really hurts['hər(t˺)s **허**r(읕)쓰].

9. **유음 [l][r] + [t][d]+ [파열음/마찰음/파찰음/비음/설측음]의 형태가 되면**, 즉 [ld], [lt], [rd], [rt] 뒤에 [파열음/마찰음/파찰음/비음/설측음]이 연결되어 3연속자음의 중간 음이 [d][t]가 되면 빠른속도의 대화에서도 중간 음 [d][t]가 잘 탈락되지 않는 편이다. 이는 [ld], [lt], [rd], [rt]의 [l], [r]은 물 흐르듯 멈추지 않는 유음이므로 [l]과 [r]의 조음점(치경)이 같은 [d], [t]가 이어져올 때 유음의 흐르고자 하는 성격이 지속되어 탈락시키지 않고 약한 [d'], [t'] 파열을 하는 경향이 있기 때문이다. 그럼에도 젊은 층에서는 특히, [ldz], [lts], [rdz], [rts]의 형태에서는 가운데 [t][d]를 탈락시킨다.

1. As a result, many delayed marriage and childbirth['tʃaɪl(d˺)ˌbərθ 좌일(드)버r쓰].
2. It is hard to find adequate childcare['tʃaɪl(d˺)ˌker 좌일(드)케어].
3. Hunting for food has been part of human life worldwide[wərl(d˺)'waɪd 워r을(드)와읻].
4. It was my childhood['tʃaɪl(d˺)ˌhʊd 좌일(드)흗] dream to be there on the ground
5. Goldfish['goʊl(d˺)fɪʃ 고을(드)퓌쉬] bowls look stunning filled with flower heads or petals,
6. That sounds terrific. I really love wildflowers['waɪl(d˺)ˌflaʊərz 와일(드)플라으어r즈].
7. The entire region was submerged beneath a lake of meltwater['mel(t˺)'wɔːtər 멜트워터r].
8. I could see crops ripening in the fields['fiːl(d˺)z 퓌:을즈].

9. There were rules of courtesy towards[tə'wɔːr(d˥)z 트와ː르즈] adults[ə'dəlts 어더을쓰].
10. These have got to swim and the birds['bɝː(d˥)z 버ːr즈] have got to fly.
11. One year I received only a few Christmas cards['kɑːr(d˥)z 카ːr즈].
12. We have the men discussing the birdcage['bɝː(d˥)keɪdʒ 버ːr(드)케이줘] they found.
13. Kate and Joan were chatting happily in Joan's apartment[ə'pɑːr(t˥)mənt 아파r(읕)먼트].
14. Her death was a heartbreak['hɑːr(t˥)breɪk 하ːr(읕)부뤠이크] to us.
15. This is the startpoint['stɑːr(t˥)'pɔɪnt 쓰따ːr(읕)포인트].
16. We are not very far from meltdown['melt daʊn멜트다운 → 'meldːàʊn 멜다ː운].

fields, worlds, molds, yields, results, salts, belts, faults, adults 처럼 [lts], [ldz]일 경우는 [t][d]가 불파음이 되어 혀끝을 치경에 붙여 불파음 [t˥], [d˥]로 발음해주기도 하므로 소리가 탈락이 되는 편이다.
words, records, birds, Afterwards, cards, yards, two-thirds, shepherds, rewards, postcards. experts, parts, starts, arts, sports, shorts처럼 [rt˥s], [rd˥z]일 경우는 [t][d]가 불파음이 되어 혀끝을 치경에 붙여 불파음 [t˥], [d˥]로 발음해주기도 하므로 소리가 탈락이 되는 편이다.

10. [n] + [t][d] + [l]의 형태가 되면 3연속자음의 중간 음 [t][d]는 탈락한다. 이는 보통속도에서는 [nt]나 [nd]의 [t][d]를 파열시키지만 빠른 속도에서는 [n]발음을 위해 혀끝을 치경에 붙인 상태에서 그대로 [t][d]를 불파음으로 발음하기 때문이다. 예를 들면 gentleman의 gent는 ['dʒent 젠트]하며 파열을 시킨 후에 [əl 을] 붙이고 man[mən 먼]을 발음하지만, 빠른속도에서는 ['dʒent˥ 젠(읕)]하며 폐쇄시킨 상태에서 [əl 을] 붙이고 man[mən 먼]을 발음한다.

1. A person could devote his life to science as a gentleman and a scholar.
2. Many gentlemen have raised the question.
3. The wheel goes around gently.
4. Betty was at her niece's wedding recently.
5. He knew of one man who possessed the facts he needed urgently.
6. One may work diligently without even realizing it.
7. Silently, I made vows that would keep me from sharing my mother's fate.
8. Evidently, the sour receptors are different from other taste receptors.

9. They change jobs very frequently.
10. Nature seems to be constantly changing.
11. Broaden your horizon so that you can think intelligently.
12. He is friendly and well-qualified.
13. The woman kindly asked me to taste the chicken soup first.
14. Television and computers have changed our lives profoundly.
15. Since the other person cannot see you smile, it seems pointless.

1. gentleman은 ['dʒen.təl.mən **젠**틀먼] 또는 ['ʤen(t˺)lmən **젠**(읕)을먼]
2. 복수형 gentlemen은 ['dʒen.təl.men **젠**틀멘] 또는 ['ʤen.l.men **젠**을멘]
3. gently는 ['dʒentəli **젠**틀리] 또는 설측면파열에 의해 [t]가 불파음이 되는 ['dʒent^{l}.li **젠**(읕)을리]로 발음될 수 있다.
4. recently['riːsntəli **뤼:**쓴틀리] 또는 ['riːs.nt˺ + t^{l}.li => 'riːs.nt^{l}.li **뤼:**쓴(읕)리].
5. urgently ['ɝː.dʒəntəli **어:**r쥔틀리], ['ɝː.'dʒənt^{l}.li **어:**r쥔(읕)리]
6. diligently['dɪ.lə.dʒəntəli **딜**러쥔틀리], ['dɪ.lə.'dʒənt^{l}.li **딜**러쥔(읕)리]
7. Silently['saɪ.ləntəli **싸**일런틀리], ['saɪ.lənt^{l}.li **싸**일런(읕)리]
8. Evidently['ev.ɪ.dəntəli **에**뷔던틀리], ['evɪdənt^{l}.li **에**뷔던(읕)리]
9. frequently['friː.kwəntəli 프**뤼:**퀀틀리], ['friː.kwənt^{l}.li 프**뤼:**퀀(읕)리]
10. constantly['kɑːn.stənt.li **칸:**쓰턴틀리], ['kɑːn.stənt^{l}.li 칸:쓰턴(읕)리]
11. intelligently[ɪn'telɪ'dʒəntəli 인**텔**리쥔틀리], [ɪn'telɪ'dʒənt^{l}.li 인**텔**리쥔(읕)리]
12. friendly는 ['frendəli 프**렌**들리] 또는 설측면파열에 의해 [d]가 불파음이 되는 ['frendl.li 프**렌**(읃)을리]로 발음될 수 있다.
13. kindly는 ['kaɪndəli **카**인들리] 또는 ['kaɪn(d˺)li **카**인(읃)리].
14. profoundly는 [pro'faʊndəli 프로**퐈**은들리] 또는 [pro'faʊn(d˺)li 프로**퐈**은(읃)리], blindly는 ['blaɪndəli 블**라**인들리] 또는 ['blaɪn(d˺)li 블**라**인(읃)리], Secondly는 ['sek.əndəli **쎄**컨들리] 또는 ['sek.ən(d˺)li **쎄**컨(읃)리].
15. pointless를 영국영어로 발음하면 [t]와 [l]사이에 [ə]가 삽입, ['pɔɪnt'(제 1접촉) + [ə] + [ləs 러쓰](제 2접촉) → 'pɔɪntələs **포**인틀러쓰]로 소리난다.(영국식 영어)

    하지만, 빠른 속도 시 3연속자음의 중간자음 [t]를 불파음으로 만들어, ['pɔɪnt˺ + t^{l}.ləs => 'pɔɪnt^{l}.ləs **포**인(읕)러쓰]로 발음 한다.(미국식 영어)

    endless는 ['endələs **엔**들러쓰] 또는 ['en(d˺)ləs **엔**(읃)러쓰]이다.

    groundless는 ['graʊndələs 구롸은들러쓰] 또는 ['graʊn(d˺)ləs 구**롸**은(읃)러쓰]

    mindless는 ['maɪndələs **마**인들러쓰] 또는 ['maɪn(d˺)ləs **마**인(읃)러쓰]

Listening Skill 91

단어 내 [t], [d]의 묵음 및 기타 자음의 탈락

1) A soft breeze gently rustles['rʌslz 뤄쓸즈] the tall clover blossoms.
2) This castle['kæsl 캐쓸] was opened to the public.
3) He fastened['fæsnd 퐤쓴드], a basketball hoop over the wastebasket.
4) One year I received only a few Christmas['krɪsməs 쿠뤼쓰머쓰] cards.
5) Other seeds are nuts such as walnuts and chestnuts['tʃesnʌts 췌쓰넡쓰].
6) You musn't['mʌsn 머쓴] overeat that in front['frʌn] of your teacher.

1. [t]탈락이 굳어져 묵음이 된 stle[stl → sl]의 단어들

rustle['rʌsl], castle['kæsl]처럼 **마찰음 [s] + [t] + 설측음 [l]의 형태가 되면** [t]는 혀끝으로 입천장을 막는 불파음 [t˥]이 되므로 ['rʌst˥ 뤄쓸], ['kæst˥캐쓸]으로 발음한다. 그런데 설측음 [l]이 이어지게 되면 소리를 혀의 옆으로 내보내는 ['rʌstl 뤄쓰틀], ['kæstl 캐쓰틀]이 되다 보니 강한 마찰음 [s 쓰]를 유지하려는 원어민들이 [t]를 탈락시켜 rustle['rʌsl 뤄쓸], castle['kæsl 캐쓸]로 발음하게 되었다.(ex : apostle[ə'pɑsl], bristle['brisl], nestle['nesl], whistle['wisl], bustle['bʌsl], hustle['hʌsl], wrestle['resl])

2. [t]탈락이 굳어져 묵음이 된 -sten[stn → sn], -ften[ftn → fn]의 단어들

listen['lis(t˥)n], soften['sɔːf(t˥)n]처럼 **마찰음 + [t] + 비음 [n]의 형태가 되면** [t]는 혀끝으로 입천장을 막는 불파음 [t˥]이 되므로 ['list˥ 리쓸], ['sɔːft˥ 쏘픝]으로 발음한다. 그런데 비음 [n]이 이어지게 되면 콧소리를 내야하므로 콧바람을 따라 [t]가 약간의 파열이 일어나게 되므로 ['listən 리쓰턴], soften['sɔːftən 쏘프턴]으로 들리게 되다 보니 강한 마찰음 [s 쓰]를 유지하려는 원어민들이 [t]를 탈락시켜 ['lisn 리쓴], soften['sɔːfn 쏘픈]으로 굳어졌다.(ex : hasten['heɪsn], fasten['fæsn], often['ɔ:fn], chasten['tʃeɪsn], glisten['glɪsn], moisten['mɔɪsn], christen['krɪsn])

3. [t]탈락이 굳어져 묵음이 된 -stm[stm → sm], -stn[stn → sn]의 단어들

Christmas['krɪsməs], **chestnuts**['tʃesnʌts]처럼 [st] + 비음 [m], [n]인 경우도 콧소리 [n][m]을 내려다보면 [t]까지 코로 약간 파열되려는 경향이 있으므로 아예 [t]를 탈락시켰다. investment는 [ɪn'vest˥mənt 인붸씉먼트]로, Eastman은 ['i:st˥mən 이:씉먼]으로, Fastnet은 ['fæst˥net 패씉넽]으로 발음되나 빠른속도에서는 [t]를 탈락시켜 [ɪn'vesmənt 인붸쓰먼], ['i:smən 이:쓰먼], ['fæst˥net 패쓰넽]으로 발음한다.

4. 부정문의 축약형 -n't의 [t]탈락이 굳어져 모음 앞에서도 연음되지 않고 탈락되는 현상

I can't make it. I won't love it. You shoudn't lose it.처럼 부정문의 축약형은 뒤에 자음이 이어지면 3연속 자음의 중간 음 [t]가 탈락한다. 그런데, 이러한 탈락이 굳어져 You musn't overeat that처럼 모음이 이어져도 musn' tovereat으로 연음되지 않고 musn overeat으로 발음되는 것이다. 이런 현상은 in front of와 같은 전치사에서도 나타나 빠른 속도에서는 in fron tof보다는 in fron of로 발음되는 편이다.

1) He asks us. vs He asked us.
2) Twelfth Night is a romantic comedy by Shakespeare.
3) This elevator doesn't stop below the fifth floor.
4) What is four tenths divided by five sevenths?
5) Who are king George the sixth's siblings?
6) Clothes were piled high on the sofa.
7) The only remedy is drugs and lots of them.
8) I kinda(=kind of) did my homework.
9) I sorta(=sort of) expected it.
10) He must have[məst əv] been rich.

5. /k/의 탈락

/t/, /d/가 아니지만 3연속 자음의 중간음 /k/가 예외적으로 탈락되는 경우

1) asked us['æskt əs]는 3연속 자음의 중간음인 /k/가 탈락되어 ['æst əs]가 됨.

ex) asks us['æsks əs→'æss əs], instincts['ɪnstɪŋkts→'ɪnstɪŋks→ 'ɪnstɪŋs]

하지만, 뒤에 자음이 연결되면 3연속자음의 중간음이 /k/가 될 수도, /t/가 될 수도 있어 두가지의 탈락이 가능함.

ex) asked them['æskt ðəm→'æst ðəm 또는 'æsk ðəm],
risked prison[rɪskt 'prɪzn →rɪst 'prɪzn 또는 rɪsk 'prɪzn],
masked gunman['mæskt 'gʌnmən→'mæst 'gʌnmən 또는 'mæsk 'gʌnmən],

6. /f/나 /θ/ 탈락

마찰음이 두 개 겹칠 경우, 앞에 있는 마찰음을 탈락, 간소화시키는 경우가 많다. 이는 앞 마찰음이 뒤의 마찰음에 역행동화된 후에 탈락되기 때문이다. twelfth/'twelfθ/나 fifth/'fɪfθ/가 따로 발음될 때는 /θ/앞의 /f/가 탈락, ['fɪθ],['twelθ]이다. 하지만, twelfth night['twelfθ 'naɪt]이나 fifth floor['fɪfθ 'flɔːr]처럼 3연속자음이 되면 /f/ 또는 /θ/ 둘 중의 어느 것을 탈락시켜도 괜찮다. 즉, ['twelθ 'naɪt]이나 ['twelf 'naɪt] 2가지 다 된다. 따라서 fifths는 ['fɪfθs→'fɪθs/'fɪfs], twelfths는 [twelfθs→twelθs/twelfs]로 발음축약이 가능하다.

7. 마찰음 /θ//ð/ 탈락(/θs → ss → sː/처럼 역행동화의 과정을 거쳐 탈락)

tenths['tenθs→'tenss→'tensː], months['mənθs→'mənss→'mənsː], sevenths['sevənθs→'sevənss →'sevənsː], Sixth's siblings['sɪksθs 'sɪblɪŋz→'sɪksss 'sɪblɪŋz→'sɪk 'sːɪblɪŋz]

clothes는 [kloʊðz → kloʊzz → kloʊzː]의 역행동화를 거쳐 [kloʊz]로 발음이 굳어진 것이다.

8. /əv/의 /v/ 탈락

1) of+자음인 경우 lots of them[lots əv ðəm→lotsə ðəm],
kind of는 ['kaɪnd əv → 'kaɪnd ə](구어체로 만들면 kinda),
sort of는 ['sɔ:rt əv → 'sɔ:rt ə](구어체로 만들면 sorta),

2) must have been[məst həv 'bɪn→məst əv 'bɪn→məst ə 'bɪn](구어체로 만들면 musta)

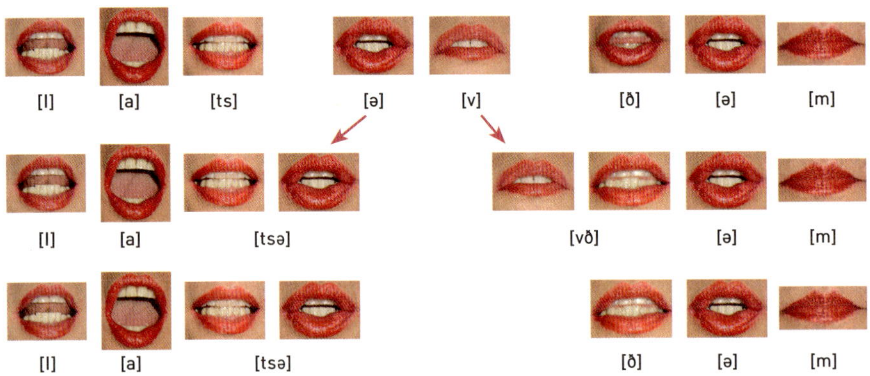

lots of them을 빠른속도로 연음하면 of[əv]의 모음 [ə]는 앞 단어에 연결되고 자음 [v]는 뒷 자음에 연결된다. 따라서 [latsə vðəm]이 되고 [vð]의 [v]는 자음이 겹치므로 쉽게 탈락이 되는 편이다.

1) The plumber hurt his thumb while fixing a broken pipe.
2) The "solemn hymns" are the songs of celebration sung at Juliet's wedding.
3) Pull a knife tip through dots to make designs.

9. /mb/의 /b/, /gn/의 /g/, /mn/의 /n/처럼 단어 내에서 묵음이 된 철자들

(1) 같은 입술소리인 /m/이 /b/를 순행동화 시키면서 하나의 /m/으로 소리난다.(/b/탈락)

- thumb[θʌm], bomb[bɑ́m] dumb[dʌm], numb[nʌm], tomb['tu:m], lamb['læm], climb['klaɪm], bomb ['bɑ:m], comb['koʊm], plumber['plʌ.mər], combs[kóʊmz], comber[kóʊmər], combed[kóʊmd]

(2) 같은 비음 /m/과 /n/이 겹칠 경우 선행된 소리 /m/만 소리나게 된다.(/n/탈락)

- solemn[sɑ́ləm], hymn[him], column['kɑ:ləm] damn['dæm], condemn[kən.'dem], autumn['ɔtəm]

(3) 코로 가는 공기 통로(비강)에 가까운 연구개음은 콧소리(비음) 앞에서 묵음이 된다.([k],[g]탈락)

- align assign campaign design foreign reign resign sign champagne cologne consign gnash gnaw

Listening Skill 92

두 단어의 연음 시 나타나는 3연속자음의 중간 음 [t], [d]탈락

단어 끝 [t][d]의 탈락(word final/-t, -d/ deletion)이 잘 일어나는 환경은 [파열음/치경음/후치경음] + [t][d] + [파열음, 마찰음, 비음, 설측음]의 결합인데 단어와 단어가 연음되는 문장 속에서도 마찬가지이다.

1. 조음방법이 같은 [파열음] + [t][d] + [파열음, 파찰음, 마찰음, 비음, 설측음 l]의 결합의 예

1. When you have hope, you can accept⁀bad news. It makes perfect⁀sense.
2. Nations of the world must act⁀together.
3. I dropped⁀by to ask you a question. Soldiers checked⁀car drivers at checkpoints.
4. She wept⁀tears. Her nails looked⁀terrible. She hoped⁀to get a manicure.
5. I asked her to stop⁀talking. Then, she stopped⁀talking.
6. I didn't know anything about it so I just kept⁀quiet.
7. I plugged⁀my digital camera into my computer.
8. Some stars are always dubbed⁀by the same foreign voice-over actors.
9. I want to be hugged⁀by you. Just you. And nobody else but you.
10. I rubbed⁀the dirt off it and examined it more closely.
11. When the runners arrived they grabbed⁀the figures.
12. He begged⁀from the door to the door.
13. The perfect⁀choice to the patient is to act⁀gently.
14. Act⁀like a gentleman.

1) accept⁀bad, perfect⁀sense는 3연속자음의 중간 음 [t][d]가 탈락되므로 [æk'sep˺t bæd 액**쎞**트**밷** → æk'sep˺bæd 액**쎞밷**], [pər'fek˺t 'sens → pər'fek˺ 'sens 퍼r**펙쎈**쓰]로 소리 난다.

2) act⁀together]는 동일자음 [t]가 겹치면 하나의 긴 자음으로 공동조음 되므로 ['æk˺t tə'geðər → æk˺ tːə'geðər **액**트:**게**더]로 소리 난다

3) 과거형이 [t]소리 나는 경우, 문법상 과거형임을 나타내기 위해 3연속자음의 중간 음을 탈락시키지 않는다(젊은층은 탈락시키기도 한다).

- dropped⁀by['drɑːp˺tʰ baɪ 쥬뢒트 바이], checked⁀car['tʃektʰ kɑːr 췤트 카:r]

4) 과거형이 [t]소리 나는 경우라 하더라도 동일자음이 연속된 [t-t]인 경우는 긴 자음 [tː]로 공동조음 되므로 [t]가 탈락된 것과 같은 결과가 된다.

- wept tears['wep˺tʰ 'tiərz → 'wep˺'tːiərz 웹티:어r즈] hoped to['hoʊp˺tʰ tə → 'hoʊp˺tːə 호웊트:]
- looked terrible['lʊk˺tʰ 'terəbl → 'lʊk˺ tːerəbl 륵테뤄블],

5) stopped talking도 동일자음 [t-t]가 공동 조음되므로 [stɑp˺tʰ tɔːkɪŋ → stɑp˺tːɔːkɪŋ]이 되어 stop talking[stɑp˺tɔːkɪŋ]과 거의 같은 소리가 되기 때문에 문맥을 통하여 잘 구별해야 한다.

6) Kept⁀quiet처럼 과거형이 -t로 끝나는 단어도 과거형의 의미를 살리기 위하여 3연속자음의 중간 음이라 하더라도 거의 탈락을 시키지 않고 ['kep˺tʰ kwaɪət]로 발음하는 편이다. 그럼에도 젊은 층들은 [t]탈락시켜, [kep˺ kwaɪət 켚콰이엍]으로 발음하기도 한다.

ex) kept between['kep˺tʰ bɪ'twiːn 켚트비트윈:→ 'kep˺bɪ'twiːn 켚비트윈:(젊은 층)],
dropped by['drɑːp˺tʰ baɪ 드뢒트바이 → drɑːp˺ baɪ 드뢒바이(젊은 층)]
slept more[s'leptʰ 'mɔːr 슬렢트 모:어r → s'lep˺ 'mɔːr 슬렢모:어r(젊은 층)], whipped cream['wip˺tʰ k'riːm 윕트쿠뤼임 → 'wip˺ k'riːm 윕쿠뤼임(젊은 층)]

7) 유성자음 + 과거형 -ed가 붙은 경우, 문법적 기능을 중요시하는 것과 성대를 울려주어야 하는 것 때문에 중간 음 [d]를 탈락시키지 않을뿐더러, 앞의 유성음은 성대울림소리 (으)가 삽입, plugged my['pləg˺d 'maɪ 플러그드마이]처럼 -ed[d]의 탈락이 잘 일어나지 않는다.

ex) dubbed by['dəbd baɪ 더브드 바이], hugged by['həg˺d' baɪ 허그드 바이], rubbed the['rəb˺d' ðə 뤄븓더 또는 뤄브더], grabbed the['græbd ðə 구뢔븓더/구뢔브더], begged from['beg˺d' frəm 베그드푸뤔]

8) perfect⁀choice, act⁀gently처럼 파열음 + [t],[d] + 파찰음의 형태가 되는 경우에도 3연속자음의 중간 음 [t],[d]는 탈락한다.

- [pər'fek˺t tʃɔɪs → pər'fek tʃɔɪs 퍼r펙초이쓰], [æk˺t 'dʒentli → æk˺'dʒentli 액젠틀리]

9) act like['æk˥t' 'laɪk 액틀라잌]처럼 파열음 + [t] 뒤에 접근음(l.r.w.y)이 오는 경우는 무성파열음 [t]가 파열이 되는 편이다. 따라서 중간음 [t]의 탈락 현상이 꼭 일어나지는 않는 편이다.(optional)

ex) strict with[strɪk˥t' wɪθ 스트뤽(트)윋], accept with[æk.'sep˥t' wɪθ 액쎕(트)윋], kept learning['kep˥t' 'lɜrːn.ɪŋ 켚(트)러어닝].

2. 조음점이 같거나 인접한 [s, ʃ] + [t][d] + [파열음, 마찰음, 파찰음, 비음, 설측음 l]의 결합

1. Most⁀people have just⁀come from the trip except John.
2. I was the one who got the best⁀gift in life.
3. It's such a shame we just⁀missed⁀the[dʒəst⁀'mɪst⁀ðə] train.
4. I washed⁀the curtains and just⁀finished⁀cleaning the house.
5. Instead, pay toilets were often trashed⁀by angry users.
6. I filled it up last⁀night and I haven't driven very far.
7. You must⁀never see each other again.
8. A further inspection is likely to take place next⁀month.
9. Most⁀likely it will prove true.
10. They must⁀learn to be their own best enemy.

① [st], [ʃt] + [파열음, 마찰음, 파찰음, 비음, 설측음 l]의 [t]는 불파음 또는 탈락이 된다.

1) most people[moʊst˥ 'piːpl 모으씉피:플 → moʊs 'piːpl 모으쓰피:플]
just come[dʒəst˥ 'kəm 줘씉컴 → dʒəs 'kəm 줘쓰컴]

2) best gift['best˥ 'gɪft 베씉기픝 → 'bes 'gɪft 베쓰기픝]

3) just⁀missed⁀the[dʒəst˥⁀'mɪst˥⁀ðə → 'dʒəs 'mɪs(t˥) ðə]의 missed⁀the나 washed⁀the는 문법상 과거형임을 나타내기 위해 -ed[t]로 발음해야 한다. 하지만 빠른속도에서는 거의 파열되지 않고 불파음이 된다. 따라서 [mɪst˥ 미씉], ['wɑːʃt˥ 워쉩]으로 발음된다. 3연속자음의 중간음이 [t]가 되면 불파음 (t˥)마저도 탈락, ['dʒəs 'mɪs ðə 줘쓰 미쓰더]가 된다.

4) washed⁀the['wɑːʃt˥ ðə 워쉩더 → 'wɑːʃ ðə 워쉬더]
just⁀finished⁀cleaning[dʒəst˥ 'fɪnɪʃt˥ 'kliːnɪŋ → dʒəs 'fɪnɪʃ 'kliːnɪŋ 줘쓰 퓌니쉬클리:닝]

5) trashed by['træʃt˥ baɪ 츄래쉳 바이 → 'træʃ baɪ 츄래쉬 바이]

② [st] + 비음 [n][m]의 형태에서 [t]는 파열이 되는 편이지만 빠른 속도의 casual speech에서는 3연속 자음의 중간 음 [t]를 불파음으로 만들거나 아예 [t]소리를 탈락시키는 편이다.

6) last night['læst˥ 'naɪt 래씉 나잍 → 'læs 'naɪt 래쓰 나잍]

7) must never[məst˥ 'nevər 머씉네버r → məs 'nevər 머쓰네버r]

8) next month['nekst˥ 'mənθ 넥씉먼쓰 → 'neks 'mənθ 넥쓰먼쓰]

③ [st], [ʃt] + 접근음(l.r.w.y)의 형태에서 [t]는 불파음이 되지만 빠른 속도의 casual speech에서는 3연속 자음의 중간 음 [t]를 탈락시키는 편이다.

9) most likely['moʊst 'laɪkli 모으쓰트 라이클리]는 빠른속도에서는 ['moʊst˥ + 'laɪkli 모으씉라익을리 → moʊs 'laɪkli 모으쓰라익을리]로 소리난다.

10) must learn[məst 'lɜ:n 머쓰트 러r은]은 빠른속도에서는 [məst˥ + 'lɜ:n 머씉러r은 → məs 'lɜ:n 머쓰러r은]으로 소리난다.

3. 조음점이 같은 [n] + [t][d] + [파열음, 마찰음, 파찰음, 비음, 설측음 l]의 결합의 예

비음 [n] + [t][d]+ [파열음, 마찰음, 파찰음, 비음, 설측음 l]의 형태가 되면 보통속도에서는 불파음 [t˥ 읃], [d˥읃]이 된다. 하지만, 빠른 속도에서는 비음을 내기 위하여 조음점인 치경을 꽉 누르는 [nt]와 [nd]가 [n]을 강조하여 길게 [nnn]한 후 [nt][nd]를 한 소리(one sound)로 내주려다 보니 [t][d] 탈락이 더 잘 일어난다.

1. Do you keep a household account book[ə'kaʊnt˥'bʊk 어카은(읃)븍 → ə'kaʊn'bʊk 어카은븍]?
2. A sound mind is in a sound body['saʊnd˥'bɑ:di 싸은(읃)바:디 → 'saʊn 'bɑ:di 싸은바:디]
3. Actually, my friend keeps a cat.['frend˥ 'ki:ps 푸뤤(읃)킾:쓰 → 'fren 'ki:ps 푸뤤킾:쓰]
4. Italy scored a second goal['sekənd˥ goʊl 쎄컨(읃)고을 → 'sekən goʊl 쎄컨고을].
5. I'm waiting for my blind date['blaɪnd˥ 'deɪt → 'blaɪn 'd:eɪt 블라인 데잍].
6. Men are blind to['blaɪnd tə → 'blaɪnt tə → 'blaɪn t:ə 블라인 트:] their own faults.
7. The new teacher is a different type of man['dɪfərənt 'taɪp → 'dɪfərən 't:aɪp 디풔뤈타잎]
8. Aunt Daisy['ænt 'deɪzi → 'ænd 'deɪzi → 'æn'd:eɪzi 애앤데:이지] did this show for 5 years.

1) 비음 [n] + [t][d]+ [파열음]의 형태

[nt], [nd] 뒤에 [t][d]가 연음되는 경우는 공동조음으로 인하여 탈락한다.

- [nt] + [t] : I sent Ted[sent˥ ted → sen tːed], different type['dɪfərənt 'taɪp → 'dɪfərən 'tːaɪp]
- [nt] + [d] : I sent dad[sent˥ dæd → sen dːæd], Aunt Daisy['ænt 'deɪzi → 'æn 'dːeɪzi]
- [nd] + [t] : I send Ted[send˥ ted → sen tːed], blind to는 ['blaɪnd tə → 'blaɪnt tə → 'blaɪn tːə]
- [nd] + [d] : I send dad[send˥ dæd → sen dːæd], blind date.['blaɪnd˥ 'deɪt → 'blaɪn 'dːeɪt]

2) **비음 [n] + [d] + 마찰음([s], [ʃ], [f], [v], [θ], [ð]) 또는 비음 [n][m]의 형태**가 되면 보통속도에서는 불파음이 되나 빠른 속도에서는 3연속자음의 중간 음 [t][d]의 탈락이 일어난다.

1. I can't stand['kænt˥ 'stænd 캐앤(을)쓰땐드→ 'kæn 'stænd 캐앤쓰땐드] that noise.
2. I hadn't seen['hædnt˥ 'siːn 해든(을)씬:→ 'hædn 'siːn 해든씬:] her for 20 years,
3. Don't be distant from['dɪstənt˥ frəm 디쓰턴(을)푸뤔 → 'dɪstən frəm 디쓰턴푸뤔] each other.
4. How do we make front vowel['frənt˥'vaʊəl 푸뤈(을)봐월 → 'frən 'vaʊəl 푸뤈봐월] sounds?
5. Alright. Which brand should['brænd˥ʃəd 부뢘(은)쉬은 → 'bræn ʃəd 부뢘쉬은] I choose?
6. I can speak and think[ənd˥ 'θɪŋk 언(은)씽크 → ən 'θɪŋk 언씽크] whatever I wish.
7. She sailed around the[ə'raʊnd˥ ðə 어롸은(을)더 → ə'raʊn ðə 어롸은더] world
8. My roommate went shopping['wentʰ 'ʃɑːpɪŋ 웬트샤:핑(웬샤:핑도 가능)].
9. Scientists sent people['sentʰ 'piːpl 쎈트피:쁠(쎈피:쁠도 가능)] out into space and even to the moon.
10. I spent six['spentʰ 'sɪks 쓰뻰트씩쓰(쓰뻰씩쓰도 가능)] months finishing it.
11. I've rarely planned my['plænd 'maɪ 플랜드 마이] life.
12. I remained confident[rɪ'meɪnd 'kɑːnfɪdənt 뤼메인드 칸피던(트)] we could come out on top.
13. I scanned the['skænd ðə 쓰캔드더 → skænd də → skændːə 쓰캔더:] picture.

went, sent, spent처럼 과거형이 -t로 끝나는 단어는 과거형의 의미를 살리기 위하여 3연속자음의 중간 음이라 하더라도 거의 탈락을 시키지 않고 발음하는 편이다. 그럼에도 젊은 층들은 [t]탈락시켜, 발음하기도 한다.

I planned_my life, I remained_confident. I scanned_the picture처럼 동사의 과거형 -ed가 [d]로 소리나는 단어는 과거형의 의미를 살리기 위하여 3연속자음의 중간음을 살리는 경향이 있지만, 젊은층에서는 탈락을 시키는 편이다.

4. 조음점이 같은 [l, r] + [t][d] + [파열음, 마찰음, 파찰음, 비음, 설측음 l]의 결합의 예

1) [lt˥]나 [ld˥] + 자음의 3연속자음인 경우의 [t][d]는 젊은 층에서는 탈락을 시키기도 하지만, 유음 [l,r]의 흐르는 공기의 속성 때문에 약한 파열을 하여 짧고 약한 [트]로 발음하며 [t][d]의 소리를 유지시키는 편이다.

1. The world's biggest sporting event is the World Cup['wɜ:ld kʌp 워:r을드 컾].
2. Let's run to stay healthy during the cold season[koʊld 'si:zn 코을드씨:즌]!
3. He pays $500 a month in child support[tʃaɪld səp'ɔ:rt 촤이얼드써포어r트].
4. Wild bear[waɪld beər 와이얼드베어] trampled the farmer's crops.
5. It blends well with any high-grade mild coffee['maɪld 'kɑ:fi 마이얼드카퓌].
6. That old man[oʊld 'sɪlvər 오을드씰버r] looks very hungry.
7. Melt slowly['meɫt sloʊli 메얼트슬로으리] but do not stir.
8. I felt something pressing['felt 'sʌmθɪŋ 풰얼트썸씽] on my chest.
9. The autopsy result showed[rɪ'zəlt ʃoʊd 뤼절트쇼으드] that she died of a heart attack.
10. Donald Duck[dɑnld'dʌk 다늘드덕 → dɑnld:ʌk 다늘덕:] is now 70 years old.
11. Walt Disney['wɔ:lt 'dɪzni 워얼트디즈니] was an American film producer.

※ [lt˥]나 [ld˥] + 자음의 3연속자음인 경우의 [l]발음시 공기가 설측면으로 흘러가기 때문에 약한 파열을 하지만, [lt][ld] + [t][d]가 되면 거의 탈락이 일어나는데 그것은 동일조음점이 연달아 올 때 공동조음이 되기 때문이다.

- Donald Duck[dɑnld''dʌk 다늘드덕 → dɑnl'd:ʌk 다늘덕:]
- field test['fi:l d'tèst 퓌:을드테스트 → 'fi:l t:èst 퓌:을테:스트]
- melt down['melt'dàʊn 멜트다은 → 'meld:àʊn 멜다:은]
- difficult to['difikʌlt'tə 디피컬트트 → 'difikʌlt:ə 디피컬트:]
- belt-tighten['bel'tàɪtn 벨트타이튼 → 'bèlt:àɪtn 벨타:이튼]

2) [rt˥]나 [rd˥] + 자음의 3연속자음인 경우의 [t][d]는 젊은 층에서는 탈락을 시키기도 하지만, 유음 [r]의 성격 때문에 약한 파열을 하여 짧고 약한 [트][드]로 발음하며 [t][d]의 소리를 유지시키는 편이다.

1. The reward seems at the moment too low.
2. How to Develop Positive Attitudes Toward School.
3. I heard the lifeguard scream.
4. The man is playing a board game with his child.
5. I had a terrible hangover and got a bit of word blindness.

단어의 경계를 두고 rd˥+자음인 경우의 [d]는 약한 파열 → 짧고 약한 [드]

- reward seems[rɪ'wɔːrd 'siːmz 뤼**와**ː드 **씨**ː음즈].
- toward school[tə'wɔːrd 'skuːl 트**와**ːr드 쓰**꾸**ː을]
- heard the lifeguard scream['hɜrːd ðə 'laɪfˌgɑːrd 'skriːm **허**ːr드더**라**이프가ːr드쓰**꾸**륌ː]
  (d와 ð는 조음점이 인접하므로 ð로 공동조음됨에 따라 앞의 d가 탈락되면서 [hɜrːd ðə]가 [hɜrːðə **허**ːr더]가 되기도 한다.
- board game['bɔːrd' 'geɪm **보**ːr드**게**임], word blindness['wɜrːd' 'blaɪndnəs **워**ːr드블**라**인드너쓰]
- card punch['kɑːrd' 'pəntʃ **카**ːr드 **펀**취], third place['θɜrːd' 'pleɪs **써**ːr드플**레**이쓰], hard palate['hɑːrd 'pælət **하**ːr드**팰**렅], custard pie['kʌ.stərd 'paɪ **커**쓰터r드**파**이], hard core['hɑːrd' 'kɔːr **하**ːr드**코**ːr]

1. The attached chart shows the organisation structure.
2. Basic foodstuffs were in short supply.
3. The art student copied a great painting for practice.
4. Children can kill or hurt somebody with guns.
5. Airlines and airport facilities employ thousands of local people.

단어의 경계를 두고 rt˥+자음인 경우의 [t]는 약한 파열 → 짧고 약한 [트]

- chart shows['tʃɑːrt ʃoʊz **촤**r트**쇼**으즈], short supply['ʃɔːrt sə'plaɪ **쇼**r트써플**라**이]
- art student['ɑːrt 'stuːdənt **아**r트스**뚜**ː던(트)].
- hurt somebody['hɜrːt 'sʌmˌbɑːdi **허**r트**썸**바디]
- airport facilities['erˌpɔːrt' fə'sɪlətiz **에**어r**포**r트퍼(f)**씰**러티즈]
- cart boy['kɑːrt' ˌbɔɪ **카**r트**보**이] cart girl['kɑːrt' 'gɜrːl **카**r트**거**r을]
- cart path['kɑːrt' 'pæθ **카**r트패쓰] cart coin['kɑːrt' ˌkɔɪn **카**r트**코**인]

Listening Skill 93

[h]탈락(h dropping)

1. [h]탈락 법칙 1

[h]로 시작하는 대명사(he, his, him, her)나 have동사의 경우 문장의 첫 소리에 오거나 의문문의 주어이거나 끝에서 강조가 되는 경우는 대개 [h]소리가 그대로 유지된다.

1. He's[hiz] just a child. He is[hi ɪz] about my size.
2. He's[hiz] the head cook in a five-star hotel and he's[hiz] even seen on TV.
3. He'd[hid] failed so many times to produce an electric light bulb.
4. Have[hæv] you been waiting long?
5. Can he[kən hi] go out? Yes, he can[hi kæn].
6. Could he[kəd hi] write and read? Yes, he could[hi kʊd].
7. Where's he[hi]? He's[hiz] sitting by the window drinking coffee.
8. She's bored. So is he['soʊ ɪz hi].

2. [h]탈락 법칙 2

[h]로 시작하는 대명사(he, his, him, her)의 경우 문장의 첫 소리의 경우는 대개 [h]소리가 그대로 유지되지만 문장 가운데서 약모음이 되면 연음될 때 [h]가 탈락한다. have, has, had의 경우 문장의 첫 소리에 오거나 의문문의 주어이거나 끝에서 강조가 되는 경우는 대개 [h]소리가 그대로 유지되지만, 문장의 중간에서는 첫 음 [h]가 탈락한다.

1. What did he['dɪd hi → dɪdi] look like? (구어체 : What did 'e look like?)
2. You're right. I'll tell him['tel ɪm] to focus on the exams.
3. I like him['laɪk hɪm → 'laɪkɪm], too.

4. I love her['ləv hər → 'ləvər] because she makes me feel good.
문장 가운데의 약세음절에 있는 대명사(he, his, him, her)는 [h]가 탈락되므로 Tell him, like him, love her의 him, her은 [h]탈락이 일어나 ['tel ɪm], ['laɪkɪm], ['ləvər]가 된다.
5. Tell him['tel hɪm → 'tel ɪm → 'tel'm] to come here.
[h]탈락으로 ['tel ɪm tə 'kəm hɪər]로 발음되지만 빠른 속도에서 좀 더 약화시켜 발음하면 ['tel əm tə 'kəm hɪər → 'tel'm tə 'km'ɪər 텔름트크미어r]로 발음한다.
6. Tell her['tel hər → 'tel'ər] to go to him.
[h]탈락으로 ['tel ər tə 'goʊ tə ɪm]으로 발음되지만 좀 더 빨리 말하면 ['tel'ər tə 'go t'm → 'tel'ər tə 'go ɾ'm 텔러트고름]으로 발음한다.
7. She sent her['sent hər → 'sentər] son to a piano teacher.
8. She won't tell us her[əs hər → əsər] baby name because It's too personal.
9. When his[wen hɪz → wenɪz] family sets out on a trip to EXPO, his[hɪz] mother says that he doesn't have to join them on the trip.
10. People used to stop him[(h)ɪm] in the street and ask his[(h)ɪz] advice.
11. Brigid Gill was alone in her[(h)ər] cottage waiting for her[(h)ər] little son.
12. Is he as old as her[ɪz hi əz oʊld əz hər → ɪzi əz oʊld əzər]?
13. It looks as if he[ɪfhi→ ɪfi] has[(h)əz] a problem with his[(h)ɪz] job.
14. Lend her his new speakers.
미국영어는 [lend ər ɪz→ lendə rɪz(미)], 영국영어는 ['lend ə ɪz]가 되면 모음이 충동하게 되므로 [h]를 탈락시키지 않는다. 따라서 ['lendər hɪz(영)].
15. I tried to give her his letter[gɪv (h)ər (h)ɪz → gɪv ər ɪz → gɪvə rɪz(미)], [gɪvə hɪz(영)].
16. She dɪd it for her mom[fər hər → fər ər → fərər(미)], [fər hər(영)].
17. John, have you[həv ju] seen these pictures?
18. Had[həd] he[hi] come?[həd hi → həd i]
19. Has his[həz hɪz → həzɪz] back pain gotten better?
20. All the grace and beauty had[həd → əd] gone out of the majestic river.
21. Italy had[həd → əd] been stripped of forest cover.
22. Mary has[həz → əz] seen him[im] before.
23. Oh, no. I should have[ʃəd həv → ʃədəv] told you sooner.

3. [h]탈락 법칙 3: 초성의 [h]가 묵음화된 단어들

1. You are a person of sound character, an honest['ɑːnəst] person.
2. Go and enjoy the winner's honor['ɑːnər]
3. It's OK. We'll get there in about half an hour['aʊər].

honest[ɑː.nəst], hour['aʊər], honour['ɑːnər], honesty['ɑːnəsti], heir['er]등은 단어 자체에서 [h]소리가 탈락([h] dropping)된 경우이다.

Listening Skill 94

인접한 [r]의 중복을 피하려는 [r]의 탈락

빠른 속도의 구어체 영어를 하려다보면 February['febru,eri 풰(f)부루에뤼]를 발음의 편의를 위하여 ['febju,eri 풰(f)뷰에뤼]로 발음하듯 [r]은 인접한 곳에 동일한 음인 [r]이 있으면, [r]음색을 내기 위하여 거듭 혀를 감아야 하는 번거로움을 피하기 위해서 앞의 [r]을 탈락시킨다. 예를 더 들면 surprise 대신에 'suprise', particular대신에 'paticular', library[laɪbrèri 라이부뤠뤼]대신에 [laɪbèri 라이베뤼], secretary['sekrəteri 쎄쿠뤄테뤼]대신에 ['sekəteri 쎄커테뤼]로 발음하는 등, 의미의 변화를 주지 않는다면 인접한 동일 음을 탈락시켜 속도와 리듬감을 향상시킨다. 심지어 colonel같은 경우 입천장(치경)을 눌러야 하는 [l]음의 반복을 피하기 위하여 앞의 [l]을 [r]로 바꾸어 ['kə:r.nəl 커어r널]로 발음한다. 또한 government는 같은 비음인 [n]과 [m]의 반복을 피하기 위하여 앞의 [n]을 탈락시켜, [gʌ́vərnmənt → gʌ́vərmənt]로 발음한다. 앞의 자음이 인접한 뒤의 음과 서로 비슷해지도록 하는 현상이 **동화현상(Assimilation)**이라면, 앞의 자음이 인접한 뒤의 음과 동일하거나 비슷한 것을 피하려는 현상을 **이화(Dissimilation)**라고 한다. 이 경우 반복되는 두 음 중 하나는 탈락되거나 다른 음으로 변하게 된다.

1. 단어중간의 약세음절 [ər]이 [ə]로 되는 단어

1. Her adversary['ædvər,seri → 'ædvə,seri] looked at her in surprise[sər'praɪz → sə'praɪz].
2. They wrote essays about particular questions on particular[pər'tɪkjələr → pə'tɪkjələr] texts.
3. I decided to face my adversary['ædvər,seri → 'ædvə,seri].
4. A caterpillar['kætər,pɪlər → 'kærə,pɪlər] changes into a butterfly['bʌtərflaɪ → 'bʌrəflaɪ].
5. She became my devoted friend and comforter['kʌmfərtər → 'kʌmfərər].

2. 단어중간의 약세음절 [rə]가 [ə]로 되는 단어

6. Tell the secretary[ˈsekrəˌteri → ˈsekəˌteri] that you want to buy one.
7. The professor[prəˈfesər → pəˈfesər] studied employment patterns in Korea.
8. Salary is proportional[prəˈpɔːrʃənl → pəˈpɔːrʃənl] to years of experience.
9. All of us offer a celebratory[səˈlebrəˌtɔːri → səˈlebəˌtɔːri] address on your achievement.
10. He had mixed emotions of sadness, anger, and frustration[frəˈstreɪʃn → fəˈstreɪʃn].
11. They are rebuilding their communications infrastructure[ɪnfrəˈstrəktʃər → ɪnfəˈstrəktʃər].
12. The man is a famous photographer[fəˈtɑːgrəfər → fəˈtɑːgəfər].
13. They are all the most progressive[prəˈgresɪv → pəˈgresɪv].
14. She was a quick stenographer[stəˈnɑgrəfər → stəˈnɑgəfər]
15. A lot of controversy[ˈkɑːntrəˌvərsi → ˈkɑːntəˌvərsi] and heated debate was created.
16. I do not belong to that fraternity.[frəˈtɜːnəti → fəˈtɜːnəti]
17. I was the member of interpret[ɪnˈtɜːprət → ɪnˈtɜːpət] association.
18. You should show me some preliminary[prəˈlɪməˌneri → pəˈlɪməˌneri] plans

3. 단어가운데의 [ər]를 탈락시키는 단어

19. He called the laboratory[ˈlæbərətɔːri → ˈlæbətɔːri] where she worked.
20. Lower the temperature[ˈtempərətʃər → ˈtempətʃər] a little to about 37℃.
21. Literature[ˈlɪtərətʃər → ˈlɪtətʃər → ˈlɪrətʃər] will not disappear until the end of human time.
22. I've already done all the preparatory[preˈperəˌtɔːri → preˈpəˌtɔːri] work.
23. I have respiratory[ˈrespərəˌtɔːri → ˈrespəˌtɔːri] problems.
24. Ask your veterinarian[ˌvetərəˈneriən → ˌvetəˈneriən] to check your pets.

4. 강세가 있는 [ɑːr], [ɔːr], [əːr]의 [r]은 빠른속도에서는 [r]이 [ə]처럼 들리거나 탈락된 것처럼 들린다.

25. Farmers[ˈfɑːrmərz → ˈfɑːmərz] in the corner[ˈkɔːrnər → ˈkɔːnər] look forward[ˈfɔːrwərd → ˈfɔːwərd] to meeting the governor[ˈgʌvərnər → ˈgʌvənər].
26. He is taking things one step further[ˈfəːrðər → ˈfəːðər].
27. Ready to order[ˈɔːrdər → ˈɔːdər]?

Listening Skill 95

이중모음의 단모음화

going to['goʊɪŋ tə]가 ['gon:ə 고너], trying to[traɪɪŋ tə]가 [traɪn:ə 츄롸이너:]로 발음이 간소화되듯, 빠른 속도의 구어체에서는 발음의 편의를 위하여 이중모음을 단모음화시킨다.

1. 장모음 [eɪ](영국에서는 [el]를 이중모음으로 봄.)의 단모음화

1. The young man took 32 seconds to say yes['seɪ 'jes 쎄이 예쓰→'se'j:es 쎄예:쓰].
2. I'll pay you['peɪ 'ju: → 'pe'j:u 페:유:] half that price for the printer.
3. May I['meɪ aɪ → 'me:aɪ 메:아이] have my[maɪ → ma: 마:] bill?
4. The same thing happened again and again[ə.'geɪn ən ə.'geɪn → ə.'ge:n⁀ən⁀ə.'ge:n 어게:너너겐:].
5. They are video-game['geɪm→'ge:m 게:음] players['pleɪərz → 'ple:ərz 플레:어r즈]

say[seɪ], going['goʊɪŋ], trying['traɪɪŋ], How about['haʊ ə'baʊt]의 [eɪ], [oʊ], [aɪ], [aʊ]처럼 앞 모음의 소리가 뒷 모음의 소리로 미끄러지듯 결합하여, 두 모음 소리가 하나의 모음소리처럼 들리게 하는 것을 이중모음이라고 한다.
그런데, say[seɪ]의 [eɪ]나 show[ʃoʊ]의 [oʊ]는 2개의 모음으로 이루어져 있어 영국영어는 이중모음으로 분류하지만, 미국영어에서는 say를 [se] + 반모음 [j], show를 [ʃo] + 반모음 [w]로 본다. 즉, [se]나 [ʃo]에 반모음 [j]나 [w]를 덧붙여주는 소리인데, 빠른 속도가 되면 반모음 [j]나 [w]가 탈락되어 마치 [se:]나 [ʃo:] 처럼 장음부호를 가진 긴 단모음이 되는 단모음화 되는 것이다.
이처럼 [eɪ]는 [e]에서 [ɪ]로의 이동거리가 짧아, [e]를 발음 중인 상태에서 입술 모양만을 바꾸어 [j]소리를 내거나 아예 [j]마저 탈락시키고 긴 단모음 [e:]로 만들어 발음을 편리하게 하려는 경향이 있다. 따라서 say yes['seɪ 'jes]는 ['se':jes]로 단모음화된다.

- He says, He said, they're는 ['seɪz → 'se:z], ['seɪd → 'se:d], [ðeɪr → 'ðer]로 단모음화 되다가 아예 says['sez], said['sed], they're['ðer]로 발음이 굳어졌다.
- again은 [ə.'geɪn]과 단모음화된 [ə.'gen], against는 [ə.'geɪnst]와 단모음화된 [ə.'ge:nst] 둘 다 통용된다.
- Mayonnaise['meɪə,neɪz]는 ['me:ə,neɪz **메:**어네이즈]로, say you['seɪ ju]는 ['se:ju **쎄:**유]로 단모음화되어 발음된다.
- [eɪ]의 단모음화 사례 :

  may I['meɪ aɪ → 'me:aɪ], tape['teɪp → 'te:p], potato[pə'teɪţ oʊ → pə'te:ţ o:], labor['leɪbər → 'le:bər], grateful[g'reɪtfl → g're:tfl], mayor['meɪər → 'me:ər → 'me:-j-ər], earthquuake['ərθkweɪk → 'ərθkwe:k], dangerous['deɪndʒərəs → 'de:ndʒərəs], I'm afraid[aɪm ə'f'reɪd → a:m ə'f're:d]

2. 이중모음 [oʊ]의 단모음화

1. I'll let you go with['goʊ wɪθ → 'go:wɪθ] a warning this time.
2. What are you going to['goʊɪŋ tə → 'go:nə] do after you graduate?
3. The whole show window['ʃoʊ 'wɪndoʊ → 'ʃo:wɪndoʊ] was broken down.

going to가 [goʊɪŋ tə → goɪŋ tə → gon nə → gón:ə]로 단모음화 되어서 casual speech에서는 아예 gonna로 표기하듯 이중모음 [oʊ]는 [o]에서 [ʊ]로의 이동거리가 짧아, [o]를 발음 중인 상태에서 입술 모양만을 바꾸면서 [w]소리를 내기도 하지만 아예 [w]마저 탈락시키고 긴 단모음 [o:]로 만들어 발음을 편리하게 하려는 경향이 있다. 이처럼 [oʊ]는 [o]에서 [ʊ]로의 이동거리가 짧아, [o]를 발음 중인 상태에서 입술 모양만을 바꾸어 [w]소리를 내거나 아예 [w]마저 탈락시키고 긴 단모음 [o:]로 만들어 발음을 편리하게 하려는 경향이 있다. 따라서 go with['goʊ wɪθ]는 ['go: wɪθ]로 단모음화된다.

- patrol[pə'troʊl → pə'tro:l], go home[goʊ 'hoʊm → go: ho:m]
- gold[goʊld → go:ld], mower['moʊər → mo:ər]

3. 이중모음 [aɪ]의 단모음화

1. I'll[aɪl → aː əl] buy two, one for me and one for my friend.
2. Nawal's smile['smaɪl → 'smaːəl] was so wide that it spread across all three faces
3. While I'm[waɪəl aɪm → waːəl aːm] carefully picking my way around the wet spots, the dogs are joyfully splashing right through them.
4. I'm[aɪm → aːm] tired[taɪərd → taːərd] of working overtime.
5. We are trying to['traɪɪŋ tə→'traːɪnːə] form a strong committee.

① 이중모음 [aɪ]를 빠른 속도에서 단모음화시켜 발음하면 [aː]로 단순모음화된다. 따라서 I'm[aɪm → aːm], my[maɪ → maː]로 단모음화된다.

② 이중모음 [aɪ]는 dark l[əl]이나 성절자음 r[ər]이 이어지면 [aɪ]가 [aː]로 단순모음화 된 후에 [əl]이나 [ər]로 이어진다. 따라서 I'll[aɪl], smile['smaɪl], While[waɪl], tired[taɪərd]를 단모음화시켜 발음하면 [aɪl → aːəl], smile['smaɪəl → 'smaːəl], while I'm[waɪəl aɪm → waːəl aːm], tired[taɪərd →taːərd], fire[faɪər → faər → faːr], higher[haɪər → haər → haːr], trying to[traɪɪŋ tə → traɪn tə → traɪn nə]가 된다.

③ flying['flaɪɪŋ], crying['kraɪɪŋ]처럼 -ing가 붙을 때 단모음화가 되어 ['flaɪŋ], ['kraɪŋ]이 된다.

4. 이중모음 [aʊ]의 단모음화

1. I advise you not to share towels[taʊəlz → taːəlz] with anyone.
2. Would you like to see some samples of kitchen floor tiles['taɪlz → taːəlz]?
3. Laughter is the most powerful[paːərfl] force for calming tension.
4. How about a['haʊ ə'baʊt ə → 'haː ə'bɑːrə] drink?
5. You cannot let your anger get out of[aʊt əv → aːrəv] control.
6. Our['aʊər → 'aːər] city has only one fire[faɪər → faər] station located downtown [dàʊntaʊn → 'dɑːntaːn].
7. Square fans are very popular nowadays['naːədeɪz → 'naː-w-ədeɪz].

[aʊ]는 dark l[əl], 성절자음 r[ər], n[ən]이 이어지면 [aʊ]가 [aː]로 단순모음화 된 후에 [əl], [ər], [ən]으로 이어진다. powerful['paʊərfl]은 ['paːərfl → 'paː-w-ərfl]이 된다. 또 towel[taʊəl]은 [taʊəl →taːəl]로 단모음화가 이루어진다.

Chapter 9

기타 발음변동 및 청취 기본 규칙

Listening Skill 96~100

Listening Skill 96

철자는 같으나 의미가 다른 단어의 청취 구별

Excuse me[ɪk'skjuːz 익쓰**큐**즈미]를 [익쓰**큐**쓰미]라하고 recording[rɪ'kɔːrdɪŋ 뤼**코**ːr딩]을 [**뤠**코딩]이라고 잘못 말하는 사람이 많은데 동철 이음 이의어(Heteronym)는 품사나 단어의 뜻에 따라 강세의 위치나 발음이 달라지므로 문맥을 잘 파악하면서 청취를 해야 한다. 즉, 철자는 같으나 음과 뜻이 다른 단어들은 이를 미리 알아두지 않으면 청취 시 혼란을 일으킨다.

1. Please record[rɪ'kɔːrd] the record['rekərd].
2. Please don't desert[dɪ'zɜːrt] me in the desert['dezərt].
3. We project[prə'dʒekt] that the project['prɑːdʒekt] will be good.
4. The teacher was content[kən'tent] with the content['kɑːntent] of the report.
5. He objects[əb'dʒekts] to the ugly objects['ɑːbdʒekts].
6. She will present[prɪ'zent] you with a present['preznt].
7. He will contest[kən'test] the results of the contest['kɑːntest].

1. You don't have any **excuse**[ɪk'skjuːs 익쓰큐ː쓰] to visit the university.
   Excuse[ɪk'skjuːz 익쓰큐ː즈] me. Are you Mary Smith?

Excuse[ɪk'skjuːz] me while I think of an **excuse**.[ɪk'skjuːs]	동사)참아주다, 봐주다 명사)실례, 변명, 핑계

2. A famous **Polish**['poʊlɪʃ 포을리쉬] film-maker, Krzysztof Kieslowski was born in Warsaw.

He used them to clean and **polish**['pɑːlɪʃ 팔리쉬] the silverware.

He[s a famous **Polish**['poʊlɪʃ] actor. I need to **polish**['pɑlɪʃ] all of the furniture and silverware.	형용사) 폴란드인의 동사) 닦다, 다듬다

3. It could be trying to beat his own **record**['rekərd 뤠커r드]

One of you can **record**[rɪ'kɔrd 뤼코r드] the theme when it's first introduced.

It's the referee's job to **record**[rɪ'kɔːrd] the new world **record**['rekərd]	동사) 기록하다 명사) 기록

4. They need to **present**[pri'zent 프뤼젠트] a facade of self-control.

You need to live in the **present**['preznt 프뤠즌트]

It's going to be a **present**['preznt 프뤠즌트] for my friend's birthday.

He received a **present**['preznt]. I'm **present**['preznt] at the meeting I'm going to **present**[pri'zent] my idea at the meeting.	명사) 선물 형용사) 현재의, 출석한 동사) 증정하다, 바치다, 주다

5. Its enormous power is **abused**[ə'bjuːzd 어뷰ː즈드] more often in developing countries.

Help groups deal with problems ranging from drug addiction to child **abuse**[ə'bjuːs 어뷰ː스].

When people **abuse**[ə'bjuːz] drugs this is called drug abuse[ə'bjuːs].	동사)남용하다 명사)남용, 오용

6. We can see an **object**['ɑ:bdʒɪkt 압으젝트] only when a light shines on it.
He **objected**[əb'dʒektɪd 업으젝틷] to spending on everything else.

He discovered a valuable **object**['ɑbdʒɪkt] in the tomb.	명사) 물건, 물체
Do you **object**[əb'dʒekt] to my idea?	동사) 반대하다.

7. The journey itself would be of **use**['ju:s 유:쓰].
The latest devices are fun to **use**['ju:z 유:즈] for many tasks like browsing cyber space.

Put my typewriter to **use**['ju:s]	명사) 사용(이용)
because I never **use**['ju:z] it.	동사) 사용(이용)하다

8. He appears, sees me, and comes **close**[kloʊs 클로으스] to me.
It had to **close**[kloʊz 클로으즈] in 1888 because of lack of money.

My house is **close**[kloʊs] to the school.	형용사) 가까운
Please **close**[kloʊz] the windows.	동사) 닫다

9. **tears**[tɪrz 티어r즈] started falling down my cheeks.
They use their strong front limbs to **tear**[ter 테어r] apart insect nests.

My house is **close**[kloʊs] to the school.	형용사) 가까운
Please **close**[kloʊz] the windows.	동사) 닫다

10. Now the reader could easily move backward in the text to find a previously **read**[red 뤧] passage.
Would you teach me how to **read**[ri:d 뤼읻] Chinese?

I'll **read**[ri:d] the book.	동사 현재) read[ri:d](읽다)
I've already **read**[red] this book.	동사 과거) read[red](읽었다)

철자는 같으나 의미가 다른 기타의 단어

He **sows**[soʊz] rice seeds. We raise **sows**[saʊz].	동사) (씨를) 뿌리다 명사) 암퇘지
A **dove**[dʌv] is a bird. I **dove**[doʊv] into the pool.	명사) 비둘기 동사) dive. (다이빙하다)의 과거
He became a **convert**['kɑːnvərt] after deciding to **convert**[kən'vərt] to Christianism.	명사) 개종자; 전향자 동사) 바꾸다, 개종하다
If I need a **duplicate**['duːplɪkət] I can use the photocopier to **duplicate**['duːplɪkeɪt] the letter.	명사) 사본, 복사; 복제(물) 동사) 복사(복제)하다.
When I **graduate**['grædʒueɪt] I will become a **graduate**['grædʒuət].	동사) 졸업하다 명사) 대졸자
What's his favorite **subject**['sʌbdʒɪkt]? The city was **subjected**[səb'dʒektɪd] to heavy bombing.	명사) 주제/대상/화제 동사) 받게(당하게) 하다
Don't **insult**[ɪn'sʌlt] me by shouting an **insult**['ɪnsʌlt]	동사) 모욕하다, 욕보이다 명사) 무례함 모욕적인 말
He will **permit**[pər'mɪt] you to enter if you show a valid **permit**['pərmɪt].	동사) 허용/허락하다 명사) 허가증
These factories **produce**[prə'duːs] the **produce**['prɑːduːs].	동사) 생산하다 명사) 생산물, 상품
A **rebel**['rebl] is one who has decided to **rebel**[rɪ'bel].	동사) 반항하다, 반역하다 명사) 반군, 반란
She wore a pink **bow**[boʊ] in her hair. He's armed with a **bow**[boʊ]. I **bow**[baʊ] to the King.	명사) 활, 나비 모양 리본 동사) (허리를 굽혀) 절하다
The Sahara **Desert**['dezərt] is the largest desert in the world. I was **deserted**[dɪ'zərtɪd] by her.	명사) 사막 동사) 버리다, 유기하다
A cold **wind**[wɪnd] blows. I can't **wind**[waɪnd] the clock .	명사) 바람 동사) 감다
The musician has spent years **perfecting**[pər'fektɪŋ] her technique. You are not **perfect**['pərfɪkt].	동사) 완성하다 형용사) 완벽한, 완전한
I want you to **separate**['sepəˌreɪt] the cards into two **separate**['seprət] piles.	동사) 분리하다, 구분하다 형용사) 개별적인, 별개의
The button was so **minute**[maɪ'njuːt] that it was a **minute**['mɪnɪt] before I found it.	형용사) 극미한, 극히 작은 명사) 분, 잠깐, 의사록
It's as heavy as **lead**[led]. I **lead**[liːd] the cat to the house.	명사) 납, 동사) 안내하다. 이끌다.

Listening Skill 97

동사의 과거형 -ed의 3가지 발음

dressed가 [쥬뤠쓰드]가 아닌 [쥬뤠쓰트], jumped가 [쩜프드]가 아닌 [쩜프트], liked가 [라익드]가 아닌 [라익트]로 발음이 되듯 동사의 과거형-ed의 발음은 유성음 환경과 무성음환경에 따라 [d]나 [t]로 달라지는 것을 알고 청취를 해야 한다.

1. 동사의 과거형 [-ed]가 [t] 소리 나는 경우

동사의 과거형 [-ed]의 소리는 앞 자음이 무성음일 때 -ped[pt], -cked[kt], -shed[ʃt], -ssed[st], -tched[ʧt]는 무성음 동화되므로 [t]로 소리 나지만 앞 자음이 유성음이면 유성음 동화되어 [d]로 소리 난다.

1) 제1 유형 : 무성파열음 [p][k] + ed → [pt], [kt]

1. It bore a stamped[stæmpt] imprint : "Insufficient Funds."
2. They hoped[hoʊpt] to save enough money to buy a modest house.
3. The Foundation helped[helpt] whales because they were in great danger.
4. decide which activities can be dropped['drɑ:pt].
5. He thanked['θæŋkt] his master for saving his life.
6. I might have checked[ʧekt] on the students.
7. Their shop is constantly packed['pækt] with customers.
8. The horizon narrowed and widened, and dipped['dɪpt] and rose.
9. Somehow my car's just stopped['stɑ:pt].
10. His example encouraged both handicapped['hændiˌkæpt] and healthy people.
11. I knocked['nɑ:kt] at the door and was told to enter.
12. I walked['wɔ:kt] the dog four times a day.
13. I walked into a restaurant, and seated myself.

walked는 [w'ɔːk˥t 웍트]이나 walked into는 [w'ɔːk dìntu 웍크딘투]로 연음된다. base의 과거형도 based[beɪst 베이스트]지만, 모음과 연음되는 based on, based upon은 [beɪs dɑːn 베이쓰단 , 'beɪs də'pɑːn 베이쓰더판]이 된다.

2) 제2 유형 : 무성마찰음 [f][s][ʃ][tʃ] + ed ⇨ [ft][st] [ʃt] [tʃt]

1. Your granddaughter lost her stuffed['stəft] dog somewhere.
2. This obsession has dwarfed['dwɔːrft] even our sense of self.
3. he fox laughed['læft] loudly and said, "Don't be silly".
4. See how completely such views have triumphed['traɪəmft].
5. It was a sad song of these people who missed['mɪst] their families.
6. Constantly rushing around is a sure way to feel stressed['strest].
7. I had tossed[tɔːst] them into the box to open later on.
8. She discussed[dɪ'skəst] your homework with others.
9. The aged live with enforced[en'fɔːrst] leisure, on fixed['fɪkst] income. .
10. They stepped on each other's feet and pushed['pʊʃt] one another in the back.
11. The professor flushed['fləʃt] and faltered.
12. She tried to get her poems published['pʌblɪʃt].
13. I'm glad you've switched['swɪtʃt] schools.
14. I watched['wɑːtʃt] the beautiful stretch of the shoreline.
15. The second goal was reached['riːtʃt] by the target date

2. 유성음(자음) + 동사의 과거형 ed : [d] 소리

1. Everything was going as planned['plænd]. What happened['hæpənd]?
   유성음 + ed는 [-d]이므로 planned['plænd 플랜드]. happened['hæpənd 해픈드]
2. So, they planned to['plænd tə] get rid of him and succeeded.
   planned to['plænd tə]는 역행동화되어 ['plænd tə→'plænt tə→'plænt:ə 플랜터:]
3. The most carefully planned trip['plænd 'trɪp] can be complicated['kɑːmplə'ketɪd] by unexpected[ʌnɪk'spektɪd] events.
   planned trip['plænd 'trɪp]은 역행동화되어 ['plænd 'trɪp→'plænt:rɪp플랜츄:뤕]
4. Two renowned[rə'naʊnd] architects planned the['plænd ðə] tower.
   planned the['plænd ðə]는 역행동화되어 ['plænd ðə→'plænð:ə 플랜더:]
5. When Peary planned a['plænd ə] trip to Greenland, Matthew volunteered['vɑːlən'tɪrd tuː] to go along.

planned a['plænd ə]는 모음과 연음되어 ['plænd ə→'plændə 플랜더]

6. Researchers **studied two**['stʌdid˥ 'tu:] mobile phone companies.

   studied too['stʌdid˥ 'tu:]와 study too['stʌdi 'tu:]도 과거형의 -ed부분이 강세가 없는 약음절이다 보니 문맥으로 구별을 해 주어야 한다.

   ⇧ 유성음(모음) + 동사의 과거형 ed ⇨ [-d](자음+y의 과거형은 자음 + ied)

7. That's not the way the game is **played**['pleɪd].

   유성음 + ed는 [-d]이므로 played['pleɪd 플레이드]

8. I **played soccer**['pleɪd˥ 'sɑ:kər] with my friends yesterday.

   played soccer처럼 파열음 +마찰음이 되면 앞 파열음이 불파음이 되어 ['pleɪd˥ 'sɑ:kər 플레읻싸커r]로 들리므로 play soccer['pleɪ'sɑ:kər플레이싸커r]와 흡사하므로 문맥의 의미로 파악해야 한다.

9. Golf began as a game **played on**['pleɪd ɑn] ice.

   played on['pleɪd ɑn]은 모음과 연음되어 ['pleɪdɑn 플레이단]

3. 동사의 과거형이 -ted, -ded이면 → [tɪd], [dɪd]

-ded나 -ted는 음절을 형성하므로 약화모음 [ɪ]를 써서 [tɪd], [dɪd]로 발음 한다. 하지만, 오늘날 약화모음 [ɪ]를 더 이완시켜 [təd][dəd]로도 발음하기 때문에 [트드],[드드]에 가깝게 들리기도 한다.

1. I wonder when the show **started**['stɑ:rtɪd/'stɑ:rtəd].
2. van Beek reluctantly **accepted**[æk'septɪd/æk'septəd] her decision.
3. Teachers feel valued['vælju:d] and **supported**[sə'pɔ:rtɪd]. Parents feel **included**[ɪn'klu:dɪd].
4. He **needed**['ni:dəd] an efficient secretary to help him. van Beek **interviewed**['ɪntərvju:d] many people and **decided to**[də'saɪdəd tə] hire Miss Neef.

Listening Skill 98

ex + 모음과 ex + 자음의 다양한 발음

anxious['æŋkʃəs **앵**셔쓰], anxiety[æŋ'zaɪəti 앵**자**이어티]처럼 nx가 [nks → nkʃ], [ngz → ŋz]로 소리나고 exit['eksɪt **엑**씥], exist[ɪg'zɪst 익(으)**지**씉]처럼 ex가 **[eks → ɪg'z]로 소리나듯** 유성음 환경과 무성음환경, 강세의 유무에 따라 x가 **달리 발음될 수 있음을** 알고 청취를 해야 한다.

1. **Alex**, where have you been?
2. Gata defeated champion **Alexander** in the world chess championship.
   x는 Alex['æləks]처럼 **[ks]**이지만, Alexander[æləg'zændər]처럼 **약모음 + x + 강모음**의 형태에선 유성음화가 되어 **[gz]로 발음**된다.
3. We're **anxious** to get our products into the market as soon as possible.
   [ks+i 또는 j → kʃ]로 구개음화되는 단어 : anxious는 ['ænksiəs → æŋkʃəs **앵**셔쓰], flexure는 ['fleksjuər → 'flekʃər 플**랙**셔r], luxury는 ['lʌkʃəri **럭**셔뤼 또는 'lʌgʒəri **럭**줘뤼]
4. Babies experience **anxiety** when they see strangers.
   anxious는 ['ænksiəs → æŋkʃəs 앵쉬어쓰]처럼 [ks]가 [kʃ]로 구개음화된다. 반면, anxiety는 [nks]의 [n]은 연구개음 [k]에 역행 동화되어 연구개비음인 [ŋ]이 되고, [ks]는 약모음 + x[ks] + 강모음의 형태에선 **[gz]로** 유성음화가 되므로 [æng'zaɪəti]가 되는데 [ŋg]가 동일조음점이므로 뒷자음 [g]가 탈락되어 [æŋzaɪəti앵자이어티]가 되는 것이다.
5. He turned my phone into a **luxury**['lʌkʃəri **럭**셔뤼 또는 'lʌgʒəri **럭**줘뤼] used car.
6. Directors were just sitting down to a **luxurious**[lʌg'ʒɜːriəs 럭(으)**줘:**뤼어쓰] meal.
7. She liked the **luxuriant**[lʌg'ʒʊriənt 럭(으)**쥬**뤼언트] feeling as she swept down with the current.
8. You'll have your work evaluated by experienced **experts** ['ek.spərts **엑**쓰퍼r읕쓰].
9. The duck was **excellent**['eksələnt **엑**썰런트] in swimming.
10. This would give it **extra**['ekstrə **엑**쓰츄롸] power for longer flights.
11. This can be stopped by regular **exercise**['ek.sər.saɪz **엑**써r싸이즈].

12. An **executed**['ek.sə.kju:.təd **엑**써큐딛] purpose is a transaction in which the time and energy spent on the **execution**['eksəkju:ʃn **엑**써큐쉬은] are balanced against the resulting assets.

13. Let me briefly explain where the **exhibitions**['eksəbɪʃn **엑**써비쉬은] are.
ex로 시작하는 단어 중에 **ex-에 강세가 있거나 보조강세가 있는 경우는** 이어지는 철자가 유성음이든 무성음이든 **항상 ['eks/eks]로 소리난다.**

ex + 무성자음 : excellent['eksələnt **엑**썰런트], extra['ekstrə **엑**쓰츄롸], excavate['ek.skə.ˌveɪt **엑**쓰커**붸**읻] expert['ek.spərt **엑**쓰퍼r트]

ex + 모음 : exercise['ek.sər.ˌsaɪz **엑**써r**싸**이즈], exodus['eksədəs **엑**써더쓰] execute['ek.sə.ˌkju:t **엑**써큐:트], execution[èksikju:ʃn, ˌeksə'kju:ʃn **엑**써**큐:**쉬은] exhibition[èksəbiʃən/ˌeksə'bɪʃn **엑**써**비**쉬은].
습① **『강세있는 초성의 ex』는 항상 강세모음의 ['eks/eks]나 보조강세의 [èks]가 된다.**

14. I want you to be beside me when I **exhale**[eks.'heɪl] my last breath.
exhale[eks.'heɪl 엑쓰**헤**이얼]은 ex에 강세가 없지만 예외적으로 ['eks]가 된다.

15. Demand **exceeds**[ɪk.'si:dz] supply, resulting in greater returns.

16. Both numbers showed an increase **except**[ɪk.'sept] for the numbers recorded in 1998.

17. Money is merely a convenient medium of **exchange**[ɪk.'ʧeɪndʒ]

18. She must be **excited**[ik.'saɪtɪd] to play soccer.
ex [eks] 뒤에 강세가 있으면 [e]는 [ɪ]로 약화되는데 이어지는 철자가 무성자음이면 [ks]는 유성음화되지 않고 그대로 소리 나므로 [ks]가 되어 [ɪks 익쓰]가 된다.
exceeds[ɪk.'si:dz 익**씨:**즈], except[ɪk.'sept 익**셒**트], exchange[ɪk.'ʧeɪndʒ 익스**체**인쥐], excited[ik.'saɪtɪd 익**싸**이틷], exclaim[ɪk.'skleɪm 익스클**레**임]
exclude[ɪk.'sklu:d 익스클**루:**드] excuse[ɪk.'skju:z 익스**큐:**즈]
expect]ɪk.'spekt 익스**펙**트], expensive[ɪk.'spen.sɪv 익스**펜**씨브]
experience[ɪk.'spɪriəns 익스**피**뤄언쓰], extreme[ɪk.'stri:m 익스츄**뤼**임],
extend[ɪk.'stend 익스**텐**드], extraordinary[ɪk.'strɔ:r.dne.ri 익스츄**로**드네뤼].
습② **『강세없는 초성의 ex』 + 무성자음일 때 ['eks]의 모음은 [ɪ]로 약화되나 [ks]는 유성음화됨 없이 그대로 [ɪks]가 되는 단어.**

19. They learn their **exact**[ɪg'zækt 익(으)**잭**트] locations.

20. **Examine**[ɪg'zæmɪn 익(으)**재**민] your thoughts, and you will find them **occupied** with the future.

21. Newton's theory of gravity is one **example**[ɪg'zæmpl 익(으)**잼**쁠]

22. No living creature can **exist**[ɪg'zɪst 익(으)**지**스트] in complete isolation.

ex[eks] 뒤에 강세가 있으면 [e]는 [ɪ]로 약화되는데 이어지는 철자가 유성음이면 유성음화되어 [gz]가 되므로 성대의 울림소리 (으)를 삽입하여 [ɪgz 익(으)**즈**]가 된다. exam[ɪg.'zæm 익(으)**잼**, exhibit[ɪg.'zɪbɪt 익(으)**지**비트] exert[ɪg.'zɜr:t 익(으)**저**r트], exhaust[ɪg.'zɔ:st 익(으)**조**스트] exotic[ɪg.'zɑt̬ɪk익(으)**자**틱]

⇧③ 『강세없는 초성의 ex』 + 모음일 때 ['eks]의 모음이 [ɪ]로 약화되고 [ks]가 [gz]로 유성음화되어 [ɪgz]가 되는 단어.

23. We approached the **exit**[eksɪt, egzɪt, 'eksɪt, 'egzɪt] after the game.

24. He returned after 40 years of **exile**['egzail, eksail, eksaɪl, 'egzaɪl].

⇧④ 『강세있는 초성의 ex』 + 모음일 때 모음은 [e]로 발음되나 자음은 [ks] 또는 유성음화된 [gz] 둘 다 가능한 단어.

25. They don't **exhibit**[ɪg'zɪbɪt 익(으)**지**비트]] most of the other characteristics of life.

26. They are caught up in the system of art **exhibition**[ˌeksə'bɪʃn 엑써**비**션].

27. He was **executed**['eksəkju:tɪd **엑**써큐:티드] for treason.

28. The **executives**[ɪg'zekjətɪv 익(으)**제**켜티브(v)] rejected Ethnic Music because it sounded too boring.

동사인 execute는 ex에 강세가 있으므로 ['eksəˌkju:tɪd **엑**써**큐:**티드] 명사인 executive는 ex에 강세가 없고 모음이 이어지므로 [ɪg'zekjətɪv 익(으)**제**켜티브(v)]

⇧⑤ 『초성의 ex』가 품사가 바뀌면서 [ks]에서 [gz]로 소리가 바뀌는 단어.

Listening Skill 99

비음 약화를 위한 파열음 [p], [t], [k], [d] 삽입

1. My hamster[hǽmstər → hǽmpstər] likes to eat carrots.
2. There was still warmth[wɔːrmθ → wɔːrmpθ] remaining in the chair.

He comes를 발음할 때 원어민들은 콧소리를 넣어서 '히컴즈'라고 말하지만 우리나라 사람들은 거의 콧소리를 넣지 않고 '히컴즈'하며 구강으로 공기를 내보낸다. 이렇듯 빠른 속도의 영어에서는 원어민들조차도 콧소리를 가능한 약화시키려는 경향이 있다. lamp[læmp]는 /m//p/가 같은 조음점, month[mʌnθ]는 /n/,/θ/가 비슷한 조음점, hunt[hʌnt]는 /n//t/가 같은 조음점, think[θɪŋk]는 /ŋ//k/가 같은 조음점, lunch[lʌntʃ]는 /n//tʃ/가 같은 조음점으로 뒤에 놓여 진 파열음 /p//t//k/, 마찰음 /θ/, 파찰음 /tʃ/는 비음 /n//m/을 약화시키기 위하여 삽입된 경우들이다. 이렇듯 원어민들은 강한 비음을 터뜨리기 전에 같은 조음점의 무성파열음을 넣어서 비음을 약화시키는 습관이 있다. hamster['hæmstər], warmth[wɔːrmθ]는 **비음 /m/을 약화시키기 위하여 파열음 /p/를 삽입**, ['hæmpstər], [wɔːrmpθ]로 발음하며, fence[féns]는 **비음 /n/을 약화시키기 위하여 파열음 /t/를 삽입**, [fents]로 발음한다.

1) 비음 /m/에서 마찰음/s//θ//f/로 전이될 때 파열음 /p/가 삽입되는 이유

hamster['hæmstər]의 경우 ham['hæm]의 마지막 소리 /m/은 ① 유성음이자 ② 비음이며 ③ 양순음이며 ④ 완전 폐쇄음인데 비하여, 이어지는 ster[stər]의 /s/는 ① 무성음, ② 부분폐쇄음(마찰음), ③ 구강음 ④ 치경음이다. 따라서 /m/에서 /s/로 연음되면 4가지의 변화가 생기므로 이러한 변화의 충격을 줄이기 위하여 /m/처럼 양순음이며 완전폐쇄음인 /p/를 삽입하여 ['hæmpstər]로 발음하면, /p/또한 무성음이고 구강음이므로 /s/와의 연결이 부드러워진다. empty[émpti], glimpse[glímps]는 /p/삽입이 굳어진 경우이다.

hamster[hǽmstər → hǽmpstər], Samson['sæmsən → 'sæmpsən], Thomson['tɑːmsən → tɑːmpsən], assume → assumption[əsʌ́mpʃən], redeem → redemption[ridémpʃən], something[sʌmpθɪŋ], consume → consumption[kənsʌ́mpʃən], triumph['traɪəmpf], triumphant[tra'jəmpfənt], cream cups[krimp kʌps], pumpkin[pʌ́mpkin], prompt[prɑ́mpt], dreamt[drémpt], sometimes['sʌmptaɪmz]

2) 비음 /n/에서 마찰음/s/나 /θ/로 전이될 때 파열음 /t/가 삽입되는 이유

chance[tʃæns]는 비음 /n/소리가 강해서 [tʃæn쵀앤]에 가까운 소리가 코로 다 빠져나간 후에 /s 쓰/를 입 앞으로 내보내는 [쵀앤쓰]에 가까운 반면, chants[tʃænt˺s] 는 /nts/의 가운데 불파음 /t˺/가 소리는 탈락되지만 /n/의 콧소리를 끊어 비음을 약화 시키며 구강파열로 바꾸어 주므로 [쵀앤쓰]에 가까운 소리가 나는 미세한 차이가 있다. 하지만, 오늘날 빠른속도에서 비음을 강하게 발음하기를 꺼려하는 원어민들은 chance의 발음에도 /n/과 같은 조음점인 /t/를 삽입, [tʃænts]로 발음하는 추세다.

monster['mɑːnstər]의 경우 mon['mɑːn]의 마지막 소리 /n/은 ① 유성음이자 ② 비음이며 ③ 치경음이며 ④ 혀를 평평하게 하여 치경을 막는 완전폐쇄음인데 비하여, 이어지는 ster[stər]의 /s/는 ① 무성음, ② 치경음, ③ 구강음 ④ 혀에 홈을 만들어 치경을 마찰하는 부분폐쇄음이다. 따라서, /n/에서 /s/로 발음이 연음되면 4가지의 변화가 생기므로 이러한 변화의 충격을 줄이기 위하여 /n/처럼 치경음이며 완전폐쇄음인 /t/를 삽입하여 ['mɑːntstər]로 발음하면, /t/또한 무성음이고 구강음이므로 /s/와의 연결이 부드러워진다.

같은 예 : tenth['tenθ → 'tentθ] millionth['mɪljənθ → 'mɪljəntθ]

- 비음 /n/뒤에 /t/를 삽입, 비음을 약화시키는 예 :

  for instance[fər 'ɪn.stəns → fər 'ɪn.stənts] chance[tʃæns/tʃænts], tense[téns/ténts], once[wʌns/wʌnts], agency[eɪdʒənsɪ/eɪdʒəntsɪ], sense[séns /sents] fence[féns/fénts] prince[prɪns/prɪnts], pronounce[prə'naʊns/prə'naʊnts], patience['peɪʃəns /'peɪʃənts], ninth['naɪnθ/'naɪntθ], censure['senʃər/'sentʃər] 이에 따라 동음이의어가 발생 합니다. wants/once[wʌnts], tents/tense[ténts], prince/prints[prɪnts], dense/dents[dénts], mince/mints[mɪnts], sense/cents[sénts], patience/patients['peɪʃənts], chance/chants[tʃænts]

3) 비음 /n/에서 마찰음 /z/로 전이될 때 파열음 /d/가 삽입되는 이유

bans[bænz밴즈]의 경우 ban[bæn]의 마지막 소리 /n/은 ① 유성음이자 ② 비음이며 ③ 치경음이며 ④ 혀를 평평하게 하여 치경을 막는 완전폐쇄음인데 비하여, 이어지는 -s의 /z/는 ① 유성음, ② 치경음, ③ 구강음 ④ 혀에 홈을 만들어 치경을 마찰하는 부분폐쇄음이다. 따라서, /n/에서 /z/로 발음이 연음되면 3가지의 변화가 생기므로 이러한 변화의 충격을 줄이기 위하여 /n/처럼 치경음이며 완전폐쇄음인 /d/를 삽입하여 [bænd˥z]로 발음하면, /d/또한 유성음이고 구강음이므로 /z/와의 연결이 부드러워진다.

- 비음 /n/뒤에 /d/를 삽입, 비음을 약화시키는 예 : fans[fǽnz/fǽndz], sins[sɪnz/sɪndz], grains[gréɪnz/gréɪndz], sons[sʌnz/sʌndz], gains[géɪnz/géɪndz]

4) 설측음 /l/에서 마찰음/s//θ//ʃ/로 전이될 때 파열음 /t/가 삽입되는 이유

health['helθ]의 경우 heal['hel]의 마지막 소리 /l/은 ① 유성음이자 ② 유음이며 ③ 치경음이며 ④ 설측음인데 비하여, 이어지는 -th의 /θ/는 ① 무성음, ② 부분폐쇄음(마찰음), ③ 구강음 ④ 치간음이다. 따라서, /l/에서 /θ/로 연음되면 4가지의 변화가 생기므로 이러한 변화의 충격을 줄이기 위하여 /t/처럼 치경음이며 완전폐쇄음인 /t/를 삽입하여 ['heltθ]로 발음하면, /t/또한 무성음이고 구강음이므로 /θ/와의 연결이 부드러워진다. false['fɔːls→'fɔːlts] Welsh['welʃ→'weltʃ]

Listening Skill 100

미국영어(GA)와 영국영어(RP)의 차이

1. 원어민이 사용하는 영어를 다음 세 가지로 구분할 수 있다.

1) 미국의 정부, 언론이 사용하는 American English(GA, general American)
2) 영국의 정부, 언론(BBC방송)이 사용하는 British English(RP, received pronunciation)
3) 기타 영어권 나라 중 영연방(호주, 뉴질랜드, 홍콩, 남아공)에서 사용하는 Common wealth English나 미국영어와 유사한 Canadian English가 있다.

2. 미국영어(GA)와 영국영어(RP)의 차이

1) 모음의 차이

(1) An American man accidentally **drops** some rubber **onto** a **hot** stove.

영국영어	[ˌæksɪˈdentli]	[drɒps]	[ˈɒntu]	[hɒt]
미국영어	[ˌæksəˈdentli]	[ˈdrɑːps]	[ˈɑːntu / ɔːntu]	[hɑːt]

(2) I **watched** curiously as he went **across** to the **hot dog** stand.

영국영어	[wɒtʃt]	[əˈkrɒs]	[hɒt dɒg]	
미국영어	[ˈwɑːtʃt]	[əˈkrɔːs/əˈkrɑːs]	[hɑːt]	[ˈdɔːg/ˈdɑːg]

a

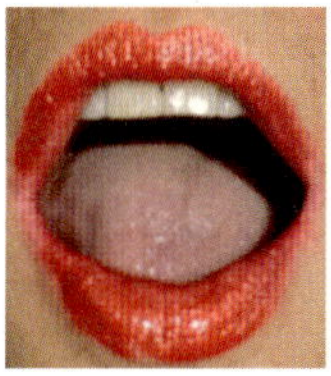

[hat 할]

ɒ

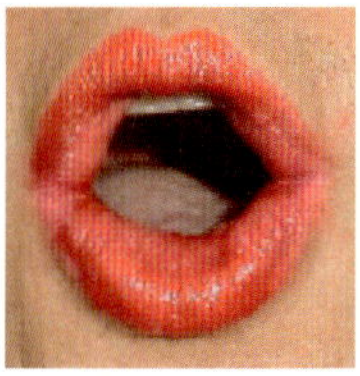

[hɒt 홀]

a는 입술이 완전히 이완되고 턱이 ɒ보다 더 떨어진다.

2) 영국영어의 [ɒ(오)]는 미국영어에서 [ɔ:(오)] 또는 [ɑ:(아)]로 바뀐다.

hot는 영국발음은 [hɒt 홑]이나, 미국발음은 [hɑ:t 핱:], [hɑt 핱](북미) 둘 다 가능하다.

often은 영국영어로는 ['ɒfn 오픈]이지만 미국영어로는 [ɔ:fn 오:픈 또는 ɑ:fn 아:픈]

often의 영국식발음은 ['ɒfən 오픈]보다는 ['ɒftən 옾튼]이다.

orange는 ['ɒrɪndʒ 오륀쥐(영)] vs ['ɔ:rɪndʒ 오륀쥐(미), ɑ:rɪndʒ 아륀쥐(미)]

soft는 [sɒft 쏘프(f)트(영)] vs [s'ɔ:ft 쏘:프(f)트(미), s'ɑ:ft 싸:프트(미)]

chocolate['tʃɒklət 초클럳(영)][tʃ'ɔ:klət 초:클럳(미), tʃɑ:klət 촤:클럳(미)]

UK [ɒ]	top[tɒp], shop]ʃɒp], hot[hɒt], doll[dɒl], pond[pɒnd]	US [ɑ]	top[tɑ:p], shop[ʃɑ:p], hot[hɑ:t] doll[dɑ:l], pond[pɑ:nd]
UK [ɒ]	off[ɒf], often[ɒ́fn], long[lɒŋ], dog[dɒg], cost[kɒst], gone[gɒn], sorry['sɒr.i]	US [ɔ:] or [ɑ:]	off[ɔ:f, ɑ:f], often['ɔ:fən, 'ɑ:fən], long['lɔ:ŋ, 'lɑ:ŋ], dog['dɔ:g, 'dɑ:g], cost['kɔ:st, 'kɑ:st], gone['gɔ:n, 'gɑ:n], sorry['sɔ:ri, 'sɑ:ri]

(3) Baby cots provide a safe and comfortable place for the baby to sleep.

영국영어 cots['kɒts], 미국영어 cots['kɑ:ts]

(4) But sometimes you will get caught in a conflict.

영국영어 caught['kɔ:t], conflict['kɒnflɪkt]

미국영어 caught['kɔ:t/kɑ:t], conflict['kɑ:nflɪkt]

3) 영국영어의 [ɒ]나 [ɔ:]는 미국영어에서 입을 더 벌린 [ɔ:]로 발음된다.

caught는 영국/미국 모두 [kɔ:t]로 발음되지만 미국영어에서는 최근 [kɑ:t]로 발음하는 미국인들(주로 북동부)이 40~50% 정도 될 정도로 증가하고 있다. 이를 cot가 caught를 merger(합병)했다는 **cot-caught merger**라고 표현한다. 그럼에도 불구하고 아직은 대부분의 영어 사전에는 [ɔ:]소리만 표시하고 있으므로 [ɔ:]로 알면 된다.

UK ɔ	caught[kɔ:t], daughter['dɔ:tə], author[ɔ:θə], thought[θɔ:t], broad[br'ɔ:d], sought['sɔ:t], walk[wɔ:k], autumn['ɔ:təm], ought[ɔ:t], bought['bɔ:t]	US [ɑ]	caught[kɔ:t/'kɑ:t], daughter['dɔ:tər/'dɑ:.t̬ɚ] author[ɔ:θər/'ɑ:.θɚ], thought[θɔ:t/θɑ:t] broad[br'ɔ:d/brɑ:d], sought['sɔ:t/sɑ:t], walk[wɔ:k/wɑ:k], autumn['ɔ:təm/'ɑ:.t̬əm], ought[ɔ:t/ɑ:t], bought['bɔ:t/bɑ:t]

(5) When the class was over, a student raised his hand and asked.

영국영어 class['klɑːs] asked['ɑːskt]

미국영어 class['klæs] asked['æskt]

(6) I watered the grass every day, before 10 a.m. or after 4 p.m.

영국영어 grass[grɑːs] after['ɑːftə]

미국영어 grass['græs] after['æːftər]

(7) He Who Laughs Last Laughs Best.

영국영어 Laughs['lɑːfs], Last['lɑːst]

미국영어 Laughs['læfs], Last['læst]

4) 영국영어의 [ɑː]는 입술을 오므리지 않고 이완시키며 혀를 입안 뒤쪽에 두고 [아ː] 발음을 한다.

이렇듯 a는 영국영어에서는 back vowel(후설모음) [ɑ]로 소리를 내지만, 미국영어에서는 혀의 앞부분을 아래 앞니 뒤에 두고 입 바닥을 가볍게 누르는 front vowel(전설모음) [æ]로 소리를 내는 커다란 차이가 있다.

물론 일부단어는 미국영어에서도 그대로 [ɑː]를 쓰기도 한다.

after는 영국영어로는 ['ɑftə **아**프터]이지만 미국영어로는 ['æftər **애**프터r]이다.

fast는 영국영어로는 [fɑːst **파**스트]이지만 미국영어로는 ['fæst **패**스트]이다.

ask는 영국영어로는 [ɑːsk **아**스크]이지만 미국영어로는 [æsk **애**스크]이다.

grass는 영국영어로는 [grɑːs 구**롸**쓰]이지만 미국영어로는 [græs 구**뢔**쓰]이다.

aunt는 영국영어로는 [ɑːnt **안**트]이지만 미국영어로는 ['ænt **앤**트]이다.

half는 영국영어로는 [hɑːf **하**프]이지만 미국영어로는 ['hæf **해**프]이다.

bath는 영국영어로는 [bɑːθ **바**쓰(θ)]이지만 미국영어로는 ['bæθ **배**쓰]이다.

laugh는 영국영어로는 [lɑːf **라**프(f)]이지만 미국영어로는 ['læf **래**프(f)]이다.

castle은 영국영어로는 [kɑːsl **카**쓸]이지만 미국영어로는 ['kæsl **캐**쓸(미)]이다.

pass는 영국영어로는 [pɑːs **파**쓰]이지만 미국영어로는 ['pæs **패**쓰(미)]이다.

UK ɑː	plant[plɑːnt]	grant[grɑːnt]
	branch[brɑːntʃ]	path[pɑːθ]
	after]ɑːftɚ]	demand[dɪmɑːnd]
	last[lɑːst]	class[klɑːs]
	dance[dɑːns]	past[pɑːst]
	can't[kɑːnt]	answer['ɑːnsər]
	grass[grɑːs]	half[hɑːf]
US æ	plant[plænt]	grant[grænt]
	branch[bræntʃ]	path[pæθ]
	after[æftə]	demand[dɪmænd]
	last[læst]	class[klæs]
	dance[dæns]	past[pæst]
	can't[kænt]	answer['ænsər]
	grass[græs]	half[hæf]
UK ɑː	father['fɑːðə], calm[kɑːm], ah[ɑː], palm[pɑːm], balm[bɑːm], part[pɑːt]	
US ɑː	father['fɑːðər], calm[kɑːm], ah[ɑː], palm[pɑːm], balm[bɑːm], part[pɑːrt]	

(8) Don't['doʊnt] you know['noʊ] most[moʊst] old[oʊld] people go[goʊ] deaf in old[oʊld] age? 미국영어에서는 장모음 o를 [oʊ]로 발음하지만 영국영어는 [əʊ]로 발음한다.

미국은 턱을 많이
떨어뜨려 [o]로 발음한다.

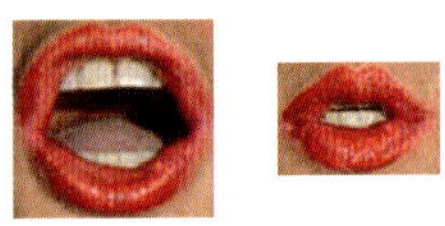

/oʊ/

영국은 턱을 조금만
떨어뜨려 [ə]로 발음한다.

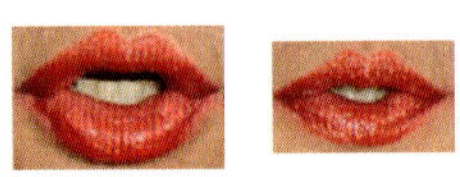

/əʊ/

(9) We are[ə → ər] part[pɑːt → 'pɑːrt] of and nurtured['nɜːtʃəd → 'nɝːtʃərd] by the earth[ɜːθ → 'ɝːθ], much as an unborn[ʌn'bɔːn → ʌn'bɔːrn] child is part of and nurtured by its mother['mʌðə → 'mʌðər]. If Mother Earth is sick, we're[wɪə → wɪər(wɪr)] sick. And yet every day, nearly['nɪəli → 'nɪərli('nɪrli)] every moment of our['aʊə → 'aʊər] lives, we are[ɑː → ɑːr] doing our mother harm[hɑːm → 'hɑːrm].

5) 영국영어는 모음 + r에서 r이 소리가 나지 않는다. 하지만 미국영어는 모음 + r에서 r이 반드시 소리가 난다. 미국영어의 r결합모음 [ɛər], [ɪər] [ʊər]은 영국영어의 이중모음 [ɛə], [ɪə] [ʊə]가 된다.

GA(미국영어)		RP(영국영어)	GA(미국영어)		RP(영국영어)
part	[pɑ:rt]	[pɑ:t]	work	[wɜ:rk]	[wɜ:k]
dirt	[dɜ:rt]	[dɜ:t]	tour	[tʊər]	[tʊə]
port	[p'ɔ:rt]	[p'ɔ:t]	teacher	[ti:tʃər]	['ti:tʃə]
hurt	[hɜ:rt]	[hɜ:t]	doctor	['dɑ:ktər]	['dɒktə]
beer	[bɪər]	[bɪə]	there	[ðɛər]	[ðɛə]
bear	[bɛər]	[bɛə]	tour	[tʊər]	[tʊə]
poor	[pʊər]	[pʊə]	cure	[kjʊər]	[kjʊə]

(10) Night eaters are often eating in response to anxiety.

[naɪt 'i:təz ər 'ɒfn 'i:tɪŋ ɪn rɪ'spɒns tu æŋ'zaɪəti] (영국영어)

['naɪt 'i:ɾərz ər 'ɔfn 'i:ɾɪŋ ɪn rə'spɑ:ns tə æŋ'zaɪəɾi](미국영어)

6) 자음 [t][d]가 강세모음 뒤의 약세음절에 있으면 미국영어는 설탄음[flap t]을 낸다.

eater는 영국식으로는 파열을 해주는 ['i:tə 이:터]이지만 미국식으로는 혀끝으로 입천장을 치고 내려오는 설탄음인 ['i:dər 이:더]나 ['i:ɾər 이:러r]로 발음한다.

eating은 영국식으로는 파열을 해주는 ['i:tɪŋ 이:팅]이지만 미국식으로는 혀끝으로 입천장을 치고 내려오는 설탄음인 ['i:dɪŋ 이:딩]이나 ['i:ɾɪŋ 이:링]로 발음한다.

anxiety는 영국식으로는 파열을 해주는 [æŋ'zaɪəti 앵자이어티]이지만 미국식으로는 혀끝으로 입천장을 치고 내려오는 설탄음인 [æŋ'zaɪədi 앵자이어디]나 [æŋ'zaɪəɾi 앵자이어리]로 발음한다.

tutor는 영국식으로는 파열을 해주는 ['tu:tə 튜:터]이지만 미국식으로는 혀끝으로 입천장을 치고 내려오는 설탄음인 ['tu:dər 투:더]나 ['tu:ɾər 투:러r]로 발음한다.

(11) The clerk got a ladder and climbed halfway up.

(12) The latter company had more difficulty than the former.

- latter와 ladder를 영국식으로 발음을 하면 ['lætə 래터]와 ['lædər 래더]로 그 차이가 확연하지만, 미국식으로 발음을 하면 둘 다, 설탄음인 ['lærər 래러r]가 되어 구별이 어렵다. 유성음 [d] 앞의 모음이 무성음 [t] 앞의 모음보다 길므로 ladder['læːrər 래ː러r]와 latter['lærər 래러r]의 차이가 있으나 문맥 속에서 구별을 해야 한다.

(13) I knew all about the New York bank. What's the latest news?

영국영어 [njuː ɔːl ə'baʊt ðə njuː jɔːk bæŋk.], news[njuːz]

미국영어 [nuː ɔːl ə'baʊt ðə nuː 'jɔːrk 'bæŋk.], news['nuːz]

(14) Superman Comes to the Supermarket is Norman Mailer's debut.

영국영어 Superman['s(j)uːpəmæn], Supermarket['s(j)uːpəmɑːkɪt]

미국영어 Superman['suːpərmæn], Supermarket['suːpərmɑːkɪt]

(15) What a big and beautiful tulip! Did you draw it?

(16) Dew drops cover the surface of the mirror.

(17) Some of this decline in newspaper reading has been due to the fact that we are doing more of our newspaper reading online.

7) 치경음 n, s, t, d + u의 경우, 영국영어에서는 [juː]로 발음하고 미국영어에서는 [j]가 탈락하여 [uː]로 발음 한다. 단, t, d + u는 [tjuː], [djuː]도 가능하다.

new와 newspaper는 영국영어로는 [njuː 뉴ː], [nuːz,pepər]이나 미국영어로는 [nuː 누ː], [nuːz,pepər]이다.

super는 영국영어로는 [s(j)uːpə 쑤ː(슈ː)퍼], 미국영어로는 [suːpər 쑤ː퍼r]이다.

tulip은 영국영어로는 ['tjuːlɪp 튤ː맆]이나 미국영어로는 ['tuːːlɪp 툴ː맆]으로 발음하는 원어민들도 있고 ['tjuːlɪp 튤ː맆]으로 발음하는 원어민들도 있다.

dew와 due는 영국영어로는 [djuː 듀ː]이나 미국영어로는 [duː 두ː], [djuː 듀ː] 다 된다.

3. 강세나 발음의 차이가 존재하는 단어들

8) 강세모음 + [nt] + 약세모음의 경우 영국영어에서는 [nt]로 발음되나 미국영어에서는 강한 콧소리인 [n]이 동일조음점인 [t]를 [n]으로 동화시킨 후 탈락시킨다.

예) center의 영국발음은 [sentə]이지만 미국발음은 [senər]이다.

9) 영국영어와 미국영어의 발음 또는 강세가 다른 단어들

① z[zed/ziː], adult['ædʌlt/ə'dəlt], brochure['brəʊʃə/broʊ'ʃʊr], garage['gærɪːʒ/gə'rɑːʒ], address[ə'dres/'ædres], laboratory[lə'bɒrətri/'læbrətɔːri], advertisement[əd'vɜːtɪsmənt/ ædvər'taɪzmənt], controversy['kɒntrəvɜːsi/'kɑːntrəvərsi], patent['peɪtənt/'pætənt], apricot['eɪprɪkɒt/'æprɪkɑːt], hurricane['hʌrɪkən/'hɜːrɪkeɪn], inquiry[ɪn'kwaɪəri/'ɪnkwəri], leisure['leʒə/'liʒər], either['aɪðə/'iːðər], neither['naɪðə/niːðər], vaccine['væksiːn/væk'siːn]

② agile['ædʒaɪl/'ædʒl], fertile['fɜːtaɪl/'fɜːtl], hostile['hɒstaɪl/'hɑːstl], mobile['məʊbaɪl/'moʊbl]

③ civilizationsɪvəlaɪ'zeɪʃn/ sɪvələ'zeɪʃn], organisation[ɔːgənaɪ'zeɪʃn/ ɔːgənə'zeɪʃn], globalization[gləʊbəlaɪ'zeɪʃn/gloʊbələ'zeɪʃn]

춤추는 리듬영어

초판 인쇄 2014년 4월 10일
초판 발행 2014년 4월 21일

지은이 김 홍 철
발행인 김 인 철
발행처 한국외국어대학교 출판부
130-791 서울특별시 동대문구 이문로 107
전화 02)2173-2495~7
팩스 02)2173-3363
홈페이지 http://press.hufs.ac.kr
전자우편 press@hufs.ac.kr
출판등록 제6-6호(1969. 4. 30)
디자인 · 편집 (주)이환디앤비 02)2254-4301
인쇄 · 제본 현문자현 031)902-1424

ISBN 978-89-7464-917-3 13740 정가 17,000원

*잘못된 책은 교환하여 드립니다.

HUiNE은 한국외국어대학교출판부의 어학도서, 사회과학도서, 지역학 도서 Sub Brand이다. 한국외대의 영문명인 HUFS, 현명한 국제전문가 양성(International+Intelligent)의 의미를 담고 있으며, 휴인(携引)의 뜻인 '이끌다, 끌고 나가다'라는 의미처럼 출판계를 이끄는 리더로서, 혁신의 이미지를 담고 있다.